TERAPIA SISTÊMICA INDIVIDUAL

MANUAL PRÁTICO NA CLÍNICA

TERAPIA SISTÊMICA INDIVIDUAL

MANUAL PRÁTICO NA CLÍNICA

LUIGI BOSCOLO
PAOLO BERTRANDO

Terapia Sistêmica Individual: manual prático na clínica

1ª edição 2010 - 8ª reimpressão março de 2024

Copyright © 2024 Artesã Editora

É proibida a duplicação ou reprodução deste volume, no todo ou em parte, sob quaisquer formas ou por quaisquer meios (eletrônico, mecânico, gravação, fotocópia, distribuição na Web e outros), sem permissão expressa da Editora.

DIRETOR

Alcebino Santana

DIREÇÃO DE ARTE

Tiago Rabello

REVISÃO

Antônio Carlos Santini

DIAGRAMAÇÃO E CAPA

Andréa Maria Esteves

TRADUÇÃO

Silvana Garavello

615.851 S165p	BOSCOLO, Luígi & BERTRANDO, Paolo. Terapia sistêmica individual: manual prático na clínica. / Luigi Boscolo; Paolo Bertrando; tradução Silvana Garavello. - Belo Horizonte: Artesã Editora, 2024. 350 p.: 16 X 23 cm.

ISBN 978-85-8800-914-1

1. Psicoterapia. 2. Psicoterapia familiar. 3. Terapia individual. I. BERTRANDO, Paolo. II. GARAVELLO, Silvana (trad.). III Título

Maria de Oliveira - CRB 6 1748

IMPRESSO NO BRASIL
Printed in Brazil

📞 (31)2511-2040 💬 (31)99403-2227
🌐 www.artesaeditora.com.br
📍 Rua Rio Pomba 455, Carlos Prates - Cep: 30720-290 I Belo Horizonte - MG
📷 📘 /artesaeditora

Apresentação da edição brasileira

Em 2004, quando começamos a escrever este livro, a terapia sistêmica individual, pelo menos no âmbito do modelo de Milão, era uma daquelas atividades praticadas por todos, discutida por poucos e teorizada por ninguém. Este livro, juntamente ao convite que David Campbell, diretor editorial da Karnac Books tinha feito ao primeiro autor (Luigi Boscolo), foi o nosso ponto de partida: dar dignidade a um modo de fazer terapia ainda semiclandestino, numa época em que a terapia sistêmica era, *tout court*, identificada como o *setting* da terapia de família.

Assim, desde o início, *"Terapia Sistêmica Individual"* foi para nós um livro muito diferente de nosso trabalho anterior – *"Os tempos do tempo"*. Se este último tinha um caráter de monografia muito atenta aos aspectos teóricos e culturais, além de terapêuticos em sentido estrito (como era justificado pela particularidade do tema "tempo"), *"Terapia Sistêmica Individual"* tinha que ser um livro mais perto da experiência clínica. Além disto, era um livro escrito tendo em vista certo leitor em mente: um terapeuta, de orientação mais ou menos sistêmica, com menos experiência específica que a nossa e com desejo de obter conhecimento no mundo da terapia individual.

Assim nasceu um livro que, de tudo aquilo que nós escrevemos em anos, é mais parecido a um verdadeiro manual – mesmo que não seja realmente um manual. É um livro que apresenta um método à terapia individual recolhido no seu constituir-se: uma boa parte desta, proveniente diretamente da experiência pessoal e profissional do primeiro autor, mas uma outra (e conspícua) realizada durante um projeto de pesquisa no qual colocamos à prova as idéias que pouco a pouco surgiam de nosso trabalho.

Desta natureza dupla deriva, assim, a possibilidade de algum equívoco que queremos eliminar no momento de batizar uma nova tradução. Às vezes, dando seminários ou participando de congressos pelo mundo, encontramos colegas que, quase pedindo desculpas, nos confessam que acharam nossas idéias interessantes, mas que não poderiam aplicar a regra das vinte sessões, ou a de uma sessão a cada duas ou três semanas, como descrito em nosso livro.

Na realidade, muitas das técnicas que descrevemos eram ligadas especificamente à pesquisa que até então estávamos fazendo, e não regras invioláveis (nem tínhamos em mente propor tais idéias). Assim, gostaríamos de que, ao lerem hoje este livro, tenham consciência de que não se trata de um livro de receitas técnicas, mas de uma série de exemplos e de considerações abertas, que cada leitor deveria considerar e integrar em seu próprio modo de fazer terapia.

Então, esperamos que este livro possa ampliar a evolução do modelo sistêmico. Justamente no momento em que a terapia sistêmica da família (que nasceu, não nos esqueçamos, como uma visão da psicoterapia em seu conjunto) tendia a ser considerada sempre mais uma técnica específica, reservada a casos nada mais considerados que "problemáticas familiares", trabalhar com a terapia sistêmica individual significava também reivindicar a especificidade do modelo: a capacidade de ser usado também no contexto do encontro com o indivíduo, até então aparentemente reservada a outros modos de fazer terapia.

Para nós, fazer terapia sistêmica significava (e ainda significa), em primeiro lugar, pensar de modo sistêmico para trabalhar em modo sistêmico em qualquer contexto terapêutico: individual, de família, de casal, de grupo (e também na consulta, na mediação, no trabalho com empresas, e assim por diante).

Esperamos que, hoje, com esta nova tradução, uma outra geração de colegas se aproxime do tema da terapia sistêmica individual, trazendo suas experiências, suas críticas e também suas propostas de renovação. Os livros – e este não faz exceção – tornam-se vivos somente quando conseguem entrar no mundo como parte de um diálogo mais vasto. Para este diálogo nós gostaríamos de ter trazido (e de ainda trazer) a nossa contribuição.

Luigi Boscolo
Paolo Bertrando
Milão, maio 2007

INTRODUÇÃO

Foi David Campbell, um colega de Londres, quem nos sugeriu a idéia de escrever um livro sobre a Terapia Sistêmica Individual. Ele revelou a Luigi Boscolo que, por diversas razões, os psiquiatras ingleses com formação em Terapia Sistêmica da Família frequentemente se viam obrigados a tratar clientes em sessões individuais, o que os fazia sentir a necessidade de um livro que abordasse o tema da Terapia Sistêmica Individual. Segundo Campbell, este livro deveria propor um modelo de Terapia Sistêmica Individual relativamente breve e transmissível, utilizável em contextos tanto privados quanto públicos.

Assim, poderia atrair os terapeutas que já conheciam o enfoque sistêmico-relacional e também, eventualmente, aqueles que se inspiram em uma teoria diferente, a pôr em prática um novo modelo de consulta e terapia individual experimentado em nosso Centro. Aceitamos de boa vontade o convite; afinal, já vínhamos há alguns anos ocupando-nos da aplicação individual do modelo sistêmico desenvolvido no campo da terapia familiar.

O objetivo principal que nos fixamos foi o de descrever a prática terapêutica e sua relação com as teorias de referência nas diversas fases de nosso trabalho desde os primórdios da década de 70, quando seguíamos os princípios do modelo estratégico-sistêmico desenvolvido pelo grupo de Palo Alto. Em uma segunda fase, que envolve a década 1975-1985, as terapias eram conduzidas segundo o modelo sistêmico do grupo de Milão, inspirado no pensamento de Gregory Bateson. Os casos tratados a partir da metade dos anos 1980 refletem a radical mudança de perspectiva trazida pela cibernética de segunda ordem e pelo construtivismo que colocou o sistema observante no centro de nossa atenção (ou seja, o terapeuta) e a auto-reflexividade. No último decênio, com o advento do pós-modernismo e do construtivismo social, a atenção se concentrou na linguagem e na narrativa.

Nas terapias que fazemos atualmente, descobrem-se os ecos das experiências teóricas e clínicas de todos estes anos. Hoje, fazer terapia sistêmica significa para nós mergulhar com o cliente em uma complexa rede de idéias, emoções, pessoas significativas, conectadas recursivamente e exploradas por dois interlocutores, por meio do instrumento linguístico. Como o pensamento do terapeuta sistêmico se baseia na complementaridade dos conceitos de causalidade linear e circular, e na importância da pluralidade de pontos de vista, privilegiando fazer perguntas a dar respostas, com o tempo, produziu-se o efeito de transmitir ao cliente um modo de conectar coisas e pessoas, os fatos e os significados, que o libera da visão rígida de si mesmo e da realidade que o circunda.

Assim ele pode expandir e aprofundar sua própria sensibilidade e a possibilidade de experimentar e ver os fatos e as histórias que lhe concernem a partir de uma perspectiva mais ampla. Desse modo, recorrendo às contribuições recentes da narrativa, podemos dizer que o cliente se libera de uma história sua, que chegou a ser embaraçosa e fonte de sofrimento, para entrar em um nova história que lhe ofereça maior liberdade e autonomia.

Em alguns casos, nos quais a natureza e a urgência dos problemas apresentados (por exemplo, um comportamento fóbico ou obsessivo) prestam-se a intervenções características do enfoque estratégico-sistêmico, nos limitamos, em poucas sessões, a atuar sobre os próprios problemas sem entrar na exploração da história e da "pessoa" do cliente.

Os resultados desse esforço – a descrição do desenvolvimento do modelo e sua aplicação –, que aparecem nos três primeiros capítulos do livro, tiveram o efeito de permitir esclarecer as idéias, antes de tudo para nós mesmos (um processo recursivamente formativo), mas também nos preocuparam um pouco pela complexidade das conexões entre as teorias assumidas e as práticas que delas derivam. Tal complexidade, que emerge particularmente dos primeiros capítulos, pode ser estimulante para alguns leitores, especialmente os mais experientes, mas para outros pode causar certa dificuldade e embaraço. Aconselhamos que leiam primeiramente os casos clínicos apresentados na Segunda Parte, que são ricos de referências teóricas e podem oferecer uma visão de conjunto do processo terapêutico.

Com este livro não nos dirigimos somente aos terapeutas mais experientes, mas também aos terapeutas mais jovens que, todavia, já possuem uma experiência mínima e desejam adquirir um conhecimento específico da Terapia Sistêmica Individual.[1] Este não é um manual que ensina o ABC da terapia (que supomos já conhecida do leitor), nem um "livro de receitas" de intervenções terapêuticas específicas. É antes um livro que coloca no centro da cena terapêutica o explorar, o pensar e o sentir, com o auxilio de toda uma série de óticas teóricas (filtros) oferecidos por uma longa experiência prática e pesquisa teórica. Esperamos que o modelo aqui exposto seja acessível e claramente transmissível, e que sirva de ponto de partida para o leitor que deseja construir-se uma prática de trabalho.

Descrevemos amplamente um tipo de terapia que ainda estamos experimentando, denominada "breve-longa". Trata-se de uma terapia prevista para não mais que vinte sessões, com intervalos de duas a quatro semanas, e uma duração total não superior a um ano e meio. Neste livro dedicamos um amplo espaço à descrição de casos clínicos. Nesse empenho, a operação básica foi dupla: em primeiro lugar, tentar reconstruir a conexão dos fatos, significados e emoções que emergiram no sistema terapêutico no momento em que a terapia ou a consulta se desenvolvia; em segundo lugar, examinar e avaliar tudo isso a *posteriori* segundo nossa visão atual. Naturalmente, o leitor descobrirá, no interior dos casos clínicos apresentados, os pontos de ligação com a elaboração teórica, criando suas próprias conexões, que poderão ser diferentes daquelas que traçamos.

Esperamos que o resultado dessa operação possa transmitir com clareza o espírito e o modo como trabalhamos. Tudo o que colocamos à

---

(1) Deixamos de descrever os fundamentos da teoria sistêmica (a teoria geral de sistemas, a teoria da comunicação e a cibernética) porque entendemos que isto faz parte do acervo cultural comum. O leitor que queira familiarizar-se com estes temas poderá facilmente consultar obras úteis de introdução geral: *Pragmática da Comunicação Humana* (Watzlawick *et al.*, 1967), *Paradosso e Controparadosso* (Selvini Palazzoli *et al.*, 1975), *Foundations of a Family Therapy* (Hoffman, 1981), *Clínica Sistêmica – O Modelo do Grupo de Milão* (Boscolo *et al.*, 1987) e *Os tempos do tempo* (Boscolo, Bertrando, 1993). Quem deseje conhecer os fundamentos conceituais de nosso modelo deveria consultar as obras de Gregory Bateson, em particular *Verso un'ecologia della mente* (1972).

disposição deve ser lido como uma investigação que nos permitiu enriquecer nossas experiências clínicas e nossos conhecimentos teóricos. Esperamos também que os leitores possam sair tão enriquecidos como aconteceu conosco.

Este livro se divide em duas partes, cada uma delas articulada em três capítulos. A primeira parte é dedicada aos aspectos teóricos, a segunda parte, à apresentação dos casos clínicos.

O Capítulo I descreve a evolução do modelo teórico e as experiências relacionadas a ele a partir do uso de um modelo psicodinâmico, para chegar, através das fases estratégico-sistêmicas, sistêmicas e construtivistas, até o nosso modelo atual, que nos agrada definir como "epigenético" (as razões disso virão à luz claramente com a leitura).

O Capítulo II se dedica aos aspectos metodológicos gerais da Terapia Sistêmica Individual, isto é, a moldura em que se desenvolve a terapia. Em seu interior, nos ocupamos dos aspectos que dizem respeito à organização da terapia (indicações, diagnóstico, objetivos, duração), à posição do terapeuta em relação ao cliente e a relação com este, e de questões mais amplas, como as ressonâncias éticas e "filosóficas" da terapia.

O Capítulo III é dedicado ao processo terapêutico: os princípios para a condução das sessões (hipóteses, circularidade, perguntas circulares), as diversas fases da terapia, desde a avaliação inicial até a sessão final, e, por fim, as contribuições recentes e estimulantes concernentes aos aspectos linguísticos (semânticos, retóricos, hermenêuticos) do diálogo terapêutico.

No Capítulo IV, o mais curto, apresentamos alguns casos conduzidos através do método estratégico-sistêmico, com alguma influência do final da década de 70. O Capítulo V, ao contrário, é o mais longo e apresenta uma série de terapias conduzidas segundo nosso modelo sistêmico atual de terapia breve-longa, evidenciando, volta e meia, aspectos específicos do diálogo terapêutico (a primeira sessão, a condução, a linguagem, a conclusão da terapia). Por último, no Capítulo VI, apresentamos alguns casos clínicos com sessões individuais, que revelam os aspectos peculiares que diferenciam o contexto de consulta do contexto da terapia.

Para nos referirmos ao terapeuta, usamos o gênero masculino somente com o fim de evitar complicações e confusões linguísticas. Preferimos o termo "cliente", a "paciente" ou "usuário"; as razões desta escolha transparecerão ao longo da leitura do livro.

Tentamos ser fiéis a certos temas que, esperamos, hão de surgir com clareza no texto. Um deles é que, na nossa opinião, trabalhar com o modelo sistêmico permite uma grande liberdade e estimula a criatividade, mantendo vivo o interesse e o entusiasmo por um trabalho que ainda continua a nos gratificar. Esperamos que também o leitor fique um pouco contagiado por ele e se encoraje a percorrer um caminho parecido, porque não existe um livro que possa substituir as reflexões pessoais que cada um faz a partir de seu próprio trabalho e de suas próprias reflexões sobre ele.

PRIMEIRA PARTE
TEORIA

Capítulo I

UMA TEORIA EM EVOLUÇÃO

Nosso modelo sistêmico atual, em que nos inspiramos na terapia individual, desenvolveu-se através de uma série de experiências de pesquisa, consulta e terapia com famílias e casais. No início utilizamos o enfoque estratégico-sistêmico do Mental Research Institute (MRI) de Palo Alto nos anos 1971-1975; em seguida, o enfoque sistêmico do grupo de Milão, que veio a se desenvolver na década de 1975-1985, ou seja, o mesmo modelo antes enriquecido pelas contribuições do construtivismo, da cibernética de segunda ordem e, depois, pelo construcionismo, pela narrativa e pela hermenêutica. Todas as contribuições teóricas citadas deixaram — e não poderia deixar de ser assim — marcas significativas no modelo atual, ao qual por esta razão atribuímos, além da definição de "sistêmico", a definição de "epigenético" (ver a nota 13 do Capítulo II).

O primeiro autor, devido a circunstâncias particulares e favoráveis do início da década de 70 (e naturalmente por sua idade), teve o privilégio de trabalhar durante quase uma década em dois contextos muito diferentes sob o mesmo teto. O primeiro contexto foi o de um consultório privado de psicanalista no qual, em uma sala, três dias na semana, o autor conduzia análises freudianas clássicas de duração plurianual e terapias face a face de orientação psicodinâmica, na frequência de uma ou duas vezes por semana, por um período aproximado de um a três anos. O segundo era o do trabalho do assim chamado "grupo de Milão" (Selvini Palazzoli, Boscolo, Cecchin, Prata), que fazia pesquisa, terapia familiar e de casal em três salas: uma sala de terapia, onde se reuniam os membros da família ou do casal e o terapeuta; uma sala de observação, separada da primeira por um espelho unidirecional; e uma sala de discussões, onde, ao final de cada sessão, toda a equipe discutia para chegar a formular a hipótese sistêmica e uma possível intervenção para comunicar à família (Boscolo et alii, 1987).

No período de trabalho com o modelo MRI de terapia breve, o grupo teve o privilégio de atuar — durante aproximadamente duas semanas — sob a supervisão direta de Paul Watzlawick. Atendíamos as famílias durante dez sessões, no máximo, com resultados mais do que satisfatórios. Somente poucas famílias, em geral aquelas com um membro psicótico crônico, apresentaram a necessidade de um número maior de sessões.

Os efeitos do trabalho solitário com o paciente individual, por um lado, e do trabalho em equipe com a família, por outro, foram tão variados que, de início, deixaram o primeiro autor, senão em estado de choque, pelo menos desconcertado e curioso por entender algo[1]. Quando estava a sós com seu cliente no consultório, tinha a impressão de estar em meio a um grande rio, cujas águas corriam lentamente rumo a um mar ainda mais longínquo; ao passo que, quando trabalhava com a equipe e as famílias, parecia-lhe estar em uma rápida correnteza, cujas águas sofriam às vezes imprevisíveis acelerações, e que se dirigia a uma meta mais próxima. Essa metáfora pode ser tomada de empréstimo para ilustrar a relação entre tempo e mudança, tão diferente nos dois tipos de experiência. Em seguida, ela serviria de estímulo para que ambos os autores se interessassem pelo importante e fascinante problema do tempo na terapia (Boscolo e Bertrando, 1993).

Depois de meses de trabalho nos dois contextos diferentes, operando com duas teorias tão distintas, e em alguns sentidos antitéticas, seja em relação à concepção da pessoa humana e da natureza dos problemas apresentados, seja no tocante aos objetivos da mudança e aos modos de obtê-la, tornou-se muito difícil trabalhar mantendo-se fiel às premissas teóricas e aos consequentes ditames táticos de cada uma das teorias. O mesmo fenômeno registramos a seguir, no início da formação

---

(1) Cabe destacar que, nesse período, assim como a experiência da terapia sistêmica da família tinha tido uma influência notável e transformado seu modo de fazer terapia com o indivíduo, a experiência da terapia psicodinâmica individual exercia recursivamente uma influência significativa sobre o trabalho sistêmico com as famílias, ainda que de maneira limitada, na formulação das hipóteses, a qual, frequentemente, oferecia conteúdos próprios.

do curso de terapia familiar sistêmica, com os alunos que antes haviam tido uma formação do tipo psicodinâmico.

De início, ficavam desconcertados ao tentar ligar elementos tão heterogêneos. Depois, pouco a pouco, começavam a se orientar desenvolvendo uma visão sistêmica que, naturalmente, não podia apagar por completo a experiência anterior. Antes, em circunstâncias particulares, com o tempo chegavam a valer-se de ambas as teorias, consciente ou inconscientemente (hoje o definimos como o "não dito", como ilustraremos mais adiante), confirmando o aforismo de Gregory Bateson: "dois olhos veem melhor que um, pois veem a dimensão da profundidade".

Ora, a certo ponto, para sair do inquietante estado de ânimo de se sentir dividido em dois, Luigi Boscolo começou a introduzir nas terapias individuais de orientação psicodinâmica algumas ideias e técnicas do enfoque estratégico-sistêmico que vinham sendo utilizadas com famílias e casais, como a prescrição do sintoma, o paradoxo, o reenquadramento ou redefinição (*reframing*) etc. A intenção era ver se se verificavam aquelas mudanças descontínuas, a saltos (Selvini Palazzoli *et alii*, 1975), tão imponentes e características, que só raras vezes eram observáveis nas terapias psicodinâmicas. Nestas, as mudanças costumavam chegar muito mais lentamente, de maneira mais contínua, mais pelo próprio modelo do que ocasionada por crises.

As primeiras tentativas tiveram um efeito desastroso! Ao invés de melhorar, os clientes pioravam ou a terapia chegava a um impasse, obrigando o terapeuta a dar marcha ré. É significativo que, em dois casos, os clientes verbalizaram sua perplexidade e crítica, um deles a perguntar se o terapeuta não estava experimentando um novo modo de fazer terapia (*sic!*); outro, expressando-se com uma metáfora mais bem eloquente: "Essa não é a farinha de seu saco, verdade? Será que na semana passada frequentou algum seminário no qual estavam presentes colegas com ideias diferentes?" É significativo – poder-se-ia também dizer "óbvio" – que os clientes-cobaias tenham reagido com perplexidade, confusão e certa rejeição mais ou menos evidente diante da introdução de ideias diferentes. O terapeuta compreendeu que, para satisfazer sua curiosidade científica com esses casos, estava pagando um alto preço: a criação de um contexto confuso que minava a relação terapêutica. Ele estava cometendo mais ou menos os mesmos erros que, no passado, os psicanalistas ortodoxos atribuíam aos assim chamados "analistas selvagens". Pode-se também acrescentar que o terapeuta havia cometido o erro de conduzir terapias individuais descritas segundo critérios puramente ecléticos, em vez de integrar, aos poucos, e quando o contexto terapêutico o permitisse, elementos do novo modelo.

A esta altura, é importante descrever quais eram, então, as principais diferenças entre os dois modelos e os dois tipos de terapia. Naturalmente, nos limitaremos a mencionar aqueles que, na nossa opinião, eram os elementos distintivos e essenciais, e nos desculpamos pela esquematização excessiva e pelas eventuais simplificações[2].

1 - No modelo psicodinâmico, o sintoma era considerado o epifenômeno de um conflito inconsciente, e o objetivo primário era a resolução dos conflitos, mais que o desaparecimento dos sintomas. Por outro lado, no enfoque estratégico-sistêmico, baseado na visão de causalidade e circularidade, o sintoma e sua persistência eram considerados dentro de um contexto relacional no qual as "tentativas de solução" se convertiam no problema. Portanto, o objetivo era romper os *patterns* rígidos e repetitivos com os quais se conectava o sintoma, de modo que surgissem novos *patterns* mais "funcionais".

2 - Já essa primeira distinção sugere uma profunda diferença: a psicanálise se interessava pelos aspectos semânticos da comunicação, pelos significados, metáforas, símbolos e, sobretudo, pelo pensamento, mais que pela ação, quando a tomada de consciência (*insight*) era o instrumento terapêutico por excelência. O enfoque estratégico-sistêmico, por sua vez, se baseava em aspectos pragmáticos e comportamentais, na ação mais que no pensamento, razão pelo qual entre os instrumentos terapêuticos mais importantes se usava a prescrição de comportamentos para mudar condutas não desejáveis. A teoria da "caixa preta" também confirmava esta distinção entre pensamento e ação (comportamento): segundo ela, um observador podia ver somente comportamentos e *patterns* comportamentais de conduta, mas não o que acontecia na cabeça das pessoas.

3 - No modelo psicodinâmico, o interesse principal do terapeuta consistia em explorar de que modos o cliente se relacionava consigo

---

(2) Destacamos o termo "eram" porque, com o tempo, ambos os modelos se modificaram.

mesmo, com os outros e, sobretudo, com o terapeuta (o *transfert*), modalidades que – segundo a teoria - refletem as relações do passado remoto com os "objetos primários", em particular os membros da família nuclear. Esse trabalho terapêutico, que tinha como finalidade resolver os conflitos inconscientes do passado conectados com as distorções transferidas para as relações do presente, fonte de angústia, de sofrimento e dos mais variados sintomas, encontrava obstáculos nas resistências do inconsciente, às quais o terapeuta devia dedicar tempo e uma atenção particular.

No modelo estratégico-sistêmico, ao contrário, o objetivo do terapeuta era, como já referimos, pedir ao cliente, em primeiro lugar, que definisse e decidisse quais problemas desejava resolver, e explorar todas as tentativas frustradas de solucioná-los já empregadas pelo próprio cliente e por pessoas significativas com as quais estava vinculado. O terapeuta ajudava, então, o cliente a alcançar seu objetivo através de uma série de intervenções estratégicas *ad hoc*, utilizadas ao longo de um breve período (de uma a dez sessões; em média, de quatro a seis). O desaparecimento dos sintomas era o único critério adotado para definir o final e o êxito da terapia. É importante sublinhar que nesse enfoque não se fazia distinção entre normalidade-patologia, e os problemas do cliente eram considerados simplesmente como da existência e – coerentemente com uma visão cibernética –, não eram atribuídas a eles outras causas senão as tentativas de solução que se haviam tornado parte do problema. Em outras palavras, o terapeuta estratégico-sistêmico não se ocupava dos diversos aspectos da pessoa como motivações, fantasias, pensamentos e emoções, nem do passado do cliente e sua história, mas exclusivamente do contexto atual das relações, no qual os *patterns* de comportamentos rígidos e repetitivos conectados ao sintoma tornavam-se o alvo (*target*) das intervenções estratégicas.

Características das terapias breves estratégicas eram o otimismo terapêutico, a visão positiva, o fato de se basear nos recursos do cliente e, sobretudo, o uso da posição de "não poder" (*one-down*), cujo maior mestre foi, talvez, Milton Erickson, o que permitia evitar as resistências, ou melhor, a sua formação.

4 - Na conclusão do confronto entre os dois modelos, desejamos realçar duas entre as diferenças mais importantes que então estavam presentes, em relação aos objetivos e ao tempo necessário para alcançá-los.

a) *Objetivos*: na terapia psicodinâmica, a função do terapeuta era explorar com o cliente conflitos particulares e temáticas ligadas a seus atuais sofrimentos e suas dificuldades, e como eles podiam ter sido criados e inseridos no centro da vida psíquica e relacional do sujeito. A relação terapeuta/cliente, a exploração conjunta e o *insight* representavam a modalidade e os instrumentos para resolver tais conflitos, e diferentemente do que ocorria no enfoque estratégico, os fatores específicos da terapia (atenção, empatia, confiança etc.) eram de importância fundamental. No modelo estratégico, como já foi dito, os objetivos do terapeuta eram os do cliente: libertar-se dos sintomas.

b) *Tempo*: não surpreende que o tempo necessário para a conclusão da terapia fosse mais longo no modelo psicodinâmico do que no estratégico-sistêmico, que geralmente não superava as dez sessões[3].

A diferente duração da terapia nos dois modelos pode ser atribuída, entre outras coisas, ao tempo que a psicoterapia psicodinâmica dedica a explorar as relações entre o passado e o presente, e entre o cliente e o terapeuta, colocando em segundo plano os sintomas ou os problemas apresentados. Isso obviamente requer mais tempo do que no modelo estratégico, no qual a ênfase recai exclusivamente na solução dos problemas que afetam o cliente no tempo presente.

Voltaremos a abordar esses dois temas – objetivos e tempo na terapia – no capítulo 2. Os casos clínicos tratados com o modelo estratégico-sistêmico serão vistos no capítulo 4.

Em 1975, verificou-se um acontecimento que mudou notavelmente nosso modo de pensar e de fazer terapia: a leitura, ou melhor, o estudo do livro *"Verso un'ecologia della mente"*, de Gregory Bateson (1972), que abriu novos horizontes. As tentativas de utilizar os princípios da epistemologia cibernética de Bateson levaram a modificar e enriquecer o modelo com vários elementos novos, que tiveram o efeito de nos fazer caminhar além do aspecto estratégico e desenvolver um modelo sistêmico "puro", que começou a ser conhecido como "o Modelo do Grupo de Milão". Em *"Os tempos do tempo"*, escrevemos:

---

(3) No modelo psicodinâmico da terapia aberta, o número de sessões, habitualmente de uma frequência semanal, pode ser de 50 a 100 ou mais, enquanto nas terapias psicodinâmicas breves a quantidade definida de sessões pode ser, segundo os autores, de 20 a 40 (ver Malan, 1976).

No que diz respeito às posições do Mental Research Institute de Palo Alto, os escritos originais de Bateson se adaptam a um pensamento sistêmico por sua vez mais puro e mais complexo. A distinção entre os mapas e o território, as categorias lógicas do conhecimento, o conceito da mente como sistema e do sistema como mente, a noção de epistemologia cibernética e a introdução da semântica assumiram uma posição central. A aplicação dessas ideias no campo clínico levou ao desenvolvimento de um novo método de coleta e elaboração das informações, e de intervenção nos sistemas humanos. Enunciaram-se três princípios para a condução da sessão: formulação de hipóteses, circularidade e neutralidade, que se tornaram o traço distintivo do modelo.[4] (Boscolo e Bertrando, 1993, p. 92)

Esta mudança radical de perspectiva conduziu a uma mudança nos objetivos da terapia; o interesse se deslocou dos sistemas e dos *patterns* de comportamento para as premissas epistemológicas e os sistemas de significado, do tempo presente para um marco temporal que compreendia passado, presente e futuro. O papel do terapeuta passou a ser o de criar um contexto de deutero-aprendizagem, no qual o cliente poderia encontrar suas próprias soluções. Os Capítulos 5 e 6 oferecem um estudo clínico da evolução dessa prática terapêutica e da sessão.

UM NOVO INTERESSE PELO INDIVÍDUO

Desde o início da década de 1980, observou-se uma convergência de interesses entre diversas abordagens terapêuticas. Alguns terapeutas que tradicionalmente haviam-se dedicado à terapia individual abriram-se também para a terapia de família e de casal (inspirando-se, em certos casos, na visão sistêmica). Como exemplo disso, vimos que psicanalistas, terapeutas cognitivos e ericksonianos demonstraram interesse pelas contribuições advindas da visão sistêmico-relacional na prática terapêutica, enquanto muitos terapeutas familiares sistêmicos, como acabamos de mencionar, por sua vez prestaram mais atenção ao indivíduo e às emoções. Essa evolução, no que concerne aos terapeutas

---

(4) Em 1979, Selvini e Prata deixaram o Centro e continuaram sua pesquisa com famílias e casais, desenvolvendo outras idéias e práticas diferentes das descritas nesse livro.

sistêmicos, foi possível graças à revolução epistemológica verificada com o advento da cibernética de segunda ordem e do pensamento construtivista, que colocaram o observador - isto é, o indivíduo - em primeiro plano. Em seguida, veio o pensamento construcionista, que foi além da dicotomia indivíduo-família; colocando a linguagem no centro de tudo. Hoje os terapeutas sistêmicos utilizam de modo cada vez mais amplo uma série de marcos estranhos à primeira cibernética (dos quais nos ocuparemos mais adiante), como a narrativa, a hermenêutica, a linguística e a teoria da conversação, que em certo sentido transcendem os limites entre o indivíduo e a família.

Naturalmente, não é somente da teoria que derivam as mudanças dos conceitos terapêuticos. Em nosso caso, também a nossa experiência como formadores de terapia sistêmica nos proporcionou novos estímulos. Assim, a segunda razão do nosso interesse pela terapia sistêmica individual veio de alunos que, durante os cursos de formação em terapia familiar sistêmica, às vezes apresentavam em supervisão casos de terapia individual tratados em seu contexto de trabalho. Os alunos diziam que frequentemente se viam obrigados, seja por exigência do serviço público nos quais trabalhavam, ou por necessidade financeira inerente à prática privada, a acompanhar seus pacientes em terapia individual, com maior número de sessões e com intervalos de tempo entre os encontros mais breves do que os usados na terapia de família.

Como ocorre frequentemente, uma vez exercitado o olhar, distinguem-se coisas que antes não eram vistas; assim, uma vez estimulado o nosso interesse, chegamos a notar, sempre com maior evidência, que em muitos casos, especialmente de adolescentes e jovens adultos, a Terapia Sistêmica Individual poderia ser indicada como terapia "de escolha", ou então poderia seguir a uma terapia de família, ou ainda ser realizada em paralelo com esta última.

Nesse ponto, tivemos a ideia de realizar uma pesquisa sobre a terapia individual e começamos a nos ocupar da vasta literatura sobre a matéria e, em particular, das analogias e diferenças atribuídas aos diferentes modelos teóricos. A investigação nos levou a individualizar alguns pontos salientes. Observamos que há um certo número de modelos terapêuticos, como os estratégicos, que não fazem distinção entre patologia e normalidade mas, ao contrário, entre problema e solução. Esses modelos, como já recordamos, baseiam-se no princípio de causalidade circular, que conecta o problema à solução. Os terapeutas que endossam essa modalidade descrevem o processo terapêutico como fundamentado sobre técnicas e estratégias que interferem no circuito recursivo problema-solução e, consequentemente, permitem uma solução para os problemas apresentados (*problem-solving*) em um tempo breve, de acordo com uma série de passos progressivos. Do ponto de vista do tempo, o horizonte temporal está centrado sobretudo no presente e no futuro. Essas terapias breves, caracterizadas pelo uso de técnicas específicas para a solução de determinados problemas, também foram definidas como "tecnológicas" (Goudsmit, 1992).

Um outro grupo de modelos terapêuticos, ao contrário, levava em consideração a *pessoa* como elemento central do processo terapêutico. O interesse principal não se volta para a solução dos problemas, mas para a mudança de premissas epistemológicas (Bateson, 1972), para a "visão de mundo" do cliente ou, em outros termos, para a mudança da história em que o cliente está imerso. Nestes casos, a técnica terapêutica é radicalmente diferente: é a técnica da *exploração*, na qual terapeuta e cliente não podem prever as mudanças que ocorrerão livremente dentro do diálogo, e somente *a posteriori* poderá ser expresso um parecer sobre o resultado da terapia (enquanto no primeiro caso o resultado é visível, e pode ser avaliado à medida que se caminha, com o desaparecimento progressivo dos problemas apresentados). Nas terapias centradas na pessoa, parecem ser particularmente relevantes os fatores terapêuticos específicos como a exploração, a empatia, a atenção e o calor humano do terapeuta. Frequentemente esses modelos se baseiam em um marco temporal que privilegia a relação presente-passado (como ocorre na psicanálise), ou então, a mais complexa relação passado-presente-futuro (como no modelo sistêmico que nós seguimos).

A esta altura, podemos dizer que nossas terapias sistêmicas individuais se inspiram sobretudo no segundo grupo de modelos. Todavia, devemos reconhecer que também a nós acontece, às vezes, empregar algumas técnicas testadas, pertencentes ao enfoque estratégico e de inspiração ericksoniana. Essas técnicas se mostraram capazes de resolver com inegável sucesso problemas específicos que afligem o cliente, especialmente nos casos em que os problemas atrapalhavam seriamente sua vida quotidiana e exerciam um efeito paralisante e incapacitante (por exemplo, em algumas fobias, nos ataques de pânico e em alguns distúrbios obsessivo-compulsivos).

Nos casos em que as técnicas usadas conduziram em tempo breve ao desaparecimento dos sintomas, será considerada a eventualidade de terminar a terapia ou de prossegui-la, seja por parte do terapeuta ou por parte do cliente. No caso de prosseguir, avançaremos na exploração conjunta da história do cliente, focalizando a atenção nos conflitos e temas significativos de sua vida, de modo a chegar, assim – utilizando uma terminologia pós-moderna –, ao aparecimento de histórias alternativas que não exigem um preço tão alto, em termos de incômodos e sofrimentos.

Damo-nos conta de que estas considerações subentendem uma contradição, no uso das duas modalidades terapêuticas descritas acima. Mas evitá-las, escolhendo um dos modelos com exclusão do outro, seria, a nosso ver, limitativo. Por que abandonar uma modalidade de trabalho que, em certo número de casos, mostrou-se simples e eficaz, e que nos deu não pouca satisfação em determinado período de nosso trabalho clínico e de pesquisa?

Aqui, podemos expressar a opinião, compartilhada por muitos, de que o mesmo modelo não seja o *optimum* para todos os casos tratados: há situações que parecem responder melhor a um modelo de terapia breve baseada no *problem-solving* (capítulo 4) do que a um modelo que proponha mudar a visão do mundo ou a história de um cliente. Por exemplo, tratando-se de pessoas que na vida enfrentam uma crise transitória, uma terapia a longo prazo pode ter o efeito iatrogênico de confirmar uma profecia que se autorrealiza, primeiro pelo terapeuta e, depois, pelo cliente, segundo a qual um longo período de terapia é absolutamente necessário, quando, ao contrário, para conseguir a superação da crise, pode ser suficiente uma intervenção breve sobre os sintomas.

MUNDO INTERNO E MUNDO EXTERNO

Obviamente, o novo interesse pelo indivíduo exigia uma reformulação da teoria e da praxe terapêutica para quem atuava principalmente no campo da terapia familiar. Por muitos anos, os terapeutas de família se ocuparam do contexto relacional mais significativo do indivíduo, isto é, a família, persuadidos de que para mudar uma pessoa bastaria mudar as relações familiares. Os processos internos do indivíduo eram intencionalmente deixados de lado, seja por sua indeterminação e complexidade, seja por sua duvidosa utilidade, já que os problemas apresentados pelos clientes eram atribuídos a causas externas (relacionais), e não a causas internas. As razões de tal fechamento sobre o indivíduo e seu mundo interno poderiam ser atribuídas, em nossa opinião, à conhecida teoria da "caixa preta" (Watzlawich *et alii*, 1967), e ainda ao fato de se ter colocado em primeiro plano – especialmente por parte do grupo de Milão – o aspecto holístico do pensamento de Gregory Bateson: aquele que se refere à mente como unidade imanente no ecossistema, em prejuízo da outra parte, que se ocupa do mundo interno do indivíduo, da importância do inconsciente e das emoções (Bateson, 1972).

Escreve Bateson:

> A mente do indivíduo é imanente, mas não somente no corpo físico, e também nos canais e mensagens externos ao corpo; e ali existe uma Mente mais ampla da qual a mente individual é apenas um subsistema. [...] A psicologia freudiana ampliou o conceito de mente para dentro, até incluir todo o sistema de comunicação no interior do corpo. [...] O que estou dizendo dilata a mente para o exterior. E todas estas duas variações reduzem o âmbito do Eu consciente. (p. 479-480)[5]

Uma mensagem ainda mais forte, e que revela a paixão imanentista de Bateson e sua oposição a todas as dicotomias, que tanta influência teve e tem em nosso modo de pensar e de atuar, é o que se segue:

> É a tentativa de *separar* o intelecto da emoção que é monstruosa, e na minha opinião é igualmente monstruoso (e perigoso) tentar separar a mente externa da interna, ou a mente do corpo. (p. 482)

Em nossa trajetória teórica dos últimos anos, tais considerações assumiram uma posição central e nos levaram a prestar particular atenção ao mundo interno do terapeuta (auto-reflexão), à conexão entre suas diferentes experiências teóricas e práticas (ver adiante a secção "O dito e o não-dito" e "Uma perspectiva epigenética"), ao mundo interno

---

(5) Para aprofundar nas ideias de Batseon sobre o *self*, o inconsciente e a relação terapêutica, ver capítulo 2.

do cliente e, finalmente, à relação entre os mundos e os diferentes sistemas de referência nos quais estão imersos.

Alguns terapeutas sistêmicos de família utilizaram conceitos psicodinâmicos ao conectar o mundo interno com o mundo externo do indivíduo. Segundo Breunlin e colaboradores (1992), os terapeutas que buscaram integrar as duas perspectivas recorreram sobretudo à teoria das relações objetuais, enquanto esta abandonava o conceito freudiano de pulsões em favor da interiorização de objetos externos e relações, adquirindo, assim, uma perspectiva mais compatível com as teorias relacionais ligadas às terapias familiares (Nichols, 1987; Scharff, Scharff, 1987). Todavia, eles advertem que a teoria das relações objetuais ainda contém em excesso aquelas teses sobre *déficit* individual e patologia, que tiveram o efeito de distanciar da psicanálise os pioneiros da terapia familiar.

Nós estamos de acordo com as conclusões, mas também nos sentimos próximos a alguns conceitos do famoso psicanalista Ronald Laing, um dos poucos que, na década de 1960, se interessou pelas teorias e terapias sistêmicas. Em seu livro *"A política da família"* (1969), Laing distingue a família real da "família" interiorizada, simbolizada pelo uso das aspas. A ideia de base é que a "família" é um conjunto complexo de relações: não se interiorizam elementos (objetos) isolados, mas as relações entre eles.

> Os elementos podem ser pessoas, coisas, objetos parciais. Interiorizam-se os progenitores como íntimos ou estranhos, juntos ou separados, próximos ou distantes, em uma relação de amor, de conflito etc. [...] Os membros da família podem sentir-se mais ou menos incluídos ou excluídos em relação a uma parte da família ou, então, em relação a toda a família. (p. 6)

Em nossa opinião, este último aspecto é comprovável em regra nos casos de patologia grave, como nas psicoses, caracterizadas por um sentido de diversidade e de estranheza. Outro conceito de Laing que é significativo para nós, enquanto se refere aos parâmetros de tempo e espaço – dos quais nos ocupamos em nossas pesquisas recentes – é o que se segue:

A família interiorizada é um sistema espaço-temporal. O que se interioriza como "próximo" ou "longe", "unido" ou "desunido", não está representado somente pelas relações espaciais. Sempre está presente uma sequência temporal. [...] Como diria Sartre, a família funda sua própria unidade sobre a interiorização recíproca, por parte de cada um de seus membros, das interiorizações dos demais. (p. 7)

Dois conceitos essenciais do pensamento de Laing são os de interiorização e transformação-exteriorização (projeção). A interiorização consiste na assunção do mundo externo para o mundo interno dos esquemas de relações. No que concerne ao conceito de transformação e exteriorização, o autor se concentra na relação entre o eu do indivíduo e a família interiorizada: a pessoa tende a projetar para o exterior a "família introjetada" (desde então Laing considerava necessários os estudos integrados sobre a família real e a "família" interiorizada).

Nos indivíduos gravemente perturbados se adverte que as estruturas que podem ser consideradas delirantes estão conectadas, de maneira ainda reconhecível, a situações familiares. A re-projeção da "família" não consiste simplesmente em projetar um objeto "interno" sobre uma pessoa externa. Trata-se da superposição de um conjunto de relações sobre outro: os dois conjuntos podem corresponder em maior ou menor medida. Somente nos casos em que os conjuntos sejam suficientemente discordantes aos olhos dos outros, a situação é vista como psicótica. Em outras palavras, a situação não se considera psicótica *em si mesma*. (p. 12)

Essa leitura de Laing produziu em nós uma agradável emoção, como se fosse a redescoberta de algo familiar que de algum modo conhecíamos, ainda sem o ter tido bem presente na consciência. Como noções que estavam latentes em nossa memória e que faziam parte do "não-dito". Segundo uma perspectiva epigenética, o pensamento de outros autores, que sucessivamente se ocuparam dos problemas da relação entre o *self* e o mundo externo, nos fez esquecer Laing que, no entanto, ainda hoje nos parece muito incisivo.

O construtivismo, e ainda em maior medida o construcionismo, colocaram em crise o conceito de *self* como unidade monolítica e favoreceram uma visão do *self* como comunidade (Gardner, 1993; Minsky, 1985). Varela (1985), por exemplo, crê que seja mais apropriado falar dos "*self*" no plural (*selves* no lugar de *self*).

Uma concepção peculiar é a de Schwartz (ver Breunlin *et alii*, 1992), que desenvolveu um modelo denominado IFS (*Internal Family System*), segundo o qual a mente, em vez de ser entidade unitária, é um conjunto de "sub-mentes ou sub-personalidades", conectadas entre si, mas com relativa autonomia. Além desses conjuntos de partes, a pessoa tem um *self*, uma entidade de nível diferente do das partes, cuja função é "dirigir" as partes internas como um maestro de orquestra dirige os músicos. Segundo essa complicada teoria, o *self* não se desenvolve através de estágios nem representa o resultado de uma introjeção, mas está presente desde o começo com todas as suas capacidades de guia das sub-personalidades. O objetivo da terapia seria ajudar o cliente a reorganizar seus sistemas internos, a fim de que o *self* cumpra sua função de guia e as outras partes colaborem com ele. Todavia, o modelo nos parece bem mais concretista, cheio do que Bateson teria definido como "princípios dormitivos".

Karl Tomm (1995) propôs um modelo que apresenta alguns pontos de convergência com o de Laing, mas dentro de um marco diferente, o construcionismo social. Na prática terapêutica de Tomm, presta-se muita atenção ao *self* como comunidade de outros *self* internalizados, revelando uma concepção pluralista e múltipla. Ao mesmo tempo, segundo o autor, a identidade do indivíduo se difunde na comunidade por meio de suas interiorizações presentes nas pessoas que o rodeiam. Dessa maneira, a dialética entre mundo interno e mundo externo se complexifica em uma visão batesoniana, na qual o *self* poderia se "colocar" nos circuitos reflexivos que unem os diversos mundos internos e externos em uma comunidade.

No que nos diz respeito, no diálogo terapêutico preferimos usar a metáfora das "vozes" internas, que cada um tem dentro de si, e que derivam da interiorização das relações com as pessoas mais significativas de nossa vida. Dessa maneira, podemos formular hipóteses sobre as vozes internas do cliente e sobre suas características; elas poderão ser predominantemente negativas ou positivas, e referir-se a uma ou várias pessoas significativas na vida do cliente, e assim sucessivamente. Essa perspectiva nos permite criar no diálogo uma dialética a três: terapeuta, cliente e vozes internas. Ocupar-nos-emos mais amplamente desse procedimento no Capítulo 3 e na discussão dos casos clínicos da segunda parte (ver, sobretudo, os casos de Luciano M. e de Nancy B).

EVOLUÇÃO DA TEORIA E DA PRÁTICA SISTÊMICA

Como lhes recordamos várias vezes, o novo interesse pelo indivíduo e seu mundo interno está inscrito em uma evolução mais geral da teoria e da prática sistêmica, que começou nos anos 80. Desde a década de 1960 até meados da década de 1980, o modelo sistêmico-cibernético introduzido por Gregory Bateson e seus colaboradores tinha inspirado o trabalho da maioria dos terapeutas de família e de casal. Com o passar dos anos, a cibernética, núcleo central (ainda que não o único) da terapia sistêmica, experimentou uma série de vicissitudes.

> O campo da cibernética progrediu mais do que qualquer outro setor da ciência através de "saltos". Cada novo salto significou o desenvolvimento de novas ideias, novos conceitos e novos temas dominantes. Por sua vez, cada desenvolvimento fez sentir seus efeitos sobre a linguagem e o pensamento nos campos influenciados pela cibernética, como a terapia familiar. (Sluzki, 1986, p. 1)

A referência para as primeiras terapias sistêmicas era a primeira cibernética, que depois se definiu como "cibernética de primeira ordem", baseada no pressuposto de que era possível separar o sistema observado do observante. A primeira cibernética, baseada em mecanismos de controle (Wiener, 1948), estava centrada no conceito de retroalimentação (*feedback*) negativa e em seus processos de redução dos desvios, e se interessava sobretudo pelo modo como os sistemas mantinham sua estabilidade, compensando os desvios com mecanismos retroativos (homeostase ou morfostase). Em um segundo momento, introduziu-se uma "segunda cibernética", mais apta a ser aplicada aos sistemas vivos (Maruyama, 1963) e centrada, ao contrário, no modo como os sistemas modificam sua própria organização mediante processos de amplificação de desvio e, portanto, de retroalimentação positiva (morfogênese).

As ideias acima mencionadas serviram de estímulo a diversos grupos de terapeutas. Alguns desses grupos se ocuparam exclusivamente das terapias de família e de casal, e entre eles se destacou o grupo de Milão por sua inspiração no pensamento de Gregory Bateson e por seu "purismo sistêmico", centrado nos jogos familiares, isto é, em modalidades organizativas específicas do sistema familiar. As intervenções terapêuticas sobre o indivíduo isolado aconteciam somente em casos excepcionais, quando não era possível convocar a família (Selvini Palazzoli *et alii*, 1975). Outros, em particular o grupo MRI (Watzlawick *et alii*, 1973), inspirados sobretudo nas ideias e nas técnicas terapêuticas originais de Milton Erickson, orientaram-se para as terapias individuais breves, nas quais o indivíduo era observado dentro do sistema significativo conectado com o problema apresentado[6]. Um terapeuta típico do MRI procurava interromper os *patterns* relacionais conectados com os problemas apresentados valendo-se de técnicas como a prescrição do sintoma, o paradoxo, as prescrições comportamentais, o re-enquadramento (*reframing*). E, coerentemente com uma perspectiva sistêmico-cibernética, operava de modo a fazer emergir novos e mais desejáveis *patterns*.

Na década de 1980, verificaram-se algumas mutações essenciais nas terapias sistêmicas, de modo a restituir plenamente ao indivíduo o papel que lhe havia sido negado no período anterior. Além disso, entrou em crise a teoria da "caixa preta", segundo a qual um observador poderia advertir somente os *inputs* e *outputs*, ou seja, as relações que conectam as pessoas. Os primeiros terapeutas de família haviam aderido à teoria da caixa preta principalmente para eliminar a complexidade derivada das teorias da personalidade, em particular da teoria psicanalítica que havia influenciado notavelmente ou, em outras palavras, monopolizado o campo da psicoterapia. Entretanto, ocupar-

---

(6) Depois das contribuições do pensamento construtivista, o enfoque estratégico se modificou parcialmente: "Parte-se da convicção de que o transtorno psíquico e de comportamento é causado pela percepção que o sujeito tem da realidade, ou seja, do ponto de vista da observação que faz em relação a como este percebe (ou em outras palavras, *constrói*) uma realidade ante à qual reage com uma mudança disfuncional ou, como se pode dizer, "psicopatológico" (Nardone e Watzlawick, 1994, p. 27). O foco da atenção do terapeuta estratégico é a relação ou, em outras palavras, as relações interdependentes que cada um vive consigo mesmo, com os outros e com o mundo. O objetivo é seu bom funcionamento, não em termos de normalidade geral e absoluto, mas do todo pessoal, e é diferente de um indivíduo para outro e de um contexto para outro" (ibid., p. 26).

se das "relações entre os elementos internos dentro de um limite", levando em consideração a mais simples definição de sistema – no qual os elementos correspondem a pessoas, cujas motivações, fantasias e emoções deviam ser ignoradas –, cheirava a reducionismo. Isso aproximava o terapeuta sistêmico do terapeuta comportamental: ambos compartilham de uma visão do homem desprovida de referências intrapsíquicas. A este propósito, Douglas C. Breunlin e colaboradores (1992) sustentam que:

> É verdade que, enquanto se esforçavam para desenvolver seu "mapa" do território inexplorado dos processos familiares, os pioneiros da terapia de família tinham necessidade de se concentrar exclusivamente nas interações externas, e não podiam permitir que fossem distraídos ou confundidos pelos esforços de incorporar em suas formulações as dinâmicas internas de cada membro da família. (p. 57)

Insistem, também, em que o interesse pela terapia de família era a expressão de uma reação frente aos fracassos e ao pessimismo terapêutico dos modelos que se inspiravam nos processos intrapsíquicos, e correspondia à busca de um modo prático, mais breve e mais otimista, de fazer terapia.

> Parece que, para se diferenciar do *establishment* dos terapeutas individuais, do qual provinham muitos pioneiros da terapia de família, eles se concentraram nos processos "externos", encontrando justificativa na descoberta da importância do contexto externo, persuadindo-se de que fosse suficiente mudar as relações da família para modificar a vida de seus membros. (pp. 58-59)

A conclusão a que chegaram os autores citados é que, não havendo razões particulares na teoria sistêmico-cibernética para excluir os processos internos, é possível expandir a visão sobre os sistemas humanos, incluindo tanto os processos externos quanto os internos.

Neste ponto surgiu um importante problema: com que modelo teórico deveria ser visto o indivíduo? Era suficiente recorrer ao modelo sistêmico construído e provado pelos terapeutas de família, mesmo para compreender o indivíduo e sua psique? Segundo alguns autores, assim era. Por exemplo, o grupo do MRI, apesar de se ter beneficiado ao adotar o ponto de vista construtivista, não enfrentou sérias revoluções nem abalos teóricos, e prosseguiu por sua estrada. Para aqueles terapeutas não existia uma diferença substancial entre trabalhar com o indivíduo ou com a família; mesmo quando trabalhavam com o indivíduo, o objetivo era sempre o mesmo, isto é, a eliminação dos *patterns* relacionais ligados ao problema, evitando cuidadosamente ocupar-se da pessoa, de sua história, suas fantasias, emoções e premissas.

Para outros autores, a transição do trabalho com a família para o trabalho com o indivíduo foi mais problemática. O modelo sistêmico, nascido junto com a terapia de família e por longo tempo identificado com ela, não parecia ter um grau de complexidade suficiente para explicar os processos intrapsíquicos individuais e coletivos, ainda que, como se verá no capítulo II, o pensamento de Bateson sobre o *self*, o inconsciente e as metáforas era perfeitamente adequado para proporcionar tal suporte teórico. Alguns autores, de fato, decidiram adotar teorias desenvolvidas no estudo do indivíduo, já consolidadas no interior de outras disciplinas ou modalidades terapêuticas, utilizando, em suas diferentes formulações, conceitos procedentes da psicodinâmica, do cognitivismo e da teoria das construções mentais de Kelly[7].

Uma evolução interessante dentro do modelo sistêmico é a representada por Steve De Shazer (1985, 1988, 1991), inicialmente inspirado no grupo do MRI, que recentemente enriqueceu seu próprio modelo com as contribuições do pensamento pós-estruturalista e da linguística, centrando seu interesse na linguagem, em particular os jogos linguísticos de Wittgenstein. Para De Shazer, assim como para outros autores que, no entanto, optaram pelo construcionismo social, a revolução construtivista não foi suficientemente revolucionária por manter certa dicotomia entre sujeito e objeto.

---

(7) Durante muitos, anos tivemos a ilusão de termos sido puristas do sistema, ocupando-nos dos *patterns*, das relações, das redes etc., deixando à sombra os elementos dos sistemas dos quais nos ocupávamos, os indivíduos. Como já foi dito, depois de terem estado por longo tempo expostos a uma teoria "forte" como a psicanálise e, no que nos diz respeito, depois de ter conduzido muitas análises clássicas e psicoterapias individuais dinâmicas, essas experiências e conhecimentos não poderiam deixar de ter um efeito significativo em nosso modo de conceber e praticar a terapia sistêmica. Chamaremos a esse efeito o "não dito": às vezes o terapeuta está consciente de uma pequena parte dele, mas ignora o restante.

No pensamento pós-estruturalista, em contraste com o estruturalista, a linguagem constitui o mundo humano [...], o mundo é visto como uma linguagem [...], nosso mundo, nosso contexto social é considerado como criado a partir da linguagem, das palavras [...]. O construtivismo radical de Von Glasersfeld não é suficientemente radical; mais uma vez, isso parece distinguir o limite metodológico em torno do cliente, que é um sujeito que conhece [...].

Requer-se um construtivismo *interacional*[8] mais radical quando o limite metodológico é traçado em torno da situação terapêutica. Uma teoria social ou interacional do conhecimento, como a desenvolvida por Wittgenstein e os pós-estruturalistas, mostra-se mais útil para descrever o que ocorre dentro de um contexto particular. (De Shazer, 1991, pp. 45-8)

A este propósito, é necessário dizer que nos últimos dez anos as novas teorias baseadas na centralidade da linguagem, na hermenêutica e no construcionismo social permitiram conectar o indivíduo com o grupo. Essas teorias se distinguem por sua elegância, simplicidade e, ao mesmo tempo, pela criatividade com que enfrentaram os problemas da complexidade. Alguns conhecidos terapeutas abandonaram, em maior ou menor grau, a terapia sistêmico-cibernética e abraçaram com entusiasmo as novas teorias (Lynn Hoffman, Harry Goolishian, Tom Andersen, Harlene Anderson); outros autores, mesmo inspirando-se ainda no modelo sistêmico, centraram seu interesse na narrativa e enriqueceram seu próprio pensamento com as contribuições de Foucault ou Derrida (Michael White, David Epston).

No que nos diz respeito, em *"Os tempos do tempo - Uma nova perspectiva para a consulta e a terapia sistêmica"* (Boscolo e Bertrando, 1993), descrevemos nossa evolução mais recente que, mesmo conservando uma moldura sistêmico-cibernético (cibernética de segunda ordem), se enriqueceu com as contribuições dos estudos sobre a linguagem e a narrativa[9]. Por isso, acreditamos ser importante expor em detalhes essa evolução do pensamento sistêmico que surge da cibernética de segunda ordem e do construtivismo.

(8) Par ece-nos muito árduo sustentar a distinção entre construtivismo de interação radical e construcionismo social!

(9) Em 1990, iniciamos uma pesquisa sobre a linguagem e a mudança e publicamos um primeiro artigo sobre as "palavras-chave" na terapia que se inspira, em parte, na teoria dos jogos linguísticos (Boscolo e outros, 1991).

Cibernética de segunda ordem e construtivismo

No início da década de 1980, Heinz von Foerster (1982) introduziu o conceito da cibernética de segunda ordem, definida também como cibernética dos sistemas observantes ou cibernética da cibernética: ela se situa em um nível diferente em relação à cibernética de primeira ordem, a qual, de algum modo, incorpora. É uma cibernética de autorreflexividade, na qual o foco de interesse é o próprio observador que, com seus preconceitos, teorias e sensibilidade, constrói e descreve a "realidade" observada[10].

A cibernética de segunda ordem e o pensamento construtivista adquiriram notável importância ao dirigir a atenção para o sistema homem. Maturana e Varela foram, juntamente com Von Foerster e Von Glasersfeld, os autores mais conhecidos e influentes na introdução do pensamento construtivista no campo da terapia familiar. Eles colocaram no centro o observador que, através de um processo de distinção, fez emergir (*brings forward*) os sistemas do fundo, primeiro passo para a construção da realidade na qual está imerso. A "realidade" é co-construída na linguagem através do consenso e, como afirmou Maturana, há tantas "realidades" quantas são as linguagens: ou seja, não vivemos em um universo mas em um multiverso. O impacto de tal mudança epistemológica foi notável: a atenção se deslocou do sistema observado para o sistema observante; de "descobrir" uma realidade externa para "inventar" a realidade; da assim chamada visão objetiva para a reflexividade e a autorreferência.

Primeiramente, o fulcro da atenção e da intervenção era o que considerávamos *sistema significativo* conectado ao problema apresentado, que compreendia o paciente designado, a família vista em uma moldura trigeracional, a pessoa que o encaminhou e outros eventuais profissionais ou serviços sóciosanitários, além da complexa rede de relações que os conectava. Originalmente, o conceito de sistema significativo se referia às pessoas em relação ao problema apresentado ou, em outras palavras, ao indivíduo e aos sistemas com os quais estava ligado. Agora, com a cibernética de segunda ordem e o

---

(10)Consultar: Bocchi e Ceruti (1985); Maturana e Varela (1980, 1984); Von Foerster (1982); Von Glasersfeld (1984, 1987); Hoffman (1988); Watzlawick (1984).

construtivismo, o sistema significativo passava a incluir, além das pessoas, as ideias e os significados conexos aos problemas apresentados, da maneira como são vistos e descritos pelo observador, e também, acima de tudo, o próprio observador, cujas descrições estão inevitavelmente condicionadas por seus preconceitos e suas teorias.

No período da primeira cibernética, a partir de uma posição externa, o observador destacava a modalidade organizativa do sistema observado. Esse conceito, transferido para nossa linguagem terapêutica, conduzia – com base em uma visão normativa – à busca (e descobrimento) de disfunções e patologias, mas também ao uso de intervenções capazes de mudar a organização patológica do sistema. Na cibernética de segunda ordem, o observador está conectado recursivamente ao sistema observado, e seus preconceitos e teorias entram em suas descrições e explicações, conduzindo, dessa maneira, à construção (ou invenção) da realidade observada. O conceito de conhecimento objetivo desaparece para dar lugar ao conhecimento construído através da autorreflexividade. Os sistemas vivos chegam a assumir as características de sistemas autônomos e auto-organizantes.

Em seguida a essa revolução epistemológica, o conceito *batesoniano* de que o mapa não é o território – no sentido de que a realidade (território) existe, mas é construída de maneira idiossincrática, em relação aos limites de nossos sentidos e nossas premissas – é agora rejeitado: o mapa **é** o território (Von Foerster, 1982), no sentido de que ele é tudo o que conhecemos do território e constitui a nossa "realidade".

Segundo Maturana e Varela (1980), o homem deve ser considerado como um sistema autopoiético (gerador de si mesmo). Sendo o sistema nervoso operacionalmente fechado, não é possível distinguir as ilusões das percepções e, portanto, a objetividade deve ser colocada entre parênteses. Em consequência, um observador não tem nenhuma base para sustentar a existência de objetos ou relações independentemente do que ele faz. O notável aforismo de Maturana (1970) - "tudo o que é dito, é dito por um observador" - sublinha uma posição construtivista, segundo a qual não é possível fazer referência à realidade ou à verdade objetiva para escolher entre uma descrição e outra. A partir do momento em que falta um ponto de apoio externo para decidir sobre a verdade, é possível somente basear-se na multiplicidade das realidades (multiversos) que emergem na linguagem através do consenso (Mendez e outros, 1988).

Se, de um lado, essas ideias abriram o horizonte à multiplicidade dos pontos de vista, elas também introduziram certo relativismo, considerando as versões da realidade do cliente e do terapeuta como igualmente válidas, deixando na sombra todos os diagnósticos e as tipologias utilizadas nos modelos terapêuticos baseados na separação entre observador e observado. Isso suscitou críticas de diversos setores (Minuchin, 1991; Speed, 1991), algumas mais bem enérgicas, como a de Elsa Jones (1993), que escreve:

> Fez-se uma transposição muito apressada e irreflexiva do mundo da biologia ou das máquinas ao dos seres humanos com sua complexa rede de relações [...] Ao reconhecer a inevitável subjetividade do conhecimento, as posições do construtivismo radical adotadas pelos terapeutas conduzem a um enfoque terapêutico amoral do tipo "tudo está bem", que nega a responsabilidade do terapeuta por suas ações e ignora a realidade de injustiça e violência, bem como o contexto no qual vivem as "unidades autopoiéticas individuais. (p. 25)

Há outros autores que, mesmo inspirando-se no construtivismo (Efran e Clarfield, 1992), rejeitam a posição relativista ("tudo está bem") e não intervencionista. Eles criticam aqueles teóricos construtivistas que, no lugar de assumir a responsabilidade de adotar uma posição quando é necessário, ou de usar livremente suas hipóteses, limitam-se a respeitar os pontos de vista de todos os participantes do diálogo.

> Atuar como se todos os pontos de vista fossem iguais e nós, os terapeutas, não tivéssemos nossos favoritos entre eles, enfraquece os intercâmbios abertos que desejamos e esperamos ter com nossos clientes. Essa é uma atitude paternalista para com eles, comprometendo nossa integridade e tratando o diálogo aberto como se fosse uma espécie em perigo de extinção que necessita de ambientes protegidos. (Efran e Clarfield, 1992, p. 208)

Um conceito que teve boa acolhida no campo da terapia é o de "interação não instrutiva" [*non instructive interaction*] (Maturana e Varela, 1984). Esse termo indica que as interações entre os sistemas viventes não podem conduzir à mudança direta dos sistemas interagentes mas, simplesmente, a uma perturbação na qual cada sistema responde segundo sua própria estrutura, que por sua vez está em relação com a história do próprio sistema (determinismo estrutural). Como o indivíduo está estruturalmente determinado, ele necessariamente responde às perturbações induzidas pelo terapeuta de uma maneira coerente com sua estrutura, e não com as intenções do terapeuta. Portanto, não sendo possível a interação instrutiva, a única possibilidade que o terapeuta tem de estabelecer qual significado dá o cliente a suas palavras e a seus gestos, é a observação atenta dos *feedbacks*, especialmente os não verbais (ver o princípio de circularidade na condução da sessão, capítulo 3)[11].

Ainda que os terapeutas não possam garantir o efeito que suas comunicações terão sobre os clientes, "isso não significa necessariamente que devam renunciar ao que Maturana define como sua 'paixão pela mudança', ou à sua intencionalidade ou atividade em relação aos clientes; significa simplesmente que eles devem aceitar o fato de que não podem predizer completamente nem determinar as respostas dos clientes" (Jones, 1993, p. 25).

Um último ponto que nos interessa desenvolver diz respeito à ideia de Maturana sobre o indivíduo visto como sistema auto-poético (auto-gerador) autônomo, localizado em uma "encruzilhada" (*crossroad*) de inumeráveis sistemas de pessoas, significados e emoções, com os quais se pode conectar de diversos formas (por exemplo, um cliente pode estar ligado a seus amigos ou a seus interesses mais do que à sua família). Isso explica como, na terapia, uma mudança nas relações familiares não provoque necessariamente uma mudança significativa no assim chamado paciente designado, contrariamente a tudo que se poderia esperar segundo a concepção holística de Bateson. Para nós, esse conceito teve uma importância particular porque nos dissuadiu de ficar presos terapeuticamente ao sistema familiar, em especial nos casos em que um membro (por exemplo, o membro psicótico), diferentemente dos outros, não experimentava mudanças, o que facilitou a abertura e a revalorização do sistema indivíduo como sistema autônomo.

---

(11) Essa ideia induz o terapeuta a prestar atenção primeiro no cliente e, em seguida, em si mesmo, o que exerce um efeito saudável sobre seu egocentrismo e seu narcisismo.

Como consequência do advento do construtivismo e da cibernética de segunda ordem, adquiriu uma posição central o conceito de autorreflexividade, de diálogo interno do indivíduo consigo mesmo, e a tomada de consciência dos próprios preconceitos e teorias como "lentes", através das quais se vê e se compreende o Outro e o ambiente circundante. Essa importante mudança epistemológica ampliou e aprofundou os efeitos da abertura da "caixa preta" ocorrida quase dez anos antes, favorecendo a transição de uma visão reducionista – baseada na importância dos *patterns* de conduta – a uma visão de maior complexidade e abertura, mas também para o mundo interno do indivíduo, suas histórias, seus significados e suas emoções.

A propósito das emoções, também se pode dizer que, nos períodos precedentes, elas tinham permanecido bem mais periféricas na consideração dos terapeutas sistêmicos, já que no processo de formulação e avaliação das hipóteses prevaleciam claramente as considerações sobre os sistemas cognitivos e de significado. Agora, o interesse pela autorreflexão e pelo mundo interno conduziu ao redescobrimento e à valoração das emoções e de suas relações com os pensamentos e os significados.

Esta nova atenção às emoções do indivíduo, juntamente com as contribuições teóricas antes mencionadas, facilitou a saída da dicotomia indivíduo-sistema (ou indivíduo-relação), permitindo conectar o nível da experiência e do sofrimento individual ao da descrição e explicação sistêmica, as emoções às cognições, o mundo externo ao mundo interno, ampliando assim, os horizontes do modelo de uma visão reducionista dos problemas apresentados para a complexidade dos sistemas linguísticos, das emoções e dos significados dos quais emergem.

A visão pós-moderna

Tudo o que descrevemos até agora pode ser inserido em um marco cultural mais amplo: o da visão pós-moderna (Gergen, 1991a; Rosenau, 1992), um modo de pensar que influenciou as mais variadas disciplinas, incluindo a terapia (O'Hara e Anderson, 1991; Gergen, 1991b; Doherty, 1991). Antes de continuar, gostaríamos de esclarecer os pontos de contato e as diferenças entre nossa visão teórica atual e a visão pós-moderna.

Varela, Thompson e Rosch (1991) definem o pós-modernismo como caracterizado por "uma ausência de fundamentos", que eles associam, seja às novas vertentes da hermenêutica, da filosofia, dos mundos possíveis de Goodman (1978) e do neopragmatismo de Rorty (1979), seja ao êxito de correntes filosóficas que remontam a Nietzsche e Heidegger. Essas correntes foram levadas ao extremo pelo desconstrucionismo de Derrida e pelo pensamento débil de Vattimo. Em todo caso, trata-se de superar (negar) as grandes narrações que deram lugar ao modernismo. De acordo com os autores citados, esse movimento foi convalidado pelos resultados das ciências cognitivas, pelas tendências mais recentes da neurociência, que colocaram em dúvida não somente o mundo "objetivo", mas também o próprio conceito de um *"self"* subjetivo, estável e definido.

O pensamento pós-moderno rejeita as metanarrações, termo com o qual são identificados os sistemas globais que se apresentam como absolutos e "verdadeiros". Para os pós-modernos, que em cada teoria e em cada sistema de pensamento não veem nada mais que uma narração, é mais importante concentrar-se nas narrações locais e tradicionais ou nas micronarrativas que se apresentam como simples histórias, sem pretensão de verdade absoluta nem à universalidade. O pós-modernismo substitui a História única e progressiva pela "genealogia" (Foucault, 1966), um processo fluido que acolhe não somente as grandes histórias, mas também o que é disperso, marginal, *alternativo* (é nesta ideia de genealogia que White e Epston [1989] se inspiraram para definir a terapia como recuperação dos "resultados únicos" e criação de "histórias alternativas").

O pós-modernismo se arrisca, assim, a aceitar todas as narrativas (todos os pontos de vista). Ele se nega a julgar os pontos de vista como melhores ou piores, abandonando o conceito "moderno" de verdade. Nesse contexto, não existe uma verdade que tenha valor absoluto, mas verdades que têm um valor e uma validade *local*, dentro de seu próprio paradigma ou, melhor ainda, dentro da comunidade que as promulgou. É o que Rosenau (1992) define como uma visão contextual da verdade. E também é a posição de completo relativismo que Jones (1993) considera um tanto perigosa no campo terapêutico, se levada até suas últimas consequências.

Também o "sujeito", o indivíduo, já não é visto pelos pós-modernos como o mesmo grau de identidade e solidez que o sujeito moderno. A crise das ideologias, a multiplicação dos modelos de vida individual, do casal, da família e do grupo, mas também – e sobretudo – o fluxo quotidiano de informações, significados e modelos de vida, que provêm de meios de comunicação em massa cada vez mais invasivos e totalitários, entre os quais a televisão ocupa o primeiro lugar, submetem o *"self"* do homem contemporâneo a um permanente bombardeio. Disso derivam efeitos frequentemente negativos para o desenvolvimento de sua identidade, que muitas vezes se torna difusa, múltipla, "saturada" (Gergen, 1991a) pelas infinitas mensagens que lhe chegam do ambiente. Às vezes, não se contrapõe uma apropriada seleção ou integração, e as mensagens são acolhidas no mesmo espírito com o qual um bulímico se aproxima do alimento.

Dessa maneira, o sujeito pós-moderno se caracteriza pela ausência de uma forte identidade individual. Também neste caso, o pós-modernismo leva até as suas últimas consequências as ideias sobre a multiplicidade do *self* que vimos emergir em diferentes contextos, a partir da própria psicanálise: "Esse afilhado de Freud, um sujeito caracterizado pela fragmentação, carece de autoconhecimento e não tem pretensões de autoconsciência. É um indivíduo flutuante, sem pontos de referência nem parâmetros claros". (Rosenau, 1992, p. 54) Um exemplo convincente seria o transtorno conhecido como personalidade *borderline*. Todavia, deve-se destacar, até mesmo para não atribuir um traço demoníaco ao período em que estamos vivendo, que alguns sujeitos que se atrevem a controlar, selecionar e conectar com sucesso a enorme massa de informações, podem considerar-se privilegiados frente aos que viveram no passado, muito mais pobre em estímulos.

O principal problema do pós-modernismo é que, pela recusa em aceitar uma teoria ou privilegiar um ponto de vista, tende ao relativismo total. Isso gera um inevitável paradoxo: não aceitar as teorias é sempre uma posição teórica (ou metateórica); por isso, o pós-modernismo incorre em uma contradição: é sempre fiel a um preconceito teórico constante e unívoco, precisamente àquele que lhe impõe não ser fiel a nenhuma teoria[12].

Por causa disso, ainda quando por diversos motivos nos consideramos próximos ao pensamento pós-moderno em muitos sentidos, e mes-

---

(12) Recentemente, o co-diretor de nosso Centro, Gianfranco Cecchin, chegou a se identificar com essa tese (Cecchin, Lane e Ray, 1992) através do conceito de "irreverência" do terapeuta.

mo reconhecendo muitas analogias entre esse modo de pensar e nossas posições atuais, preferimos ater-nos a nosso modelo sistêmico tal como chegou a desenvolver-se no tempo, abrindo-se a uma perspectiva epigenética que aceita – mais do que rejeita – os modelos mais significativos (para nós) aos quais estamos expostos. O que não implica que alguns pontos de referência do pós-modernismo não tenham adquirido importância para nós. Entre eles, consideramos relevantes, sobretudo, duas orientações – com muitos pontos de contato entre si – que entraram em cena no início dos anos 90: o construcionismo social e a narrativa.

O construcionismo social

O construcionismo deixou aberta a dicotomia entre observador e observado, concebidos como seres distintos (Fruggeri, 1995). Assim, a perspectiva sistêmica se deslocou de uma visão externa (*outsight*) para uma visão interna (*insight*) do indivíduo. A superação dessa dicotomia requeria uma mudança na perspectiva, vinda a *posteriori*, do construtivismo ao construcionismo social.

O construcionismo social, que em nossa opinião está conquistando - em diversos ambientes terapêuticos - uma posição de preeminência, acentua o aspecto de intercâmbio e de gênese social do conhecimento já implícito, ainda que não suficientemente desenvolvido, no construtivismo. Lynn Hoffman (1992), teórica terapeuta muito atenta às mudanças epistemológicas, sintetiza da seguinte maneira as diferenças entre os dois modelos, quase homófonos:

> Ainda que muitas pessoas, entre as quais me incluo, frequentemente confundam [o construcionismo] com o construtivismo, as duas posições são bem diferentes. Há um terreno comum no fato de que ambas questionam a ideia modernista de que exista um mundo real que pode ser conhecido com certeza objetiva. Todavia, as convicções representadas pelo construtivismo tendem a promover a imagem do sistema nervoso como uma máquina fechada. Segundo essa visão, as percepções e construções tomam forma no momento em que o organismo cai em seu próprio ambiente. Em contraste, os teóricos do construcionismo social veem as ideias, conceitos e lembranças como emergentes do intercâmbio social e comunicados através da linguagem. Todos os conhecimentos - sustentam construcionistas sociais -

evoluem no espaço entre as pessoas, no domínio do "mundo comum" ou da "dança comum". Somente através da conversação continua com os íntimos o indivíduo desenvolve um sentido de identidade ou uma voz interna. (p. 8)

Em outros termos, enquanto o construtivismo põe em relevo o observador e seus construtos mentais, o construcionismo social põe em primeiro plano a ideia de *relações*, mas vistas sob uma ótica diferente daquela adotada pelas primitiva teorias cibernéticas, isto é, não mais como expressões de estruturas ou *patterns* de conduta, mas de sistemas de linguagem e significado. Essa mudança também pode ser encontrada, aliás, nos escritos de Bateson (1972) surgidos nos anos 60, nos quais, ao se perguntar o que era a mente, escreveu:

> [...] Pode-se dizer que a "mente" é imanente naqueles circuitos cerebrais que estão inteiramente contidos no cérebro; ou então, que a mente é imanente nos circuitos que estão inteiramente contidos no sistema: cérebro mais corpo; ou ainda, afinal, que a mente é imanente no sistema mais vasto: homem mais ambiente [...].
>
> Considere-se um indivíduo que esteja derrubando uma árvore com um machado; cada golpe de machado é modificado ou corrigido segundo a forma da marca deixada na árvore pelo golpe anterior. Esse procedimento autocorretivo (ou seja, mental) é levado adiante por um sistema total, árvore-olhos-cérebro-músculos-machado-golpe-árvore; e é esse sistema total que tem características de mente imanente [...].
>
> Mas não é assim que o ocidental médio vê a sequência dos eventos que caracterizam a derrubada da árvore; ele diz: "eu corto a árvore" e, assim, crê que existe um agente delimitado - o"eu" - que realizou uma ação "finalística" bem delimitada sobre um objeto bem delimitado. (p. 349)

Neste exemplo, Bateson pode ver a ação ou do ponto de vista do observador (o homem) ou do ponto de vista "meta", que considera que a mente é imanente no complexo das sequências de ações. Essa visão em dois níveis nos permite ver, a certo nível, o indivíduo como observador (construtivismo); logo, passando a outro nível, isto é, ao da mente imanente no sistema, conectar o observador ao observado (construcionismo). O exemplo do homem que corta a árvore, que nos pareceu um dos mais esclarecedores, mostra em primeiro lugar a relação complementar entre causalidade linear e causalidade circular; em segundo lugar, põe em evidência a diferença entre o observador que descreve e uma visão das relações nas quais os observadores estão imersos (*embedded*). É significativo que, desde o ponto de vista teórico, o construtivismo esteja vinculado ao cognitivismo, que é uma teoria psicológica individual, enquanto o construcionismo está ligado à psicologia social.

A narrativa

Nosso interesse pela narrativa deriva de nossas pesquisas sobre o tempo e a linguagem nas relações humanas (Boscolo e Bertrando, 1993; Boscolo *et alii*, 1991) e, a seguir, de contatos com outros colegas como Michael White, David Epston, Harlene Anderson, Harold Goolishian, Carlos Sluzki, Lynn Hoffman, Tom Andersen e muitos outros.

Foi a passagem de uma perspectiva sincrônica, baseada na determinação dos *patterns* relacionais no tempo presente, característica do período estratégico-sistêmico, para uma perspectiva diacrônica, à qual nos conduziu, sobretudo, a leitura de Bateson, de De Saussure (1992) e de Bruner (1986), e que pouco a pouco nos levou a desenvolver particular interesse pelas histórias, como elas se constroem e são construídas. Assim como a abertura da caixa preta, nos meados da década de 70, despertou nosso interesse pelos significados, assim a abertura do enquadramento temporal do presente para o passado e o futuro nos estimulou a trabalhar as conexões de eventos e significados no transcurso do tempo. Sentimos curiosidade em saber como os clientes conectam os fatos e significados de seu passado para explicar, de maneira determinista, seu presente e vinculá-lo ao futuro. No livro "*Os tempos do tempo*" (Boscolo e Bertrando, 1993), ilustramos amplamente como os sistemas humanos que produzem sintomas e sofrimentos tendem a fechar-se em histórias deterministas que os conduzem aos profissionais, para serem ajudados a livrar-se deles.

Nosso interesse pelo tempo e pelas relações humanas nos coloca em uma posição próxima à de White e Epston (1989):

> Na tentativa de dar um sentido à vida, as pessoas enfrentam a tarefa de colocar suas experiências dos fatos em sequências temporais, de tal modo que cheguem a um acerto de contas consigo mesmas

e com o mundo que as rodeia. Experiências específicas de eventos do passado e do presente, junto às que se preveem para o futuro, devem ser conectadas em uma sequência linear para desenvolver esse acerto, ao qual é possível referir-se como uma história ou uma autonarração. O êxito desse processo de construção de histórias (*storying*) proporciona às pessoas um sentido de continuidade e significado em relação à sua própria vida, e é sobre isto que podem fundamentar o sentido da vida e a interpretação das experiências futuras. (p. 19)

Na opinião desses autores, o sofrimento que conduz as pessoas a buscar uma terapia pode ser interpretado como expressão de uma inadequação entre as histórias que elas contam de si mesmas e sua experiência atual, ou então, da discrepância entre sua experiência e as histórias que os outros contam sobre elas. O processo terapêutico se converte, então, acima de tudo em um processo de re-narração das histórias (*re-storying*). Com isso, os clientes recuperam a possibilidade e a capacidade de serem autores, por meio da interação com o terapeuta, de histórias positivas por si mesmas, que aliviam o sofrimento ou, ao menos, lhes dão um sentido.

Nos últimos tempos, também outros modelos terapêuticos, como o psicanalítico e o cognitivo, se abriram à narrativa e à hermenêutica. Já antes, no campo psicanalítico, havia-se assistido a um abandono parcial da metapsicologia e das diferentes tipologias psicanalíticas. Haviam surgido alguns grupos orientados para uma visão do processo analítico como exercício hermenêutico (Ricoeur, 1965) ou narrativo (Spence, 1982) ou empático (Schafer, 1983; Kohut, 1971). Os momentos mais destacados da concepção narrativa na psicanálise foram descritos da seguinte maneira (Novelletto, 1994):

> À fase inicial da hegemonia narrativa do analista seguiu-se a fase da re-apropriação, pelos analisandos, da faculdade de narrar sua própria história. A posterior fase hermenêutica foi motivada pelas exigências teóricas dos analistas insatisfeitos com as concepções psico-biológicas de Freud; ela tende substancialmente a privilegiar as capacidades de autointerpretação do analisando frente às de um analista baseado sobre um "presumido saber". Finalmente chegou-se à fase [...] que restitui ao casal analítico toda a dignidade de uma insubstituível colaboração igualitária na reconstrução da história subjetiva do analisando, ainda que deixando ao analista a difícil tarefa de oferecer a este último

a recomposição das muitas e irreconciliáveis "histórias" produzidas por sua própria divisão. (p. 27)

No campo da psicanálise, alguns autores (Jervis, 1989) mostram seu desacordo com um narrativismo excessivamente envolvente que, de certo modo, conduziria a um interesse exclusivo pelos significados emergentes no aqui e agora da relação, excluindo todas as tipologias freudianas e pós-freudianas, como também outros aspectos meto-dológicos.

Uma análoga evolução e consequente divisão do campo foram também observadas no interior das terapias cognitivas, tradicionalmente consideradas menos abertas a uma orientação de tipo hermenêutico. Villegas (1994) demonstrou que, entre as décadas de 1980 e 1990, também os teóricos da área cognitiva haviam começado a se interessar pela terapia como criação de narrações compartilhadas, abandonando a tradicional posição de onisciência terapêutica em favor de um modelo bem mais dialético. Os temas trazidos pelos pacientes são desconstruídos inicialmente, para depois serem reconstruídos, até fazer deles narrações que possam proporcionar aos clientes metáforas mais adequadas para construir "novas representações de si mesmos no passado, no presente e no futuro" (35).

A peculiaridade dos cognitivistas é a maior atenção aos procedimentos detalhados e minuciosos para chegar a essa desconstrução e reconstrução, e o emprego de técnicas particulares como a da auto-observação descrita por Guidano (1991). Nesta, o terapeuta ajuda o cliente a percorrer de novo fases de suas vida, concentrando-se nos mínimos detalhes (técnica do *zoom*) ou retardando os eventos com o intuito de os analisar melhor (técnica da moviola). Dessa maneira, o cliente experimenta um novo modo de utilizar a própria memória e obtém uma nova consciência do processo de construção da própria coerência (narrativa) interna.

Também esse interesse pluricêntrico pelos modelos narrativos testemunha as convergências parciais que se verificam entre os modelos terapêuticos nesse período, tanto que alguns autores (Broderick e Schrader, 1991) criam hipóteses sobre uma gradual homogeneização das diversas escolas em um único modelo de "terapia integrada".

A propósito, gostaríamos de citar uma tomada de posição de Laura Fruggeri (1992), docente da Escola de Milão, uma terapeuta sistêmica com fortes propensões pelo construcionismo:

No enfoque sistêmico, o construcionismo social produziu uma revisão conceitual e metodológica. Muitos terapeutas, partindo de uma base estrutural estratégica e pragmática, encontram-se agora em meio a uma fase de transição. Procuram integrar modelos antigos e novos, velhas certezas com novas premissas. O novo paradigma científico formula algumas perguntas que não concernem somente às técnicas terapêuticas. Ao contrário, desafiam a própria noção da psicoterapia e a identidade do terapeuta. É, de fato, um pensamento que questiona os fundamentos em que se baseia a psicoterapia, seja como fenômeno científico, seja como fenômeno social. (p. 41)

Em certo sentido, os conteúdos desta citação antecipam os argumentos das duas secções seguintes, que constituem uma tentativa de síntese do nosso modo de pensar e de agir.

O DITO E O NÃO DITO

Se observamos em ação um terapeuta de grande experiência, um "mestre", como às vezes o chamam, podemos dizer que ele vê e faz muito mais coisas que as previstas em sua teoria de referência; o que vê e faz pode ser atribuído inclusive a outras teorias. Ao fazer essas considerações como observadores externos, valemo-nos de nossos conhecimentos, preconceitos e teorias, os quais podem identificar, entre a ação do terapeuta e as teorias específicas aprendidas no passado, conexões das quais ele não tem consciência. A esta área submersa, separada da consciência, chamaremos de o "não dito".

Algo semelhante pode ocorrer quando conduzimos um automóvel. De vez em quando, absorvidos em nossos pensamentos ou envolvidos em uma conversação com um companheiro de viagem, não temos consciência de estar conduzindo o veículo; enquanto isso, o "piloto automático" (ou nosso inconsciente) se ocupa da condução. Igualmente, parte do que o terapeuta vê e faz está fora da consciência imediata. Em um segundo momento, isso pode ser reconstruído ou recuperado – ao menos em parte – quando o terapeuta reflete, ou é estimulado por um colega-observador a refletir sobre aquilo que fez. Quando isto ocorre, pode ser fácil ver até que ponto a intuição e a experiência, mais que o preceito teórico, guiam as percepções, as escolhas e ações do terapeuta.

Cada terapeuta, independentemente de sua orientação teórica, atua então de acordo com um princípio epigenético[13] que o leva a integrar as mais variadas experiências e teorias. Nesta chave, o purismo teórico não é mais que um mito. E é um mito porque todos os operadores em nosso campo, desde a época de formação universitária até os estímulos que recebem dos meios de comunicação em massa, estão constantemente expostos à influência de diferentes teorias.

Há um antecedente que poderá esclarecer estas afirmações. Recentemente, um colega neuropsiquiatra infantil nos contou que, no decorrer de uma visita efetuada ao Centro Milanese di Terapia della Famiglia, no início da década de 70, havia observado por trás do espelho o trabalho da equipe de *"Paradoxo e Contraparadoxo"*. Ele tinha ficado muito impressionado, juntamente com seus colegas, pela grande convicção e "rigor sistêmico" que os membros da equipe adotavam ao discutir e construir hipóteses e intervenções. Mas o que mais o impressionou foi a diferença entre o dito e o não dito por parte da equipe do grupo de Milão: tudo o que escutava era dito em uma linguagem ainda nova (manobras, *pattern*, relações, causalidade circular, sistemas), mas o modo como se construíam e conectavam as hipóteses parecia subentender uma série de conceitos e temas psicanalíticos que, até então, não tinham sido expressados como tal. Segundo o colega, isso constituía o "não dito" da discussão em equipe, um "não dito", em sua opinião, bem mais atraente, mas que passava totalmente inadvertido para eles que, no princípio de sua pesquisa, haviam decidido adotar o modelo sistêmico e serem "puristas", isto é, não misturar teorias diferentes. E, com efeito, o grupo de então tinha procurado prescindir por completo não somente dos conceitos, mas também da linguagem psicanalítica, com a intenção de chegar a um discurso sistêmico rigoroso.

Por outra parte, deve-se destacar que, no primeiro grupo de Milão, era central a formulação das hipóteses pela equipe. As hipóteses simples, frequentemente baseadas em uma visão linear causal, vi-

---

(13)O uso desse conceito foi inspirado na leitura do artigo de Lyman C. Wayne, segundo o qual o uso do conceito de *epigênese* "em seu significado mais geral se refere a fatos a transformar (gêneses), que se constroem sobre (epi)eventos imediatamente precedentes". Aplicado a uma visão do desenvolvimento humano: "os intercâmbios e as transações de cada fase do desenvolvimento se constroem sobre os resultados (*outcomes*) das transações precedentes" (Wynne, 1984, p. 298).

nham a conectar-se entre si para formar hipóteses mais complexas, até chegar à assim chamada hipótese sistêmica, baseada em uma visão circular, que refletia (segundo a primeira cibernética, vigente naquele momento) a organização do sistema observado. Para a construção do conteúdo das hipóteses, empregavam-se os diversos conhecimentos dos membros da equipe, conhecimentos que podiam derivar da psicologia, da psicanálise, da psicoterapia, da literatura, do cinema e das experiências de vida.

Nesse sentido, Paul Dell (1989), provavelmente o mais purista dos teóricos do modelo sistêmico, teve que admitir, nos fins da década de 1980 e em seguida às críticas dos movimentos feministas (ver capítulo 2), que a incomensurabilidade entre a teoria dos sistemas e a psicologia individual era apenas aparente. De fato, ele escreve:

> Em primeiro lugar, diria que a psicologia individual sempre foi e sempre será inseparável da prática da terapia de família. Praticamente todas as escolas de terapia de família fazem amplo uso, ainda que frequentemente implícito, da psicologia individual [...]. Em segundo lugar, grande parte de meu trabalho teórico anterior se baseou em um esforço rigoroso para destrinchar os elementos experienciais e psicológicos de uma explicação sistêmica "pura" [...]. Retrospectivamente, a meu modo de ver, grande parte do meu trabalho de "purificação" da teoria sistêmica só foi possível porque muitos terapeutas familiares haviam misturado a psicologia individual (que instintivamente percebiam como necessária) com o pensamento sistêmico. (p. 11)

É obvio que as considerações de Dell podem ser associadas com o que definimos como o "não dito" do terapeuta sistêmico. Poder-se-ia falar de uma espécie de "ocupação", por elementos procedentes de diversos modelos (como o psicodinâmico, o cognitivo, o estratégico, o estrutural etc.), dos *conteúdos* clínicos de um modelo (sistêmico) que, em seu esforço por ser "puro", sempre colocou em relevo o aspecto *formal*. Em outras palavras, o formalismo do modelo deixava livre o terapeuta para encontrar inspiração, para a formulação de suas hipóteses, em conceitos e experiências provenientes de outros modelos de terapia familiar e individual. Em substância, os conteúdos dependem sempre das experiências e dos conhecimentos pessoais de cada terapeuta.

Nos últimos tempos, terapeutas oriundos de diversas experiências trataram de atuar sobre uma base quase a-teórica, prescindindo voluntariamente das teorias previamente aprendidas. O psicanalista milanês Lai (1985, 1993) invoca para seu método, denominado "conversacionismo", uma "técnica sem teoria", ou melhor, uma técnica de conversação que faça abstração das sistematizações teóricas e das tipologias derivadas, por exemplo, da libido freudiana, das relações objetuais, do narcisismo kohutiano, e assim por diante. Resta-nos ver se isso é possível ou se não seria uma posição somente aceitável para um analista com muitos anos de experiência, que atue buscando fazer o máximo possível de abstração de sua teoria de base.

A mesma objeção pode ser feita àqueles terapeutas (Tom Andersen, Lynn Hoffman, Harlene Andersen e Harold Goolishian etc.) que, inspirando-se no pós-modernismo, no desconstrucionismo ou no construcionismo social, sustentam que a posição fundamental do terapeuta deveria aquela de manter a "conversação aberta" e o "não conhecimento" (*not knowing*), isto é, de esquecer o próprio saber e ignorar as teorias e tipologias relativas ao indivíduo e seus sistemas de referência.

O'Hanlon, terapeuta de orientação diferente, referindo-se aos terapeutas que se inspiraram no modelo milanês, cunhou uma expressão que se adapta perfeitamente a tal posição: se ocorre uma hipótese ao terapeuta, é melhor que se ponha de pé, saia da sala e permaneça lá fora até que ela passe!

Uma dúvida crucial que surge frente às mencionadas teorias é se, na formação de um terapeuta, seria suficiente apenas aprender a manter aberta uma conversação e conversar, ou então, se poderia tornar-se terapeuta conversacionista somente quem tenha recebido uma formação baseada nos modelos clínicos mais importantes e, depois, seja capaz de fazer abstração desses mesmos modelos e atuar sobre o *hic et nunc* [aqui e agora] em um enquadramento puramente hermenêutico. Como ficará claro com a leitura deste livro, nossa posição não é a de um conversacionismo puro, na medida que sustentamos que hipóteses e tipologias relativas ao cliente e à relação terapeuta/cliente são úteis, sob a condição de não se converterem em Verdades (Cecchin, Lane e Ray, 1992).

Naturalmente, aceitar que toda terapia seja o resultado da interação da personalidade individual do terapeuta com suas próprias experiências, com as influências e teorias às quais esteve exposto, traz o risco de conduzir ao ecleticismo, entendido como a aceitação, em nome da singularidade e da irrepetibilidade de cada terapeuta, de qualquer síntese pessoal em detrimento da teoria. Como se observou no início, o terapeuta muito experiente tende a transcender a teoria e, pois, aparentemente abandoná-la, o que não é possível para o terapeuta iniciante, que primeiramente deve aprender a teoria.

Bateson (1972) recorda:

> [...] a insistência de Samuel Butler em afirmar que, quanto melhor um organismo "conhece" alguma coisa, tanto menos este se torna consciente desse conhecimento; ou seja, existe um processo pelo qual o conhecimento (ou "hábito", não importa se de ação, de percepção ou de pensamento) vem à mente em níveis cada vez mais profundos. Esse fenômeno, que é fundamental para a disciplina Zen [...], é igualmente importante para toda arte e toda habilidade técnica. (p. 68)

O artista, por exemplo (mas também se pode dizê-lo de um terapeuta em formação):

> [...] para explicar os componentes técnicos de seu ofício, deve exercitar-se. Mas o exercício tem sempre um duplo efeito: por um lado faz o artista mais hábil na execução daquilo que tenta fazer; e por outro, devido ao fenômeno da formação do hábito, torna-o menos consciente de como fazê-lo [...]. A habilidade de um artista, ou melhor, a demonstração de uma habilidade, chega a ser uma mensagem sobre estas projeções de seu inconsciente. (Ibid., pp. 172-6)

Isso permite compreender como, ao observar o trabalho de um terapeuta muito experiente, pode-se reconhecer, em parte, palavras e ações atribuíveis a teorias e práticas diferentes das que ele professa. Ainda que aqui se fale de habilidade técnica, isto vale também para os conhecimentos teóricos aos quais ela está recursivamente conectada. Se o "não dito" pudesse ser exaustivamente analisado, as características aparentemente mais indiossincráticas de um terapeuta poderiam ser atribuídas à complexidade de sua formação pessoal e profissional, à pluralidade dos modelos de que ele se serve; aquilo que parece ser o fruto de sua misteriosa criatividade é a síntese que ele consegue fazer dessas experiências. A explicitação do "não dito" é coerente com um ponto de vista epigenético. Com o passar do tempo, estratificam-se no terapeuta todas as experiências e conhecimentos teóricos, que no ato terapêutico podem transformar-se em palavras, emoções e possibilidades operativas, cuja origem frequentemente permanece total ou parcialmente inconsciente. Em todo caso, a escolha final da ideia que tem um sentido na terapia deriva da interação com o cliente. Em última instância, é o cliente quem aponta – com a palavra, a metáfora, os silêncios e as emoções – os possíveis caminhos a seguir[14].

UMA PERSPECTIVA EPIGENÉTICA

A esta altura de nossa trajetória teórica, continuamos a considerar o modelo sistêmico inspirado no pensamento de Bateson, enriquecido pelas contribuições do construtivismo, da cibernética de segunda ordem e do construcionismo, como nossa metáfora guia, nossa lente privilegiada, ainda que mais recentemente tenhamos acrescentado outras óticas de grande interesse e utilidade, como a lente do tempo, da linguagem e da narrativa.

A análise batesoniana nos permitiu superar as dicotomias. Centrada na epistemologia cibernética, ela se baseia nos circuitos recursivos que conectam o observador e o observado, segundo as modalidades já descritas, que podem ser reconhecidas na visão construtivista (na qual é o indivíduo quem observa e constrói) e na visão construcionista (na qual o observador e o observado são, ao mesmo tempo, "construídos" e construtores do contexto relacional e cultural no qual existem).

Em relação à teoria a ser adotada para o indivíduo, como já anotamos, durante algum tempo nos sentimos muito inseguros a seu respeito. Parecia-nos necessário encontrar, em um repertório ideal, a teoria que nos

(14)Há que se levar em consideração que as escolhas do terapeuta não são boas para todas as situações; convém recordá-lo para combater e redimensionar um sintoma perigoso: a onipotência terapêutica. Em alguns casos, a personalidade do terapeuta e sua teoria podem não se harmonizar com a personalidade e o problema do cliente. E aquele deve procurar ter consciência desse fato e ter a humildade de abrir mão quando o processo terapêutico entra em um impasse sem saída.

permitisse, por um lado, levar em consideração o indivíduo e a complexidade do intrapsíquico, e por outro, o sistema de relações que o conectam a seus semelhantes. Por um certo tempo, pensamos adotar junto à teoria sistêmica de família e de casal, uma teoria comprovada e específica do indivíduo. Todavia, nos últimos anos, a situação começou a se esclarecer. Parece-nos possível, agora, identificar uma orientação que permita sair das dicotomias indivíduo/família e psique/sistema. Dentro dessa orientação, o terapeuta pode posicionar-se em diversos pontos. Por exemplo, pode colocar-se de maneira reducionista, no nível dos *patterns* de conduta, ou então no das experiências, ou ainda no nível dos sintomas, e assim sucessivamente. Em outras palavras, é possível utilizar uma pluralidade de marcos reducionistas sem jamais perder de vista o enquadramento holístico. Hofstadter (1979) comparou essa dialética entre holismo e reducionismo à maneira como se percebe uma fuga de Bach:

> As fugas têm a interessante propriedade de que cada uma das vozes é um trecho musical autônomo; portanto, uma fuga poderia ser considerada um conjunto de várias composições musicais diferentes, todas baseadas em um único tema e executadas simultaneamente. E depende do ouvinte (ou de seu subconsciente) decidir se ela deve ser percebida como uma unidade ou, antes, como um conjunto de partes independentes, todas em harmonia entre si. (pp. 307-8)

Nossa perspectiva atual nos permite, a todo momento, efetuar essa inversão figura-fundo, do holismo ao reducionismo. Hoje, com esta nova maneira de pensar e trabalhar, acreditamos ter resolvido em grande parte, os dilemas que temos enfrentado entre modalidades opostas de conceber o trabalho terapêutico, da concepção centrada no indivíduo até aquela centrada nas relações, e vice-versa. Em coerência com o emergente paradigma da complexidade (Bocchi e Ceruti, 1985; Morin, 1977), segundo o qual o modo mais apropriado de ver e compreender o mundo é através de uma rede de teorias, este modo de trabalhar permite colocar-nos colocar, de acordo com os casos e momentos, no interior de uma teoria ou na interface entre uma teoria e outra[15].

---

(15) Devemos procurar não nos afogar em um mar de teorias, isto é, evitar o pior ecleticismo. Nossa direção segue a teoria básica na qual nos inspiramos, a teoria sistêmico-cibernética.

Somos de opinião que essa perspectiva não deva ser estática e definida (como se pensa com muita frequência quando se está dentro de uma teoria que nos é interessante), mas seja capaz de evoluir através da contribuição de outras teorias que encontraremos. Em outras palavras, trata-se de uma perspectiva *epigenética*, que se constrói por justaposição, e não por negação de tudo que a precedeu[16].

Como esperamos, que tenha ficado claro através das páginas precedentes, tendemos, em nosso trabalho, tanto conceitual como pragmático, a rejeitar os extremismos. Nesse caso, entendamos por extremismo a tendência a se apaixonar pelas ideias "novas", renunciando em seu nome a tudo o que se produzira anteriormente. Tal modo de proceder, ainda que contribua para a clareza das posições, traz o risco de perder o que foi construído de positivo pelos teóricos e terapeutas (entre os quais nos incluímos) nos anos passados.

A esse progresso "por saltos", preferimos proceder de acordo com uma modalidade epigenética, na qual cada mudança teórica ou prática, com o tempo, acaba por se conectar com as experiências anteriores que se demonstraram úteis. Naturalmente, esta forma de teorizar não é um simples processo linear causal de acumulação de novas ideias no tempo, mas, em coerência com uma visão sistêmico-cibernética, é um sistema de conceitos e experiências conectados recursivamente e em contínua evolução.

Nossa evolução também está ditada – e não poderia ser de outro modo – por coincidências contextuais, sociais e políticas, mais que conceituais. Por exemplo, nosso trabalho de formadores e terapeutas privados, esteve durante longo tempo em contato com alunos que trabalham em contextos públicos, os quais – especialmente na Itália – requerem coordenação entre os diversos profissionais, que se valem de teorias e práticas diferentes. No âmbito público, os profissionais frequentemente aderem a teorias diferentes e, nesse contexto, é necessário encontrar uma linguagem comum e um respeito mútuo pelos diversos pontos de

---

(16) A mesma ideia de perspectiva epigenética tem uma assonância, ainda que vaga, com o conceito de epistemologia genética de Piaget (1970), que se refere ao desenvolvimento da inteligência da criança como resultado de uma interação dinâmica entre o sujeito e o ambiente (por meio da atividade de alguns mecanismos reguladores, como a acomodação, a assimilação, o equilíbrio). De qualquer modo, trata-se de uma simples analogia, porque nos referíamos a um significado mais geral do termo "epigenético" (ver Wynne, 1984).

vista. É um contexto similar ao das sociedades multiculturais e multirraciais, no qual não mais é lícito pedir a cada grupo que se anule no cadinho (*melting pot*) dos valores comuns, mas é necessário aceitar que cada posição esteja presente em uma variada salada cultural (a *salad bowl*). Assim, é necessário desenvolver uma linguagem comum, respeitando cada qual as posições dos demais, para evitar a confusão da Torre de Babel.

Em nossa opinião, é possível encontrar uma coerência e um mínimo denominador comum entre as diversas linguagens das diferentes teorias, desenvolvendo, assim, uma metalinguagem que nos permita trabalhar com as diferenças, respeitando a todos que trabalham conosco, desde os colegas de orientação psico-biológica até os de orientação mais destacadamente dialógica ou social. Naturalmente, sem descuidar de nossos clientes: suas opiniões merecem o mesmo respeito, senão mais, que as dos diferentes profissionais, e também devem ser escutadas. Esse pressuposto, sempre aceito em princípio, frequentemente é deixado de lado na prática, especialmente nos serviços públicos, nos quais os problemas e conflitos organizativos (e relacionais entre os profissionais) podem relegar o usuário a segundo plano.

Semelhante posição de *aceitação* nos permite, entre outras coisas, evitar os rigorismos e os moralismos diagnósticos, como também as contraposições implícitas em uma posição do tipo "ou, ou"; nossa posição é do tipo "seja, seja", e nos conduz a levar em consideração, coerentemente com um dos conceitos-chave da epistemologia sistêmica, a multiplicidade dos pontos de vista, das explicações e das experiências. Obviamente, somos partidários do paradigma biopsicossocial (Engel, 1977), que está sendo difundido lenta e felizmente em alguns setores da medicina e, através dele, podemos dialogar tanto com os colegas, especialmente psiquiatras que operam segundo o modelo médico, como com aqueles que se inspiram em modelos psicossociais. É evidente que nossa escolha operativa difere de acordo com cada caso, e não a consideramos um dogma ou uma "verdade": é simplesmente uma escolha, de cujo relativismo estamos conscientes. Tendemos a nos colocar em uma posição multi-universal, na qual toda verdade é contextual e está ligada a um contexto pragmático e social e a um juízo de conveniência (para cada contexto há uma verdade mais apropriada que outras). Esse desenvolvimento "ecumênico" nos ajuda a superar as dicotomias e as contraposições presentes nos diferentes modelos terapêuticos, que frequentemente têm o efeito de envenenar as relações entre os profissionais dos serviços psicossociais, com a inevitável consequência de desvalorizar o serviço prestado aos usuários.

Temos plena consciência da dificuldade que representa para o terapeuta não experiente pôr em prática esse modo de pensar e de atuar. Em nossa opinião, a aprendizagem da terapia somente pode ter lugar em duas fases: na primeira, o aluno deve aprender um modelo, e na aprendizagem é necessário que seja "purista" e se torne totalmente adepto desse modelo. No contexto da formação, essa não é uma limitação, mas uma necessidade.

Todavia, quando o modelo é aprendido e interiorizado, é possível tomar conhecimento, de maneira mais ou menos consciente e profunda, de outros modelos que inevitavelmente contribuirão para enriquecer o pensamento e a praxe do terapeuta, ainda que ele não se dê conta. Pouco a pouco, o aluno adquire com o modelo aprendido uma familiaridade que lhe permitirá tomar a distância apropriada da teoria, mantendo assim a própria autonomia e criatividade. Desse modo, a relação com a teoria deixa de ser uma cadeia para ser um recurso[17]. Nesse sentido, aprender a fazer terapia (para retomar um exemplo ao qual já nos referimos) seria como aprender a conduzir um automóvel.

Num primeiro momento, deseja-se evitar um acidente, e o aprendiz de condutor deve-se concentrar na pressão que exerce sobre os pedais e em cada movimento que imprime ao volante; mas com o tempo essa aprendizagem se "aprofunda" no inconsciente (os *habits* de Bateson, 1972) e o uso do automóvel chega a ser tão automático, que não nos damos conta de que estamos colocando em prática essas habilidades sensório-motoras, conquistadas oportunamente com tanto esforço e aplicação.

Já anotamos que, nos últimos tempos, alguns terapeutas que, no passado, haviam aderido ao modelo sistêmico de derivação batesoniana, repudiaram a visão sistêmica e se converteram em "puristas" do modelo narrativo-conversacional, inspirado no construcionismo social. Segundo

---

(17)O mesmo pode ser dito da relação entre o terapeuta e seus preconceitos. Um dos objetos da formação é que o aluno chega a conhecer seus preconceitos, com os quais poderá entrar então no mesmo tipo de relação dialética que acabamos de descrever, transformando-os finalmente em recursos para a terapia (ver Cecchin, Lane e Ray, 1994).

esses colegas, a tarefa do terapeuta é a de "manter aberta a conversação", evitando formular hipóteses e basear-se em presumidas tipologias, conservando assim, constantemente, uma posição de "não conhecimento" (*not knowing*) (Anderson e Goolishian, 1992).

Em nossa opinião, é uma ilusão considerar que o terapeuta possa atuar a partir de uma posição de não conhecimento, pois como é impossível não comunicar, assim também não é possível não formular hipóteses, utilizando – com maior ou menor consciência, - conhecimentos adquiridos ao longo do tempo (pensemos no "não dito"). Além disso, é uma ilusão despir-se do papel de especialista, já que esse papel é dado pelo contexto no qual opera o terapeuta, mesmo se, *estrategicamente*, ele pode relacionar-se como um não especialista[18]. Neste papel, o terapeuta pode atuar com mais facilidade em nível de processo, abrindo espaço para que o cliente reconstrua sua história e reduzindo ao mínimo sua contribuição para os conteúdos da própria história.

Todavia, parece-nos limitante tratar de ser "puristas" dentro do modelo narrativo-conversacional, não somente porque se poderia correr o risco de cair em um neo-rogerismo vago e pouco produtivo, mas sobretudo porque o terapeuta se veria obrigado a fazer tábua rasa de todos os seus conhecimentos teóricos e práticos que, no passado, demonstraram sua pertinência e eficácia. Como já realçamos, e dado que o primeiro autor incorreu na mesma ilusão (a do "purismo sistêmico" dos anos 70; ver Selvini Palazzoli *et alii*, 1975), tampouco os autores citados podem evitar serem influenciados por seu "não dito" que, de acordo com nosso conhecimento, é bem mais rico. Nesse sentido, não é de admirar que obtenham resultados terapêuticos notáveis. Todavia, perguntamo-nos se pode ser suficiente a formação oferecida por eles a alunos principiantes, recém-saídos da universidade.

Em sintonia com a metáfora, tão cara a Minuchin (1987), das "vozes internas" dos colegas mais inovadores e criativos que cada terapeuta tem dentro de si, também nós, em nosso trabalho, encontramos inspiração nas vozes significativas às quais estivemos expostos no curso de nossa experiência profissional. Isso nos permite, quando surge

---

(18) Os terapeutas estratégico-sistêmicos usam habitualmente a posição de "não profissional": Jay Haley (1973, 1977) chama essa posição de "pseudocomplementar", remanescente da posição *one-down*, característica do enfoque estratégico do MRI.

a necessidade, e de acordo com uma visão epigenética, integrar ao mais recente modelo sistêmico as teorias das quais nos servimos no passado, fazendo delas as "vozes" que podemos recuperar e seguir no curso de nosso trabalho. Os novos conhecimentos nos permitem ler de outra maneira as teorias precedentes, ali encontrando eventualmente estímulos novos, rejeitando o que em nossa opinião já não é coerente com a praxe atual, mas aceitando o que se mantém válido. Por exemplo, a nosso juízo, conservam todo o seu valor certas páginas de *Pragmática da Comunicação Humana*", de Watzlawick e seus colaboradores (1967), "*As Estratégias da Psicoterapia e Terapias não comuns*", de Jay Haley (1963, 1973), "*Paradoxo e Contraparadoxo*", de Selvini Palazzoli e seus colaboradores (1975) ou "*Para uma ecologia da Mente*" e "*Mente e Natureza*", de Bateson (1972, 1979) [19].

Em nossa visão epigenética, a palavra "integração" desempenha um papel importante. Acreditamos que a ideia de integração permite superar a inquietante questão do ecleticismo (Villegas, 1995). O ecleticismo pode ser definido como a utilização indiscriminada de técnicas heterogêneas, provenientes de diversos modelos teóricos, sem as correlacionar, vez por outra, com os diferentes pressupostos teóricos desses mesmos modelos. A integração é, ao contrário, a capacidade de se valer de um modelo teórico bem experimentado, no qual alguém se encontre à vontade, e que tenha dado resultados satisfatórios, para se aproximar, em certos momentos (como em situações de *impasse* terapêutico), de outros modelos que possam oferecer uma visão diferente da situação e dos modos adequados de resolvê-la. Alcançando o objetivo, o terapeuta pode retornar para o interior de seu modelo preferido.

Para nós, ser sistêmico significa escutar, além das "vozes" de nossos professores e colegas mais inovadores, também as vozes da cultura. Estamos prestando uma atenção especial à questão dos papéis sexuais (*gender roles*), do poder nas relações, e da etnia em conexão com a história do cliente e continuamente postos em confronto com os antecedentes do terapeuta. Um terapeuta sensível a esses aspectos pode tor-

---

(19)Inclusive certas páginas dos clássicos da psicanálise, desde Freud até os autores mais recentes, e de alguns terapeutas cognitivos que contribuíram ao nos dar repostas significativas sobre a natureza do homem e sobre as relações terapêuticas.

nar-se mais consciente, tanto quanto possível, dos preconceitos e influências culturais que condicionam suas descrições e explicações.

Damo-nos conta de que o número e a diversidade de territórios explorados até aqui podem ter deixado o leitor em um estado de perplexidade, senão de confusão, na tentativa de dar sentido à heterogeneidade das referências teóricas. A tentação do leitor poderá ser a de rejeição, baseando-se em uma ideia de relativismo (crítica que também se dirigiu aos modelos inspirados em uma visão construtivista e construcionista), ou então, a de se limitar a selecionar aspectos particulares de nosso modelo tal como ele chegou a se desenvolver no tempo.

Contamos com que a leitura atenta e as eventuais tentativas de colocar em prática as ideias que apresentamos, permitirão aos leitores ampliar seus horizontes e enriquecer sua prática terapêutica. Em relação a nós, o modelo sistêmico nos deu a possibilidade de exercitar nossa criatividade e, sobretudo, nos ofereceu continuamente soluções e vias de saída.

Capítulo II

O TRABALHO SISTÊMICO

Esse capítulo é dedicado aos aspectos metodológicos gerais da terapia sistêmica individual, isto é, ao marco pelo qual se desenvolve a terapia. Portanto, ocupar-nos-emos de tudo aquilo que concerne à organização da terapia (indicações, diagnóstico, objetivos, duração), à posição do terapeuta em relação ao cliente, sua relação com ele e as questões mais amplas, como os desdobramentos éticos e "filosóficos" da terapia, segundo a entendemos.

INDICAÇÕES

Na primeira fase da pesquisa sobre a terapia de família em nosso Centro (Selvini Palazzoli *et alii*, 1975), fazia-se uma nítida distinção entre terapia familiar e terapia individual, e optava-se pela primeira sempre que possível. Nos casos em que, por diversas razões, alguns membros da família se omitiam ou não manifestavam nenhuma motivação, decidia-se eventualmente por tratar uma só pessoa, que podia ser aquela que tinha formulado o pedido da terapia ou, às vezes, a que se havia identificado como paciente. De todo modo, os encontros do terapeuta com um só cliente eram definidos como conversações de terapia familiar, permanecendo fiéis à definição tipológica inicial, para evitar que se transferisse o rótulo de "paciente" da família para o indivíduo.

As indicações para a terapia individual praticamente se reduziam a duas: a primeira quando o cliente não desejava vir com sua família e afirmava isso como condição *sine qua non* para a terapia; e a segunda quando o cliente não podia trazer a família ou seu cônjuge, ou porque se negavam a isso, ou por não poderem participar das sessões por razões logísticas ou econômicas. Todavia, isso ocorria muito raramente; sendo nosso Centro especializado em terapia da família e do casal, os responsáveis pela indicação motivavam os clientes a virem como família e como casal. (Diferente do discurso dos alunos em formação que, no seu contexto de trabalho, desde o início deviam aceitar compromissos, em especial aqueles que trabalham em serviços que, habitualmente, admitiam as intervenções sobre o indivíduo mais do que sobre a família.)

O Centro trabalhou com as famílias durante mais de vinte anos, inspirando-se na epistemologia cibernética de Bateson, segundo a qual as mudanças obtidas no sistema das relações familiares deviam necessariamente envolver a todos os seus membros, inclusive ao assim chamado paciente designado, mesmo quando este se tivesse negado a participar da terapia. Durante muitos anos, essa convicção levou a considerar a terapia de família (e de casal) como a terapia preferencial, sendo uma das principais razões que levaram a descuidar do trabalho direto com o indivíduo.

Posteriormente, o Centro chegou a ser mais flexível nas relações com os clientes. Começou-se a aceitar a família mesmo na ausência de um ou mais de seus integrantes e, ao contrário, a utilizar entre as intervenções mais importantes, a convocação separada de um ou mais membros da família, de acordo com a hipótese do momento. No final dos anos 80, mesmo continuando a trabalhar com famílias e casais, começamos a nos interessar de maneira sistemática pela terapia individual[1], movidos pela mesma curiosidade que, vinte anos antes, havia caracterizado a excitante e profícua incursão da equipe original de Milão no então novo e pouco explorado (na Itália) território da terapia familiar e de casal.

Como agora, em sua pesquisa sobre a terapia familiar, a equipe se valia do novo modelo experimentado com êxito pelo grupo MRI de Palo Alto, assim pudemos ocupar-nos do indivíduo, utilizando o modelo mais complexo, recentemente posto à prova, que conecta indivíduo e

---

(1) Naturalmente, como já mencionado na abertura do capitulo 1°, Luigi Boscolo continuava conduzindo terapias individuais por conta própria desde o início da década de 1970, experimentando, de vez em quando, as idéias e técnicas surgidas da terapia sistêmica familiar conduzida em equipe.

relações, mundo interno e mundo externo, comportamentos, significados e emoções.

Em 1990, iniciamos uma pesquisa sobre um tipo particular de terapia sistêmica individual, com duração variável entre uma a vinte sessões. Estávamos curiosos por averiguar se a terapia de família (ou de casal), por um lado, e a terapia individual, por outro, teriam efeitos diferentes (no tocante à qualidade, quantidade e duração) sobre o cliente individual – ou "paciente designado", segundo o velho vocabulário da terapia familiar –, bem como explorar o importante problema das indicações e contraindicações de uma e outra terapia.

Com relação ao tipo de cliente a que se pode aconselhar atualmente a terapia sistêmica individual, por parte de terapeutas sistêmicos orientados para a família ou casal, podemos indicar os seguintes casos:

1. Adolescentes ou adultos jovens que, ao final de uma terapia de família ou de casal, onde resolveram mais ou menos os conflitos intrafamiliares, responsáveis pelo mal-estar individual ou coletivo, parecem poder beneficiar-se com um tratamento individual para enfrentar as dificuldades da vida externa à família, e os dilemas relativos à projeção do seu futuro (ver caso de Bruno K., capítulo 5)[2.]

2. Adolescentes ou adultos que, desde o início, se negam a aceitar uma terapia familiar (ver caso de Giorgio F., capítulo 4). Ao contrário, as crianças são tratadas dentro da terapia familiar ou, às vezes, com uma intervenção sobre o casal de genitores, para evitar a patologização.

3. Um cônjuge que pede uma terapia de casal, que é negada desde a primeira sessão pelo outro cônjuge (ver o caso de Carla V., capítulo 5).

4. Um cônjuge separado ou divorciado que, ao final da primeira sessão de consulta, pede uma terapia de casal ou de família, oficialmente para comprometer o outro cônjuge, alegando problema (verdadeiro ou falso) dos filhos, mas com o objetivo secreto de negar a separação.

5. Os casos já mencionados, nos quais os familiares se negam abertamente a comparecer às sessões, alegando dificuldades insupe-

---

(2) Neste capítulo e no próximo, nos referiremos diretamente aos casos clínicos descritos na segunda parte, indicando o nome inicial do cliente.

ráveis do tipo econômico ou logístico (ver o caso de Giuliana T., capítulo 5).

6. No âmbito de nossa pesquisa sobre a terapia sistêmica individual, além dos casos anteriormente citados de terapia individual de "segunda opção" (devido à impossibilidade de uma terapia de família ou de casal), também encontramos "casos de primeira opção", nos quais desde o início propusemos uma terapia individual. Esses últimos compreendem casos de adolescentes e adultos de todas as idades, que se apresentam em nosso Centro com sintomas variados e, no primeiro encontro, mesmo eventualmente na presença de outros membros da família, nos pareçam encontrar-se em uma fase mais ou menos avançada de desvinculação do sistema familiar. (É óbvio que, nos casos em que tais sinais não sejam presentes, como os casos de psicose, personalidade infantil, relações simbióticas etc., a terapia de família continua sendo para nós o tratamento de escolha.)

Outra razão importante que nos levou a interessar-nos pela terapia individual sistêmica, foi a frequência com que a maioria dos alunos em formação trazia à supervisão casos de terapia individual. Isso ocorria por motivos institucionais, quando não lhes era possível tratar os clientes na terapia de família, pois seu serviço não previa ou desencorajava essa praxe; ou então, no caso de alunos que trabalhavam em contexto privado, onde era mais oportuno tratar os clientes na forma individual, seja porque se sentiam mais à vontade, ou ainda quando - em alguns casos - dessa maneira era possível estabelecer um tratamento mais longo e com maior proveito, e menos propenso ao *stress*. Assim, vale a pena sublinhar que, no último decênio, o interesse pela terapia individual sistêmica aumentou, não somente por estas razões práticas, mas também pela já citada mudança teórica dentro do modelo sistêmico, favorecida pelas contribuições da cibernética de segunda ordem e do construtivismo, que voltaram a colocar em primeiro plano o indivíduo, deixado na sombra pelo modelo sistêmico anterior. Nesse período, em consequência da mesma mudança, começou-se a voltar também aos sistemas mais amplos, desenvolvendo consultas junto a serviços psiquiátricos ou sociais públicos ou privados.

Um tema frequentemente desconsiderado, ou ignorado, relativo às indicações de terapia, é que as diferenças significativas na personalidade do terapeuta e a diversidade dos modelos adotados devem ser atentamente observadas, no sentido de que há certas características pessoais do terapeuta e certas teorias que se adaptam mais a alguns casos que a outros. Classicamente, os psicanalistas eram muito cuidadosos, sobretudo no passado, na definição dos critérios de viabilidade da análise dos pacientes. Hoje, com a grande massa de profissionais presente no mercado, e a consequente concorrência, a maior parte dos terapeutas tende a aceitar todo cliente que se apresenta; nos casos em que a terapia não evolui, depois de repetidas tentativas para sair de um eventual *impasse*, alguns terapeutas, infelizmente, atribuem o fracasso acima de tudo às características particulares dos clientes (resistências), mais do que a si mesmos ou à teoria adotada. Como já dissemos, as teorias são como as redes do pescador: nenhuma rede é adequada para pegar todo tipo de peixe. Os estudos catamnésicos são bem mais eloquentes nesse sentido, ainda que necessitem ser avaliados com prudência, como já se sabe, pois refletem as premissas dos pesquisadores.

Por exemplo, vários estudos catamnésicos diferenciais indicam que alguns tipos de terapia são mais úteis que outras, em relação às características do problema apresentado pelos clientes. Para citar uma analogia extraída da pesquisa sobre a terapia de casal, foi experimentalmente demonstrado que, para os problemas de casal de intensidade moderada, a terapia comportamental é o método que promove os melhores resultados em tempo breve; todavia, quando os problemas são de maior gravidade, outros modelos como o sistêmico ou a terapia centrada nas emoções, produzem resultados mais estáveis, enquanto a terapia comportamental dos casais mostra-se pouco eficaz a longo prazo (Bertrando, 1995). Outras pesquisas demonstraram que a terapia familiar estrutural é de comprovada eficácia no tratamento de tóxico-dependentes, mas que nos transtornos do tipo psicótico parecem ser mais eficazes os modelos sistêmicos ou os psicoeducativos (Gurman, Kniskern, 1981; Bertrando, 1995). Outro exemplo é oferecido pelos estudos de Cancrini (1982), que observou que o modelo familiar estrutural era mais eficaz nos casos de famílias moderadamente conflituosas, enquanto o sistêmico era mais adaptado em presença de transtornos mais graves, em particular do tipo psicótico.

É importante levar em conta que, ao se encarregar da terapia e durante seu desenvolvimento, devem ser avaliadas as variáveis individuais referentes ao cliente e ao terapeuta, além das relativas à tipologia (diagnóstico) do cliente, à teoria e à experiência do terapeuta. Às vezes, o conjunto dessas considerações pode indicar obstáculos insuperáveis, dos quais é conveniente que o terapeuta esteja consciente. Por exemplo: um terapeuta iniciante deve considerar com cautela a possibilidade de se encarregar de um caso de psicose. Nesses casos, é conveniente que se dirija a um supervisor experiente, e que discuta com ele as decisões a tomar; se isso não lhe é possível, provavelmente convém renunciar ao caso.

AVALIAÇÃO, DIAGNÓSTICO E TERAPIA: UM PROCESSO RECURSIVO

Avaliação e diagnóstico

O problema da indicação para a terapia está estreitamente vinculado ao do diagnóstico. As ideias sobre o diagnóstico variam notavelmente segundo os modelos teóricos dos profissionais. Alguns deles, em especial os de formação médica e psiquiátrica, utilizam o modelo médico segundo o qual primeiro se faz o diagnóstico com a avaliação dos sintomas subjetivos, anamnese e os eventuais exames objetivos para identificar o tipo e a possível etiologia da doença, para depois passar à terapia propriamente dita. Outros, psiquiatras mas sobretudo psicólogos, se inspiram em um modelo misto biopsicossocial. Um denominador comum entre esses dois grupos citados é a distinção que se faz entre sanidade e patologia, e a importância que se dá ao diagnóstico; o DSM é o modelo diagnóstico mais utilizado por ambos. Um terceiro grupo de profissionais, predominantemente psicólogos, assistentes sociais, educadores e sobretudo terapeutas de família e de casal, não se baseia em uma ideia certa e provada de patologia ou doença individual ou relacional, mas, antes, na presença de problemas ou sofrimento de tipo existencial. Obviamente, estes terapeutas e profissionais sociais não fazem primeiro diagnóstico e, depois, uma terapia, mas sua avaliação faz parte do processo terapêutico[3].

---

(3) Alguns, na linguagem utilizada, procuram evitar todo termo que possa referir-se a conceitos de patologia e doença. Não usamos termos como "terapia", "sessão", "paciente"; antes, falam de "consulta", "encontro", "cliente".

Não obstante essas notáveis diferenças de pontos de vista, especialmente nos serviços públicos, os profissionais devem saber fazer uma avaliação diagnóstica ou, pelo menos, entender o que significa um diagnóstico escrito em uma ficha médica. Para qualquer terapeuta, independente da sua orientação teórica, fazer terapia implica levar em conta o fato de que, às vezes, os clientes (ou pacientes) já foram diagnosticados por outros colegas com um diagnóstico psiquiátrico, ou o serão no futuro, ou de que eles mesmos estão convencidos de que padecem de uma "doença". Antecipamos aqui o conceito fundamental, exposto em outra parte neste livro, sobre a importância de transcender as dicotomias e respeitar a pluralidade dos pontos de vista, seja no trato com os colegas, seja com os clientes, evitando assim as contraposições, as simetrias e a rigidez que induzem mais a gerar problemas do que a solucioná-los.

O diagnóstico na medicina e na psiquiatria

Na medicina, o diagnóstico é "a delimitação da natureza ou da localização de uma doença depois da avaliação dos sintomas" (Devoto-Oli). O trabalho médico consiste em avaliar os sintomas que observa, inseri-los em uma perspectiva diacrônica através da anamnese, dar-lhes um sentido unitário mediante uma hipótese da síndrome e, afinal, estabelecer a localização (o órgão afetado) e a causa da doença, chegando assim ao diagnóstico etiológico. Somente depois de concluir a investigação diagnóstica, poder-se-á programar o tratamento e formular um prognóstico.

O caso do diagnóstico psiquiátrico é diferente, pois este postula problemas que não são indiferentes aos próprios psiquiatras, ainda que recentemente se esteja assistindo a um retorno e considerável desenvolvimento da psiquiatria biológica e farmacoterapia, em detrimento do diagnóstico psicossocial. Como afirma Kendell (1977), autor de uma interessante monografia sobre diagnóstico em psiquiatria:

> Em muitos ramos da medicina, jamais se colocou em dúvida o valor do diagnóstico. Sua importância é evidente em si, pois o tratamento e prognóstico dependem em grande parte do diagnóstico. [...] No caso da doença mental, a situação é muito diferente. Um homem de 40 anos que dorme mal, não consegue pensar com clareza e desconfia que seus colegas falam mal dele pelas costas, pode ter uma

esquizofrenia ou um estado depressivo. Se é um esquizofrênico, é provável que seja tratado com fenotiazina, podendo restabelecer-se completamente ou tornar-se um doente crônico .[...] É muito provável que os psiquiatras estejam em desacordo sobre a natureza de sua doença, se é esquizofrenia ou depressão, inclusive sobre a definição e o significado destes dois termos. Podem também propor um diagnóstico tipo "doença esquizoafetiva", que a muitos internos poderia parecer equivalente a um diagnóstico de "tuberculoplasia" dado a um paciente no qual alguns sintomas apontam para uma tuberculose e outros para uma neoplasia. (pp. 1-2)

Poupamos o leitor de uma história do diagnóstico e da classificação psiquiátrica. É suficiente pensar na forma de diagnóstico que hoje exerce a maior influência sobre o pensamento e a prática psiquiátrica, ou então, naquela que foi proposta pelo sistema norte americano do DSM (*Diagnostic and Statistical Manual of Mental Disorders* III, 1980, e, mais recentemente, IV, 1994) da American Psychiatric Association.

O DSM, em sua formulação atual, acentua acima de tudo a necessidade de estabelecer *critérios diagnósticos* que possam valer para todos os psiquiatras e profissionais de saúde, independente de sua posição teórica. No manual, os vários transtornos psiquiátricos se definem mediante critérios que se supõem "ateóricos" e "operativos", de modo que possam ser universalmente compartilhados[4]. Graças a essa formulação, o DSM se tornou a classificação e metodologia diagnóstica mais difundida, adotada primeiramente nos Estados Unidos e, logo, com a máxima aquiescência, no restante do mundo.

Diversos autores de formação sistêmica e psicoterapia em geral criticam o DSM com sua pretensão de cientificismo, que tende a objetivar o processo diagnóstico, transformando-o em um rótulo. Outra crítica concerne à incapacidade de prever, além do diagnóstico, os pontos fortes e os recursos do indivíduo. Uma terceira crítica se refere à impossibilidade, nesse modelo, de ir além do indivíduo para chegar a uma avaliação, considerando seu ambiente significativo (es-

---

(4) Trata-se de uma derivação do diagnóstico por categoria, tão caro à clássica psiquiatria kraepeliniana. Omitiremos, aqui, entrar nos detalhes de outros modelos diagnósticos, como o diagnóstico por dimensão e a aprofundada crítica à diagnose médica dos pensadores de orientação antipsiquiátrica (Szasz,1961; Laing,1959).

pecialmente o familiar) e das relações que o indivíduo traz com ele[5]. Tais críticas se fundamentam em uma visão diferente dos problemas que conduzem as pessoas à terapia, menos dependente do modelo médico.

Avaliação, tipologia e "diagnóstico" em nosso modelo

Como já esboçamos, a avaliação e o diagnóstico variam de acordo com a teoria dos terapeutas, e incluem uma operação de distinção que eles fazem entre saúde e doença; segundo outros, entre estado de bem-estar e sofrimento; para outros, ainda, entre problema e solução.

Essas importantes variações derivam dos modelos terapêuticos utilizados, os quais prescrevem efetuar em primeiro lugar a distinção entre normalidade e patologia (por exemplo, o modelo psicanalítico e o comportamental), entre estado de bem-estar e sofrimento (por exemplo, os modelos que se inspiram no pensamento humanista, na narrativa e no construcionismo), ou então, entre problema e solução (por exemplo, o modelo estratégico de Palo Alto e os modelos baseados no *problem-solving*). A distinção que de modo frequente é a mais aceita pelos terapeutas estratégicos sistêmicos, é entre problema e não-problema, e trata-se de uma distinção efetuada pelo cliente, e não pelo terapeuta. É aos clientes que se pede que definam os problemas dos quais desejam livrar-se, e são os clientes que decidem, depois da terapia, se os seus problemas se atenuaram ou desapareceram, definindo desse modo o grau de êxito da terapia.

Manter essa posição é simples quando os problemas a serem considerados se mostram fáceis de reconhecer e compartilhar. Torna-se complexo, porém, no caso de problemas em que é difícil encontrar um compartilhamento entre cliente e terapeuta. Por exemplo, no caso em que o problema apresentado pelo cliente seja o de um poder externo que tenta controlá-lo, transmitindo ondas eletromagnéticas ao seu cérebro (em linguagem psiquiátrica, um delírio de influências). Aqui, o problema visto pelo cliente será diferente do problema visto por outras pessoas, incluindo o próprio terapeuta. Em um caso deste gênero, é fácil

---

(5) A este propósito, veja-se o lúcido artigo de Tomm (1993), como também as considerações de Clerici e Bertrando (1995).

demais reconhecer os limites da teoria, que pode ser aplicada a certo grupo ou à maioria dos clientes, desde que estejam em condições de indicar os problemas dos quais desejam livrar-se, mas não àqueles, como os psicóticos, que não estão em contato com a realidade compartilhada e para os quais a terapia e seus objetivos não fazem sentido. Estes últimos terminam inevitavelmente por receber um diagnóstico psiquiátrico de acordo com o DSM.

Muitos terapeutas, especialmente aqueles com formação médica, uma vez diagnosticada e iniciada a terapia, tendem a buscar a "verdadeira causa" da enfermidade, empenhando-se em uma caçada que, no estado atual dos nossos conhecimentos, corre o risco de ser vã e prejudicial, centrando a atenção sobre a "doença" em detrimento da "normalidade".

A nosso ver, relatar ou comunicar um "diagnóstico específico" a eventuais colegas, e em especial ao cliente, requer muita sensibilidade e capacidade de transmitir esperança e confiança no futuro através de canais não verbais. Caso contrário, corremos o risco de evocar um cenário futuro, dominado pelo conceito de patologia e doença, baseado sobre o que é negativo, tirando a responsabilidade e competência da pessoa. A patologia é posta em primeiro plano, obscurecendo os potenciais recursos do cliente, que por sua vez será induzido a ver e retificar aquilo que não funciona nele. Tudo isso reunido pode transformar-se em uma profecia que se autorrealiza (Watzlawick, 1984). A consequência pode ser um prolongamento dos tempos da terapia, com agravamento da situação e a possibilidade de desembocar em uma cronificação ou uma terapia interminável. (Esta é uma das razões que nos levou a estabelecer, dentro do nosso método, o prazo de 20 sessões, que se realizam com intervalos de duas a quatro semanas.)

Inicialmente, o grupo de Milão encarava os sintomas ou problemas de um ou mais membros de uma família como um "jogo familiar" de natureza patológica. Enquanto aos fatores biológicos se atribuía pouca importância, a patologia era atribuída às relações intrafamiliares. Além do diagnóstico, o grupo se ocupava amplamente da patogênese, ou seja, de como determinados sintomas emergiam de determinados conflitos e *patterns* relacionais. Isso estava em harmonia com o pensamento da primeira cibernética, segundo a qual o observador e o observado eram diferentes, e a tarefa do observador–terapeuta era a de "descobrir" os jogos patológicos, onde o termo "jogo" se referia a uma específica modalidade organizativa do sistema familiar. Na falta de um diagnóstico aplicável à família, o grupo de Milão fazia, então, diagnósticos do tipo: família "com compromisso esquizofrênico", ou então "com compromisso anoréxico", e assim por diante, deslocando a atenção do indivíduo para a relação (ver Selvini Palazzoli *et alii* de 1975).

A seguir, com o advento da cibernética de segunda ordem e do construtivismo, as ideias sobre o diagnóstico mudaram de maneira significativa. As ideias de Maturana (1970) - segundo o qual os sistemas só podem comportar-se de acordo com o modo como estão constituídos e, portanto, não se pode falar de sistemas normais ou patológicos, e que a "realidade" surge na linguagem através do consenso, e assim a patologia seja co-gerada - tornaram evidente a impropriedade do próprio conceito de patologia. Também Anderson e Goolishian (1988,1992) se negam a pensar em termos de patologia ou diagnóstico, baseando-se em uma visão construcionista que privilegia a linguagem e os sistemas de significado. Esta concepção pode expressar-se de modo a afirmar que não é o indivíduo, a família e a sociedade que deveriam ser mudados, mas os sistemas de significado transmitidos pela linguagem, que se criam com o tempo em relação ao problema apresentado (o "sistema criado pelo problema" ou *problem-determined system*; Anderson *et alii*, 1986).

De acordo com estes conceitos, podemos considerar o processo de diagnóstico sobretudo como processo de atribuição linguística; de fato, se a "realidade" emerge da linguagem através do consenso, também os conceitos de patologia e sanidade e as categorizações diagnósticas são frutos do consenso de uma comunidade de profissionais. Outros autores que põem a linguagem na base de tudo chegam a conclusões similares; por exemplo, White e Epston, 1989, que se inspiram no conceito de discurso dominante de Foucault (1970); Anderson e Goolishian, Hoffman, Andersen, que influíram na narrativa e no construcionismo social; e também outros, como De Shazer (1991) e, em parte, nós mesmos (Boscolo *et alii*, 1991), que nos inspiramos na teoria dos jogos linguísticos de Wittgenstein (1953).

Voltando àquele particular jogo linguístico do diagnóstico psiquiátrico, interessa-nos registrar que ele conduz à reificação (*reification*) e à consequente simplificação de uma realidade complexa; sobretudo, há uma reificação que, às vezes, tem notáveis efeitos pragmáticos, porque um diagnóstico, especialmente nos casos graves, pode introduzir um conceito de atemporalidade, uma vez que, sendo pronunciado, tende a se converter em um atributo substancial da pessoa, que não pode livrar-se dele (de onde vem o famoso provérbio: "uma vez esquizofrênico, esquizofrênico para sempre"). Em suma, o diagnóstico pode-se traduzir em um conceito totalizador, onde a pessoa se converte na doença e a doença na pessoa. Precisamente para evitar esses perigos, nós e muitos outros colegas de inspiração teórica diferente fazemos uso de uma linguagem despatologizante, evitando as palavras e expressões que aludem a doença, e empregamos mais palavras e metáforas que evocam a presença de recursos, de competência e de autonomia.

Em meados dos anos de 1970, o grupo de Milão escreveu o artigo *"Hipotetização, circularidade, neutralidade: três diretivas para a condução da sessão"* (Selvini Palazzoli *et alii*, 1980a), que logo se tornou, talvez, sua obra mais influente[6]. Nele se sublinha a importância da hipótese sistêmica, com a qual são ordenados os dados observados. A plausibilidade das hipóteses é avaliada através das perguntas do terapeuta, e as retroações do cliente permitem desenvolver sempre novas hipóteses. Esse modo de pensar e atuar está situado no extremo oposto da formulação de um diagnóstico tradicional que, por si só, é estático; a hipótese permite focar a atenção no tempo e em um contexto específico.

> O diagnóstico é uma descrição que pretende ser objetiva [...]. O psiquiatra acredita no diagnóstico. [...] Seus instrumentos de intervenção serão diferentes de acordo com o diagnóstico efetuado.
> Com as hipóteses, o terapeuta introduz diferentes elementos: antes de tudo, desde o momento que é uma conjectura, não é uma retificação. De fato, se a hipótese é retificada, passa a ser um diagnóstico. E, enquanto conjectura, também elimina a indefinição temporal: *"Neste momento eu tomo os dados e os reúno desta forma"*. [...] O que nós fazemos é introduzir um sinal de interrogação sobre todas as definições de patologia que nos chegam, e assim passamos do diagnóstico à hipótese. (Boscolo e Cecchin, 1988, pp. 20-21)

---

(6) Para o processo de formulação de hipótese (*hypothesizing*), ver também o capítulo 3 - "Princípios para a condução da sessão".

Visto sob esta ótica, o diagnóstico não é um conceito que se deve aceitar de modo acrítico, nem tampouco uma ideia a ser combatida, como pretendia a antipsiquiatria (ver Jervis, 1975). Torna-se uma das possíveis pontuações da realidade. Nós consideramos as tomadas de posição mais decisivas em favor da não-patologia como possibilidades a serem consideradas entre outras possibilidades. Com o tempo, nossa atitude com relação a esse tema passou a ser a de não mais propor se seria, ou não, patologia. Ficamos mais à vontade em adotar uma lógica que supere todas as dicotomias: psíquico / somático, normal / patológico, emotivo / cognitivo, biológico / relacional etc.

A superação das dicotomias é útil na praxe. Como terapeutas que atuam em diferentes contextos, estamos conscientes da necessidade de nos comunicarmos com outros profissionais que acreditam nos rótulos diagnósticos e se valem deles de maneira contínua, sem sermos desqualificados por esses profissionais, como aconteceria se simplesmente ignorássemos seus diagnósticos. De fato, coerente com a posição que escolhemos de nos colocar acima das dicotomias, não nos oporemos aos diagnósticos clínicos feito por colegas ou apresentado pelos clientes. Respeitaremos os vários pontos de vista diagnósticos, não somente porque não há ponto de vista no campo dos problemas de conduta que tenha o *status* de verdade incontestável, mas também porque um maior número de pontos de vista faz jus à complexidade das teorias e linguagens dos componentes de um dado sistema terapêutico. Naturalmente, se todos os profissionais envolvidos respeitassem os pontos de vista dos outros, a situação seria ideal e seguramente aumentaria a eficácia terapêutica de um serviço psiquiátrico.

Para este objetivo, parece-nos conveniente que o terapeuta, de modo especial aquele que trabalha nos serviços públicos, conheça os sistemas e as categorias diagnósticas mais em voga, em particular o DSM, que já se converteu no manual de referência. O conhecimento de mais de um sistema diagnóstico não somente permitirá dialogar com colegas de orientação diferente, mas impedirá que se adote e retifique em definitivo um determinado sistema diagnóstico, tornando-se prisioneiro dele.

Às vezes nos perguntam, em reuniões ou seminários, se acreditamos na patologia. Em nossas respostas, além de sublinhar o que já dissemos sobre a superação das dicotomias, também se procura enfatizar o conceito de "patologização" como um processo que se estabelece com o tempo, através da comunicação entre profissionais, membros da família, parceiros, serviços etc., e que chega a adquirir o valor e os efeitos de um discurso dominante, (Foucault, 1966) no contexto específico em que o cliente está conectado. Esse discurso, às vezes, termina por ser totalizador, e chega quase a ter vida própria, assim favorecendo mais a persistência do problema do que sua resolução.

Se tivéssemos que resumir nossos pontos de vista sobre o diagnóstico, podemos dizer que se trata de um processo estimativo em evolução, conectado de maneira recursiva, como efeito terapêutico da investigação do terapeuta sobre uma ou mais pessoas, consideradas em seu contexto relacional e emotivo. O diagnóstico se identifica com as hipóteses que são formuladas na medida que o processo terapêutico avança. Escreve Ronald Laing (1969), antecipando-se trinta anos às descrições feitas pelos terapeutas (inclusive nós mesmos) que se inspiram no construcionismo e na narrativa:

> O diagnóstico começa no momento em que se entra em contato com o cliente e não finaliza nunca. A maneira como se discerne a situação modifica a situação. Enquanto comunicamos de algum modo (com um gesto, um aperto de mão, um acesso de tosse, um sorriso, uma inflexão da voz) o que vemos ou acreditamos ver, mesmo na situação mais rígida há logo uma mudança [...]. O que se vê quando se examina uma situação, modifica-se quando se escuta o relato dos fatos. No espaço de um ano [...] a história terá experimentado uma série de transformações [...]. Assim como a história se modifica com o passar do tempo, do mesmo modo aquilo que se vê sofre algumas modificações. Em um momento particular, tende-se a definir a situação de modo particular [...]. Uma definição particular da situação pode gerar histórias diferentes. As pessoas recordam coisas diferentes e as relacionam de modos diferentes [...]. Nossa definição é em si mesma uma intervenção que, ao introduzir um novo fator, transforma a situação, a qual exige ser novamente definida.[7] (pp. 46-7)

Esta ideia de recursividade entre diagnóstico e terapia, vista através de uma perspectiva diacrônica, e a mudança da história do cliente

---

(7) Esta última frase nos faz pensar na conclusão do artigo sobre a formulação de hipóteses (Selvini Palazzoli *et alii*, 1980a), no qual se formulava a possibilidade de que as próprias hipóteses se convertam em uma intervenção.

no transcurso do processo terapêutico nos encontram plenamente de acordo. Nos últimos dez anos, aquilo que adquiriu para nós uma posição central no processo avaliativo e terapêutico, foi a "despatologização", que se realiza através da linguagem usada com o cliente, bem como do comportamento do terapeuta, e a criação de um contexto no qual prevalece uma visão positiva, de possível evolução e superação das dificuldades.[8]

OBJETIVOS

Os objetivos da terapia refletem obviamente a teoria, as experiências e os preconceitos do terapeuta. Todavia, ao defini-los, devemos levar em consideração antes de tudo os objetivos do cliente. Este pode procurar somente sair de uma crise e livrar-se dos sintomas. Outras vezes, pode buscar respostas a dúvidas existenciais que o atormentam há muito tempo. Ou então, ter a sensação de que o sintoma representa a ponta de um iceberg, "de algo que não vai bem", cuja natureza desconhece. Essa sensação pode aparecer quando, uma vez resolvido o problema apresentado, persiste ou se acentua um estado de ansiedade e insegurança difusa. O cliente pode ainda desejar modificar uma situação relacional familiar ou de trabalho, buscando na terapia sugestões para mudar os outros. Enfim, é possível que disfarçadamente solicite a terapia não para si, mas para aliviar a angústia de um parente preocupado por um suposto problema seu. É importante que o terapeuta preste atenção constante e avalie com cuidado os objetivos do cliente e sua evolução com o tempo.

Está muito difundida a convicção de que o objetivo prioritário do cliente é a eliminação do seu estado de mal-estar e sofrimento. Como já observou Freud, cada um de nós vive do melhor modo possível, no sentido de que se tenta de modo constante evitar a ansiedade. É evidente que, à medida que evolui a relação terapêutica, podem também evo-

---

(8) Naturalmente, nos casos graves não se ocultará a gravidade nem a possibilidade de que se requeira um tempo prolongado para a superação dos problemas apresentados e, no caso de que já se tenham feito diagnósticos preocupantes (por exemplo, esquizofrenia, graves transtornos de personalidade etc.), estes serão considerados à luz de sua gravidade, mas também da possível e provável evolução positiva no tempo.

luir os objetivos, como nos casos em que, desaparecidos os sintomas, o cliente sente a necessidade de prosseguir com a terapia. As vicissitudes dos objetivos do cliente devem ser relacionadas com os objetivos do terapeuta. Por exemplo: um terapeuta estratégico breve ou comportamental tem como alvo exclusivo ajudar o cliente primeiro a estabelecer por si mesmo os objetivos da terapia, e depois livrar-se dos seus problemas no tempo mais breve possível; um terapeuta psicodinâmico breve tem o objetivo de ajudar o cliente a resolver conflitos particulares (intervenção focal: Balint *et alii*, 1972; Malan, 1976) e temáticas emergentes no decurso da terapia, que são considerados fonte do seu sofrimento. Nestes casos, o objetivo é a resolução da crise e dos problemas apresentados, privilegiando a análise da realidade atual em relação à do passado distante.

Nos casos em que o terapeuta, baseado em suas teorias e preconceitos, acredita que a resolução do problema apresentado não seja o problema principal mas, sim, um epifenômeno de alguma outra coisa que é necessário explorar (e modificar), os seus objetivos mudam. Ele tentará criar com seu cliente um contexto terapêutico de exploração e investigação comum, no qual a globalidade da *pessoa* do cliente ocupará a posição central. Nestes casos, a terapia é costumeiramente mais prolongada, os sintomas perdem importância e chegam a ser considerados o resultado de conflitos internos ou relacionais, enquanto assume importância fundamental a natureza da relação que o cliente tem consigo mesmo, com seu mundo interno e o mundo externo, bem como a natureza da relação que se estabelece entre terapeuta e cliente. Passividade, dependência, sedução, tentativas de controle da relação por parte do cliente, além do interesse por sua história, chegam a dominar o centro da cena em lugar dos sintomas iniciais.

Em nosso modo de trabalhar, o objetivo é criar um contexto relacional de deutero-aprendizado, isso é, de aprender a aprender (Bateson, 1972), em que o cliente pode encontrar suas soluções, suas vias de saída das dificuldades e sofrimentos. Para esse fim, explora-se o contexto no qual viveu e se manifestaram seus problemas. Presta-se particular atenção a alguns aspectos significativos: os problemas se apresentaram no contexto familiar, de trabalho ou nas relações com parceiros? Em que etapa da sua vida? Em quais circunstâncias? Procuramos conhecer e aprofundar o sistema que se organizou em torno do problema apresentado (Anderson *et alii*, 1986), isto é, os acontecimentos, significados e ações que inicialmente se organizaram em torno dele, e as relações com os sistemas significativos do cliente (em primeiro lugar consigo mesmo, depois com a família, os parceiros, os profissionais etc., incluído naturalmente o terapeuta) que contribuem para a evolução e a persistência dos problemas.

Dada nossa longa experiência de pesquisadores e terapeutas de família, desejamos destacar a atenção particular que prestamos às relações familiares, não somente na família nuclear, mas também na extensa: pode-se dizer que muitas de nossas terapias individuais se consideraram, em certo sentido, como terapias familiares indiretas. Todavia, devemos recordar que a maior atenção é dirigida à conversação interna do cliente, às suas premissas, preconceitos e emoções, às relações entre o seu mundo interno e o externo, e ao efeito que tudo isso exerce sobre os pensamentos e emoções do terapeuta, que por sua vez influenciam de maneira recursiva o cliente.

No primeiro encontro, é oportuno deter-se nas expectativas e eventuais urgências do cliente, que se podem manifestar como uma necessidade exclusiva de se liberar apressadamente de um problema específico, tal como um estado de ansiedade, uma fobia, um ritual obsessivo intolerável ou uma crise de pânico, para voltar à situação de relativo bem-estar, presente anteriormente ao aparecimento dos sintomas. Em tal caso, pode ser oportuno não se adiantar muito na história do cliente, em seu mundo interno, e se ocupar mais com seus sintomas, tratando de ajudá-lo a se liberar deles mediante as técnicas apropriadas provenientes de outros modelos, como o estratégico, o estrutural, comportamental ou ericksoniano etc. (ver os casos de orientação estratégico-sistêmico expostos no capitulo 4). Não reconhecer a urgência ou, ainda, as expectativas do cliente, pode comprometer o "engate" e favorecer a ruptura da relação terapêutica. A propósito, é frequente escutarmos o relato de clientes que interromperam de modo precoce uma terapia, porque o terapeuta parecia demonstrar excessiva importância pela história da pessoa ou relação terapêutica, ignorando os sintomas.

De fato, em nossa experiência, deparamo-nos com diversos casos de pessoas que nos pediram a terapia depois de ter abandonado outra, porque não se entendiam com o terapeuta (como acabamos de mencionar) ou porque não estavam satisfeitas com os resultados obtidos. As razões para a interrupção frequentemente se relacionam com a técnica do terapeuta (recorre muito ao silêncio, não atende aos pedidos do cliente, escuta muito a si mesmo ou é muito preguiçoso), à sua orientação por uma terapia de longa duração, sendo contrário às expectativas do cliente ou, por fim, à escassa simpatia ou participação frente às instâncias deste último. É obvio que muitos desses abandonos deveriam fazer-nos refletir sobre os eventuais erros e rigidez do terapeuta, destacando-se a prioridade da posição de interlocutor e a importância de se adaptar às modalidades de comportamento e comunicação do cliente.

Outros casos de interrupção precoce por decisão do cliente registram-se quando se propõe e se inicia a terapia sem se ter aprofundado suficientemente nas razões do pedido de ajuda. Como escreve Lyman Wynne (Wynne et alii, 1986), às vezes um cliente se dirige a um profissional não com a ideia de iniciar uma terapia, mas para esclarecer algum aspecto da sua vida ou para obter um conselho profissional; isto é, faz-se um pedido que pode ser satisfeito antes por meio de uma consulta, do que através de uma terapia (Boscolo e Bertrando, 1993, pp. 111-113).

É interessante assinalar que muitos estudos catamnésicos levados adiante nos Estados Unidos concordam em afirmar que os clientes em geral não esperam ter mais de 5 ou 6 encontros com o profissional a quem se dirigem. Com efeito, nos EUA, a duração média da maioria das psicoterapias não supera as dez sessões; além disso, a maior parte dos clientes espera que a terapia não dure mais de três meses, e declara que o maior impacto positivo se registra entre a sexta e a oitava sessão (Budman e Gurman,1988). Isso pode refletir a tendência da psicoterapia, no panorama norte-americano, a ser cada vez mais breve por problemas econômicos e políticos. Se em tal contexto as expectativas do profissional são de uma terapia de longo prazo, podem ser provocadas interrupções precoces por parte dos clientes, cujas expectativas diferem das expectativas do terapeuta. Na Europa, todavia, as expectativas dos clientes sobre a duração da terapia são diferentes, ainda que se estejam difundindo as terapias breves. Normalmente, a expectativa é que a duração da terapia e, às vezes, até mesmo a frequência das sessões sejam superiores, como ilustra este exemplo que extraímos de *"Os tempos do tempo"*.

Um homem de 25 anos se apresentou em nosso centro queixando de depressão. Ao final do primeiro encontro de avaliação, o terapeuta, um dos autores, aconselhou ao cliente uma terapia individual com uma frequência de uma sessão por semana. O cliente aceitou mas, após dois meses de terapia, começou a manifestar uma piora dos sintomas depressivos e, em certo momento, veio à sua cabeça: "Sinto-me cada vez pior porque não me basta vir apenas uma vez por semana!" E dobrou a dose, falando da frequência de uma jovem tia e de um amigo que estavam em terapia e faziam duas ou três sessões por semana, e pareciam menos deprimidos que ele. Naturalmente o terapeuta, de acordo com sua avaliação do caso, objetou que a escolha de uma sessão semanal era o mais indicado. Do contrário, teria optado por uma frequência diferente. Além do mais, observou-se que o *timing* do cliente não coincidia com o *timing* do terapeuta e, portanto, ambos se encontravam em um *impasse*. Se o terapeuta tivesse aceitado a proposta do cliente, teria ido contra o seu próprio juízo clínico; por outro lado, se não a aceitasse, teria ido contra as exigências do cliente.

Portanto, propôs que, para sair do *impasse* e satisfazer às exigências de ambos, o cliente adicionaria à sessão semanal com o terapeuta, outras duas sessões realizadas em casa, sozinho, em um quarto, com um relógio que lhe indicasse o final aos cinquenta minutos, e com uma caderneta de anotações, deveria escrever tudo o que ocorresse com ele, sem censura alguma, pensando que estava falando com o terapeuta. Deveria levar o escrito na sessão seguinte. Uma semana depois, o cliente apresentou-se com uma volumosa pilha de papéis, entregando-os ao terapeuta, que imediatamente os devolveu, pedindo que lesse o que estava escrito. O cliente leu durante os cinquenta minutos, sem que o terapeuta o interrompesse. Na sessão seguinte, o maço de papel havia-se reduzido a poucas páginas ,porque "tinha a mente vazia, somente me ocorreu isto".

Nessas duas sessões, o humor do cliente havia começado a ser mais vivaz. Em seguida, deixou de falar da necessidade de ter mais de uma sessão semanal, pois havia começado a sentir-se melhor. Provavelmente a melhora se relacionava com o fato de o terapeuta haver aceitado sua necessidade de ter mais sessões; e havia deixado de escrever e ler as sessões domiciliares, porque isto lhe tirava a possibilidade de falar com o terapeuta. De fato, poder-se-ia dizer que quanto mais sessões ele tinha, menos sessões fazia. (Boscolo e Bertrando, 1993, p. 122)

Acreditamos que nossa predileção atual por um marco temporal breve-longo na terapia individual (breve em relação ao número de sessões, longa em relação à duração total da terapia) obedece a uma série de fatores como: a orientação para uma terapia mais exploradora e tecnológica (de *problem-solving*); a longa experiência com o modelo de terapia familiar sistêmica, baseada nas sessões com intervalo mensal; o interesse pela totalidade da pessoa, e não somente pelos problemas apresentados e as relativas soluções; a nossa pesquisa sobre tempo e mudança (Boscolo e Bertrando, 1993) e nossa condição de europeus, um tanto pragmáticos, mas também especulativos.

Agrada-nos pensar e atuar dentro de um enquadramento mais amplo que, em certos casos, nos permita ocupar-nos em caráter prioritário na resolução de problemas específicos, e em outros, ajudar o cliente na superação das dificuldades do seu mundo interno e externo, que o impedem de alcançar um nível satisfatório de autonomia e autoestima. Em outras palavras, ainda quando, em alguns casos, nosso objetivo possa consistir em fazer desaparecer um ou mais sintomas em tempo breve, não superior a cinco ou seis sessões, mais frequentemente a natureza dos problemas apresentados, como nos casos de anorexia crônica posterior à adolescência, bulimia, transtornos *borderline* da personalidade ou psicose, requer tempo mais longo e maior ênfase no processo de exploração das emoções e dos significados emergentes na sessão, mais que nas técnicas e estratégias capazes de mudar comportamentos específicos.

TEMPO E MUDANÇA

O tempo define os enfoques [terapêuticos], e a partir do enfoque, no que tange ao tempo, todo enfoque define a si mesmo. [...] Ainda que cada enfoque terapêutico tenha a sua própria noção de tempo e, de modo frequente, uma posição não muito definida em relação ao papel do tempo na formação e na resolução dos dilemas humanos, nenhuma teoria consegue alcançar de modo adequado uma visão geral do tempo em relação à teoria e à prática terapêutica (Gibney, 1994, p. 61).

Uma relação crucial

A relação entre o tempo e a mudança na terapia é um tema que desenvolvemos amplamente em *"Os Tempos do Tempo"* (Boscolo e

Bertrando, 1993). Nessa obra, sustentamos que a teoria do terapeuta em relação ao tempo necessário para que a terapia possa ser concluída com êxito, pode ter um notável efeito pragmático, ao favorecer, acelerar ou retardar a mudança. Os terapeutas orientados para as terapias breves tenderão a criar um contexto terapêutico que facilitará a conclusão da terapia em tempo limitado, enquanto os terapeutas habituados a terapias de longa duração tenderão a criar premissas para uma terapia prolongada, e a observar sinais de "cura" somente depois de um período muito longo de trabalho e de inumeráveis sessões.

Obviamente, das duas variáveis, tempo e mudança, esta última depende em grande parte das ideias dos terapeutas sobre o que se pode considerar mudança, ideias que se modificam de maneira notável de acordo com a teoria que lhes serve de referência. Por exemplo: alguns visam a mudar os comportamentos sintomáticos; outros, as premissas epistemológicas; outros, os conflitos inconscientes; outros, ainda, a história do cliente, e assim por diante.

A este propósito, Cade e O'Hanlon (1993) destacam como os diversos terapeutas veem coisas diferentes e, lamentavelmente, muitas vezes ignoram as ideias e práticas de outros colegas. Eles escrevem:

> Os terapeutas do comportamento "descobrem" problemas de comportamento; os analistas "descobrem" problemas intrapsíquicos cuja origem se atribui à infância; os psiquiatras de orientação biológica "descobrem" problemas neurológicos e déficit de natureza bioquímica; os terapeutas estruturalistas "descobrem" ambiguidades nas hierarquias e nas coalizões; os terapeutas contextuais "descobrem" os efeitos da exploração e da injustiça entre gerações; os terapeutas breves "descobrem" *patterns* de pensamento e ação que se autorreforçam (p. 50).

Na realidade, como dissemos no capítulo 1, Luigi Boscolo já havia trabalhado durante muitos anos como terapeuta individual de orientação psicodinâmica e, mais tarde, na década de 1970, continuou a experimentar em casos de terapia individual as ideias e técnicas vinculadas à terapia de família, primeiramente trabalhadas com o modelo estratégico-cibernético do MRI, e logo após, com o modelo sistêmico-cibernético de inspiração batesoniana. Essas experiências com as famílias tiveram o profundo efeito de mudar nossa visão e filosofia da terapia, tanto no que concerne aos objetivos, como ao tempo requerido para alcançá-los. Podemos, assim, recapitular as ideias e as experiências que exerceram maior impacto sobre nós:

1. Na terapia, pode-se ter como objetivo a solução dos problemas apresentados, se estes têm o caráter de urgência para o cliente, se surgiram durante uma crise que não parece grave e não foram precedidos por uma história de problemas psiquiátricos importantes, enfim se não se apresentam distúrbios graves da personalidade. Nesses casos, a terapia pode ser concluída em poucas sessões, com a utilização de intervenções centradas na solução dos problemas apresentados.

Nos casos cujos sintomas parecem ser a ponta de um iceberg e sua solução não é suficiente para responder às dificuldades do cliente, então o terapeuta se ocupa da "pessoa", de suas premissas e sua história. Nesses casos, a terapia exige mais tempo e é caracterizada por uma exploração, junto ao cliente, de sua história e das perspectivas presentes ou futuras. Como adiante descreveremos com mais detalhes, a terapia individual que fazemos agora inspira-se neste último tipo de experiência, ainda que, quando ocorre, também utilizemos intervenções do primeiro tipo.

2. Uma ideia que teve e ainda agora tem influência significativa em nosso pensamento clínico, é que os sintomas emergem em contextos nos quais uma pessoa não consegue encontrar sentido na relação consigo mesma e com as pessoas significativas com que se relaciona (esta situação é encontrada em máximo grau na psicose). Deriva daí que os sintomas, inclusive aqueles dos quais o cliente possa ter apenas uma vaga consciência - como nos casos de conflito de identidade e de dúvida existencial -, podem ser considerados como *dilemas relacionais*, os quais podem dissolver-se rapidamente, como neve ao sol, quando se atua sobre um particular nó relacional. Esse tipo de mudança (mudança descontínua por saltos) foi amplamente descrito (Selvini Palazzoli *et allii*, 1975; Boscolo e Bertrando, 1993) e é uma das principais características do pensamento sistêmico que favoreceu nosso otimismo terapêutico.

3. O otimismo, cimentado também por sucessos e pela brevidade da terapia de família, encontrou confirmação na ideia de que o sistema (indivíduo e família) tem dentro de si mesmo as informações sobre como evoluir. Podemos ilustrar este ponto com uma analogia, ainda que

aproximativa: se um rio é bloqueado, um terapeuta de orientação psicodinâmica trabalhará para desbloqueá-lo e, a seguir, reconstruir o leito do mesmo rio, enquanto um terapeuta sistêmico, ao contrário, uma vez desbloqueado o curso do rio, poderá deter-se, contando com que o rio tenha em si mesmo as "informações" para fluir em direção ao mar. Todavia, há de se levar em conta que isso pode não ser válido para todos os casos. Por exemplo, os clientes com graves distúrbios de personalidade ou psicóticos podem estar tão desestruturados, a ponto de trem necessidade de contatos terapêuticos por tempo indeterminado ou, quem sabe, interminável, ainda que separados por longos intervalos.

4. A investigação sobre o tempo e mudança (Boscolo e Bertrando, 1993) sublinhou a importância que tem para o terapeuta a consciência do tempo e dos ritmos da terapia. A coordenação de seu tempo individual com o tempo do cliente, a "dança terapêutica", é um processo às vezes difícil, como nos casos de personalidade maníaco-obsessiva ou psicótica do cliente. Naturalmente, o terapeuta deveria também estar consciente da coordenação do tempo de seu cliente com os tempos das pessoas significativas com as quais se relaciona.

5. Na maioria dos modelos de terapia breve, o interesse do terapeuta é pelo tempo presente e futuro, enquanto nós nos ocupamos de todo o arco da vida do cliente, inclusive seu passado. Interessam-nos as conexões, os vínculos que, com o tempo, conduziram o cliente a construir a história que construiu. Como veremos no capítulo 3, a concepção do terapeuta que conecte as três dimensões do tempo, passado, presente e futuro, em um anel autorreflexivo, entra em jogo ao contrastar a visão linear-causal e determinista que o cliente adota ao explicar - e se explicar - sua própria história.

Terapia breve-longa

Depois de ter realizado diversas experiências em terapia familiar e individual, no final dos anos 80 decidimos empreender uma pesquisa sobre uma terapia individual sistêmica que pudesse satisfazer às presumidas necessidades da grande maioria dos clientes, e também à nossa necessidade, como terapeutas, de operar de modo coerente com o modelo que havíamos desenvolvido nas duas décadas anteriores. Por toda uma série de considerações, o formato que nos pareceu mais idôneo para os fins descritos, foi o de uma terapia fechada, do ponto de vista do tempo, com 20 sessões, a intervalo de duas a quatro semanas, e uma duração total de aproximadamente um ano e meio. Essa terapia pode ser definida como breve-longa: breve pelo número de sessões e, portanto, pelo tempo que passam juntos terapeuta e cliente, e longa por sua duração total, que supera em muito a prevista pelos diversos modelos de terapia breve.

No contrato inicial, celebrado com o cliente na primeira sessão, comunica-se que a terapia terá uma duração máxima de vinte encontros, a intervalos de duas a quatro semanas uma da outra, e que a maioria dos clientes costumeiramente pode completar a terapia nas primeiras sessões ou mesmo antes da vigésima. Se na última sessão o cliente ainda apresentar a necessidade de terapia, o terapeuta considerará a possibilidade de ainda ser útil para aquele cliente; caso contrário, aconselhará que se dirija a outro colega. É crucial que o terapeuta não culpabilize o cliente pelo insucesso da terapia, mas o atribua a si mesmo, comunicando-lhe que um terapeuta não pode resolver todos os casos que a ele se apresentam.

Essa forma de terapia é "fechada" no que diz respeito a seu término, mas "aberta" em relação à opção do cliente, que pode decidir terminar a terapia no momento em que decide fazê-lo. Pode-se incorporar esta modalidade ao discurso da despatologização e da visão positiva, que permite ao cliente assumir, em primeira pessoa, uma posição de atividade, responsabilidade e competência em fazer suas próprias escolhas existenciais.

Por que recorrer à terapia breve? E por que utilizar longos intervalos entre as sessões, quando a maioria dos terapeutas usa intervalos mais breves, habitualmente uma sessão semanal? Comecemos a responder ao primeiro questionamento apresentado.

A primeira ideia nos veio da experiência direta com a terapia familiar breve de dez sessões, quando na maioria dos casos as mudanças mais significativas ocorriam entre a sexta e a nona sessão. Também tiveram uma influência significativa as leituras sobre terapias breves, familiares e individuais. Pela vertente psicanalítica, o primeiro nome que se impõe é o de Freud, cujas análises não se prolongavam além de um ano e, às vezes, duravam muito menos ainda (por exemplo, a análise de Sandor Ferenczi durou apenas seis semanas). É notório que Freud utilizava, às vezes, técnicas que na atualidade poderiam ser inscritas nas terapias estratégicas, como prescrever aos clientes, quando o *insight* não fazia o efeito esperado, que enfrentassem diretamente os objetos fóbicos. Mas foram sobretudo alguns psicanalistas do pós-guerra (Malan, Sifneos, Mann, Davanloo etc.), que desenvolveram – em particular na Inglaterra e nos Estados Unidos – alguns tipos de psiquiatria breve de orientação psicodinâmica, que puderam responder às exigências das massas de usuários que se dirigiam aos serviços psiquiátricos. Essas terapias eram consideradas adequadas para certos tipos de clientes e de problemas (terapias breves focais ou temáticas), enquanto para outros clientes consideravam-se mais indicadas as terapias ou análises de longo prazo.

A técnica das terapias breves de orientação psicodinâmica se diferencia da adotada nas terapias de longo prazo pela maior atividade do terapeuta, pelo interesse dirigido a temas específicos ou conflitos a serem enfrentados, pela preferência que se concede à análise da relação real, no aqui e agora, em relação à análise do *transfert* (que favorece a regressão) e, enfim, pela ênfase mais sobre o presente que sobre o passado. É significativo que, nessa descrição sintética, seja possível ressaltar elementos técnicos similares a outros modelos de terapia breve, entre os quais também o nosso.

A propósito das terapias breves, é necessário assinalar que:

> [...] a maior parte das pesquisas [...] destaca dois pontos interessantes: primeiro, a evidência sugere que a terapia breve seja tão eficaz quanto a terapia a longo prazo, e em segundo lugar, os benefícios obtidos na terapia breve são tão duradouros como os obtidos nas terapias a longo prazo. (Gibney, 1994, p. 63)

No que concerne aos longos intervalos entre as sessões, o artigo *"Why a long interval between sessions?"* (Selvini Palazzoli, 1980) descreve as razões que induziram o grupo originário de Milão, pioneiro no campo da terapia, a passar sistematicamente de intervalos de uma semana entre as sessões para intervalos de um mês. Esta mudança temporal aconteceu de maneira casual, e os efeitos produzidos foram tão positivos que, desde então, os intervalos mensais tornaram-se de rotina na terapia de casal e de família. A explicação dada por tal grupo foi que o encontro com o terapeuta podia ter o efeito de perturbar o sistemafamília e provocar mudanças em nível individual que teriam reflexo, através de um redemoinho de circuitos cibernéticos sobre todos os membros da família. É natural que esse processo teria exigido certo tempo até que o sistema familiar alcançasse novo equilíbrio. Avaliou-se arbitrariamente que esse tempo corresponderia a um intervalo de aproximadamente um mês. Daí a ideia de que, se o terapeuta tivesse permanecido em cena nesse intervalo, marcando um encontro para tempo mais breve, teria interferido de modo negativo, colocando sua presença como obstáculo ao processo espontâneo de mudança em curso. Esta é uma razão pela qual a terapia "à milanesa" era definida pelos colegas anglo-saxões como *"hit and run therapy"* ("terapia morde e foge").

Durante muitos anos, as poucas terapias individuais conduzidas mantinham intervalos semanais entre as sessões, já que se pensava que um intervalo mais longo teria diminuído a possibilidade de compromisso ou de desenvolvimento da relação terapêutica. Na sessão familiar, esse perigo é mínimo, porque a relação é poliádica e, portanto, a sua intensidade se distribui entre todos os membros do sistema terapêutico.

Com o tempo, todavia, impôs-se a curiosidade de experimentar os intervalos longos também nas terapias individuais sistêmicas. Aqui, podemos antecipar que os efeitos dos longos intervalos foram notáveis. Na maioria dos casos, produziu-se um efeito contrário ao temido, no sentido de que os pensamentos e as emoções do cliente em relação ao terapeuta se revelaram mais intensos à medida que transcorria o tempo e se aproximava a data do próximo encontro.

Nossa experiência é que, nos casos em que os problemas não se resolvem nas primeiras sessões, o cliente se comprometerá cada vez mais com o terapeuta e - como também revelaram outros terapeutas que adotaram um marco de terapia de curto prazo (em particular Mann) – é significativo que o cliente tenda a esquecer o número da sessão. É importante que o terapeuta o recorde para evitar que se chegue ao fim da terapia sem que já tenha sido resolvido o problema da separação (ver, a propósito, o caso de Suzana C., capítulo 5).

Mann (1973) desenvolveu um interessante modelo de terapia breve, fechada em doze sessões, denominada "psicoterapia de tempo definido" (*time-limited psychotherapy*), baseada em um modelo psicodinâmico-experimental. Ele acredita que nesse tipo de terapia:

[...] controlar a ansiedade da separação pode ser o modelo para dominar as outras ansiedades neuróticas. [...] Todas as formas de terapia breve, quer seus praticantes o saibam, ou não, fazem reviver o horror do tempo. [...] Um modo de compreender a incapacidade de dar ao tempo uma importância fundamental reside no desejo de negar o horror do tempo por parte dos próprios terapeutas. (Mann, in Hoyt, 1990, p. 130)

Estas reflexões de Mann são congruentes com a impressão que temos obtido de nossa experiência: nos casos em que os clientes não decidem terminar antes da décima quinta sessão, entra-se em uma fase final em que o tema principal se torna a separação da terapia e do terapeuta, com todas as angústias associadas com isso. A habilidade e a ressonância emotiva do terapeuta nesta última fase são elementos cruciais para resolver os dilemas da separação. Temos notado que, nos casos em que fazemos uso de um terceiro por trás do espelho, em uma dessas sessões, sua presença dá uma contribuição muito positiva para concluir esta fase final com êxito.

Em paralelo a essa pesquisa sobre uma terapia breve-longa, tivemos que conduzir terapias individuais fora dos vínculos de tempo descrito. A essa altura surge uma pergunta: esse modelo de terapia breve-longa é facilmente transmissível? Julgamos necessário que o terapeuta que deseje utilizá-la deva ter, em primeiro lugar, alguma experiência no campo da terapia; e, em segundo lugar, ter utilizado diferentes marcos temporais, com a aquisição de certa segurança e flexibilidade.

Enfim, como pesquisadores e terapeutas, queremos recordar que se tenha presente que nossas técnicas e teorias são úteis para dar um sentido àquilo que fazemos, mas podem também nos tornar cegos às necessidades e emoções de nossos clientes. Sobre isso, escreve Hoyt (1990):

O mais importante ao decidir a duração de um tratamento é atender às necessidades desse paciente individual, naquele momento particular. [...] Durações "pré-estabelecidas" não deveriam converter-se em um leito de Procusto, pois alguns clientes se adaptam a ele perfeitamente, enquanto para outros (o tempo da terapia) resulta inutilmente truncado ou diluído. [...] Os terapeutas também deveriam conhecer seus próprios pontos fortes e fracos, mas não deveriam impor suas preferências ou predileções em nome da "política" ou do "estilo". (p. 125)

Por estarmos essencialmente de acordo com essas considerações, sustentamos que o modelo terapêutico que propomos leve em conta as necessidades e emoções mencionadas pela maioria dos clientes (senão por todos!). Cabendo ao cliente a responsabilidade de decidir quando finalizar a terapia, é ele quem decide escolher sua duração dentro do vínculo das vinte sessões. Para os que têm necessidade de um tempo mais longo, serão levadas em consideração, como já foi dito, as suas necessidades e os recursos do terapeuta.

O TERAPEUTA

O *Self* do terapeuta na relação

A teoria é a lente através da qual vemos a realidade em torno de nós e em nós mesmos. Ela influencia o modo de considerar o próprio *self* dentro da terapia: por exemplo, no decorrer da experiência psicanalítica de Luigi Boscolo, citado no capítulo 1°, o *self* do terapeuta e suas emoções eram o principal objeto de interesse, e eram submetidos a monitoração constante através das análises da contratransferência ou, às vezes, com a ajuda de um supervisor.

Depois, no período da terapia estratégico-sistêmica da década de 1970, a prioridade mudou nitidamente. Nesse período, a máxima atenção se concentrou na família, e não sobre o terapeuta e suas emoções. Mesmo quando (raramente) nos ocupávamos de casos de terapia individual, a atenção se concentrava nos problemas do cliente e nas intervenções capazes de modificá-los, ignorando completamente a análise do *self* do terapeuta. A cibernética de segunda ordem e o pensamento construtivista (ver cap. 1°), ao colocarem em primeiro plano a autorreflexão, dirigiram a atenção para o indivíduo, seus preconceitos, premissas e emoções. O interesse se voltou não somente para as relações do indivíduo com seu mundo externo mas, sobretudo, para a relação do indivíduo consigo mesmo e com o seu mundo interno. Isso vale tanto para o cliente quanto para o terapeuta, de tal modo que o *self* deste último voltou a ocupar uma posição de primeiro plano (ver o capítulo 1°, pp. 18-20).

Também por esta razão, foi importante para nós o pensamento batesoniano. Mais frequentemente, considera-se de Bateson (1951,1972,1979) as contribuições sobre o ecossistema e sobre as relações externas, esquecendo-se o fato de que ele não havia subestimado nem indivíduo, nem tampouco o inconsciente; antes, acreditava que o inconsciente fosse a parte mais importante da mente, e que o consciente era pouco mais que um epifenômeno.

Como antropólogo, havia-se ocupado amplamente do estudo sobre o mundo interno do indivíduo (consciente e inconsciente), da formação dos hábitos, metáforas, da produção artística e dos estados patológicos, em especial do pensamento esquizofrênico. Um ponto de particular relevância em seu pensamento é exatamente o inconsciente, ainda que em uma acepção muito diferente da freudiana: ele não estaria constituído de pulsões, (entendidas como forças instintivas), mas de hábitos (*habits*) e, sobretudo, do conjunto de premissas individuais formadas através de um processo de deutero-aprendizagem. O conhecimento do *self* do terapeuta se converte, então, no conhecimento de suas premissas, ainda que se trate, de modo inevitável, de um conhecimento inatingível, porque ninguém pode tornar-se plenamente consciente de suas próprias premissas. Por muitas razões, as premissas são como as plantas dos pés; dado que nos apoiamos nelas, torna-se impossível observá-las.

> [...] Nossa vida é tal, que seus componentes inconscientes estão continuamente presentes em todas as suas múltiplas formas. Por isso, em nossas relações trocamos continuamente mensagens sobre esses materiais inconscientes, e também se torna importante para nós trocar metamensagens, para dizer reciprocamente qual ordem e espécie de inconsciente (ou consciência) é inerente às nossas mensagens. (Bateson, 1972, p. 170)

Mesmo alimentando o máximo respeito pela ciência, Bateson (1972), sentia-se atraído pelas expressões do inconsciente: pela arte, pelos ritos, pelo sagrado. O inconsciente e sua linguagem metafórica foram enfatizados continuamente em sua obra.

É um lugar comum entre os povos anglo-saxões acreditar que seria melhor, de certo modo, se o que é inconsciente se tornasse consciente. Também se diz que Freud afirmava: "onde está o Id, aí estará o Ego", como se tal acréscimo da consciência e do controle consciente fosse possível e, naturalmente, também vantajoso. Essa opinião [...] é uma opinião totalmente distorcida do que seja um homem ou qualquer outro organismo. (pp. 170-171)

O terapeuta que não deseje ser ingênuo no seu trabalho deveria adquirir maior consciência de suas próprias premissas, ou então, dos princípios que o guiam em suas atitudes: quanto desse agir é ditado por preconceitos sociais e culturais; quais podem ser as premissas do cliente (seus assuntos individuais, familiares, sociais e culturais); de que maneira a relação terapêutica obedece a essa relação entre epistemologias (sistemas de premissas) diferentes. Tal consciência por parte do terapeuta coloca-o em condição de manter uma perspectiva co-evolutiva no tempo, evitando retificar as relações, considerando-as em seu contexto em constante evolução sob a pressão das mudanças pessoais e sociais.

Neste processo evolutivo, é importante que o terapeuta coordene seu próprio tempo com o do cliente, abrindo espaços às diferentes expectativas, evitando ancorar-se em uma visão particular de sua história. Para que isso possa acontecer, é de fundamental importância o desenvolvimento da aliança terapêutica e a empatia do terapeuta, isso é, a capacidade e a sensibilidade de se colocar em na posição do outro. Parafraseando Borges (1972), quando faz menção a Shakespeare, um bom terapeuta deve se esforçar para "ser igual a todos os homens".

Como é possível adquirir conhecimento de si mesmo na prática terapêutica? Com os anos, encontramos uma resposta na dialética que caracteriza o trabalho da equipe. Ele é constituído de um sistema a três: cliente, terapeuta, observador (es). A tarefa da equipe é proporcionar ao terapeuta a supervisão do caso, um ponto de vista externo, capaz de favorecer maior conhecimento de seus preconceitos, premissas e emoções dentro do sistema terapêutico. Essa supervisão pode ser direta, como quando a equipe observa atrás do espelho, ou indireta, através de comentário sobre o material gravado em vídeo ou da apresentação verbal do caso. A este propósito, na formação para a terapia sistêmica, os alunos frequentemente apresentam ao grupo, que faz as vezes de equipe de supervisão, casos de terapia individual e familiar (alguns especialmente complexos por causa das conexões criadas no tempo, entre os diversos profissionais e serviços intervenientes). O desenvolvimento das ideias produzidas pela equipe gera um *"pattern* de conexão"* (Bateson, 1972) que podem ajudar aquele que apresenta o caso a sair dos dilemas e da rigidez que limitam sua compreensão e sua ação.

Com efeito, a equipe tem a tarefa de produzir hipóteses: hipóteses sobre o cliente, mas também sobre o terapeuta, seus pensamentos, emoções, e sobre a relação entre terapeuta e cliente. Esta prática chama-se análise da contratransferência em uma supervisão do tipo psicodinâmico, com a diferença de que o processo se desenvolve ao vivo, no aqui e agora da sessão, de modo que a retroação é mais imediata e vivaz. A interação entre terapeuta e cliente é examinada por uma ou mais pessoas que trazem um segundo nível de reflexão, o qual se integra à reflexão do terapeuta, contaminada por seus preconceitos.

Um dos maiores riscos para o terapeuta é, de fato, o de "cair" dentro da relação, perdendo a distância necessária para pensar em termos de diferenças, que permitam sair dos atoleiros da rigidez. Na *"Pragmática da comunicação humana"* (1967), Watzlawick e colaboradores sustentam que o "período de graça" de que dispõe o terapeuta para favorecer a mudança não é infinito; haverá um momento em que, no diálogo entre o terapeuta e o cliente, trocam-se as mesmas informações, isto é, já não se criam mais *"diferenças que fazem a diferença"*. A terapia entrará em um *impasse*. A intervenção de um terceiro, consulente ou supervisor, pode introduzir diferença ou novos pontos de vista que poderão desbloquear o impasse. No modelo estratégico, sendo a terapia muito breve e centrada nos problemas apresentados, a supervisão se ocupa predominantemente das técnicas mais adequadas a liberar o cliente dos sintomas, na mudança. Para nós, que operamos com o modelo sistêmico, estando a atenção dirigida à totalidade da pessoa, ao desenvolvimento do processo de exploração no qual os resultados não são previsíveis, torna-se importante a dialética a três, que se desenvolve no trabalho em equipe.

O trabalho em equipe nos levou a considerar diversos pontos de vista. O intercâmbio de ideias e emoções vividas por trás do espelho nos habituou a ter uma pluralidade de perspectivas. E, sobretudo, nos treinou, quando trabalhando sozinhos, a sair do imediatismo da relação com o cliente para nos refugiarmos momentaneamente atrás de um virtual "espelho" unidirecional, e analisar a relação entre o cliente e nós mesmos. Em certo sentido, pode-se dizer que a formação sistêmica favorece um processo de internalização e introspecção da equipe e de suas vozes, que representarão uma polifonia na mente do terapeuta.

Além disso, queremos destacar que, através do trabalho em equipe, com o tempo, cada um de seus membros aprenderá a se posicionar nos diferentes pontos de observação do sistema significativo, no qual o cliente e o terapeuta estão imersos. Cada membro poderá colocar-se, em dado momento, como observador do suposto mundo interno do cliente, ou mesmo de suas relações externas, do próprio mundo interno do terapeuta, do vínculo terapêutico, da relação entre as ideias do cliente e as próprias, face aos modelos culturais. Esse modo de trabalhar, desenvolvido na investigação, na formação e na terapia de família, tornou-se para nós um método que, naturalmente, nos influencia mesmo quando trabalhamos a sós com um cliente individual.

É sabido que, em muitas formas de terapia, principalmente a psicanálise e as terapias de orientação psicanalítica, ter feito a própria terapia é uma condição *sine qua non* para alcançar o *status* de terapeuta. Ainda que nosso modelo não preveja formação pessoal semelhante, prevê, todavia, que essa função se desenvolva a partir do aprendizado em grupo (em equipe).

> De início, os alunos eram formados substancialmente para desenvolver habilidades técnicas; de modo gradual, a formação assumiu uma característica mais acentuada de formação pessoal, através dos grupos de aprendizagem. Dentro da formação sistêmica, é possível ao aluno fazer um trabalho sobre si mesmo, uma tarefa que, não obstante, conserva uma ampla margem de liberdade (não é uma obrigação, e tampouco se aconselha vivamente aos alunos que desenvolvam uma formação pessoal) e, de qualquer modo, tem sempre sua sustentação no aqui e agora dos grupos de formação.
>
> Essas atividades de grupo permitem [...] a constituição de uma "mente coletiva" (no sentido que Bateson atribui a esse conceito) que elabora o trabalho teórico e a prática clínica, conectando-os de maneira circular. (Boscolo *et alii*, 1995 pp. 757-758).

Nos cursos de formação, seja ao trabalhar com os clientes "ao vivo", seja nas situações simuladas, o aluno, com o tempo, ocupará diferentes posições no macrosistema representado pelo grupo em relação aos seus clientes verdadeiros ou virtuais. Isto é, com o tempo, encontrar-se-á na posição do cliente, do terapeuta, de membro da equipe terapêutica e, afinal, na posição de membro do grupo de observação, que analisa a equipe terapêutica que ajuda o profissional em seu trabalho com o cliente.

A realidade experimentada através desses diferentes pontos de observação, situados em diferentes níveis, muda não somente pela posição, mas também pela tarefa que se designa a cada membro do grupo. Como exemplo: a atenção do cliente está voltada para a própria história e as expectativas do terapeuta; a atenção e as emoções do terapeuta se orientam aos relatos e emoções do cliente, mais que da relação com este; a atenção do membro da equipe terapêutica se concentra no processo terapêutico em evolução, em particular na relação entre o terapeuta e o cliente; por fim, na posição do grupo de observação, a atenção se volta para tudo que é dito, e muito mais para o processo de supervisão desenvolvido pela equipe terapêutica com relação ao terapeuta. Todo esse complexo procedimento tem como objetivo ensinar os alunos a pensar e atuar de acordo com o modelo sistêmico.

Desse modo, mesmo quando trabalhamos sozinhos com o cliente, não só temos nossa "equipe interna" que nos assiste, mas às vezes nos perguntamos: se houvesse colegas por trás do espelho, o que iriam destacar? Que opiniões poderiam formar sobre o que está acontecendo neste momento? Esta perspectiva nos libera temporariamente dos vínculos cognitivo-afetivos que nos ligam ao cliente, permitindo-nos uma visão "de fora". Pode-se dizer que a perspectiva sistêmica faz com que o encontro entre duas pessoas - cliente e terapeuta – venha a ser abertamente povoado. Não apenas pela comunidade que constitui o *self* do terapeuta, formado pelas figuras significativas de sua vida pessoal e profissional e por seus colegas reais (aquele que enviou o cliente e outros eventuais colegas ligados ao problema apresentado), mas também pelas pessoas do mundo interno e externo do cliente e pelas "vozes" da cultura em que ambos estão imersos.

O aspecto mais relevante desse processo consiste na capacidade de o terapeuta entrar em sintonia com o cliente, de privilegiar a escuta do próprio cliente, permitindo-lhe assim assinalar, por sua vez, a relevância das comunicações do terapeuta. A este propósito, Anderson (*in*

Holmes, 1994) nos traz a seguinte observação (aguda e muito útil para os terapeutas):

> Um paciente sueco chegou à conclusão de que existiam dois tipos de terapeutas: terapeutas previsíveis e terapeutas que queriam ser divertidos. Falando dos terapeutas previsíveis, disse que estes, partindo do princípio de que já conhecem a história dos clientes, em geral se apegam a essa imagem e não compreendem o que significa a história para os clientes. Disse que já sabia o que lhe perguntariam e que tipo de respostas desejavam. Disse que isso é enjoativo e faz com que a pessoa se sinta cansada e triste em seu íntimo. Julgava ser lamentável que os terapeutas não tivessem mais fantasia e não pensassem de forma mais crítica o que acontece em torno deles. Falou dos terapeutas que acham interessante o drama de suas histórias. Querem conhecer os detalhes e fazem perguntas que trazem para fora o drama, deixando de lado o que é significativo para a pessoa. O que significa estar sozinho em uma situação, porque sozinhos é o que somos realmente. (p. 159)

Para evitar tais perigos, uma modalidade dialógica que se mostrou muito útil para nós, consiste em verificar de vez em quando com o cliente se o que lhe perguntamos tem sentido para ele. Esta simples pergunta, formulada sobretudo nos pontos centrais do diálogo, permite ao cliente apontar se o terapeuta está seguindo uma estrada que tem relevância para o próprio cliente. Comentando a pergunta formulada pelo primeiro autor a um cliente - "Minhas perguntas lhe dão a impressão de que eu, de algum modo, as compreendo?" - Ron Perry (1993) escreve:

> [A pergunta] implica que o terapeuta está em sintonia com as preocupações do sistema quando aquilo que pergunta é interessante para este, digno de resposta ou ao menos de reflexão. [...] Para fazer uma pergunta semelhante, é necessário estar em contato com o sistema e com sua vida interior. (p. 70)

No processo contínuo de interação com o cliente, colegas e as diferentes teorias, o terapeuta enriquece não somente sua bagagem de conhecimentos, mas também a sua pessoa. Assim, com o tempo, seu *self* se "encherá" de mais vozes significativas: as vozes de sua família, de seus professores, de seus clientes, em um processo de constante evolução.

O poder na relação terapêutica

Já faz algum tempo, dentro do enfoque sistêmico-relacional, abriu-se um vivo debate sobre o problema do poder nas relações familiares e terapêuticas (os conteúdos de tal debate, serão ilustrados no capitulo 3). Aqui, nos limitaremos a fazer uma breve referência sobre a orientação dos diferentes enfoques em relação ao problema do poder na relação terapêutica.

Cada modelo teórico atribui ao terapeuta uma posição particular dentro da relação com o cliente. Como foi destacado por alguns autores, como Foucault (1970) e Jervis (1975), a posição do terapeuta é sempre – e não pode deixar de sê-lo – uma posição de *poder* em relação ao cliente. É uma posição de poder porque é ele quem define as regras da conversação terapêutica, e esse poder lhe é dado pelo contexto: mesmo que este se ponha na posição de máxima escuta e permita ao cliente a mais alta liberdade de expressão, é sempre ele, contudo, a permiti-lo; logo, está na posição de poder. Por outro lado, é evidente que recebe do cliente a delegação para exercitar esse poder: deste ponto de vista, sua posição é bem diferente da posição do psiquiatra institucional, que frequentemente deve exercer um poder constritivo em relação a um paciente refratário.

De qualquer modo, dentro deste marco, as diferentes orientações admitem variada gradação de poder explicitamente exercido pelo terapeuta. Podemos tentar classificar esses graus seguindo uma ordem decrescente.

Na orientação comportamental, incluindo as variantes psicoeducativas, o terapeuta está numa posição diretiva em grau máximo (Falloon, 1991). Tem a posse da competência o suficiente para sugerir e impor diretamente determinados comportamentos aos clientes, que aceitam em grande medida delegar a ele as escolhas. Cabe destacar que nem mesmo nesses modelos o terapeuta se apresenta como onisciente, e que os clientes mantêm a liberdade de ação. Mas o contexto no qual se exerce essa liberdade é controlado de maneira explícita pelo terapeuta.

A orientação estratégica, em especial na concepção de Jay Haley (1963), figura tradicionalmente entre as mais atentas às relações de poder: segundo Haley, o terapeuta tem a responsabilidade de exercer um poder benévolo, que conduza o cliente a aceitar uma posição *one-down* necessária para a solução dos problemas. A diferença em relação ao comportamental é que o poder não é exercido abertamente, mas através de estratégias (posição pseudo-complementar), usando, portanto, de meios indiretos que não desafiem a posição *one-up* do cliente mas, de algum modo, o levem a aceitar o poder do terapeuta.

A orientação estruturalista (Minuchin,1974), muito sensível ao problema das hierarquias, atribui ao terapeuta um poder menos acentuado, que é exercitado de modo mais evidente que no modelo estratégico. O terapeuta opera com a noção de qual seja a estrutura mais desejável que os clientes devam atingir e, na sessão, exerce abertamente o poder necessário para alcançar o objetivo. No aqui e agora, ainda conta com uma autoridade delegada a ponto de poder usar de manobras impositivas em relação aos clientes.

Na psicanálise clássica, o analista se encontra em uma aparente posição de escasso poder, porquanto intervém apenas com interpretações das condutas, das fantasias, dos sonhos e das livres associações do cliente, e não procura explicitamente dirigir seus comportamentos. De fato, sua posição de aparente passividade lhe assegura um poder que, para o cliente, é difícil de desafiar, já que não é afirmado em tom de desafio (ver Haley, 1963).

A orientação sistêmica que nós seguimos considera o terapeuta em uma posição moderadamente diretiva quanto à conversação no aqui e agora da sessão. Às vezes, adota posição de ouvinte, permitindo que o cliente expresse – até por períodos bem mais longos – seus pensamentos e emoções; ou então, pode decidir por seguir uma hipótese e, de acordo com ela, dirigir a conversação através da seleção das perguntas, dos temas e dos turnos de palavras. Com a colaboração do cliente, procuramos criar um contexto de deutero-aprendizagem que lhe permita sair do sofrimento e da rigidez, abrindo-se a novas escolhas e soluções. Como conhecimento e poder estão intimamente ligados (Foucault, 1966), utilizamos nossos conhecimentos teóricos e práticos adquiridos em tantos anos (ver o capítulo 1°), valendo-nos mais de perguntas do que de afirmações, e deixando assim ao cliente o poder de escolher os significados que têm mais sentido para ele.

A orientação terapêutica que atribui uma posição de menor poder ao terapeuta é provavelmente a do "não conhecimento", teorizada por Goolishian e sua escola (Anderson e Goolishian, 1992; Holmes 1994).

Nesta, o terapeuta não segue nem uma teoria relativa ao que possa ser uma boa saída para o cliente, nem uma hipótese própria para guiar a conversação: limita-se a manter aberta a conversação, aceitando as mudanças de direção e as decisões dos clientes.

Não compartilhamos algumas posições extremadas de terapeutas conversacionais, em particular a afirmação de que a teoria construtivista implica obrigatoriamente o abandono da posição de especialista e, portanto, de poder por parte do terapeuta. A este propósito, pode-se afirmar que a perspectiva construtivista não admite verdades absolutas, mas aceita as verdades (relativas, construídas) que derivam do consenso. A posição de especialista deriva do consenso de uma comunidade. O próprio fato de que algumas pessoas aceitem que outras possam assumir o papel de "terapeutas" (e sejam remuneradas por desempenhá-lo) tem efeitos pragmáticos. Negar o papel compartilhado de especialistas significa negar a própria possibilidade de fazer terapia, mais que criar um modo diferente de fazer terapia (ver, sobre isso, Efran e Clarfield, 1992).

Empatia, visão positiva e relação terapêutica

Independentemente da orientação teórica adotada, há consenso geral em afirmar que, na terapia, é essencial, ou pelo menos importante, um comportamento empático por parte do terapeuta. De qualquer modo, cabe afirmar que alguns poucos enfoques (como o estratégico e o comportamental) descuidaram ou relegaram a segundo plano o elemento empático. Jay Haley, por exemplo, considera que o controle da relação pelo terapeuta é mais importante que a empatia.

Como sucede muitas vezes com os conceitos que se dão por demonstrados, a empatia não é fácil de definir. Goldstein e Michaels (1985), em um livro dedicado ao tema, alinham dezesseis definições diferentes, antes de se deterem na definição simples e linear de Macarov (1978):

> 1 - Assumir o papel do outro, ver o mundo como este o vê e experimentar seus sentimentos.
> 2 - Estar disposto a ler as comunicações não-verbais e a interpretar os sentimentos que a sustentam.
> 3 - Comunicar interesse e preocupar-se (*caring*) sinceramente em compreender, abstendo-se de julgar e oferecendo ajuda. (p. 88)

Estes três pontos estão de acordo com o nosso modo de pensar e de atuar, salvo no tocante à palavra "interpretar" do ponto 2, que substituímos pela palavra "perceber". Aqui, nos limitaremos a observar que a concordância com a posição de Macarov se refere ao período "sistêmico" de nossa atividade terapêutica, já que nosso enfoque era, antes, predominantemente de tipo estratégico, baseado no controle e no aspecto instrutivo, mais do que no aspecto empático da relação terapêutica.

Devemos creditar sobretudo aos psicanalistas o mérito de terem analisado o conceito de empatia e de terem conseguido profundos *insights* em relação a isso. A empatia é amplamente estudada por diversos psicanalistas, entre outros por Kohut (1971, 1977), que lhe atribui um papel fundamental no processo de cura[9], por Shafer (1983) e outros.

Além de seu componente emotivo, a empatia possui também um componente cognitivo não desprezível. Roy Shafer (1983) destacou esse último aspecto: a relação terapêutica cria um campo emotivo no qual tanto o terapeuta quanto o cliente apresentam o que Shafer define como um segundo *self*, ou então, um *self* que existe somente em conexão com essa relação. Este processo explica a observação de Fliess (1942), que havia notado como frequentemente os psicanalistas, no contexto clínico, são bem mais sensíveis e compreensivos do que no contexto da vida cotidiana, e explicava esse fato recorrendo ao conceito de "Eu de trabalho" (*work ego*) do analista.

A teoria sistêmica enfatiza menos essa diferença da pessoa do terapeuta, no momento em que faz a terapia, e em relação à vida de todos os dias. O que é sublinhado pela terapia sistêmica é a importância do *contexto*: para nós, o terapêutico é nada mais do que um particular contexto de vida, no qual o terapeuta tende a assumir uma particular posição de compreensão e curiosidade. Ao compreender empaticamente o cliente, o terapeuta cria um modelo interior do próprio cliente, e é a este último modelo que responde. Em outros termos, também a compreensão empática é influenciada pelas premissas, preconceitos e teorias do terapeuta, que resultam determinantes ao orientar e delimitar seu campo de observação.

---

(9) Siani (1992, cap. 9) discute amplamente os pontos fortes e os limites da empatia segundo a concepção e a prática clínica de Kohut.

De qualquer modo, mesmo construindo seu próprio cliente-modelo, o terapeuta empático também está em condições de compreender (e de ver positivamente) os dramas e feridas do cliente, sem assumir uma postura de juiz.

Harlene Anderson (*in* Holmes, 1994) apresenta uma interessante concepção de empatia:

> A intimidade é um conceito importante: sentir-se conectado a outra pessoa, sentir-se perto e sentir-se aliado. Quando trabalho com as pessoas, sinto-me ligada a elas. Agradam-me, sinto-me bem com elas, sinto-me à vontade. Frequentemente falo de estar em uma relação "C" que compreenda conexão, colaboração e construção.[10]
>
> Não penso na empatia como uma experiência interior do terapeuta. Penso nela como algo que existe na relação. Penso que, se um se mostra respeitoso com outra pessoa, se a escuta, se procura sentir o que ela deseja que o outro sinta, buscando dar uma lógica ao que ela diz, então está numa interação empática. Não penso que isso possa ensinar ninguém a ser empático, mas pode-se aprender através da experiência. (p. 157)

Também em relação à visão de empatia e da relação terapêutica, vem em nossa ajuda o pensamento de Bateson, que fundamenta suas ideias sobre seu conceito de comunicação. Como destacamos ao falar do *Self* do terapeuta, a relação do indivíduo consigo mesmo, com seus semelhantes e com o mundo que o rodeia, analisada por Bateson com os instrumentos teóricos oferecidos pela teoria geral dos sistemas, pela cibernética e pela teoria da comunicação, ocupava uma posição central em seu modelo, mesmo se deixada de lado por grande parte dos terapeutas (sobretudo de família) que se inspiraram em seu pensamento. Estes haviam substituído a psique e o indivíduo respectivamente pelo sistema e pela família. No pensamento batesoniano original, ao contrário, tal dicotomia era superada pela ideia de que a *comunicação* conecta os elementos do mundo interno entre si e com os elementos do mundo

---

(10) Poder-se-iam formular objeções a esta concepção idílica da relação terapêutica que, como bem sabem todos que praticaram a terapia dos esquizofrênicos (Searles, 1965), nem sempre se sente tão bem com todos os clientes, nem se tem sentimentos tão positivos.

externo. Assim, o mundo interno é visto em termos de comunicação intrapessoal, e o externo em termos de comunicação interpessoal. De particular interesse são as descrições que Bateson nos fornece sobre a comunicação intrapessoal (isto é, da auto-observação), da comunicação entre duas pessoas e, sobretudo, da *comunicação sobre a comunicação* que pode ocorrer entre elas (isto é, da metacomunicação). Enquanto baseada essencialmente na comunicação intrapessoal, a autoterapia é praticamente impossível, pela ausência do ponto de vista externo como aquele que pode ser oferecido pelo terapeuta, exatamente como uma experiência transcultural permite ter um conhecimento mais pleno da própria cultura. A comunicação entre duas pessoas, como ocorre também na terapia individual, depende de suas premissas comuns e daquilo que vem à tona no diálogo:

> [...] Quando se trata de um sistema de duas pessoas, produz-se uma nova espécie de integração. [...] Se eu sei que a outra pessoa me leva em conta e ela sabe que eu a levo em conta, este conhecimento recíproco torna-se um aspecto determinante de cada uma de nossas ações e interações. No momento em que se forma este conhecimento, ela e eu formamos um grupo bem determinado, e as características do processo dinâmico que continuamente se desenvolve nesta entidade mais vasta, controlam em certa medida a ambos os indivíduos: aqui, novamente terão sua eficácia as premissas culturais comuns. (Bateson, 1951, pp. 233-234)

Desta maneira, o diálogo permite a *metacomunicação* (fator essencial de todo processo terapêutico) que, segundo Bateson, dependerá de como e até que ponto cada participante do diálogo consiga estar consciente da percepção do outro.

> Disto resulta que várias características atribuídas ao outro indivíduo chegaram a ser importantes para plasmar e motivar o comportamento de quem envia o sinal. Os sinais são feitos sob medida para adaptar-se às ideias que o emissor tem sobre o destinatário.[11] Deste ponto em diante, a evolução de muitos hábitos e características hu-

---

(11) Nesta afirmação de Bateson (de 1951) já está contida, em embrião, a idéia de Maturana e Varela (1980), de que é o receptor quem decodifica a mensagem.

manas – introjeção, identificação, projeção e empatia – procede de modo compreensível. (*Ibidem*, pp. 235-236)

Esta visão sistêmica da relação diádica é desde então a base do nosso modo de "ler" e de experimentar o processo terapêutico. Com efeito, nessa visão podem-se perceber aspectos fundamentais da relação humana (e terapêutica) que surgirão mais tarde, expressos na linguagem e com recorte teórico diferente, por obra dos já citados autores construtivistas e construcionistas.

Em termos de relação terapêutica e das emoções do terapeuta, um conceito útil é o de "felicidade", introduzido pelo psicanalista Giampaolo Lai, que sobre isto escreve (1985):

> Estou interessado, sobretudo, em um bom desenvolvimento, um desenvolvimento feliz da conversação. Evidentemente, segundo meus critérios subjetivos, já que não posso saber com certeza qual é, para o meu interlocutor do momento, uma boa conversação, uma conversação feliz. [...] E do meu ponto de vista, a convivência que me interessa, que me satisfaz, é aquela em que me encontro mais feliz ou, já que é preciso saber contentar-se, o menos infeliz possível. Quanto ao meu interlocutor, se enquanto está comigo, que procuro estar bem com ele, procura por sua vez estar bem, o mais bem possível, o *menos pior* possível, pode ocorrer que se sinta satisfeito assim. Para mim, seria fantástico. (pp. 10-11)

É muito importante este conceito relativo à "felicidade" do terapeuta, que frequentemente reiteramos nos cursos de formação, porquanto um terapeuta contente tem maiores possibilidades de ajudar a um cliente do que um terapeuta triste, chateado ou frustrado. Na terapia, ocorre frequentemente perguntar-se: "Que posso fazer para estar melhor, para estimular minha curiosidade e criatividade?"

Se o conceito de empatia foi analisado de maneira profunda e exaustiva pelos psicanalistas, o conceito de visão positiva, junto ao conceito estritamente associado de conotação positiva, tem caracterizado a investigação e a prática da terapia familiar. Já no modelo estratégico do Mental Research Institute, na década de 70, a visão positiva (*positive view*) se referia não somente à natureza dos problemas apresentados, considerados como expressão do viver juntos (e não de patologia), mas também ao uso de certas intervenções terapêuticas como a reformulação positiva (*positive reframing*) dos comportamentos sintomáticos. Isto levava a concentrar a atenção mais sobre os recursos que sobre os *déficits* do cliente.

O grupo de Milão, nos primeiros anos da década de 70, acrescentou a este conceito a conotação positiva de todos os comportamentos, sintomáticos ou não, dos membros da família. A conotação positiva tinha a função de conectar os comportamentos de todos os membros da família e de aceitar, conotando-a positivamente, a solução experimentada pela família para os problemas apresentados por um de seus membros. Deste modo, criava-se um duplo vínculo terapêutico, porquanto em um contexto (terapêutico) orientado, por definição, para a mudança, comunicava-se e prescrevia-se (prescrição do sintoma) a não mudança. O paradoxo se resolvia introduzindo um contraparadoxo por meio de uma sequência temporal como, por exemplo: "*por ora, continue assim*"... (Boscolo, Bertrando, 1993).

A conotação positiva e a conexão de todos os comportamentos tinham o efeito de outorgar um sentido às relações familiares e, em especial, aos sintomas apresentados, vistos mais como expressões de um problema existencial do que expressão de uma doença. Assim, notavelmente aumentadas as possibilidades de compromisso da família, reduziam-se as eventuais resistências. Parte desse modo de pensar e de atuar persistiu em nós, e também nas atuais terapias individuais (como será possível ver em alguns casos clínicos na segunda parte) utilizamos, às vezes, a prescrição dos sintomas, destacando a sua transitória função positiva para o cliente e, eventualmente, para as pessoas significativas relacionadas com ele.

O conhecimento linguístico básico adotado pelo grupo também era uma expressão da importância das relações no modelo sistêmico. Efetivamente, uma das primeiras decisões consistiu em mudar a linguagem usada nas discussões entre os membros da equipe, substituindo – ao referir-se aos clientes – o verbo "*ser*" por "*mostrar*-se" ou "*mostrar*". Deste modo, por exemplo, um cliente não era mais descrito como "*é agressivo*", mas sim, "*se mostra agressivo*". Este recurso retórico eliminava, ao mesmo tempo, o predicado existencial e implicava uma ação comunicativa por parte do cliente ("*mostrar-se*" a quem? E por quê? E assim sucessivamente), registrada e descrita por um observador. Sobretudo, a eliminação do verbo "ser" evitava a visão linear causal e moralista dos comportamentos problemáticos (Selvini Palazzoli *et alii*, 1975).

A atenção à linguagem também caracterizou o trabalho posterior do *Centro Milanese di Terapia e Consulenza Sistemica*. Esta atitude se concretiza no instrumento linguístico, além de conceitual, da despatologização, importante conceito surgido a partir da metade dos anos 80: trata-se de usar uma linguagem não-patológica, que ofereça maiores possibilidades de liberar o cliente do papel de "diferente" e de trazer à tona descrições e histórias que abram percursos evolutivos de "normalidade". Neste sentido é que Goolishian descreve a ação terapêutica como um "dis-solver" o sistema *despatologizante*, isto é, o sistema criado pelo problema, que comumente inclui o paciente, a família e os especialistas que formulam diagnósticos de "doença". Para o leigo, uma linguagem técnica, baseada em palavras e conceitos clínicos, implica a existência de uma possível doença do sistema nervoso que pode ter o efeito de des-responsabilizar o cliente e favorecer os assim chamados benefícios secundários da doença, mas também de representar uma profecia que se autorrealiza.

Pode-se também dizer que uma visão positiva e um diálogo despatologizante não são mais do que dois casos particulares de uma atitude mais geral de *aceitação* do cliente, de seu mundo e de seus problemas, mas também de seus recursos e das possíveis perspectivas futuras. Acreditamos que, entre as principais fontes de ansiedade, de insegurança e de seus equivalentes sintomáticos, estejam as relações presentes e passadas, cuja modalidade de desqualificação, desconformidade e negação por parte dos outros significativos tenham conduzido a uma parcial ou total deslegitimação do sujeito. Se o terapeuta é capaz de empatia, isto é, se se coloca como pessoa que aceita o cliente de maneira incondicional, sem sequer pretender que seja um "bom cliente", esta simples mensagem pode ter, por si só, importantes efeitos terapêuticos.[12]

QUESTÕES ÉTICAS

Recentemente, a discussão sobre as questões éticas na terapia adquiriu grande relevância, também à luz dos postulados do movimento feminista, que colocaram no centro de sua própria reflexão o

---

(12) Vários estudos experimentais sobre a psicoterapia demonstraram que a empatia é, por si, um dos fatores terapêuticos mais importantes (Green e Harget, 1991; Bertrando, 1995).

problema da ética e dos valores (Hare-Mustin, 1986; Doherty e Boss, 1991).

Ao final dos anos 80, uma série de oportunas críticas provenientes de várias partes, em primeiro lugar dos profissionais de vanguarda que se ocupavam dos efeitos traumáticos dos abusos físicos e sexuais e dos movimentos feministas, questionaram o "justificacionismo" dos terapeutas sistêmicos da família, cujas explicações, baseadas na visão circular-causal, em certo sentido pareciam colocar num mesmo plano a contribuição do agressor e a da vítima, ignorando a desigualdade e a assimetria de sua relação. No decurso de uma terapia familiar, os membros de uma família, incluído obviamente o agressor, podiam sentir-se justificados em seus comportamentos pelos comportamentos alheios e legitimados pelo terapeuta que, após a revelação do abuso, ao invés de buscar a mudança do "jogo familiar", deveria ter o dever de interromper a terapia e tomar iniciativas de controle social.[13] Pesadas críticas foram, então, dirigidas ao pensamento batesoniano, que tinha tornado marginal o conceito de poder, considerado simplesmente como um erro epistemológico, influenciando e tornando pouco sensíveis os terapeutas sistêmicos diante dos efeitos, às vezes devastadores, que o abuso exerce sobre as vítimas. Segundo os críticos, a relação de poder (e de violência) é uma relação assimétrica de desigualdade, e que se pode descrever melhor como uma casualidade linear entre um agressor e a vítima que, eventualmente, necessita de uma intervenção de controle social que faça cessar prontamente o abuso.

Paul Dell (1989), um dos mais destacados teóricos do modelo sistêmico, reconheceu em importante artigo a validade de tais críticas ao conceito de poder segundo a teoria sistêmica, a qual, infelizmente, tendia a condicionar os terapeutas a privilegiarem, entre os três níveis de consciência, os níveis da descrição e da explicação, em detrimento da experiência (traumática) da vítima de uma agressão. Como escreve Nichols (1987), referindo-se a um famoso exemplo de Watzlawick e colaboradores (1967), o da mulher brigona e do marido que vai embora:

---

(13) Acreditamos que essa eventualidade deve considerar-se virtual, ou que se tenha verificado muito raramente, já que o "bom senso" não pode ter deixado de sugerir uma diferente linha de conduta, inclusive aos terapeutas mais propensos a acatar estritamente os postulados teóricos.

Os terapeutas de família aprenderam a ver a injúria e a retirada como circulares, mas também deveriam aprender a vê-los como humanos. Os clínicos sagazes deveriam entrever a dor que há por trás da injúria e compreender a ansiedade que há por trás da retirada. Em outras palavras, à atitude do pensador sistêmico, deve-se adicionar a atitude de compaixão e ajuda. (p. 20)

Entre as muitas questões éticas em discussão, uma das mais importantes para a terapia é a que se refere à *abertura* ou *fechamento*, à clareza ou reticência do terapeuta em relação ao cliente; outra, é a que se refere à possível manipulação deste último por parte do terapeuta. A tais questões, os terapeutas que aderem à perspectiva conversacional responderam propondo uma abertura quase total, que lembra a dos terapeutas que se inspiram em uma visão humanística (Carl Rogers, Rollo May), mas também, um respeito genuíno com relação aos clientes, que não deixa espaço a qualquer manipulação. Harlene Anderson (*in* Holmes, 1994) sintetizou desta maneira as bases éticas de seu modelo:

> Para mim, uma posição ética tem a ver com o modo como manifestamos nosso respeito pelo outro, para aceitar sua existência sem invalidar a ele nem à sua história. Respeitar genuinamente as pessoas, permitir-lhes que experimentem dignidade na relação conosco e em suas próprias vidas; que assumam responsabilidade por suas vidas: esta é uma base ética.
> Ser abertos e públicos, antes que fechados e privados nos próprios pensamentos de terapeuta, permitir que nossos pontos de vista e nossas éticas sejam encenadas pelos demais; refletir continuamente sobre nossas premissas, valores morais: essa é uma base ética. (p. 156)

Em nosso modelo, a questão da abertura se coloca de outro modo: por muitas razões, preferimos ser parcialmente "fechados", mais do que abertos e públicos. Também se deve ressaltar que, às vezes, diante de uma particular hesitação do cliente a se abrir e revelar certos acontecimentos ou pensamentos, o terapeuta pode convidá-lo a refletir e decidir, em outro momento, qual a linha a seguir. Deste modo, respeitará a *privacy* do cliente e suas decisões, e admitirá a possibilidade de que possam existir áreas não compartilhadas entre terapeuta e cliente (como efetivamente acontece em grande parte das transações humanas).[14]

Ao contrário, estamos de acordo com Harlene Anderson quando destaca a importância, dentro do processo terapêutico, de respeitar genuinamente a pessoa, sua dignidade e a tomada de responsabilidade por sua própria vida. Nosso modo de sermos fiéis a esses princípios éticos consiste em criar um contexto terapêutico no qual seja máxima a atenção, a empatia e o respeito do terapeuta pelo cliente, juntamente com um diálogo centrado mais sobre perguntas que respostas, ao que o cliente poderá dar seus próprios significados. Além disto, em sintonia com o pensamento de Von Foerster sobre a ética, em terapia procuramos "atuar de modo a ampliar as possibilidades de escolha" e, coerentemente com esse princípio, procuramos manter a devida distância em relação às nossas teorias de referência e de qualquer outra ideia que possa sufocar nossa liberdade e criatividade e, em consequência, as do cliente.

Um problema ético muito debatido concerne à deliberada manipulação do cliente por parte do terapeuta. Em nossa opinião, é ético evitar manipular as pessoas em direção a um resultado determinado, ou seja, condicionar conscientemente o resultado da terapia em termos de como as pessoas deveriam viver sua própria vida. Tal posição é similar à de muitos outros colegas que se inspiram no modelo construtivista, no construcionismo e na narrativa (ver também Boscolo e Bertrando, 1993).

Watzlawick (ver Nardone, Watzlawick, 1994) acredita que é ético liberar o cliente, da melhor maneira possível, dos problemas que o afligem e dos quais pede explicitamente ser liberado, ainda quando isso implique, inevitavelmente, um certo grau de manipulação. Por outro lado, em um nível mais geral, segundo Watzlawick, é impossível não manipular dentro de uma relação, e a relação terapêutica não constitui uma acepção.

Essa posição, enfim, é a posição de todos os terapeutas estratégicos que frequentemente desafiam algumas de nossas teses implícitas sobre

---

(14) Notamos com frequência os efeitos desastrosos das relações, especialmente intrafamiliares, condicionadas por premissas rígidas, centradas no dilema: ser abertos (bons) ou ser fechados (maus).

a ética. Avalie-se, por exemplo, o que afirma Haley (1977). Em sua opinião, a questão da ética na terapia se relaciona com a polaridade entre ocultamento (*concealment*), por um lado, intimidade e compartilhamento (*intimacy and sharing*) por outro: "A individuação e o total compartilhamento das informações é algo incompatível. O ato de ocultamento entre terapeuta e cliente define um limite entre eles e, deste modo, os individualiza". (p. 198) Haley prossegue definindo quanto é difícil, em terapia, ser completamente consciente de tudo o que se está fazendo:

> As videogravações deixam cada vez mais claro quanto é complexo todo intercâmbio entre um terapeuta e seu cliente. A cada momento se trocam centenas de milhares de informações através das palavras, movimento corporal e entonação de voz. Tanto cliente quanto terapeuta apenas podem estar conscientes de pequenas parcelas de um intercâmbio tão complexo. (p. 200)

Portanto, como o terapeuta está apenas parcialmente consciente das origens e objetivos de cada um de seus atos (como já indicamos ao falar do não-dito), uma total autorrevelação de si mesmo é naturalmente impossível. Em consequência, é inevitável certo grau de manipulação não consciente, além de, naturalmente, certo grau de solidariedade, sedução, controle etc.

Com sua característica lucidez, Haley também aborda o aspecto ético das prescrições comportamentais como, por exemplo, a indicação do sintoma.

> As manobras terapêuticas que preveem o encorajamento do comportamento sintomático não são simples enganações mas, na realidade, mentiras benévolas. A pergunta não é tanto se o terapeuta está mentindo, mas se está comportando-se de modo não ético. Mesmo quando se engana o paciente para o seu bem, é ético enganar a um paciente? [...] Também é necessário preocupar-se pelo efeito, a longo prazo, do fato de que a pessoa veja o terapeuta como um indivíduo que não é digno de confiança, fato que pode ser mais prejudicial que a persistência dos sintomas. Este modelo levanta uma questão ainda mais basilar: encorajar um sintoma significa enganar o cliente? (*Ibid.*)

Para concluir, a propósito da abertura e reticência do terapeuta, Viaro e Leonardi (1990), em sua interpretação, segundo a teoria conversacional da terapia sistêmica do grupo de Milão, aceitam, entre as características principais da entrevista circular, dois princípios seguidos pelo terapeuta: o de normalidade e o de reticência. Segundo o principio de normalidade, tudo o que se diz na sessão é dito por pessoas dotadas de capacidade normal de articular o discurso, de compreender o discurso dos demais, de fazer escolhas livremente, e assim por diante. No decurso da conversa, não se abandona esse pressuposto, mesmo quando a pessoa fala de modo incompreensível; o terapeuta considera que ela fala de modo incompreensível *para comunicar alguma coisa*. Não utiliza a doença como princípio explicativo. Ao contrário, o princípio de reticência admite que os interlocutores, cliente e terapeuta, não revelem tudo aquilo que pensam. Não se dá por necessária, nem é exigida, uma total abertura recíproca. Também o terapeuta mantém reticências em relação às suas hipóteses e, ainda mais, continua fazendo ao cliente perguntas que apenas de modo indireto se relacionam com essas mesmas hipóteses (capitulo 3).

FILOSOFIA DA TERAPIA

Roy Shafer (1976), retomando uma distinção que Northrop Frye (1957) havia proposto na crítica literária, distingue quatro possíveis visões do mundo e da vida que podem aplicar-se também às pessoas que buscam a terapia e aos efeitos que a terapia tem (ou pode ter) sobre elas: a visão *cômica,* a *romântica,* a *trágica* e a *irônica*. Essa distinção nos parece interessante e útil para situar nosso modelo terapêutico em um marco mais amplo e defini-lo em relação a outros modelos.

A visão cômica[15] estabelece uma clara distinção entre "bons" e "maus", um mundo onde os bons poderão alcançar os seus objetivos, uma vez superados os obstáculos (externos) que se interpõem entre eles e a realização dos seus fins. No momento em que alguém se identifica, dentro desta visão, com o herói bom, trata-se de uma visão otimista, na qual cada um tem a possibilidade de alcançar a felicidade plena: "a virtude é o saber; peca-se somente por ignorância; o virtuoso é feliz". (Nietzsche, 1871, p. 96)

---

(15) O termo "cômico", como nós o entendemos, obviamente não tem nada a ver com o humorismo, ao qual é geralmente associado: aqui se entende por "cômico" o que é pertinente ao gênero da "comédia".

Na visão romântica, a vida é uma contínua busca, ao término da qual, apesar das muitas peripécias inevitáveis, o herói sempre pode superar os obstáculos e chegar à plena realização, a união com o absoluto. É interessante que, seja na visão cômica ou na romântica, compartilham, na análise de Shafer, duas características. Antes de tudo, a idealização dos fins últimos e das figuras heroicas, sempre desprovida de matizes (todo o positivo está de um lado e todo negativo está de outro). Em segundo lugar, uma concepção cíclica do tempo: por mais sérios que sejam os obstáculos e as peripécias enfrentadas, os protagonistas sempre podem ressurgir limpos e recuperar toda a pureza original, zerar tudo que aconteceu e recomeçar do início.

Na visão trágica, pelo contrário, percebem-se as contradições insuperáveis e a duplicidade da vida: na vitória já está presente o germe da derrota; na felicidade, a infelicidade; e frequentemente os imperativos categóricos aos quais devemos obedecer são intrinsecamente contraditórios e conduzem a graves lacerações internas. Nesta visão trágica, o tempo é linear e irreversível, toda escolha se consuma de uma vez por todas e é impossível voltar atrás. O trágico implica a dolorosa aceitação desta presença de irreconciliável polaridade na vida: "Tudo o que existe é justo e injusto, e em ambos os casos, igualmente justificável". (Nietzsche, 1871, p. 71)

Enfim, a visão irônica implica a mesma aceitação das contradições, das ambiguidades e dos paradoxos da existência. Mas é uma aceitação que não está inspirada no mesmo *pathos* presente na visão trágica. Onde o trágico pressupõe participação plena e intensidade emotiva, o irônico pressupõe afastamento. A visão irônica implica um distanciamento da adesão acrítica em relação a um ponto de vista e o reconhecimento de que todo ponto de vista é relativo e suscetível de ser mergulhado em seu contrário. Ainda que, às vezes, humorístico, o irônico é "algo muito sério" (Shafer, 1976, p. 51): quer dizer que está sempre disposto a colocar em dúvida as certezas.[16]

Como psicanalista, Shafer relaciona estas quatro visões com o processo analítico (1976):

---

(16) Para Shafer, o irônico é a outra face do trágico. Ou, como afirma Nietzsche em "O nascimento da tragédia": "Deveríeis aprender a sorrir, meus jovens amigos, sempre que desejais absolutamente continuar pessimistas". (1871, pp. 14-15)

A visão cômica, com seu acento sobre o otimismo, o progresso e a resolução das dificuldades, e a visão romântica, com seu acento na busca aventurosa, estão relacionadas sobretudo com o aspecto curativo, libertador e aloplástico do processo analítico. A visão trágica, que acentua o compromisso profundo, o conflito inevitável, terror, forças demoníacas, desolação e incerteza, e a visão irônica, que sublinha a desencantada consciência da ambiguidade e do paradoxo e a arbitrariedade dos absolutos, estão relacionadas sobretudo com os aspectos investigativos, contemplativos e avaliativos do processo analítico (pp. 55-56).

Além do fato de que não somente o processo analítico, mas qualquer processo terapêutico contém necessariamente em si (ou pode ser entendido segundo) todas estas quatro visões, existem, em nossa opinião, terapias que respondem sobretudo a uma destas visões supracitadas.

É fácil ver que uma visão "cômica" caracteriza muitas versões de terapia breve baseadas no sintoma e no *problem-solving,* como todas as que pressupõem que a eliminação do sintoma, do comportamento ou das atribuições de significados indesejáveis, possa restituir plenamente um estado de bem-estar pelo menos potencial: as terapias do MRI de Palo Alto e as outras terapias estratégicas, as terapias ericksonianas e, em geral, todas as terapias fundamentadas sobre um otimismo básico, muito enraizado na visão tradicional da sociedade americana.

Analogamente, uma visão romântica é própria de terapias como as junguianas e, no campo familiar, a boweniana: em ambas, o processo terapêutico é considerado como uma contínua busca e tensão para o absoluto (individuação e auto-realização) entendido como distante mas, pelo menos, tendencialmente alcançável.

Shafer atribui grande consciência do elemento trágico à psicanálise freudiana (não por acaso, fruto de uma sociedade e de uma geração em que vacilavam os grandes otimismos da geração precedente), onde o analista e o analisando estão conscientes, em medida cada vez maior, da impossibilidade de escapar das contradições e das neuroses inerentes à vida.

Segundo a interpretação de Shafer, podemos encontrar uma visão irônica, não somente na psicanálise, mas também na terapia experimental de Whitaker (não por acaso, definidas por alguns como "terapia do absurdo"), na qual a loucura é aceita como um *modus vivendi* dotado de dignidade própria. E agrada-nos pensar que também nosso modelo se coloque em uma posição irônica: ao aceitar muitas visões, mesmo contraditórias, do mundo, mas sem que isto seja vivido como uma carência ou um limite trágico; e também por encorajar – tanto o cliente como o terapeuta – a uma análoga aceitação das contradições como visões de mundo ou modos alternativos de existir, todos possíveis, ainda que inconciliáveis. O que não significa que em nossas terapias falte o cômico, como quando afrontamos simples sintomas, ou o trágico, quando se trabalha com vínculos inexplicáveis de lealdade e dor, como nos casos de incesto ou de violência ou de psicose.

Capítulo III

O PROCESSO TERAPÊUTICO

Neste capítulo, ocupar-nos-emos de tudo que concerne ao processo da terapia sistêmica individual. Apresentaremos de modo aprofundado os princípios sobre os quais nos baseamos para a condução das sessões desde o final dos anos 70 (hipóteses, circularidade, perguntas circulares). E nos ocuparemos da condução da terapia em suas diversas fases, desde a avaliação inicial até a sessão conclusiva, considerando as recentes e estimulantes contribuições relacionadas a alguns aspectos linguísticos (semânticos, retóricos e hermenêuticos) do diálogo terapêutico.

O DIÁLOGO

Como mencionado no capítulo 1°, com o desenvolvimento da narrativa e do construcionismo social nos últimos anos, difundiu-se o uso do termo "conversação" para definir o complexo dos intercâmbios linguísticos entre terapeuta e cliente. A maior parte dos autores que adotam estas ideias atribui os efeitos da terapia à própria conversação, sem fazer referência a hipóteses particulares, tipologias ou teorias do terapeuta. Uma vez que já expressamos nosso interesse por tais desenvolvimentos, mas também nossas críticas, por essa razão preferimos utilizar o antigo termo "diálogo" terapêutico[1]. Neste capítulo, procuraremos ilustrar alguns de seus aspectos.

Princípios para a condução da sessão

Como já se disse, a partir de 1975, a formulação da hipótese, a circularidade e a neutralidade, junto com as perguntas circulares, assumi-

---

(1) Por extensão, alguns terapeutas começaram a utilizar o termo "discurso" terapêutico (Goldner, 1993).

ram uma posição central na condução da sessão (Selvini Palazzoli et alii, 1980a). Entre estes, como veremos mais tarde, o princípio da neutralidade passou por uma evolução como consequência do advento do construtivismo e da cibernética de segunda ordem. Inspiramo-nos nestes princípios também nas sessões de terapia individual, com as devidas modificações impostas pela diversidade do contexto em relação ao da terapia familiar.

Quanto à hipótese, sua função é conectar os dados provenientes da escuta e da observação: "a hipótese como tal não é verdadeira nem falsa, mas apenas mais ou menos útil" (Selvini Palazzoli et alii, 1980a, p. 215). É importante que a hipótese se mantenha como tal e que não seja retificada. Nos últimos tempos, alguns grupos que, no passado, se inspiraram no modelo de Milão e que recentemente optaram pelo modelo narrativo-construcionista (Anderson e Goolishian, 1992; Andersen, 1992; Hoffman, 1992 etc.), têm sustentado a oportunidade de renunciar à hipótese para evitar que se contamine a história do cliente com ideias, tipologias e conhecimentos aportados pelo terapeuta.[2]

Ao contrário, para nós, a hipótese continua sendo um instrumento útil na condução da sessão, enquanto permite ao terapeuta conectar as informações, os significados e as ações que surgem no diálogo, segundo as coordenadas de tempo e espaço de outros eventuais pontos de referência como os descritos na sessão precedente. À pergunta: "A quem pertence à hipótese: ao terapeuta, ao cliente ou a ambos?" - já demos a resposta:

> "As hipóteses emergem da interação recursiva entre terapeuta e cliente. Neste sentido, ser "verdadeiramente batesoniano" implica atribuir às hipóteses não só ao terapeuta ou ao cliente, mas a ambos. [...] Nos anos 70, a hipótese era situada na mente do terapeuta, enquanto hoje a colocamos, sem dúvida, no contexto da interação". (Boscolo e Bertrando, 1993, p. 92)

É importante continuar valorizando a plausibilidade (não a veracidade) das hipóteses, e continuar a transformá-las com o tempo, para enriquecer o discurso com diferentes matizes e pontos de vista, mas sem cair na reificação (reification), isto é, na armadilha da "hipótese verdadeira", o que introduziria rigidez e fecharia o discurso.

---

(2) Anderson e Goolishian (1992, p. 130) substituíram o termo "hipótese" por "pré-concepção" do terapeuta, e Anderson (1995) o substitui pelo termo "pré-compreensão" (tomado do filósofo Heidegger).

Para avaliar sua plausibilidade, o terapeuta vale-se do princípio da circularidade, isto é, das retroações verbais e não-verbais do cliente. Vale a pena recordar a definição original do conceito: "Por circularidade entendemos a capacidade do terapeuta de conduzir sua investigação baseando-se nas retroações [...] às informações por ele solicitadas em termos de correlações e, por conseguinte, em termos de diferença e de mudança" (Selvini Palazzoli et alii, 1980a, p. 219).[3]

O terceiro princípio para a condução da sessão, o princípio da neutralidade, em relação aos outros dois, foi submetido às mais duras críticas. O terapeuta, ao assumir uma posição de neutralidade, evita influenciar o cliente ou as pessoas com as quais está conectado, abstém-se de adotar certos valores morais e sociais em detrimento de outros, e de privilegiar para o cliente uma determinada trajetória. Naturalmente, manter uma posição de neutralidade não é fácil. Por definição, assim como, segundo o primeiro axioma da comunicação humana (Watzlawick et alii, 1967), é impossível não se comunicar, também é impossível ser neutro no momento da ação. Por exemplo, em um determinado momento, para não perder a própria espontaneidade e evitar paralisar-se em elucubrações mentais sobre a neutralidade de tudo o que está fazendo, o terapeuta pode perder o equilíbrio. Somente depois, através da reflexão, poderá julgar se permaneceu neutro. Às vezes, no trabalho com uma equipe terapêutica, a própria equipe sinaliza ao terapeuta as possíveis situações de perda da neutralidade. Por vezes, pode acontecer, no intervalo entre uma e outra sessão, que o terapeuta percebe em sua reflexão que cometeu algum erro de neutralidade; isto o tornará atento aos seus efeitos. Do exposto, se deduz que uma visão sincrônica conduz a uma posição de não-neutralidade; é o tempo e, portanto, a visão diacrônica, que permite manter a neutralidade.

Em casos particulares, é obrigatório o abandono da posição de neutralidade, como quando se revelam abusos atuais físicos, sexuais, mas também psicológicos. Até os psicanalistas clássicos, que dedicam à neutralidade uma particular atenção, concordam que:

(3) Do ponto de vista da análise conversacional (Viaro e Leonardi, 1990), a circularidade se expressa como uma autocorreção do terapeuta sobre a base das respostas (verbais e analógicas) a suas perguntas, e como autocorreção solicitada ao cliente pelo terapeuta através de novas perguntas e reformulações.

As recomendações concernentes à neutralidade, mesmo que nem sempre sejam seguidas, em geral não são contestadas pelos analistas. Todavia, mesmo os psicanalistas mais clássicos podem ser induzidos, em casos particulares (especialmente na angústia das crianças, nas psicoses, nas perversões), a não considerar recomendável ou possível uma neutralidade absoluta. (Laplanche e Pontalis, 1967, p. 331)

Alguns autores (como Tomm, 1984, ou Campbell *et alii*, 1991) propuseram uma visão diferente de neutralidade, que deveria ser praticada não somente em referência às pessoas ou ideias presentes em um sistema, mas também com relação às ideias de mudança prediletas do terapeuta. Com efeito, pode dar-se que o terapeuta tenha a tendência para o lado da mudança ou, antes, de um determinado tipo de mudança. A posição correta, porém, seria a de se manter neutro em relação à própria mudança: "O terapeuta evita, portanto, tomar uma posição clara a favor ou contra qualquer resultado específico em termos de comportamento" (Tomm, 1984, p. 263).

Acreditamos que esta posição, assumida em um contexto de terapia familiar, também se possa aplicar plenamente à terapia individual. A este respeito, queremos destacar que, a nosso ver, a posição de neutralidade não deveria ser uma opção estratégica, mas uma atitude que o terapeuta *efetivamente* assume: ele deve ser verdadeiramente neutro, e não simular neutralidade.

As críticas ao conceito de neutralidade vieram não somente daqueles - em particular os movimentos feministas - que o consideravam fruto de uma posição conservadora e não-política dos terapeutas sistêmicos, mas sobretudo do construtivismo e da cibernética de segunda ordem que, em meados da década de 80, fazendo desaparecer a separação entre observador e observado, tornaram insustentável este conceito, já que toda descrição do observador está "contaminada" por seus preconceitos e suas teorias. Cecchin (1987), em sua revisão do conceito de neutralidade, propõe o de "curiosidade", termo que teve um notável sucesso:

O termo *neutralidade* foi inicialmente utilizado para expressar a vontade de não assumir conscientemente nenhuma posição como mais correta que outra. Neste sentido, a neutralidade serviu para orientar o terapeuta em direção a uma epistemologia sistêmica. [...]

A fim de evitar a armadilha de uma excessiva simplificação do conceito de neutralidade, proponho descrevê-la como uma posição de curiosidade na mente do terapeuta. A curiosidade leva a experimentar e inventar pontos de vista e movimentos alternativos, e (estes) por sua vez, geram curiosidade. Neste estilo recursivo, neutralidade e curiosidade se contextualizam reciprocamente, no intento de produzir diferenças, com um concomitante desapego por qualquer posição particular. (p. 30)

Pontos de referência para a hipótese do terapeuta

Ocorre-nos frequentemente, no curso dos seminários e *workshops*, ter de responder a perguntas de colegas sobre os elementos em que nos baseamos para a construção das hipóteses e intervenções. Obviamente, baseamo-nos na teoria adotada, nas experiências clínicas anteriores, nas experiências pessoais que podem ter certo grau de coincidência com a situação do momento. Mas não é o suficiente. Aqui descreveremos alguns pontos de referência comuns que, a nosso ver, representam as coordenadas das quais nos servimos para dar sentido e conectar os elementos teóricos e experimentais antes mencionados.

1 - Tempo. O Tempo, juntamente com o espaço, é uma das primeiras distinções que faz o terapeuta ao organizar suas experiências, as do cliente e as do processo terapêutico. Pode-se afirmar que é impossível fazer descrições que não requeiram o uso de parâmetros espaciotemporais. Dedicamos um grande esforço ao investigar a importância do tempo nas relações humanas (Boscolo e Bertrando, 1993). Ocupamo-nos dos *"tempos do tempo"*, isto é, das diversas classes do tempo – individuais, familiares, sociais e culturais – e de sua correlação e coevolução no desenvolvimento "normal" e patológico. Descrevemos amplamente como, para um desenvolvimento harmônico, é necessária uma coordenação dos tempos internos e externos, dos tempos do indivíduo com os tempos das pessoas significativas com as quais está em relação, e com os tempos sociais, como ocorre, por exemplo, no trabalho e na vida em comum.

A perda de coordenação, da harmonia entre os diferentes tempos, acarreta o sofrimento e a "patologia". Basta pensar na coordenação dos tempos celulares entre as células cancerígenas e as células boas com que está em contato; na desaceleração ou parada do tempo evolutivo individual em uma jovem anoréxica ou em um psicótico que perde a coordenação com o tempo dos outros significativos, como os membros da família ou seus coetâneos[4]; na dificuldade de coordenar os tempos sociais e do trabalho. Charles Chaplin, no filme *"Tempos Modernos"*, demonstrou brilhantemente como os tempos de trabalho rápidos e mecânicos em uma linha de montagem podem acarretar uma perda de coordenação entre os tempos dos operários e os da máquina, com consequentes efeitos catastróficos. Na terapia familiar, é possível observar a falta de coordenação devido a um mito que encontra suas raízes no passado histórico do grupo familiar, ao qual alguns membros se adaptam, enquanto outros entram na conexão com os tempos da sociedade. Veremos os casos de Luciano M., prisioneiro do mito de um pai inatingível e ausente, e de Daniela Z., bloqueada por um mito que a projetava como vice-mãe pela vida afora.

Em nossa pesquisa, tentamos compreender se o horizonte temporal do cliente está voltado para o passado (como na depressão), ou se fixou exclusivamente no tempo presente ou está aberto ao passado e ao futuro. Às vezes, por exemplo, o tempo de um cliente pode estar dividido, como na psicose (ver o caso de Wendy B.), ou fixado do modo prevalente em eventos traumáticos do passado, como nas neuroses póstraumáticas, ou em consequência da ausência de figuras significativas (lutos não elaborados), ou, finalmente, coordenado com o dos membros da família de origem, em detrimento do tempo da família atual. Estas situações frequentemente estão conectadas com a dificuldade de separação e individuação, e da consolidação de identidade. O tempo destes clientes perde a coordenação com os tempos evolutivos do resto da família e dos coetâneos, com as previsíveis consequências negativas.

Dois pontos de referência importantes para o terapeuta são o tempo sincrônico e o tempo diacrônico, isto é, a exploração dos momentos de uma história com relação ao seu desenvolvimento total, como ao se deter em um só fotograma (sincronia) em relação com a totalidade

---

(4) Às vezes o tempo individual parece retardar-se, até chegar a um eventual bloqueio, como é evidente nos casos de cronicidade, como o de um jovem psicótico que se isola em sua casa, deixa a universidade ou o trabalho e as relações externas, levando uma vida solitária. Em alguns casos extremos, parece instaurar-se uma regressão com o desenvolvimento de comportamentos característicos de uma idade anterior.

de uma película cinematográfica. Com frequência, explora-se a vida de um cliente, detendo-se improvisamente em um determinado momento (tempo sincrônico) relacionado, por exemplo, com a história da família ou com a evolução da relação terapêutica (tempo diacrônico) e vice-versa. Em outras palavras, o terapeuta pode avançar e retroceder no tempo quando investiga a história do cliente ou analisa a relação terapêutica, detendo-se, como se utilizasse um *zoom*, em acontecimentos significativos do passado, presente e futuro, conectando-os na construção de uma hipótese ou de uma intervenção. Nos casos clínicos da segunda parte deste livro, oferecemos diversos exemplos deste processo.

2 - Espaço. Proximidade e distância são metáforas espaciais que se impõem à nossa atenção durante o trabalho terapêutico. Acima de tudo, podemos distinguir um espaço interno, pessoal, que pode variar enormemente em nossas fantasias e em nosso imaginário, mas também pode ser restringido, como nos casos de pessoas rígidas com transtornos obsessivo-compulsivos ou nos estados de ansiedade crônica.

Existem, pois, os espaços relacionais dentro dos quais as pessoas se movem: estes podem apresentar grandes variações. Há pessoas que tendem a permanecer fechadas no âmbito da família de origem (por exemplo, muitos psicóticos), ou da família atual (por exemplo, os casais simbióticos), ou em um dos grupos de pertença (por exemplo, os tóxico-dependentes que frequentemente se unem a um grupo de companheiros que compartilham dos mesmos hábitos e rituais). Há pessoas imersas em redes relacionais mais extensas (em contato contínuo com a família, os amigos, os companheiros de trabalho etc.). Os casos extremos podem ser, por um lado, Teresa S. e Olga M., e por outro lado, Bruno K.

No decurso da terapia são explorados, através das coordenadas temporais e espaciais, os espaços internos e as relações com os sistemas significativos do cliente: família de origem, família extensa, trabalho, colegas, e assim por diante. De fato, há uma relação particular entre espacialidade e apego. Uma pessoa pode conhecer muitas outras, mas ter com elas vínculos superficiais ("a multidão solitária" de Riesman); por exemplo, um cliente pode afirmar que tem muitos conhecidos, mas se sente sozinho: os outros estão na relação entre si, mas não com ele. Nos casos extremos (a criança autista), a pessoa permanece sozinha consigo mesma; o espaço se restringe a tal ponto, que ela é confinada em seu próprio espaço interno. Na dinâmica de certos suicídios juvenis, podemos entrever que o espaço de vida da pessoa se reduziu até um ponto tal, que se sente sufocada e não vê nenhuma via de escape.

Com o cliente, interessamo-nos por sua relação com o espaço que o rodeia e, em particular, com as distâncias ou proximidades de seus envolvimentos emotivos e afetivos com pessoas ou coisas. Frequentemente, fazemos perguntas sobre o grau de proximidade ou distância afetiva das pessoas significativas com quem o cliente está em relação e, coerentemente com uma perspectiva diacrônica, também exploramos as variações do tempo nos envolvimentos afetivos. Vale destacar que o espaço relacional pode variar com o aparecimento de alguns sintomas: por exemplo, uma relação fóbica com uma pessoa ou ambiente particular pode reduzir radicalmente o espaço disponível do sujeito, assim como a fobia comum de crescer ou adquirir autonomia reduz a possibilidade de se expandir no espaço e no tempo.[5]

Há pessoas que se comportam como o urso libertado do zoológico: continuam movendo-se do mesmo modo no interior do mesmo espaço, sem se separar da "jaula" da família de origem, mesmo quanto teriam todas as ocasiões e possibilidades materiais de se emanciparem dela. Ajudar nossos clientes a superar suas angústias e medos é ajuda-los a libertar-se das constrições que os impedem de tomar posse do próprio espaço e de fluir livremente com o tempo. Se, como geralmente se afirma, a "saúde" deve ser associada à flexibilidade, podemos dizer que um dos objetivos da terapia é ajudar o cliente a libertar-se daqueles vínculos espacio-temporais que limitam sua vida, impedindo o desenvolvimento de suas potencialidades. É significativo que até mesmo Freud tenha atribuído ao tratamento psicanalítico o objetivo de libertar o paciente da rigidez dos sintomas neuróticos conectada com a "compulsão à repetição".

3 - Apego. O homem é um ser social que tem necessidade do Outro. Mesmo em muitas outras espécies animais, esta é uma condição essencial. Vêm-nos à memória as observações de Harlow (1961) sobre a criação de macacos recém-nascidos, com uma "mãe" de pano, que demonstraram que um vínculo deficitário tinha efeitos devastadores sobre

---

(5) Isto faz pensar no livro de Erich Fromm *"O medo à liberdade"*, que descreve como o medo à liberdade pode conduzir a uma pessoa a buscar a dependência de uma autoridade (por exemplo, o líder de um grupo ou de um culto, ou inclusive um terapeuta), ou conduzir um povo à ditadura.

o futuro comportamento dos macacos. O apego é fundamental na vida de todos. Cada um de nós vive relações de proximidade e de distância afetivas com as pessoas significativas, de modo particular com a família de origem e com a adquirida, com os amigos e os objetos do mundo circundante. A teoria do vínculo afetivo de Bowlby (1972, 1973, 1980) destacou a importância das precoces experiências de afeto e de perda nas relações humanas. Os diferentes tipos de apego entre mãe e filho - por exemplo, o apego seguro, ansioso, ansioso-evitante, caótico (Holmes, 1992) - têm efeitos importantes no desenvolvimento dos laços afetivos no futuro, e seu conhecimento por parte do terapeuta é particularmente útil, sobretudo na terapia com psicóticos (Doane e Diamond, 1994).

É significativo que o modelo epigenético da vida relacional proposto por Wynne (1984) assente o apego recíproco na base da possibilidade de estabelecer relações familiares e evoluir para a intimidade. Segundo Wynne, na ausência de um bom afeto básico, ou na presença de carências afetivas graves, apresentar-se-ão sérias dificuldades nos níveis epigenéticos mais altos da vida de relação, isto é, a comunicação (partilha cognitiva e afetiva das experiências), a solução compartilhada dos problemas e a reciprocidade.

Também se deve levar em conta que, além dos *patterns* de proximidade e distância emotivo-afetiva que distinguem a relação do cliente consigo mesmo e com os sistemas externos (humanos e não-humanos) de referência, o terapeuta deve prestar particular atenção aos que o conectam ao cliente.

4 - Pertença. Uma forma particular de apego, definida como pertença, desenvolve-se no tempo com a evolução do indivíduo e das relações que mantém com pessoas e grupos de pessoas significativas: mãe, família, escola, amigos, Pátria. O lugar onde nasce o sentido de pertença é na família, que tem uma importância decisiva no desenvolvimento desta característica. Uma determinada família pode facilitar o desenvolvimento de um equilibrado sentido de pertença em seus membros, contribuindo para o desenvolvimento de uma boa identidade e autoestima. Entretanto, outra família pode fazer surgir dúvidas ou dilemas relacionais perigosos, como: *"sou aceito ou não na família?" "Minha mãe me desejou ou não?" "Gostam mais de mim ou de minha irmã?" "Estou verdadeiramente contente comigo mesmo, ou não estou?"* - e assim por diante. Tais dilemas podem desembocar em estados de ansiedade, insegurança e baixa estima. Neste sentido, o psicótico é precisamente aquele que nunca está seguro da própria pertença e, nesta sua insegurança, pode desenvolver uma grande necessidade de controlar as distâncias do outro, a ponto de se fechar no interior de seu castelo autístico, levantando uma barreira intransponível entre si e o outro, ou procurando estabelecer uma dependência total e pegajosa, de tipo simbiótico, com um membro da família.

O sentido de pertença surgido na família muda-se mais tarde em pertença a um grupo social, à escola, à cultura, à Pátria. Em defesa da pertença à própria etnia, podem-se desencadear graves conflitos locais e gerais, como as guerras (um exemplo é a guerra civil na ex-Iugoslávia). Outros problemas menos graves, mas frequentemente de importância clínica, desenvolvem-se em casos como o de imigrantes da primeira geração, que se viram obrigados a viver em duas culturas muitas vezes diferentes, o que põe à dura prova a fidelidade (*loyalty*) em relação aos genitores e ao país hóspede.

Um conhecido conflito de pertença normalmente surge no início de um matrimônio, no que tange à família de origem e ao cônjuge. As dificuldades em lidar com este conflito fazem com que consultórios de terapeutas individuais, de casal e família fiquem cheios de clientes que buscam o equilíbrio entre as necessidades de pertencer à família de origem, à nova família e a si mesmos. Neste sentido, os modelos de referência cultural têm uma importância decisiva na criação (e solução) destes conflitos. Quando, no pós-guerra, o modelo patriarcal de família entrou em crise, especialmente depois da revolução feminista, com o uso de contraceptivos e o trabalho da mulher fora do lar, além de outros fatores de importância sociológica, começou a surgir a figura do *single*, da pessoa autônoma: tratava-se, sobretudo, de mulheres que desco- briam a liceidade de pertencer-se, e não apenas à família. O panorama cultural hodierno oferece muito mais modelos que no passado sobre a forma de viver juntos, e se, por um lado, isto é vivido de modo positivo e libertador por muitas pessoas, para outras esta liberdade de escolha é paradoxalmente paralisante e cria ansiedade, sentimento de culpa e incapacidade para resolver os dilemas da pertença. Este quadro pluridimensional (do indivíduo ao casal, à família e à cultura de pertença) é o quadro de referência do terapeuta em suas tentativas de "compreender" os comportamentos, as emoções, os problemas e as escolhas do cliente. Dado que a capacidade de atenção é pontual, o terapeuta concentrará sua atenção, de tempo em tempo, sobre diferentes pontos do macrosistema do qual o cliente faz parte.

Por exemplo, na consulta com Daniela Z., surgiu um problema de pertença que afetou a ela, às irmãs da cliente e à terapeuta, no momento em que Daniela começou a adquirir autonomia. As irmãs, que no início estavam em favor da terapia, começaram a se opor e a exercer pressão para que Daniela a interrompesse. Isto criou em Daniela um doloroso conflito de lealdade em relação a suas irmãs e ao terapeuta, que se havia pronunciado a favor da continuação da terapia. Este exemplo é paradigmático daquelas terapias em que, depois de uma melhora significativa do cliente ou de um apego excessivo (segundo os familiares) ao terapeuta, rompe-se um certo equilíbrio familiar com o aparecimento de pedidos de interrupção da relação terapêutica ou com tentativas de sabotagem mais ou menos evidentes por parte da família. Neste sentido, é adequado que o terapeuta preste atenção aos sinais de apego e de pertença provenientes do cliente e, indiretamente, das pessoas significativas com as quais está em relação, para evitar perigosas oscilações e tensões que possam criar um *impasse* terapêutico ou até mesmo a comprometê-la *tout court*.

5 - Poder. Na década de 1980, no campo da terapia familiar, o movimento feminista adquiriu cada vez maior importância e influência, a ponto de fazer nascer, nos Estados Unidos, um tipo de terapia denominada exatamente "terapia feminista". Este movimento teve importante e saudável efeito ao despertar a consciência para os problemas da desigualdade devida às diferenças sexuais (*gender*) e aos conflitos sociais, como nos processos de discriminação das minorias de todo tipo.

Foi sobre o problema do poder que se voltaram as críticas mais severas em relação ao modelo sistêmico de inspiração batesoniana, por parte dos movimentos feministas e profissionais que se ocupavam dos problemas de abusos físicos e sexuais contra mulheres e menores. Com efeito, o modelo sistêmico utilizado na terapia de família foi definido como "justificacionista", no sentido de que o terapeuta conectava os comportamentos da vítima e do agressor de acordo com a causalidade circular que os colocava no mesmo nível. Foi o reconhecimento da desigualdade ou, em outras palavras, do diferente grau de poder entre a vítima e o agressor, que introduziu uma nova perspectiva, que colocou em crise a hipótese ou explicação sistêmica, segundo a qual a vítima e o agressor co-criam a relação de violência.

Bateson considerava a ideia de poder como um erro epistemológico e, de acordo com uma visão circular-causal, acreditava que nenhum indivíduo pudesse exercer unilateralmente o poder sobre outra pessoa. Paul Dell (1986), ao intervir na disputa entre os profissionais sistêmicos e seus críticos sobre o problema do poder, inseriu a distinção entre a explicação sistêmica, que conecta os elementos de um sistema como se estivessem no mesmo plano, e a experiência do abuso físico e sexual, que implica uma desigualdade entre o agressor e a vítima e, portanto, uma modalidade explicativa linear-causal.

Elsa Jones (1993) traz uma critica convincente aos efeitos de uma aceitação acrítica, não apenas da ideia batesoniana de que é possível exercer unilateralmente o poder, mas também da ideia de Maturana sobre a impossibilidade de uma interação instrutiva que, em certo sentido, nega a possibilidade de exercer diretamente poder sobre o outro:

> Seria absurdo [...] sugerir que a vítima é responsável pelas ações do torturador, ou que tem igual responsabilidade e poder [...] e que o torturador possa ser descrito como a vítima das vítimas. É claro que estas não têm a mesma possibilidade de escolha. [...] O torturador tem mais possibilidade de escolher, influenciar, e mais poder. (p. 144)

Quando o problema do poder que, como escreveu Dell (1989), tinha sido "varrido para debaixo do tapete" pelos terapeutas de inspiração batesoniana, passou a ocupar o centro do palco, Michael Foucault se impôs pela importância conferida ao poder no conhecimento e nas relações humanas. Segundo o filósofo francês, conhecimento e poder estão intimamente interligados; sua atitude em relação ao poder é central, no sentido de que se pode exercê-lo em forma negativa de constrição e coerção, mas também em uma forma positiva, de criação e produção. Um instrumento oferecido por Foucault é o da análise e desconstrução do discurso, que permite discernir como algumas ideias, ações ou narrações podem chegar a ser dominantes, às custas de outras que se tornam secundárias ou marginais. Este ponto é importante porque permite ao terapeuta, em seu diálogo interno, tornar-se consciente de sua influência ao decidir "qual narrativa pode tornar-se dominante e, em segundo lugar, reconhecer que ele mesmo, assim como seus clientes, está organizado e sofre influência das narrativas dominantes das estruturas sociais nas quais vivem todos". (Jones, 1993, p. 139)

A maior sensibilidade em relação ao poder permite ao terapeuta explorar mais profundamente sua presença e seus efeitos na relação terapêutica e nas relações do cliente com seus sistemas significativos. As hipóteses sobre a transmissão através das gerações, da atitude dos diferentes membros da família em relação ao poder, podem ser esclarecedoras e aportar informações importantes ao cliente e ao terapeuta.

No que tange à relação entre poder e responsabilidade, Fruggeri (1992) afirma que:

> [...] o problema para um terapeuta não é o de ter excessivo poder nem o de sucumbir ao poder. Antes, o terapeuta deveria assumir suas responsabilidades por seu poder de construir no interior dos vínculos do domínio relacional / social. [...] Assim como o poder não é unilateralmente determinado, tampouco o são o igualitarismo e o respeito pelos outros. Estes são resultado de um processo interativo, no qual é necessário tanto o oferecimento do respeito como a aceitação / reconhecimento dessa oferta. (p. 47)

6 - Gênero. A última variável – naturalmente, não no sentido da importância – à qual prestamos atenção, é relativa ao gênero (*gender*), aos papéis masculino e feminino. Em certos aspectos, o gênero está conectado ao problema do poder (ver acima), mas sobretudo da identidade pessoal. Não somente uma mesma situação adquire aspecto e características diferentes conforme seja considerada de um ponto de vista masculino ou feminino, mas também — como foi evidenciado particularmente pelo pensamento feminista — a evolução dos papéis relacionados ao sexo pode transcorrer de forma harmônica e conduzir ao desenvolvimento de uma identidade sólida e equilibrada, ou também provocar conflitos insuperáveis com efeitos sobre a autoestima e o desenvolvimento de significativos transtornos pessoais e relacionais.

É importante que o terapeuta esteja consciente dos próprios preconceitos e dos preconceitos do cliente em relação à identidade sexual, porque eles terão eventualmente um papel crucial no processo terapêutico. Poderão surgir, e deverão ser enfrentados, problemas de "enamoramento", de competição, dependência, sedução, hostilidade etc. Nesta tarefa, o terapeuta poderá ser assistido pelo supervisor e pela equipe terapêutica, que habitualmente inclui colegas de ambos os sexos, e assim poderá observar e experimentar aquilo que acontece na terapia através de uma ótica feminina ou masculina. Temos notado repetidamente que, nos casos em que o terapeuta, ao final da sessão, convida um ou mais membros da equipe terapêutica para que comunique ao cliente o ponto de vista da mesma, em geral teve maior impacto o ponto de vista do colega de sexo diferente do sexo do terapeuta.

Perguntas circulares

O conceito de "perguntas circulares" foi confundido muitas vezes com o conceito de circularidade acima exposto. As perguntas circulares foram inicialmente definidas deste modo porque, no contexto da terapia familiar, o terapeuta fazia perguntas por turno, aos diferentes membros da família, sobre as condutas de dois ou mais de seus membros. Desta maneira, o terapeuta tentava construir um mapa da família como rede de relações interconectadas (tanto entre as ideias e as emoções como entre os comportamentos), e o modo mais eficaz de criar um mapa semelhante parecia ser o de formular perguntas que pudessem mostrar diferenças. Estas perguntas tinham por objetivo obter mais *informações* que *dados*: efetivamente, Bateson dizia que uma informação é "uma diferença que faz a diferença", isto é, uma relação, e nisto se distingue de um dado.

Para aprofundar ulteriormente o processo, podemos dizer que a informação obtida com as perguntas circulares é recursiva: tanto os clientes quanto o terapeuta, através das perguntas, mudam constantemente sua própria compreensão sobre a base da informação oferecida pelos outros. As perguntas circulares dão notícia a respeito das diferenças, novas conexões entre ideias, significados e comportamentos. Estas novas correlações podem contribuir para mudar a epistemologia, ou as premissas pessoais, os temas inconscientes (Bateson, 1972) dos diferentes membros da família. As perguntas circulares se configuram, assim, como uma intervenção, talvez a mais importante para o terapeuta sistêmico.

As perguntas circulares foram propostas pela primeira vez no artigo *"Hipotetização, circularidade, neutralidade"*, onde se descreviam também alguns tipos de perguntas particularmente úteis para detectar diferenças no curso da sessão terapêutica: - perguntas triádicas, nas quais se pedia a uma pessoa que comentasse a relação entre outros dois membros da família [por exemplo: "O que faz seu marido quando seu filho a critica?"]; perguntas sobre as diferenças no comportamento entre duas ou mais pessoas, mais que sobre a qualidade intrínseca entre elas [por exemplo: "Quem vem mais em sua ajuda quando está triste: sua mãe ou seu pai?"]; perguntas sobre mudanças no comportamento antes ou depois de um acontecimento específico [por exemplo: "Sua irmã deixou de comer antes ou depois da morte de sua avó?"]; perguntas sobre circunstâncias hipotéticas [por exemplo: "O que fariam vocês, filhos, se seus pais se separassem?"]; finalmente, opiniões dos membros da família em relação a um comportamento ou interação particular [por exemplo: "Quem consegue mais facilmente levantar o humor da mamãe?"].

Com o tempo, as perguntas circulares foram reconhecidas (e também utilizadas) por muitos colegas que se inspiram em teorias diferentes como um instrumento eficaz para introduzir diferenças e criar conexões na mente dos clientes.

Sheila McNamee (1992) considera mesmo que as perguntas circulares são o protótipo da técnica terapêutica construcionista, por contribuírem no favorecimento (criação) de uma multiplicidade de pontos de vista:

> Um exemplo de terapia construcionista social é a noção de perguntas circulares introduzida pelo grupo de Milão. As perguntas circulares são construídas sobre a ideia da linguagem relacional. [...] As descrições múltiplas que surgem no processo das perguntas circulares proporcionam as fontes para novas conexões (relações). Os "dados" recolhidos com este método de formular perguntas se convertem rapidamente em informações sobre conexões entre pessoas, ideias, relações e tempo. Assim, nesse contexto, surgem informações sobre os *patterns* e o *processo* (não sobre os produtos ou resultados).
>
> Dado que as perguntas circulares não obrigam o indivíduo a sustentar sua própria versão do mundo (inclusive a privilegiada, profissional ou psicológica), permitem um afastamento em relação às histórias ou à lógica que as pessoas tendem a viver ou atuar quotidianamente. Proporcionam uma abertura para descrições alternativas que muitas vezes incluem as múltiplas vozes que antes entravam em competição no discurso. (pp. 195-196)

As perguntas circulares foram objetos de estudo por parte de diversos autores, entre eles Hoffman (1981), Penn (1982, 1985), Tomm (1984, 1985, 1987a, b, 1988), Deissler (1986), Fleuridas e colaboradores (1986), Borwick (1990), Viaro e Leonardo (1990). Referimo-nos brevemente a alguns resultados desses estudos.

Karl Tomm, um dos primeiros e mais importantes estudiosos das perguntas circulares, distinguiu-as em várias categorias segundo seus objetivos e suas características. Limitar-nos-emos à primeira distinção de Tomm que, levando em consideração a intencionalidade do terapeuta ao formular a pergunta, dividiu-as em perguntas circulares informativas e perguntas circulares reflexivas. As primeiras têm o objetivo de recolher informações; as segundas, de suscitar mudanças (os dois objetivos não são mutuamente excludentes, e as perguntas frequentemente têm um caráter misto). A distinção entre perguntas informativas e reflexivas se baseia não tanto na formulação quanto no momento em que se formulam, no *timing* do diálogo: uma mesma pergunta, de acordo com o momento em que é feita, pode assumir um caráter informativo ou reflexivo (Tomm, 1985, 1988).

Entre outros autores, Viaro e Leonardi (1990), um terapeuta e um linguista, ofereceram interessante leitura das perguntas circulares (e de outros aspectos do diálogo terapêutico) nos termos da teoria conversacional. Segundo esta teoria, a sessão terapêutica é um tipo particular de conversação e, como tal, está submetida a todas as regras básicas gerais da conversação, à qual se agregam algumas outras próprias do âmbito terapêutico.[6] Neste capítulo, daremos certa relevância às leituras oferecidas por esses dois autores, pois parecem proporcionar uma perspectiva diferente, acima de tudo interessante, sobre o diálogo terapêutico. Todos os autores citados até agora (nós, incluídos) consideram de fato as perguntas circulares, e os outros elementos do diálogo, do ponto de vista do terapeuta, oferecendo uma descrição que põe em primeiro plano suas intenções (isto é particularmente evidente em Karl Tomm). Ao contrário, Viaro e Leonardi oferecem uma leitura *textual* da interação linguística. Sua leitura é feira "a partir do exterior", e permite ver os *efeitos* dos atos linguísticos (Austin, 1962) do terapeuta e do clien-

---

(6) Aqui utilizamos o termo "conversação", tomado de Viaro e Leonardi (1990), ainda que nós prefiramos falar de "diálogo" terapêutico.

te de um modo não influenciado pelas intenções (e preconceitos) do terapeuta.

Neste sentido, uma primeira distinção das perguntas da entrevista circular está entre perguntas de alternativas finitas ["De quem você se sente mais próximo: de seu pai ou sua mãe?"], perguntas de alternativas infinitas ["O que você acredita que faria sua mulher se tivesse que se divorciar?"] e perguntas sim/não, que somente admitem resposta afirmativa ou negativa.

Algumas perguntas circulares requerem do interlocutor *declarações*, dar referências sobre fatos concretos; outras requerem *atribuições*, atribuir atitudes ou estados de ânimo a um terceiro. Se as perguntas do primeiro tipo [por exemplo: "O que faz sua mãe quando seu pai a molesta?"] se ocupam de comportamentos, as do segundo tipo [por exemplo: "segundo você, *como se sente* sua mãe quando seu pai a molesta?"] ocupam-se do jogo dos significados.

Estas distinções são, em certo sentido, similares àquelas que fazia o primeiro autor já ao final dos anos 70, depois de ter abandonado a teoria da caixa preta. Às perguntas que deviam ser formuladas, baseadas na descrição de comportamentos ["O que *faz* seu marido quando sua filha se nega a comer?"], agregaram-se outros dois tipos: ["O que *experimenta* seu marido quando sua filha se nega a comer?"], e ["Que *explicação* dá seu marido sobre o fato de sua filha se negar a comer?"]. Nestes três tipos de perguntas, podemos encontrar os três níveis da comunicação humana: descrição, experiência e explicação. É evidente que o uso destes níveis nas perguntas circulares abre amplas perspectivas na conexão dos fatos, emoções e significados, que enriquecem a "visão de mundo" do cliente, ajudando-o a sair da rigidez na qual se tornou prisioneiro.

De qualquer modo, quer se refiram aos fatos ou a vivências, as perguntas da entrevista circular em geral buscam obter detalhes precisos e particulares, sem se contentarem com as informações genéricas. À pergunta: ["Quem é mais feliz em sua família?"] seguir-se-á, por exemplo, a resposta: ["Minha mulher"]. Diante desta resposta, o terapeuta fará outras perguntas, como: ["De acordo com você, porque sua mulher é a mais feliz?"], ["Como o demonstra?"], ["Pode relatar-me algum episódio que demonstre que é a mais feliz?"] - e assim por diante.

Como é fácil observar, a primeira pergunta é uma pergunta/tema, pois introduz um tema básico (felicidade/infelicidade) através da palavra-chave "feliz"; e, imediatamente, insere o tema em uma gradação de diferenças: a felicidade é um estado em que nos podemos encontrar em maior ou menor medida que os demais, e é um estado que depende dos outros. Às perguntas-tema, seguem outras que tendem a obter maior precisão e permitem ao terapeuta definir cada vez mais o tema e colocá-lo no jogo das relações.

Outro tipo de pergunta, à qual recorremos com frequência, por sua eficácia em atuar sobre os vínculos deterministas das histórias que os clientes nos trazem, são as perguntas hipotéticas sobre o passado, presente e futuro. O cliente que procura nossa ajuda tem frequentemente uma visão linear-causal, determinista, do tempo e de sua própria história. Os fatos ou relações negativas traumáticas de seu passado são considerados a causa do presente precário e problemático, e tem-se a expectativa de que também influenciarão negativamente sobre o futuro. Obviamente, se também os terapeutas tivessem esta visão determinista da história, não poderiam ser úteis. Nós consideramos que passado, presente e futuro estejam conectados recursivamente, e por isso, ampliando o contexto das histórias passadas, da "realidade" presente e das expectativas futuras, e especialmente utilizando as perguntas hipotéticas, seja possível colocar em crise os vínculos deterministas que tornam rígida a história do cliente, restringem seus pensamentos e emoções, e limitam sua liberdade (ver Boscolo e Bertrando, 1993).

As perguntas circulares na terapia individual:
A "presentificação" do terceiro

Aprofundamos muito o tema das perguntas circulares, que foram e são ainda um dos instrumentos mais importantes (senão o mais importante) na terapia e na consulta.[7] Podem ser consideradas, talvez, a contribuição mais relevante do grupo de Milão, e tiveram notável repercussão.

Obviamente, o terapeuta não utiliza apenas perguntas circulares, mas usa o silêncio, sons ou palavras que expressam dúvida ou assentimento, afirmações, metáforas, anedotas, perguntas simples ["O que tem

---

(7) Estas, junto com as hipóteses, se utilizam com proveito até mesmo nas consultas sobre desenvolvimento de instituições e organizações empresariais.

para me contar hoje?" ou "Como se sente neste momento?"] e perguntas diádicas ["Que conselho lhe deu sua garota?"]. Estes diferentes tipos de locuções e expressões são usados com muito mais frequência nas sessões individuais que nas familiares. Nestas últimas, o terapeuta é muito mais ativo e compromete os membros da família, sobretudo através dos vários tipos de perguntas circulares, entre as quais as mais frequentes são as triádicas. Estas têm efeito de colocar cada membro da família na situação de observador dos comportamentos, das emoções e pensamentos dos outros que se conectam durante a sessão, contribuindo para tornar mais complexa a construção do mapa individual e do mapa familiar.

Ainda em uma relação diádica, tal como na terapia individual, podem-se usar com proveito as perguntas circulares, sobretudo recorrendo à técnica da "presentificação do terceiro". Na terapia de família, as perguntas circulares, especialmente as triádicas, têm, entre outros efeitos, o de colocar cada membro familiar na posição de observador dos pensamentos, emoções e comportamentos dos outros, criando assim uma comunidade de observadores. Isto pode ser reproduzido também na terapia individual, ao tornar presentes na sessão as terceiras pessoas significativas pertencentes ao mundo externo ou ao interno ("vozes"), criando uma "comunidade" que concorre para o desenvolvimento de diferentes pontos de vista. Entre outros efeitos, esta modalidade pode desafiar o egocentrismo do cliente, posto na condição de refletir ou formular hipóteses sobre pensamentos e emoções de outras pessoas, nos seus encontros, e não somente sobre os próprios.

A presentificação do terceiro é uma das técnicas mais interessantes e eficazes que utilizamos na terapia.[8] Ela se vale do uso de uma importante função das perguntas circulares na terapia individual, que é a de evocar para o cliente as pessoas significativas de sua vida de relação, de modo a ampliar o horizonte espacial, temporal e relacional do diálogo. Isto pode ocorrer de diversas maneiras:

1. Através de perguntas circulares que introduzem no diálogo pessoas significativas para o cliente: "Qual opinião expressaria sua mãe

---

(8) Diversos autores, como Sullivan (1953) e Andolfi (1994), observaram que em psicologia e psiquiatria nenhuma conversa a dois se pode limitar verdadeiramente às pessoas presentes. Muitas pessoas fisicamente ausentes entram em jogo na qualidade da conversa, segundo a definição de Sullivan, de "outros imaginários".

ou sua amiga sobre o que você está dizendo?" "Que conselho me daria seu pai neste momento?" "O que poderia dizer-lhe a pessoa que você desejaria que viesse neste momento a consolar você?". As perguntas circulares também podem incluir "vozes internas": "Todos nós temos nossas vozes internas; de quem é a 'voz' que lhe diz para comportar de modo tão destrutivo?" "Parece que as 'vozes' positivas são bem mais fracas em você. Não é assim?"

A presentificação do terceiro como "voz" ou "força" interna ou "ideia" que atua sobre o cliente em sentido positivo ou negativo, é usada com muita frequência em terapia. Tal técnica, que usamos, por exemplo, na anorexia, na bulimia e nas formas de neurose obsessivo-compulsiva, baseia-se na criação de um sistema relacional de três elementos: terapeuta, cliente e "voz" ou "força" interna. O terapeuta procura estabelecer uma aliança terapêutica com o cliente contra as eventuais "vozes", "forças" ou "ideias" consideradas responsáveis pelos sintomas e sofrimentos do cliente; isto contribui para a separação entre a pessoa e a "doença", favorecendo o processo de despatologização. Michael White (White, Epston, 1989) usa o mesmo princípio, chamando-o "externalização do problema".

2. Às vezes, pede-se ao cliente que fale diretamente com o terceiro presentificado, representado por uma cadeira vazia: "Imagine que seu irmão está assentado ali, e que afirma não estar de acordo com o que me acaba de dizer; o que lhe diria?" Menos frequentemente, o terapeuta pode organizar de improviso uma espécie de representação de papéis, na qual interpreta, segundo cada caso, o papel do cliente ou de um familiar significativo, enquanto o cliente interpreta a parte do terapeuta ou de si mesmo (ver os casos de Bruno K. e de Susanna C.). Ao final desta encenação, que de costume tem duração limitada no tempo, terapeuta e cliente expressam suas vivências e suas ideias em questão. Trata-se de um procedimento que permite ao cliente experimentar e ter uma visão, por um ângulo diferente, de um fato ou relação significativa, o que exige do terapeuta particular sensibilidade e intuição sobre as expectativas do cliente em relação ao terceiro.[9]

---

(9) A presentificação do terceiro recorda vagamente uma técnica da terapia de Gestalt, segundo a qual, ao induzir mudanças, muitas vezes é mais eficaz fazer falar ao cliente, no aqui e agora, com uma pessoa significativa de seu passado (ou presente), virtualmente em uma cadeira, ao invés de falar dela em sua ausência (Hoyt, 1990, p. 128).

3. Quando trabalhamos com a equipe que observa por trás do espelho, o terceiro pode ser representado por um (ou mais de um) membro da equipe que, geralmente na conclusão da sessão e em presença do terapeuta, comunica um ou mais pontos de vista, às vezes diferentes dos expressados pelo terapeuta (ver o caso de Luciano M.).

Qualquer que seja a modalidade escolhida pelo terapeuta para presentificar o terceiro, nela têm importância as perguntas circulares, que mantêm sua própria função fundamental, isto é, a de criar conexões, mesmo quando estas conexões, forçosamente, devam ser construídas por terapeuta e cliente *in absentia*, em vez de *in praesentia*, dos outros componentes: os sistemas significativos com os quais o cliente está em contato.

Neste sentido, as perguntas circulares são para o terapeuta um modo de entrar no diálogo do cliente com as outras pessoas significativas sem introduzir suas próprias ideias de maneira direta. Estas se introduzem indiretamente sob a forma de perguntas, cujo ponto de interrogação deixa ao cliente a responsabilidade da atribuição dos significados, enquanto a ausência do sinal introduziria uma dimensão interpretativa e prescritiva. Através das perguntas, entram em cena múltiplas vozes, as vozes significativas da vida do cliente. E, com ulteriores perguntas circulares sobre estas múltiplas vozes, cria-se um processo reflexivo (aquilo que outros produzem na atualidade através da equipe reflexiva [*reflecting team*]), que conduz a ulteriores diferenças que fazem diferença. Desta maneira, introduz-se uma coletividade também no trabalho com o indivíduo.[10]

Mesmo que aquilo que diremos agora possa não ser bem acolhido por colegas que afirmam que o terapeuta deve ser sempre aberto, espontâneo e não reticente, nós consideramos que seja um bem para o terapeuta ser antes fechado e reticente do que aberto: sua abertura deve existir no nível da empatia, da participação, da atenção, mas não no nível da revelação de suas ideias.[11] Deste modo é verdadeiramente pos-

(10) Terry (1989) desenvolveu um método didático para auxiliar a capacidade dos alunos terapeutas de famílias em avaliar os sistemas relacionais através de conversas individuais. Nele, aconselha-se ao aluno que formule em sequência perguntas que passem de monádicas a diádicas e, logo, a triádicas, assumindo assim, gradualmente, a forma de verdadeiras perguntas circulares. Desta maneira mantém uma perspectiva sistêmica e, simultaneamente, aceita a perspectiva individual do cliente, facilitando o estabelecimento da relação terapêutica positiva.

(11) Uma exceção a esta prática são os comentários ocasionais, feitos em geral ao final da sessão, nos quais o terapeuta comunica sua hipótese, as vezes mais bem complexa, em tom duvidoso ou afirmativo.

sível criar para o cliente um contexto de deutero-aprendizagem: o cliente pode aprender com as respostas que ele mesmo dá. E as respostas que dá permitem-lhe fazer-se novas perguntas, quando é provável que, a princípio, tivesse somente respostas. Se admitimos que, nos casos clínicos que tratamos, um dos problemas fundamentais seja a rigidez ou, em outras palavras a tendência a dar aos problemas sempre as mesmas soluções, isto significa que, por muitos motivos, o cliente não tem mais perguntas novas a se fazer, usa sempre o mesmo mapa que lhe sugere respostas prontas. Os possíveis pontos de vista canalizados pelas perguntas do terapeuta podem conduzi-lo a desenvolver novas ideias e novas emoções, que por sua vez podem desenvolver nova curiosidade e novas perguntas a serem feitas.

Através de uma série de perguntas circulares, podemos conduzir o indivíduo a dizer (e consequentemente, explorar, ver) que é que uma outra pessoa pode pensar dele, depois uma terceira, o que ambas podem pensar dele; depois, o que pode ele pensar dos outros dois, e assim por diante. Deste modo são explorados os *circuitos relacionais* aos quais o indivíduo está conectado. Depois, tais circuitos podem ser *autorreflexivos* (o diálogo interno) ou então, *hetero-reflexivos*: as relações, reais e virtuais, entre a pessoa e seu contexto. De modo particular – mas não somente - com as perguntas circulares e com as hipóteses emergentes no curso do diálogo (relativas às relações do sujeito consigo mesmo e com seus sistemas significativos), coloca-se o cliente em condição de entrar em um círculo hermenêutico, no qual correlacione suas próprias ações, emoções e significados com os do terapeuta. Em certo sentido, cria-se um contexto no qual o cliente faz, com ajuda do terapeuta, uma análise de si mesmo e de seu sistema significativo. Esta dinâmica cria a situação de deutero-aprendizagem (aprender a aprender) que conduz o cliente a novas escolhas e soluções. Quando fala do "discurso do outro", Goldner (1993) evoca um processo análogo àquele posto em ação pelas perguntas circulares.

Tudo o que foi dito não deve induzir a pensar que a terapia sistêmica é um jogo rígido de perguntas e respostas. Se perguntas e respostas eram a essência da terapia na época de *"Paradosso e Controparadosso"* (Selvini Palazzoli *et alii*, 1975) e de *"Milan Systemic Family Therapy"* (Boscolo *et alii*, 1987), em seguida a sessão foi enriquecida com diferentes elementos. Os conceitos se tornaram mais complexos, graças também ao interesse e à contribuição dos autores pelas novas perspectivas que se abriram com as pesquisas sobre a linguagem e sobre a importância da narrativa e dos conceitos de desconstrução e reconstrução textual. Atualmente, termos como diálogo, conversação e discurso terapêutico, com os variados significados que lhes atribuem diversos autores (Lai, 1985; Anderson e Goolishian, 1992; Hoffman, 1988), têm em comum a visão da relação terapêutica como um dança interativa em que os interlocutores se alternam, cada um por sua vez, para dar forma ao discurso, como se verá com ainda melhor mais adiante.

Desconstrução e construção na sessão

Um modelo no qual nos inspiramos recentemente, ao descrever o pensamento e a ação do terapeuta durante a sessão, provém da crítica literária e da análise do texto, que é desconstruído e reconstruído segundo a sensibilidade, a cultura, o conhecimento e os preconceitos do leitor. A razão pela qual nós o consideramos um modelo idôneo é que efetivamente parece descrever de modo adequado o processo que ocorre no diálogo terapêutico, o qual pode ser visto como uma contínua desconstrução e reconstrução de histórias. Podemos distinguir um processo de microdesconstruções / reconstruções que se verificam dentro de um número limitado de intercâmbios (turnos de palavra) entre terapeuta e cliente, e um processo de macrorreconstrução que acontece de tempo em tempo (frequentemente ao final da sessão), na reconstrução das várias "peças" surgidas das desconstruções anteriores.

Com este modelo, podemos descrever de modo simples o trabalho que faz o terapeuta com a formulação de hipóteses e as perguntas circulares. No processo de formulação de hipóteses, ele conecta os elementos que surgem no diálogo, formulando uma hipótese (construção), e verifica a plausibilidade da hipótese através de perguntas circulares, que provocam respostas das quais surgem elementos ulteriores (desconstrução) que, por sua vez, levarão a outra hipótese, e assim por diante. Naturalmente, como foi dito, a sessão não é feita somente de perguntas circulares: o terapeuta utiliza o silêncio, sons ou palavras que indicam dúvida ou aprovação, afirmações, metáforas, anedotas, perguntas simples e perguntas diádicas. Nos turnos de palavra, com certa frequência, ele pode recorrer às microrreformulações (*reframing*), que retomam parcialmente tudo aquilo que foi dito pelo cliente, mas de um modo diferente, que leva em conta as ideias do terapeuta no momento, e observando simultaneamente o efeito sobre o cliente, no sentido de uma possível aceitação sua.[12] Às vezes, também o cliente faz uma operação similar, repetindo com suas palavras aquilo que acaba de dizer o terapeuta.

Tomemos como exemplo um breve intercâmbio entre o terapeuta e Daniela Z. (capítulo 6).

> *Terapeuta*: Mas, o mais importante é a raiva por seu pai, que em vez de reconhecer o que você fez pela casa, em vez de aprová-la, de dar-lhe uma confirmação, levou uma estranha para casa!?... Então, me pergunto se sua raiva se reduz a isto: "com tudo o que eu fiz"...
>
> *Daniela*: Meu pai sempre disse que os filhos estavam em primeiro lugar, mas depois fez o contrário. É uma traição também neste sentido.
>
> *Terapeuta*: Então, suas lágrimas são mais de raiva que de dor. É possível que sua raiva seja tão grande a ponto de produzir um efeito...

Deve-se destacar que o terapeuta tende a oferecer sua microreconstrução com uma tonalidade interrogativa, de modo a dar ao cliente a possibilidade de concordar, ou não, ou melhor, de dar um significado seu. Sua atenta observação da reação (retroação) verbal e analógica do cliente à sua microreconstrução, lhe permitirá perceber se a mensagem foi "aprovada" e qual o possível significado que lhe foi atribuído.

Às vezes, o terapeuta conclui a sessão com um longo comentário (uma macroreconstrução) que recapitula as informações surgidas no curso da mesma sessão, conectadas entre si de um modo que possa ser significativo para o cliente e possa abrir novas perspectivas. Alguns exemplos clínicos (ver os casos de Bruno K., Susanna C. e Daniela Z.) apresentam reconstruções finais muito extensas, que recapitulam a história do cliente, conectando sua vida passada à presente e antecipando as possíveis evoluções futuras. No caso em que a sessão seja realizada juntamente com a equipe terapêutica, esta última participa ativamente na

---

(12)Viaro e Leonardi (1983, 1990) avaliaram do ponto de vista conversacional a condução da sessão pelos membros do grupo de Milão no período vizinho a 1980; daí surgiu que alguns deles tendiam a fazer uso mais frequente de resumos e reenquadramentos (sobretudo M. Selvini Palazzoli e L. Boscolo), enquanto outros (em particular G. Cecchin) serviam-se quase exclusivamente de perguntas. Portanto, o uso de modalidades diferentes na condução do diálogo depende também do estilo pessoal que o terapeuta desenvolve com o tempo.

reconstrução da mesma história, que será comunicada apenas pelo terapeuta, ou então juntamente com um ou mais membros da equipe.

Aqui, queremos recordar que, às vezes, não nos limitamos a operar no domínio linguístico, usando palavras metáforas ou histórias, mas entramos também no campo da ação, usando prescrições de comportamento ou rituais (Selvini Palazzoli et alii, 1977). Estes últimos, desenvolvidos no início da década de 1970 e utilizados com frequência na terapia familiar, são ações estruturadas que simbolizam um aspecto importante e significativo da vida do cliente. Às vezes, eles demonstraram ser decisivos, especialmente ao dissolver um mito familiar que é fonte de sofrimento para um ou mais membros, ou então, nos casos de luto não resolvido. Para mais informações sobre este tema que tanto nos fascina, remetemos o leitor a Selvini Palazzoli e colaboradores (1975, 1977) e a Boscolo e Bertrando (1993, cap. 8).

Algumas vezes, não muito frequentemente, também recorremos a prescrições de comportamento, especialmente nos casos em que a resolução dos problemas comportamentais apresentados é prioritária, ou em casos nos quais se criou uma "imunização" contra as palavras, como nos comportamentos obsessivo-compulsivas ou nas psicoses.

Considerações ulteriores sobre o diálogo terapêutico

Consideramos de certo interesse o estudo de Viaro e Leonardi (1990) sobre as sessões de terapia sistêmica familiar analisadas segundo a teoria conversacional. De acordo com esta teoria, a conversação terapêutica obedece às regras[13] de toda conversação: cada interlocutor supõe que os outros participantes compartilham da sua própria competência linguística e fornece aos interlocutores informações relativas a fatos, sentimentos e atitudes. Além das regras gerais, a sessão terapêutica se caracteriza por algumas regras específicas, como as que dizem respeito à *diretividade* do terapeuta. Com efeito, o terapeuta é quem tem a possibilidade de escolher temas, tempos e turnos da conversação. Quando começa a terapia, o terapeuta adquire[14] o direito de decidir o que será tratado, logo, os temas

(13) Por "regra" entendemos, em coerência com a teoria conversacional, um conjunto de princípios imanentes à conversação, similares às "regras" da gramática.

(14) Entende-se que as "regras" da terapia não são explicitamente enunciadas pelo terapeuta ao começo da primeira sessão: elas se estabelecem à medida que o terapeuta conduz a conversação de acordo com certa modalidade, e esta modalidade é aceita pelo cliente.

da conversação, e até mesmo decidir quando passar de um tema a outro, interromper quem está falando, suspender ou concluir a sessão etc.

Em nossa opinião, a diretividade do terapeuta às vezes pode ser clara, aberta, mas com maior frequência é implícita, ou - recorrendo a um paradoxo – poder-se-ia dizer com mais exatidão que é "indireta": isto depende do momento particular da sessão, do comportamento do cliente e, naturalmente, da escolha do terapeuta. Esta descrição (ou ponto de vista) é parcial e representa uma medida da relação que parte do comportamento e da intencionalidade do terapeuta. Se, ao contrário, levarmos em consideração o oposto, podemos descrever o comportamento do terapeuta como resposta ao comportamento do cliente;[15] neste caso, a diretividade não será considerada exclusivamente como uma característica do terapeuta, mas de ambos. As três medidas descritas representam três pontos de observação, a observação do terapeuta, a do cliente e um ponto de observação externa em relação a ambos. Isto constitui um dos princípios fundamentais do pensamento sistêmico: a importância de posicionar-se como observador nos diferentes pontos do sistema significativo no qual se está imerso ou, como em um caso de terapia individual, a visão do observador/terapeuta, a visão do Outro como observador e a visão de fora da sua relação.

O que pensar quando o cliente decide não responder às perguntas e/ou fazer a seu turno perguntas ao terapeuta? Ele realiza o que Viaro e Leonardi definem como *insubordinação*. As insubordinações, segundo a definição dada, registram-se com frequência e colocam à dura prova a capacidade do terapeuta, mesmo os mais experientes. Se forem frequentes, elas tendem a invalidar o papel do terapeuta: basta pensar nas contínuas insubordinações dos clientes psicóticos que podem afligir e paralisar facilmente um terapeuta de escassa experiência. Como nos ensinaram Milton Erickson, Jay Haley, Paul Watzlawick e outros terapeutas estratégicos, as insubordinações podem ser neutralizadas pelo terapeuta evitando que se estabeleça uma relação simétrica do tipo "braço de ferro", que facilmente conduziria a um *impasse*. Por exemplo, no princípio da consulta com Miriam C. (capítulo 6), a cliente não responde às perguntas iniciais do terapeuta supervisor, cometendo uma insubordinação, primeiro com seu terapeuta (que está pre-

---

(15)Neste caso, é pertinente o exemplo da mulher resmungona e do marido que se retrai, citado na *Pragmática da comunicação humana* (Watzlawick *et alii*, 1967).

sente na sessão), cuja proposta de celebrar uma consulta tinha aceitado; e depois, com o supervisor, a quem exige que se submeta a um singular exame de idoneidade, o que foi aceito em coerência com a posição de pseudo-complementariedade (Haley) adotada pelo supervisor, o que permitiu que a consulta se desenvolvesse sem obstáculos.

Em muitos outros casos, o cliente pode ostentar uma atitude de não-colaboração, ou não respondendo às perguntas, ou respondendo de maneira intencionalmente tangencial, ou aludindo a possíveis segredos. Nestas circunstâncias, uma maneira de neutralizar a insubordinação é assinalar o comportamento observado e, com tom positivo de aceitação, conotá-lo positivamente e prescrevê-lo, deixando a porta aberta para uma eventual mudança. Por exemplo: "Parece-me que agora você tem dificuldades para se abrir (ou para colaborar, ou para contar algo muito privado...) Está bem que *no momento* continue assim e que pense a respeito antes de confiar em mim ou de colaborar comigo, porque ainda não estão claras as razões de suas dificuldades (ou sofrimentos), e se decidisse agora comportar-se de outra maneira, poderia manifestar uma grande ansiedade, e a situação poderia piorar".[16]

Com esta definição o terapeuta:

1. Coloca-se em uma posição de escuta do cliente;

2. Respeita e aceita seus comportamentos atuais, favorecendo o desenvolvimento de uma aliança terapêutica;

3. Atribui e delega ao tempo (futuro) a tarefa de mudar a situação (ver o conceito de ambitemporalidade em Boscolo, Bertrando, 1993).

A SESSÃO

Criação do contexto terapêutico

O que significa criar um contexto terapêutico que favoreça o surgimento de novas soluções, novas histórias e novos trajetos evolutivos?

---

(16) Uma leitura diferente do conceito de insubordinação poderia introduzir o conceito de resistência. A resistência, do ponto de vista sistêmico, não é uma característica inerente ao indivíduo, mas às relações entre pessoas. A característica principal das técnicas terapêuticas ericksonianas (como a aqui citada) – que exerceram uma notável influência nos modelos baseados no *problem-solving* – é a de evitar a formação de resistências no cliente e favorecer uma relação cooperativa.

Esta é a pergunta principal que nos leva a refletir sobre a relação entre terapeuta e cliente, e sobre os elementos que influenciam o processo terapêutico.

Da parte do cliente, antes de tudo é necessário, ainda que não o suficiente, um mínimo de motivação, isto é, desejo de mudar, de sair do sofrimento. Tal motivação deve ser previamente indagada, uma vez que na ausência dela, é difícil que se crie um contexto terapêutico. Todas as orientações terapêuticas concordam sobre a importância da motivação do cliente. É significativo que os terapeutas do Mental Reasearch Institute (ver Seagal, 1991) dividam clientes em duas categorias: compradores (*customers*) e curiosos (*window-shoppers*): não é possível fazer terapia com um *window-shopper*.

Paralelamente à motivação, é necessário também que o cliente desenvolva uma relação de confiança face ao terapeuta e à terapia. Há casos em que a motivação do cliente é fraca ou ausente, mas está presente nas pessoas que o enviaram (familiares, amigos, profissionais etc.). Com certa frequência, o cliente vem "em exploração", motivado a pedir uma opinião ou uma consulta, mais do que uma terapia. Na sessão de avaliação, é de grande importância para o terapeuta a análise do encaminhamento e da motivação pessoal do cliente.

Aqui, desejamos recordar que nem todos os clientes são aptos para uma terapia breve-longa, cujas características explicamos no capítulo 2. Em certos casos de psicose, de esquizofrenia, por exemplo, seria ilusório esperar que a situação se resolva com sessões muito distanciadas e número não superior a vinte. Ou ainda, nos casos em que mais do que uma terapia exploratória, como a que costumeiramente propomos, seria adequada uma terapia de apoio, eventualmente prolongada por um tempo indeterminado (ver o caso de Olga M., capítulo 5).

Mais complexos ainda são os requisitos do *terapeuta* para que se desenvolva um contexto terapêutico. Vamos expô-lo sumariamente a seguir:

1. Requer-se antes de tudo a capacidade de se colocar em uma posição de "escuta" do cliente. Tal posição é mais evidente no contexto da terapia individual que na terapia familiar, quando o terapeuta assume principalmente uma posição diretiva e ativa no decurso da sessão.

2. A atitude de escuta é ativa, mais do que passiva, e é empática no sentido de se colocar no lugar do cliente, transmitindo-lhe a sua própria participação emotiva (ver capítulo 2).

3. Um importante requisito do terapeuta é a curiosidade (Cecchin, 1987) em relação ao cliente, à sua história e à evolução do processo terapêutico. Graças a ela, o terapeuta evita ficar preso a intercâmbios redundantes e repetitivos, que conduzem ao *impasse*.

4. Como já se apontou, a capacidade de tornar-se "feliz", ou o menos infeliz possível (Lai, 1985), é outro recurso importante do terapeuta, que facilita (e torna mais atraente) o seu trabalho e a aceitação do cliente, o qual só pode ser positivamente influenciado. Por consequência, o terapeuta deveria formular-se de vez em quando esta pergunta: "O que eu poderia fazer agora para ser mais "feliz" e ajudar melhor a meu cliente?"[17] Aqui se pode reiterar que a atitude de escuta do terapeuta, sua empatia, sua curiosidade e um humor positivo figuram entre os elementos terapêuticos específicos mais importantes para o êxito de uma terapia, especialmente de tipo exploratório.

5. O terapeuta sistêmico se interessa pelo diálogo interno e externo do cliente; portanto, deve estar atento ao sentido que têm as ideias, as palavras e as emoções do cliente em relação a si mesmo, a seu sistema de pertença e ao sistema terapêutico.

6. É característico do modelo sistêmico que o terapeuta mantenha uma visão circular dos fatos, junto a uma visão linear própria do senso comum. Esta perspectiva implica a renúncia em considerar um evento como causa eficiente de outro, e leva a sopesar as relações recíprocas entre os acontecimentos e as ações humanas (ver Bateson, 1972; Watzlawick, Beavin e Jackson, 1967). Naturalmente, a visão circular não se aplica apenas aos eventos do mundo do cliente, mas também a tudo quanto acontece na terapia. O princípio de circularidade na condução da sessão se baseia na observação das retroações, isto é, nas mensagens verbais e não-verbais do cliente.[18] Mais ainda, o terapeuta também deveria estar consciente de suas próprias retroações

---

(17) A manutenção de um discreto ou bom grau de "felicidade" por parte do terapeuta é um antídoto para a assim chamada "síndrome de *burn-out*" dos profissionais.

(18) Por causa da tirania da linguagem, que é linear, em geral medimos os eventos – como neste caso – a partir das retroações do cliente. Como já se observou, o exemplo de Bateson sobre o homem que corta a árvore (ver capítulo 1) ilustra claramente a dialética entre visão linear e visão circular.

em relação ao cliente, como também posicionar-se em uma visão externa (*outsight*) pela qual observe a interação, o que conduz aos três pontos de observação descritos anteriormente e a uma concepção verdadeiramente co-evolutiva da terapia. Toda intervenção do terapeuta se baseia em mensagens do cliente, as quais, por sua vez, estão em relação com mensagens anteriores. Mais que de uma visão simplesmente circular, convém, na verdade, falar de uma visão "em espiral" (ver Bateson, 1979), que leve em conta o tempo. Nesta última visão, os acontecimentos se influenciam retroativamente, alcançando a cada vez um ponto diferente do ponto de partida, processo que se pode representar precisamente como uma espiral.

7. É oportuno que o terapeuta tenha consciência do problema do poder na relação terapêutica e nas relações do cliente com seus sistemas de referência, assim como do problema dos papéis sexuais (*gender roles*). Sobre estes dois pontos, remetemos ao que já foi escrito neste capítulo e no capítulo 2.

8. Um aspecto não deve ser esquecido: o terapeuta deve estar consciente de que a leitura proposta (como qualquer outra) dentro do contexto terapêutico não é objetiva, mas que passa pelo filtro de suas premissas, experiências e teorias. Esta consciência lhe permitirá manter certa distância e autonomia em relação a elas, de modo a poder expressar sua própria criatividade.

Condução da sessão

Um dos objetivos principais na condução da sessão é a criação e manutenção de uma relação de confiança entre o cliente e o terapeuta. Trata-se de um princípio geral adotado por terapeutas de diferentes orientações teóricas, que se distinguem pelo interesse por aspectos específicos da relação terapêutica, como a diretividade, a obediência, a colaboração, o respeito, a confiança, a empatia etc. Provavelmente o termo "confiança" seja aquele sobre que quase todos estão de acordo. Aqui, é importante recordar que, na terapia individual, a atenção à relação terapêutica assume uma forma diferente da assumida na terapia familiar. Nesta última, o terapeuta é mais ativo e se concentra no jogo recíproco das relações atuais entre os vários membros da família, e o diálogo de mais "vozes" está dirigido mais às relações interpessoais do que às intrapessoais. Ao contrário, na terapia individual o diálogo se desenvolve entre duas pessoas, o que traz como consequência, da parte do terapeuta, o maior interesse pelo diálogo interno que o cliente tem consigo mesmo, e que será decodificado prestando atenção a suas retroações verbais e não-verbais.

Além disso, concede-se maior espaço à *escuta*, especialmente na primeira fase da sessão. De fato, no início de cada encontro, o terapeuta é habitualmente menos ativo, ao menos do ponto de vista verbal, e deixa ao cliente a escolha dos temas, facilitando-lhe a expressão com intervenções mínimas, verbais e paraverbais, e uma atenta participação.

Um aspecto relevante na relação terapêutica é o silêncio (Andolfi, 1994) que, às vezes, assume significados importantes, mais até do que as palavras. Na terapia familiar não se faz grande uso do silêncio, até porque, frente ao silêncio do terapeuta ou de um membro da família, outro entra de imediato na conversação. Já na terapia individual, o silêncio é tradicionalmente um protagonista, ainda que nós o usemos com certa moderação. Utilizamo-nos dele, especialmente na fase inicial da sessão, para permitir que o cliente expresse suas reações à sessão precedente e seus pensamentos sobre temas que lhe interessam ou o preocupam; também o usamos em outros momentos da sessão para sublinhar estados de ânimo ou argumentos de importância particular. É óbvio que os significados assumidos e aportados pelo silêncio estão conectados com o que acontece no aqui e agora da relação.

A sensibilidade ao equilíbrio entre silêncio e palavra é uma das principais qualidades do terapeuta. Às vezes, é o cliente que fala pouco ou nada, e o terapeuta, para evitar um intercâmbio mecânico e estéril de perguntas e respostas, conta uma história ou anedotas (ver o caso de Olga M., capítulo 5).

Outro aspecto a considerar na condução da sessão diz respeito ao tema ou temas que surgem no aqui e agora. Neste sentido, a formação do terapeuta cumpre uma função muito útil no desenvolvimento da sensibilidade e da agudeza necessária para identificar os temas que têm relevo e particular significação emotiva na vida do cliente, com quem serão explorados os diferentes aspectos.

Isto acontece comumente depois da fase inicial da sessão, quando surgem temas significativos no diálogo.[19] Esta posição tem algumas analogias com a descrita por Anderson e Goolishian:

> Muitas vezes uma pessoa tem muitas coisas para dividir, e eu não as interrompo. Em primeiro lugar, quero respeitar os interesses e os ritmos do cliente. Em segundo lugar, é um modo de não orientar a conversação para direções que me interessam. Assim, quando tenho uma curiosidade, ou quando uma palavra ou frase particular suscita minha atenção, armazeno-a na memória. [...] Isto não significa que eu seja passiva ou indiferente; simplesmente significa que minhas perguntas e comentários são inspirados pelos clientes, não pelo meu conhecimento prévio. (Anderson, em Holmes, 1994, p. 157)

Todavia, com respeito a tal posição, existe um importante ponto de divergência. A nosso ver, a ideia de que "[...] minhas perguntas e comentários são inspirados pelos clientes, não pelo meu conhecimento prévio", é simplesmente uma utopia. É impossível não ser influenciado pelo próprio "pré-conhecimento" ou os próprios preconceitos.[20] Nós escutamos o cliente, mas também escutamos nossas "vozes" e não podemos ignorar nossas experiências passadas. Em coerência com uma visão circular da realidade, as perguntas e comentários do terapeuta são, sim, "inspirados pelo cliente", mas não podem deixar de influenciar os pré-conhecimentos ou hipóteses do próprio terapeuta que vêm à tona no aqui e agora da sessão. Esta hipótese, às vezes, ligam-se a importantes aspectos da vida relacional do cliente e da relação terapêutica, e são análogas ou similares (isofórmicas, segundo a linguagem dos sistemas) às hipóteses surgidas em outros casos que tiveram uma evolução positiva. Para evitar a armadilha da Verdade, devemos ter sempre presente que as hipóteses têm a simples

---

(19) Como relatado no capítulo 6, a sessão de consulta para um caso de terapia bloqueada se desenvolve de modo diferente. Nela, o consultor, por óbvias limitações de tempo, está obrigado a ser praticamente ativo e às vezes insistente com suas perguntas, para se fazer uma ideia de conjunto da vida do cliente e do contexto relacional que determinou o pedido de consulta, e simultaneamente desenvolver hipóteses que possam facilitar a saída do *impasse*.

(20) Heinz von Foerster (1982) afirma, inclusive, que um pré-conhecimento atua já no primeiro nível da coleta de dados, motivo pelo qual a palavra "dado" (do latim *datum*) deveria ser substituída pelo termo "capto" (*captum*), porquanto em toda percepção há uma contribuição ativa das premissas do observador.

função de conectar temporalmente, de um modo significativo, os dados observados, e que é importante evitar a reificação (Boscolo *et alii*, 1987).

A escuta do terapeuta não é passiva: enquanto escuta o que o cliente está dizendo, forma conexões com o que se disse antes, na mesma sessão ou em outras sessões, e com a história pessoal e social da pessoa. Espontaneamente, o terapeuta se pergunta: "Neste momento, o que está me dizendo ou pedindo implicitamente o cliente? Qual a relação disto com as outras sessões, especialmente com a última? E como se relaciona com o desenvolvimento geral da terapia? Suas palavras e expressões indicam regressão, cansaço ou evolução?"

O fruto destas conexões que o terapeuta efetua de tempos em tempos pode concretizar-se em uma ideia, uma metáfora ou em uma hipótese, que será por ele utilizada de modo que julgar mais oportuno, através de uma afirmação ou pergunta que implicitamente informam o cliente sobre as conexões que o terapeuta fez ou está fazendo. As consequentes respostas verbais e analógicas do cliente constituem para o terapeuta sinais sobre significados que o cliente deu a suas palavras ou perguntas precedentes.[21]

Às vezes, um observador externo que assiste à sessão por trás do espelho ou por um monitor, pode ficar muito impressionado por certas perguntas agudas ou por iluminadoras intervenções de redefinição do terapeuta, como se fossem simples intuições, saídas quem sabe de onde, quando, ao contrário, derivam de um trabalho implícito de conexão de muitos elementos até então soltos. Naturalmente, a maior atenção se concentra no aqui e agora, no material que surge na sessão, nas palavras e metáforas, mas também nas emoções do cliente, enquanto os outros elementos tendem a permanecer em segundo plano. De um ponto de vista temporal, privilegiamos o presente que, nos momentos oportunos, relacionamos com o passado e o futuro.

Tempos e ritmos do terapeuta e cliente

A pesquisa sobre o tempo nas relações humanas nos levou a realçar a importância da coordenação dos tempos individuais e sociais, condição necessária para um desenvolvimento "normal" da pessoa e

---

(21) Como se verá adiante, esta conexão já deixa entrever um círculo hermenêutico.

para a melhor qualidade de vida relacional. Para poder coordenar nossos tempos individuais com os tempos dos demais, há que dispor de uma gama (*range*) de possibilidades de coordenação temporal, em outras palavras, de suficiente flexibilidade. Por exemplo, nas famílias em que se manifesta um problema psiquiátrico, notamos uma dificuldade de coordenação dos tempos entre seus membros. Ao contrário, uma relação de intimidade requer um alto grau de capacidade para coordenar os tempos no interior da relação.

Isto nos leva a afirmar que até mesmo na relação terapêutica, tem grande importância a coordenação temporal entre terapeuta e cliente, e os ritmos que a caracterizam. Alguns autores (ver Minuchin, 1974) usam a eficaz metáfora da "dança" como uma representação da relação terapêutica. Quanto maior for a flexibilidade dos ritmos na "dança" entre os dois *partners*, mais provável será sua coordenação temporal e, portanto, a possibilidade de uma evolução positiva da terapia.

Às vezes, encontramos casos de pessoas com pouca ou nenhuma flexibilidade para coordenar os próprios tempos, o que pode criar um considerável problema de relação. Por exemplo, um cliente gravemente depressivo ou com sério transtorno obsessivo-compulsivo (que tem grande necessidade de controle) pode – com os próprios tempos extremamente lentos ou controlados - colocar à prova a capacidade do terapeuta de se coordenar a longo prazo: o terapeuta poderá entediar-se, sentir-se frustrado, desenvolver uma irritabilidade mal reprimida etc. Poderíamos usar um exemplo oposto, de clientes que têm ritmos muito rápidos, como nos casos de grande ansiedade, insegurança ou euforia maníaca, que podem provocar efeitos similares sobre o terapeuta. Devemos destacar que nem todos os terapeutas têm flexibilidade ótima na coordenação de seus próprios tempos e ritmos com os do cliente, e deveriam estar conscientes desses limites a fim de evitar, nos casos extremos, praticar terapia com determinados tipos de clientes.[22]

Em todos os casos, em sua "dança" com o cliente, o terapeuta deve modular seus ritmos, calibrando-os dentro de certos limites com os do próprio cliente. Naturalmente, os casos mais difíceis são os de psicose esquizofrênica, quando o contato entre cliente e terapeuta pode ser

---

(22) Em alguns destes casos, é possível indicar um tratamento farmacológico, que pode facilitar notavelmente a "normalização" dos ritmos do cliente.

muito precário, formar-se e dissolver-se, contribuindo para surgimento de frequentes estados de ânimo de futilidade e impotência do terapeuta.

Um segundo problema relacionado com o tempo na condução da sessão é o do *timing*, ou seja, a escolha dos momentos de diálogo em que é oportuno introduzir, aceitar ou abandonar determinados argumentos. Introduzir muito precocemente um determinado conteúdo pode criar resistência, assim como deixar passar despercebido um argumento significativo pode diminuir o interesse e a tensão no diálogo por parte do cliente. Como terapeutas, devemos muitas vezes perguntar-nos se o que consideramos interessante em um dado momento também seria interessante para o cliente. A simples consideração das retroações verbais e analógicas pode não ser suficiente para intuir se o cliente dá um significado (e qual significado) às mensagens do terapeuta. Por esta razão, é conveniente perguntar ao cliente, de quando em quando, se as perguntas do terapeuta fazem sentido e se ele mesmo pode oferecer ao terapeuta um diferente ponto de indagação. Estas estratégias permitem evitar erros de *timing*, até mesmo graves, que possam interferir notavelmente no processo e na relação terapêutica.

Ao deter-se por tempo excessivo em um tema ou conteúdo, corre-se o risco de aumentar sua importância e obscurecer de algum modo outros aspectos significativos. Este é um risco que pode seduzir tanto ao cliente como ao terapeuta. É conhecida a sedução que exercem as histórias de dependência da mãe e de competição com o pai, que podem levar ao risco reificação (*reification*) e do fechamento em relação a histórias alternativas.

Já assinalamos (Boscolo e Bertrando, 1993) como deter-se em excesso nas histórias e interpretações relativas do passado pode ter um efeito contrário ao esperado, terminando por convencer o cliente de que, em função desse passado, não pode derivar dele um presente diferente. Neste sentido, ao explorar a vida passada, é oportuno alargar seu contexto e formular perguntas, especialmente perguntas hipotéticas que, fazendo emergir diferentes passados possíveis, tornem inadequada a visão determinista do cliente. No capítulo 5, apresentaremos um caso clínico ("Luciano M.: prisioneiro de um mito familiar"), no qual, para sair de um *impasse*, foi necessário, depois de várias sessões, distrair a atenção de um interessante mito familiar. Dois erros haviam sido cometidos: em primeiro lugar, um erro de *timing*, no sentido de abordar depressa demais o tema do mito; em segundo lugar, o erro de se ter sentido excessivamente atraído - ou melhor, seduzido - pelo mito até o ponto de não conseguir desprender-se deste por um tempo mais longo.

O PROCESSO

Depois de ter descrito as vicissitudes e evolução de nossa teoria de referência, do método, da construção do contexto terapêutico, dos princípios para a condução da sessão e das intervenções de desconstrução e reconstrução, preparamo-nos agora para descrever o processo terapêutico. Faremos isso de maneira acima de tudo sintética, dado que muitas informações que a ele se referem já foram dadas, e ainda outras, de importância clínica e também teórica, podem ser encontradas nos numerosos comentários dos casos clínicos (capítulos 4-6). A este propósito, queremos antecipar ao leitor que não somente a seguinte descrição do processo terapêutico é extremamente esquemática, mas também que as informações precedentes relativas à teoria e o método não são suficientes para se ter ideia concreta sobre como se orientar entre as inevitáveis dificuldades, surpresas e dilemas presentes na atividade clínica. Aconselhamos, portanto, ler atentamente os capítulos da segunda parte, que podem preencher os vazios deixados pelos esquemas teóricos e abstratos e permitir abordar a complexidade e diversidade de cada caso e de cada momento.

Aqui nos referiremos, em particular, à terapia breve-longa, já apresentada no capítulo 2, isto é, à terapia individual sistêmica que estamos utilizando mais frequentemente com a maioria dos clientes encaminhados à terapia individual. Os outros casos, ou não são apropriados para uma terapia com prazo de vinte sessões (casos de psicoses graves ou casos que requerem uma intervenção de apoio mais que de terapia), ou estão destinados a uma terapia aberta, sem prazo determinado.[23]

Antes de descrever as diversas fases da terapia, ocupar-nos-emos da primeira sessão, que tem importância especial e se diferencia das

---

(23) Mesmo que o número de casos de terapia breve-longa terminados seja ainda bastante exíguo (18 casos) e não se prestem a uma análise catamnésica aceitável, o que nos propomos a realizar em trabalho posterior. No momento, podemos dizer que nossa impressão sobre os resultados até agora obtidos é muito positiva. Prevemos que este tipo de terapia breve-longa possa chegar a ser para nós o tratamento de escolha, e esperamos que possa ser utilizado até mesmo por outros colegas que operam em contextos tanto públicos como privados.

outras em alguns aspectos. Trata-se de uma sessão de avaliação, de consulta, cujo objetivo é determinar se existe, de fato, uma indicação de terapia, e qual seria a terapia adequada.

Sendo o Centro Milanese, em sua origem, um centro de terapia sistêmica familiar, pede-se à pessoa que venha ao primeiro encontro com toda a família ou com o cônjuge, no caso de uma eventual terapia de casal. Às vezes, a pessoa que estabelece o contato rejeita o convite a apresentar-se com a família ou com o cônjuge e pede para vir sozinha à primeira entrevista. Naturalmente, seu pedido é aceito. Portanto, na primeira sessão de avaliação (*assessment*) pode estar presente a pessoa que a pediu, que nem sempre é o "paciente designado",[24] a família com ou sem o paciente designado, ou o casal de genitores ou de cônjuges. No primeiro caso, pode tratar-se de uma pessoa que deseja ser ajudada na solução de um problema ou que busque uma missão exploratória para conhecer os terapeutas que eventualmente se encarregariam de mudar a outro membro da família (o paciente designado) com uma terapia de família ou de casal. Às vezes, pode dar-se uma situação quase oposta: a família aceita vir à primeira sessão mas, no momento do contrato, desiste e pede que se trate somente do paciente designado. Todas estas complicações estão ligadas ao contexto em que operamos. Nosso Centro é tradicionalmente conhecido como um centro de terapia familiar sistêmica, e só recentemente mudou sua denominação para *Centro de Consulta e Terapia Sistêmica para Indivíduos, Casais e Famílias*. De qualquer modo, na primeira sessão, independentemente das pessoas presentes, faz-se uma análise cuidadosa do pedido, da motivação e da admissão.

Aqui, descreveremos a primeira sessão realizada com um cliente individual. Nos casos em que a família participa da primeira sessão, mas ao final se sugere prosseguir com uma terapia individual, a segunda sessão (a primeira da qual o cliente participa sozinho) assumirá características muito semelhantes às da primeira sessão individual, como descreveremos agora.

A primeira sessão é frequentemente mais longa que as outras; pode durar até uma hora e meia, enquanto as outras duram habitualmente uma hora. Nela se examina o sistema significativo, como se de-

---

(24) "Paciente designado" é um termo usado na terapia familiar para indicar a pessoa que, dentro de uma família, é definida como a portadora do problema.

senvolveu com o tempo, sua conexão com o problema apresentado (ver o capítulo 1). Antecipamos que o processo avaliativo (ou diagnóstico) não é diferente da terapia, porquanto pedimos informações e damos informações (ver o capítulo 2).

Quando entramos na sessão, temos à nossa disposição uma ficha, preenchida por um encarregado (não terapeuta), no momento do primeiro contato, contendo as informações básicas sobre o cliente, sobre os membros da família e sobre o problema apresentado.

O terapeuta tem duas perguntas às quais a sessão deverá responder: - O que levou esta pessoa a buscar ajuda neste momento e por que veio a ele? A resposta à primeira pergunta poderá chegar – ainda que nem sempre – no decurso da sessão, depois de explorada a história do cliente e o contexto em que vive; a resposta à segunda pergunta virá através de uma análise do encaminhamento.

Normalmente, a primeira pergunta é: "O que o trouxe aqui?" Ou: "O que tem para nos contar?" - deixando ao cliente a descrição das razões pelas quais solicitou um parecer profissional. De fato, o terapeuta não pergunta, como se faz tradicionalmente, *qual é o problema*, pois se o fizesse, poderia sugerir uma imediata associação a uma patologia e à construção de um contexto de terapia, mais que de consulta.

O trabalho mais expressivo diz respeito à exploração dos significados que o cliente e os terceiros presentificados atribuem ao "como" e ao "quando" dos fatos, das dificuldades, dos problemas apresentados. Explorar-se-ão também as relações do cliente com seus sistemas de referência: hostilidade, sedução, discordâncias, consenso, apoio etc. Estes dados são colhidos através de uma série de perguntas que se referem às *experiências*, as *descrições* e as *explicações* do cliente e das pessoas significativas com as quais está ligado.

Depois de explorado o presente do cliente, bem como o contexto em que vive, interessamo-nos pelo passado, isto é, a "memória do passado",[25] em busca de conexões e de continuidade com a vida presente. Procuramos ainda, com as perguntas hipotéticas, evocar passados possíveis que possam facilitar o surgimento de possíveis presentes (e futuros), abrindo novas perspectivas evolutivas.

---

(25) Remetemos a *"Os tempos do tempo"* (Boscolo e Bertrando, 1993) para a explicação do conceito de que vivemos somente no presente, e de que o passado está em nossa memória, e o futuro, em nossas expectativas.

No percurso da sessão, poderão emergir eventualmente um ou mais temas significativos, que permitirão dar uma resposta à primeira das duas perguntas do terapeuta. Em relação à segunda questão, examina-se a fundo a razão do encaminhamento, a história da relação deste com a história do cliente e os contatos tidos com outros profissionais. Neste último ponto, é muito útil conhecer os possíveis diagnósticos formulados, terapias anteriores e, em particular, o tipo de relação que tiveram com o cliente. Estas informações são valiosas, pois nos ajudam a ter uma ideia do tipo de relação que o cliente teve com os profissionais e permite introduzir novidades na terapia, evitando dar respostas já dadas.

Na parte final da sessão se introduz o futuro. Podem ser formuladas perguntas como: "O que espera deste encontro? O que espera no caso de podermos ter outros encontros? O que desejaria que mudasse em sua vida?" Ou: "Que mudança seria suficiente? O que espera de mim?" etc. Também se fazem perguntas hipotéticas sobre o futuro: "Suponhamos que repentinamente desaparecem todos estes problemas. O que mudaria em sua vida? Que efeito teria isto sobre os demais?"

No fim da sessão emitimos nossa opinião a respeito do caso. Se avaliamos ser indicativo de terapia, nós o informamos; se o cliente aceitar, fazemos o contrato terapêutico. Se ele decidir por uma terapia breve-longa de vinte sessões, o terapeuta propõe o contrato terapêutico mais ou menos com estas palavras:

> A terapia que nós fazemos consiste em um número máximo de vinte sessões, incluindo esta de hoje, em intervalos de duas a quatro semanas. Em nossa experiência, muitos clientes decidem terminar antes da vigésima sessão; às vezes nas primeiras, às vezes na metade ou ao final do tratamento. Se na vigésima sessão o cliente ainda acreditar que tem necessidade de ajuda, avaliamos a situação. Se pensarmos haver esgotado nossas possibilidades terapêuticas, não podemos continuar e, nesse caso, você poderá dirigir-se a outro colega, se o considerar oportuno. Pode ser que, em alguma sessão, haja uma equipe por trás do espelho, e as sessões poderão ser filmadas se você autorizar. (A seguir indicam-se as condições econômicas.) Se estiver de acordo, você pode dizê-lo agora, ou ter um tempo para refletir sobre isso.

Em geral, para chegar a esta decisão, basta a primeira sessão. Em alguns casos (por exemplo, de Bruno K., capítulo 5), pode ser necessária uma segunda sessão. Exemplos de primeiras sessões com transcrição integral são, além da de Bruno K., a de Giuliana T. (capítulo 5), e a consulta com Daniela Z. (capítulo 6).

Reiteramos que a primeira sessão não é apenas diagnóstica, mas também terapêutica, porquanto avaliação e terapia formam parte de um processo recursivo. O terapeuta tem a possibilidade de formular uma ideia mais ou menos precisa do caso, considerando a gravidade dos problemas apresentados, mas sobretudo dos recursos e da potencialidade do cliente. Levará em consideração a história do cliente e, em particular, sua personalidade, rigidez ou flexibilidade, e sua capacidade para enfrentar os conflitos e resolver os problemas vitais.

Ainda que conscientemente procuremos manter certa distância das ideias que temos do cliente e de nossas previsões sobre a possível evolução da terapia, elas não podem deixar de influenciar o próprio cliente, cujas retroações modificam ou confirmam as expectativas do terapeuta. Este círculo recursivo deve ser posto em relação com um dos preconceitos que nós, como terapeutas sistêmicos, desenvolvemos ao longo do tempo sobre a duração da terapia, isto é, o otimismo terapêutico.

O porquê das vinte sessões e dos longos intervalos entre as sessões está explicado no capítulo 2. Aqui, esperamos sublinhar a importância de deixar ao cliente a escolha do término da terapia até a vigésima sessão, reconhecendo assim sua competência e capacidade de sair de sua crise mesmo em tempos breves.

As sessões seguintes, com as devidas diferenças, têm todas uma semelhança em seu andamento. Começa-se por perguntar ao cliente o que ele tem para contar "hoje", pondo-se já no início da sessão em uma posição de "ouvinte", que permite a vinda à tona de suas reflexões, emoções e fantasias relativas à última sessão, à relação terapêutica, bem como à sua vida presente. Com o desenvolvimento da sessão, o terapeuta se torna mais ativo e explora junto ao cliente um ou mais temas emergentes de importância particular. Frequentemente, por volta do final, introduz-se o tema do futuro através de perguntas, metáforas, anedotas etc., e às vezes faz-se um comentário em forma de metáfora ou de história, que reconstrói os elementos da sessão de um modo que possa abrir novas perspectivas. Muitas vezes, o comentário é construído a partir dos elementos surgidos durante a exploração de um tema que parece ser fundamental na vida do cliente (ver a transcrição da quarta sessão de Susanna C., capítulo 5).

Muitos enfoques terapêuticos distinguem na terapia várias fases. Podemos distinguir uma fase inicial, na qual surgem os temas mais significativos na vida do cliente, que serão abordados na fase central, para passar, logo após, à fase final, cujo tema principal é a separação. Neste sentido, também é válida para nós a observação de Hoyt (1990), segundo o qual o macrocosmo da terapia reflete o microcosmo da sessão: assim como é possível dividir uma sessão em fases (fase inicial ou de abertura, fase central e fase final ou de conclusão), também é possível uma subdivisão análoga para a terapia em seu conjunto.

Quanto à fase final da terapia, podemos descrever dois tipos de casos: os que finalizam um pouco antes da décima quinta sessão e os que se encerram depois da décima quinta sessão. No primeiro grupo, a terceira fase parece muito reduzida ou quase ausente. A separação ocorre sem dificuldade. No outro grupo, ao contrário, a última fase se caracteriza pela intensidade das emoções e pensamentos relativos ao iminente final da terapia, sentimentos que podem ser firmemente negados ou manifestados abertamente e acompanhados de temores de não aceitação ou, mais raramente, do pedido explícito de prosseguir a terapia. A ansiedade da separação chega, às vezes, a ser tão intensa, que pode até inspirar dúvidas ao terapeuta em relação à oportunidade de terminar a terapia. Neste caso o profissional pode oferecer um novo ciclo de sessões ou encaminhar o caso a outro colega.

Nesta fase, é bem característico dos clientes não recordarem em qual sessão estão, e é importante que seja o terapeuta a lembrá-lo. Em um caso (Susanna C., capítulo 5), ao aproximar-se da vigésima sessão, a cliente manifestava claramente uma ansiedade crescente, ilustrada por um sonho muito significativo, no qual se encontrava sobre uma cadeia de montanhas, no meio do caminho entre a casa paterna e o consultório do terapeuta, aterrorizada pela possibilidade de cair em um precipício, e perguntando-se por que havia decidido empreender a viagem. Estava no final da décima sétima sessão. O terapeuta, repentinamente, a interrompeu e lhe perguntou: "Quantas sessões tivemos até hoje?" Ela ficou surpreendida e, quando o terapeuta lhe perguntou em que sessão desejaria estar, respondeu: "Na décima segunda". O terapeuta disse: "Então, hoje acabamos de finalizar a décima segunda. Todavia, da próxima vez, você deverá levar em conta o número da sessão". A reação da cliente foi de evidente alívio. Este é, até agora, o único caso em que não se respeitou a regra das vinte sessões.

Nos outros casos deste grupo, destacamos a importância de enfrentar o tema da separação dizendo ao cliente que outros, tendo chegado ao final, haviam decidido parar na décima oitava ou décima nona sessão, conservando, assim, "um crédito" com o terapeuta, que tinha valor para toda a vida. Este ritual de separação demonstrou ser terapêutico, porquanto permite encerrar a terapia mas, ao mesmo tempo, não a finalizar.[26]

LINGUAGEM E PROCESSO TERAPÊUTICO

Um elemento importante do processo terapêutico, pelo qual nos interessamos especificamente há alguns anos (Boscolo et alii, 1991), é a linguagem. A importância da linguagem para a terapia sistêmica, mesmo que jamais tenha sido negligenciada pelos terapeutas, manifestou-se plenamente sobretudo com o advento da cibernética de segunda ordem e do pensamento construtivista. Em particular, recorda-se a famosa afirmação de Maturana: "A realidade emerge na linguagem através do consenso". (Maturana e Varella, 1980) Assim, a linguagem torna-se não apenas um instrumento de conhecimento, mas também a matriz na qual nos realizamos como seres humanos. Nas palavras de Maturana e Varella (1984):

> A linguagem não foi inventada por alguém somente para compreender um mundo externo e, portanto, não se pode usá-la como instrumento para revelar apenas esse mundo. Pelo contrário, é dentro da própria linguagem que o ato cognoscitivo, na coordenação de comportamentos que constitui a linguagem, coloca-nos o mundo ao alcance da mão. Realizamo-nos em mútuo acoplamento linguístico, não porque a linguagem nos permite dizer o que somos, mas porque estamos na linguagem, imersos continuamente nos mundos linguísticos e semânticos com os quais entramos em contato. (pp. 190-191)

Se a "realidade" surge da linguagem através do consenso, no diálogo com o cliente, prestando atenção à sua linguagem (e, portanto, a seu modo de perceber e conceituar a própria "realidade") e, claro, também à nossa linguagem, podemos abrir o caminho ao desenvolvimento

---

(26) Remetemos ao capítulo 2, para a importância atribuída por Mann – nas terapias breves a termo – à resolução (*mastering*) da ansiedade de separação, que se reflete sobre todas as outras ansiedades neuróticas.

de novos significados e novas "realidades". Neste sentido, a linguagem tornou-se um protagonista do diálogo terapêutico e não somente, como ocorria no passado, um simples veículo de comunicação do qual, em geral, não se está consciente. Com isto desenvolvemos uma nova ótica - a ótica da linguagem (quem sabe, seria mais apropriado agregar: e um novo ouvido) - para captar mais palavras, expressões verbais e analógicas, metáforas e redundâncias linguísticas, buscando compreender a construção da "realidade" criada pelo cliente. Naturalmente, a mesma atenção se presta às expressões linguísticas do terapeuta e ao efeito que estas têm sobre o cliente.

Para descrever este processo, mais recentemente alguns autores (nós, inclusive) se valem da teoria dos jogos linguísticos de Wittgenstein (1958-1964) e, dentro do modelo narrativo, do desenvolvimento de novas descrições e novas histórias. Sobre isso escreve Sluzki: "Aquilo que chamamos realidade consiste e, reflexivamente, se expressa nas descrições que as pessoas fazem dos acontecimentos, pessoas, ideias, sentimentos, histórias e experiências [...]. Estas descrições, por sua vez, desenvolvem-se através das interações sociais que contribuem para defini-las". (Sluzki, 1991, p. 5ss.)

Em nossa bagagem epistemológica, a ótica da linguagem somou-se à ótica característica e tradicional do modelo sistêmico, com a qual se observam as modalidades organizativas e os *patterns* relacionais, e à ótica do tempo, que adotamos mais recentemente (Boscolo e Bertrando, 1993).

A seguir, queremos expor alguns dos elementos linguísticos do contexto terapêutico que, a nosso ver, são os mais relevantes e recentemente se impuseram à atenção não somente no enfoque sistêmico, mas também em outros tipos de abordagens.

Retórica e hermenêutica

Se considerada do ponto de vista linguístico, a terapia é um jogo sutil de hermenêutica e retórica. Entendamos por "hermenêutica" o trabalho de interpretação e formulação de hipóteses que realiza um dos interlocutores de um diálogo em relação com as afirmações do outro, e por "retórica", o trabalho de construção das próprias afirmações que realiza algum interlocutor com referência ao outro. No diálogo terapêutico, a retórica e a hermenêutica são utilizadas (mesmo que com diferentes graus de conhecimento) tanto pelo terapeuta quanto pelo cliente, e isto ocorre em todas as formas de psicoterapia.

Afirmou-se (Marzocchi, 1989) que, enquanto na terapia analítica o paciente é um retórico e o terapeuta um hermeneuta (o cliente fala e o terapeuta interpreta suas palavras), na terapia sistêmica, a relação se inverte: o terapeuta é o retórico (o que faz as perguntas), e o cliente, o hermeneuta, aquele que atribui os significados. As perguntas do terapeuta delegam implicitamente ao cliente a responsabilidade da interpretação, isto é, da atribuição dos significados.

A distinção que acabamos de fazer não é absoluta. Em todas as terapias pode-se dizer que o trabalho retórico / hermenêutico é recíproco. Por exemplo, ainda o analista mais silencioso não pode evitar, às vezes, ser um retórico, no momento em que oferece uma interpretação que põe o cliente na posição de atribuir significados.[27]

Aqui procuraremos ilustrar alguns aspectos relativos a uma análise da retórica e da hermenêutica em nosso modo de conceber e de conduzir uma terapia sistêmica individual.

Retórica

Todo tratado de retórica começa, geralmente, com a definição de Aristóteles: "Definimos, então, a retórica como a faculdade de descobrir em todo argumento aquilo que é capaz de persuadir". (*Retórica*, I, 1, 1355b) Os terapeutas pertencentes a determinadas orientações podem ser considerados "persuasores ocultos", por exemplo, os terapeutas estratégicos (Watzlawick *et alii*, 1973), ou os hipnoterapeutas (Milton Erickson e seguidores: ver Lankton *et alii*, 1991), que fazem próprios os conceitos básicos da retórica antiga.[28]

---

(27) Spence (1982) demonstrou que na psicanálise há uma "relação recíproca" entre as associações livres do paciente e a atenção flutuante (*evenly hovering attention*) do analista: se o paciente associa de maneira verdadeiramente livre, a atenção do analista deve ser "ativa e reconstrutiva", esforçando-se por dar sentido e continuidade narrativa aos fragmentos esparsos oferecidos pelo paciente. No caso, ao contrário, se o paciente constrói ativamente um discurso cabal, prescindindo da regra fundamental das associações livres, o analista pode deixar-se levar pela atenção flutuante.

(28) Com efeito, eles usam o paradoxo, a prescrição do sintoma ou outras prescrições, isto é, meios cujo objetivo é influir no cliente e manipulá-lo com o propósito terapêutico de eliminar seus sintomas.

A retórica grega se interessava pelo modo de obter efeitos mediante a fala, ou então pela relação entre ação e linguagem, um dos pontos centrais na relação terapêutica. Isto significa que, desde a antiguidade, eram conhecidas as relações íntimas entre os dois aspectos da comunicação e, sobretudo, não se ignoravam os aspectos psicológicos. Neste sentido, a retórica foi a primeira disciplina colocada como ponte entre pensamento e ação, à diferença da lógica, que separava estas duas realidades. A arte de bem falar era secundária, enquanto o primário (ao menos para nós) é o modo como um discurso (uma determinada disposição dos elementos do discurso) chega a evocar na interação emoções conectadas com determinados significados. Em suma, a retórica visava a suscitar intensas emoções no ouvinte a fim de obter a mudança em sua maneira de agir.

Entretanto, nós consideramos decididamente secundário o aspecto de persuasão da retórica. Consideramo-la um modo de atuar com as palavras de modo a criar um contexto no qual possam surgir novos significados. Temos prestado muita atenção aos aspectos retóricos do trabalho terapêutico porque nos parece que tenham numerosos pontos de contato com a terapia, tal como nós a praticamos. Em primeiro lugar, a retórica é a arte (ou o artesanato, não certamente a ciência) na qual a palavra e o discurso importam em todos os seus aspectos, quando os significantes chegam a ser tão importantes quanto os significados (Barilli, 1979).

Um ponto de contato entre a retórica e nossa terapia sistêmica é o fato de que a retórica renuncia a priori à busca da verdade. Desde os tempos de Protágoras, a retórica é o domínio em que "o homem é a medida de todas as coisas", no qual são admissíveis mais verdades que dependem de mais pontos de vista. Assim como para o terapeuta sistêmico, para o retórico existe um multiverso no qual as versões da realidade são múltiplas.

Um segundo ponto de convergência entre terapia sistêmica e retórica é o meio (medium, segundo McLuhan) de que se serve o terapeuta: a palavra dita, o discurso. Desde a antiguidade, a retórica analisou a palavra como ação. A evocação da ação ocorre através do uso de uma linguagem rica em metáforas: não é casual que a própria figura da metáfora tenha sido analisada desde a antiguidade (Aristóteles), e depois, durante séculos, pelos estudiosos da retórica. Mais adiante, neste capítulo, nos ocuparemos mais profundamente das metáforas e, em particular, daquelas palavras – quase sempre metafóricas – que definimos como "palavras-chave".

A esta altura, é fácil estabelecer quais são as similitudes e diferenças entre um retórico clássico e um terapeuta sistêmico. Ambos procuram mudar as premissas de seus interlocutores através da linguagem e das emoções que estes transmitem; ambos trabalham com palavras e metáforas. Mas se o retórico tem uma tese a sustentar, o terapeuta sistêmico, no diálogo com o cliente ou com a família, dedica-se a buscar mais "teses", que jamais chegarão a ser definitivas: os efeitos dessa busca podem ampliar o horizonte dos clientes e gerar novos mapas, novas histórias. Parafraseando Pirandello, os clientes na terapia podem-se considerar como personagens à procura de um autor, com cuja ajuda poderão entrar em um novo roteiro, em nova história.

Diferentemente daquelas terapias que se baseiam em uma tecnologia que prevê uma trajetória com etapas predefinidas para chegar a um objetivo pré-estabelecido (o *problem-solving*), como ocorre nas terapias estratégicas e comportamentais, a terapia sistêmica pode ser enquadrada em uma *retórica da imprevisibilidade*. Neste sentido, a retórica do terapeuta sistêmico se insere em um processo de exploração que se vale especialmente, ainda que não exclusivamente, de perguntas e, em particular, de perguntas circulares.

Hermenêutica

Um importante correlato linguístico de nosso modo de proceder é aquele que comunicamos ao cliente através de nossa linguagem despatologizante e polissêmica.[29] Diversamente de outros terapeutas, que tendem a comunicar a seus clientes que compreenderam a verdade que está na base de seus sintomas ou problemas, nós lhes comunicamos implicitamente que não existe (para nós) a verdade, que existem apenas diferentes maneiras de ver as coisas, diferentes matizes. Este critério de evitar a posição de autoridade (no sentido de posse dos conhecimentos) é, por sua vez, terapêutico: o outro não está obrigado a pensar que o terapeuta possui a verdade, e assim sente-se livre por não possuí-la

---

(29) Queremos sublinhar o componente analógico da linguagem despatologizante, que por muitos motivos é mais importante que o verbal. A ideia de que os problemas do cliente são problemas de vida, mais que de doença física, é transmitida sobretudo pelo tom da voz, pela mímica, pela postura, e não somente pelos conteúdos verbais.

tampouco ele, no sentido de que ninguém a pode possuir. Trata-se de uma posição hermenêutica.

Naturalmente, abraçar sem reversas uma perspectiva hermenêutica significa, em certo sentido, negar a perspectiva empírica. E é impossível fazer terapia sem uma perspectiva empírica. Por exemplo, agrada-nos jogar com as hipóteses, construir mundos possíveis através das hipóteses que formulamos. Mas o próprio princípio de circularidade que adotamos implica que continuamente tentemos verificar ou falsificar, de algum modo, nossas hipóteses; se também não acreditamos em hipóteses "verdadeiras" ou que "reflitam uma realidade", pensamos, porém, que as hipóteses devem ter pelo menos um sentido para o interlocutor. Portanto, nossa verificação acontece através do contínuo monitoramento das reações verbais, mas sobretudo emotivas, do cliente, o que nos permite avaliar o grau de plausibilidade de nossas hipóteses; este pode manifestar-se em uma reação emotiva significativa, em um estado de atenção especial, e até em um consenso explícito do cliente em relação ao que o terapeuta lhe comunica.

O ponto central das teorias (e pragmáticas) hermenêuticas reside justamente em privilegiar o receptor de uma mensagem em relação ao emissor da mesma mensagem: o significado é algo atribuído à mensagem pelo receptor. Para dizer com as palavras de Eco (1990):

> Diferentes orientações, como a estética da recepção, a hermenêutica, as teorias semióticas do leitor ideal ou modelo, chamadas "reader oriented criticism", e a desconstrução, escolheram como objeto de pesquisa [...] a função de construção – ou de desconstrução – do texto que resulta do ato de leitura, visto como condição eficiente e necessária da realização do texto como tal.
>
> A afirmação subjacente em cada uma destas tendências é: o funcionamento de um texto (mesmo não verbal) se explica levando em consideração, além ou no lugar do momento que o gera, o papel desempenhado pelo destinatário em sua compreensão, atualização e interpretação, como também o modo como o texto prevê esta participação. (p. 16)

Destas linhas surge com clareza que o modelo de hermenêutica ao qual, em geral, se referem, é o da análise textual. Mas o modelo também é aplicável aos "textos" que constituem o diálogo terapêutico.

De todo modo, é interessante que também Eco preveja uma participação do emissor na leitura do texto: o texto prevê seu próprio uso, e isto é mais válido ainda para um "texto" particular, como as palavras pronunciadas pelo cliente e pelo terapeuta no contexto de uma sessão. Cada um deles tem intenções que devem ser levadas em conta pelo outro. Para usar a linguagem da crítica narrativa, cada cliente tem seu *terapeuta modelo* (o terapeuta que deseja ter), a quem se dirige com suas afirmações, assim como o terapeuta tem seu *cliente modelo*, o cliente em que pensa no momento de conceber suas próprias intervenções.

Tal posição deve induzir à moderação no que se refere à possibilidade de atribuir arbitrariamente qualquer significado ao que disse o interlocutor. Deve existir algum princípio econômico pelo qual as hipóteses formuladas não possam estar completamente livres de todo vínculo; levando a hermenêutica ao limite extremo, diz Eco, tudo pode ser interpretado de qualquer modo. Mas se tudo é interpretável de qualquer modo, nada mais é interpretado, nem tampouco interpretável. O mesmo Eco leva ao absurdo a interpretação ilimitada, propondo, em seu *"Diário mínimo"* (Eco, 1963), uma interpretação de *"I Promessi Sposi"* [Os Noivos], na qual o romance de Manzoni é lido simbolicamente como se tivesse sido escrito de acordo com as categorias alusivas e simbólicas do *"Ulisses"* de Joyce!

Por esta razão, é necessário colocar limite à interpretação, e a circularidade, tal como nós a concebemos, é um limite possível. O terapeuta formula hipóteses, mas não devolve ao cliente diretamente suas hipóteses; devolve perguntas fundamentadas nessas hipóteses, que podem conduzir o cliente a formular suas *próprias* hipóteses. Eis por que uma cliente, quando se lhe perguntou, ao final de uma terapia de sucesso, o que havia determinado a mudança nela, respondeu que, depois de várias tentativas falhadas de compreender a "estratégia" do terapeuta, isto é, de imaginar o que ele tinha em mente quando lhe fazia suas perguntas, a certo ponto desistiu disso e deslocou seu interesse para o diálogo e para si mesma. Com suas palavras, estava dizendo que havia tornado parte ativa na terapia: não como receptora de interpretações ou de hipóteses, mas produtora de suas hipóteses e tentativas de interpretação. Deste modo, através das perguntas, o terapeuta ajuda o cliente a olhar seu interior e a refletir sobre suas relações.

O terapeuta sistêmico, como diretor ou autor teatral, oferece continuamente histórias possíveis ao cliente e contribui para criar um contexto relacional, no qual cabe ao cliente decidir fazê-las suas no todo ou em parte, ou então rejeitá-las. As histórias que contamos, nós as derivamos dos dados trazidos pelo cliente, filtrados por nossas experiências e preconceitos, e enriquecidos pelas metáforas de nosso arquivo interno, e deixamos ao cliente a tarefa de lhes dar um sentido. Às vezes, as intervenções se assemelham a relatos crípticos, que deixam transparecer mais significados ou se comunicam em forma de rituais que obrigam o cliente a buscar um sentido pessoal. Todavia, os dados iniciais são sempre aqueles oferecidos pelo cliente, naturalmente escolhidos e selecionados pelo terapeuta, como observador, com base em suas teorias e sensibilidade.

Este tipo de atividade do terapeuta não torna o cliente um agente passivo, como outros terapeutas ativos podem, às vezes, correr o risco de fazer. Pelo contrário, a atividade do terapeuta sistêmico gera, por sua vez, atividade no cliente, recorrendo preferencialmente à forma retórica da pergunta, antes que às afirmações (e implicitamente às ordens) diretas, que o induziriam à passividade.

Em síntese, fazer terapia sistêmica significa submergir-se com o cliente em uma rede complexa de ideias, emoções e personagens significativos, conectados recursivamente e explorados pelos interlocutores através do instrumento linguístico. Na psicanálise, o lugar central é do analista que, com o tempo, ao desenvolver a transferência, torna-se o sistema mais significativo. Na terapia sistêmica, é o cliente que, em certo sentido, acaba por ocupar o centro da cena e, com a ajuda do terapeuta, pode desenvolver uma visão ao mesmo tempo relacional e processual. Além disso, estando o pensamento do terapeuta sistêmico baseado na complementaridade dos conceitos de causalidade linear e circularidade, na importância da pluralidade dos pontos de vista, privilegiando a formulação ao fornecimento de respostas, isto tem o efeito de transmitir ao cliente um modo de conectar as coisas e as pessoas, os fatos e os significados, que o liberta da visão rigidamente egocêntrica de si mesmo e da realidade que o circunda. Como poderia dizer Bateson, o inspirador e artífice da visão sistêmica, a terapia baseada em tais princípios pode ser considerada como geradora de um contexto de deutero-aprendizagem, no qual o cliente aprende a aprender e a relacionar "os *patterns* que o conectam".

Outro modo de descrever o processo terapêutico consiste em afirmar que o terapeuta, através das perguntas, em particular as perguntas circulares, favorece nas reflexões do cliente a formulação de hipóteses sobre as possíveis tipologias de suas experiências. E é registrando estas possíveis tipologias (por exemplo, um aspecto particular da relação do cliente com o pai, com a mãe ou consigo mesmo) que o cliente pode rever continuamente sua posição (e a do Outro), no interior do sistema significativo de que faz parte. Assim, pode expandir e aprofundar sua sensibilidade e a possibilidade de experimentar e ver os fatos e histórias que o concernem em uma perspectiva múltipla, no lugar da perspectiva aprendida, que o leva a iniciar uma relação consigo mesmo e com os outros de um modo rígido e repetitivo. Desta maneira, recorrendo às contribuições recentes da narrativa, podemos dizer que o cliente se libera de sua história, que chegou a ser embaraçosa e fonte de sofrimentos, para entrar em uma nova história que lhe oferece maior liberdade, serenidade e autonomia.

Em todo este processo, obviamente, é necessário recordar que cada terapeuta, enquanto pertencente a uma determinada cultura – já que nossa orientação terapêutica não pretende ser instrutiva nem normativa -, não pode deixar de ter sua ideologia sobre o que é "correto" ou "errado", "apropriado" ou "impróprio", "são" ou "doente", ideologia que dever ser mantida conscientemente à distância para não interferir significativamente nas tentativas de solução do cliente. Todavia, pode haver momentos na terapia em que, por motivos éticos, deontológicos ou pessoais, devemos adotar uma posição clara e inequívoca, assumir nossas responsabilidades e atuar com base em nossa ideologia que, nestes casos, nos obriga a intervir. Referimo-nos aos casos de graves abusos e manipulações por parte do cliente, sobretudo em relação a menores ou pessoas (frequentemente mulheres) que não estão em condições de se defender. Em tais casos, pode ser necessário, em cumprimento a disposições legais, interromper a terapia e promover uma intervenção de controle social. Também temos de lembrar os casos de clientes que podem experimentar um agravamento, com perda de contato com a realidade (por exemplo, nas psicoses), ou com sérios riscos de suicídio, que obriguem o terapeuta a recorrer a uma internação hospitalar, mesmo à força.

Nos casos menos graves, o terapeuta pode sair da posição de compreensão e censurar o cliente – até duramente – por suas condutas e atitudes inaceitáveis que, do contrário, resultariam implicitamente aprovadas. Destacamos repetidamente a importância da visão positiva (*positive view)*, característica do modelo sistêmico; com isto, não queremos declarar uma aceitação incondicionada dos comportamentos do cliente, como pretendem alguns: tal como pode ocorrer na relação entre genitores e filho, a indiscriminada aceitação ou conotação positiva pode privar o sujeito da experiência de diferenciação de valores, com consequências negativas facilmente imagináveis.[30] A arte da condução de um diálogo terapêutico reside também na capacidade de criar um contexto em que o cliente aprenda, por si mesmo, a diferença entre os valores, entre positivo e negativo, entre bem e mal, e no qual o terapeuta se limite a intervir naquelas situações concretas que requeiram dele uma tomada de posição inevitável.

Como terá sido possível observar, o jogo de retórica e hermenêutica leva a considerar uma série de aspectos basilares da terapia. Nosso modelo nos parece particularmente aberto, no sentido de que concede o máximo de liberdade, tanto de expressão quanto de interpretação, a ambos os atores do diálogo terapêutico. Deste modo, parece-nos que possa pôr em ação a ideia de diálogo expressa de maneira clara e incisiva por Hans-Georg Gadamer (1960):

> Habitualmente, dizemos: "conduzir um diálogo", mas, quanto mais autêntico é um diálogo, tanto menos seu desenvolvimento depende da vontade de um ou de outro dos interlocutores. O diálogo autêntico jamais acontece como queríamos que fosse. Pelo contrário, em geral é mais correto dizer que se está "comprometido" em um diálogo, ou melhor, que o diálogo nos "captura" e envolve. O modo como uma palavra segue a outra, o modo como o diálogo toma suas direções, o modo como avança e chega a uma conclusão, tudo isto, sem dúvida, tem uma direção, mas nela os interlocutores não guiam tanto como são guiados. Aquilo que "resulta" de um diálogo não se pode saber de antemão. O entendimento ou o fracasso é um fato que se realiza *em nós*. Somente então podemos dizer que foi um bom diálogo, ou então, que nasceu sob uma estrela má. Tudo isto indica que o diálogo tem seu espírito, e que as palavras que se dizem nele levam em si sua verdade, fazem "aparecer" algo que de agora em diante "será". (p. 441)

---

(30) Assim como uma persistente e indiscriminada conotação negativa dos pensamentos, das emoções e da conduta de uma pessoa pode ter consequências gravíssimas, também uma conotação positiva deles, se é persistente e indiscriminada, pode produzir o mesmo efeito.

Linguagem e mudança: palavras-chave

Um uso da linguagem que resultou de particular utilidade em nossas terapias é o que se associa às "palavras-chave". Trata-se de algumas palavras dotadas de um alto grau de polissemia, palavras que dão ao terapeuta a possibilidade de evocar do modo mais eficaz dois ou mais significados atinentes à própria palavra. Desde as primeiras frases de cada sessão, o terapeuta está atento ao vocabulário, ou melhor, ao tipo de linguagem do cliente, que consiste não apenas no repertório das palavras, mas sobretudo nos gestos, atitudes e no conjunto das comunicações não-verbais. Esta atenção lhe permite calibrar suas palavras e emoções, de modo a integrá-las no contexto criado com o cliente.

Assim, o terapeuta mergulha em um diálogo o mais aberto possível, no qual a linguagem é um ato de reciprocidade entre duas pessoas. Na complexidade dos intercâmbios recíprocos, veiculam-se inumeráveis redes de possibilidades, ações e significados. Esta reciprocidade pode ser descrita como o resultado dos efeitos das palavras e emoções do terapeuta sobre o cliente, e recursivamente, dos efeitos das palavras e emoções do cliente sobre o terapeuta. Das palavras do cliente, mas especialmente de sua linguagem analógica, o terapeuta extrai orientação sobre os significados que este atribui a suas intervenções, sejam elas perguntas, histórias ou metáforas. Um rosto que se ilumina, uma olhadela de inteligência, uma repentina sacudidela da cabeça podem ser sinais de que estão surgindo novas perspectivas.[31]

Como já foi repetidamente realçado, no transcurso da sessão o terapeuta tradicionalmente formula hipóteses sobre a relação terapêutica em desenvolvimento e sobre as relações entre o cliente e seus sistemas de referência. Recentemente, começamos a nos interessar pela análise linguística das relações terapêuticas e da consulta. Começamos a observar e a nos ocupar, antes de tudo, com as palavras e sinais não-verbais que se manifestam no diálogo com o cliente, especialmente pa-

---

(31) Considerações semelhantes foram feitas por Tom Anderson: "Muitas pessoas [...] buscam em todo momento as palavras para expressar-se. Buscam *constantemente* as palavras que têm para elas um máximo de significado. Eu tendo a me comprometer cada vez mais ao falar com elas sobre a linguagem que usam. Muitas vezes surgem do diálogo imperceptíveis gradações e *nuances* (matizes) nas palavras, e com frequência tais variações das tonalidades expressivas contribuem para a mudança das descrições, da compreensão e dos significados que a linguagem tenta esclarecer". (Andersen, 1992, p. 64)

lavras a que o cliente parece atribuir um significado pessoal. À medida que avança a terapia, também nos interessam as redundâncias linguísticas e de vocabulário que surgem no sistema terapêutico (Boscolo *et alii*, 1991), escolhendo as palavras e as metáforas mais apropriadas.

O que estamos dizendo agora não é novo: os textos de técnica terapêutica sempre sublinharam a importância de levar em consideração a linguagem do cliente em relação à sua classe social, ao grupo étnico e à região de origem. Todavia, esta ênfase pretende sublinhar uma nova evolução em nosso modo de fazer terapia e consulta, isto é, um novo modo de analisar o vocabulário terapêutico, utilizando palavras e expressões do cliente em seus diferentes significados.

As chamadas palavras-chave nos parecem um instrumento útil a ser associado ao uso das metáforas. Tais palavras são dotadas de particulares propriedades polissêmicas: estando ligadas a um grande número de significados diferentes, são capazes de conectar mundos diversos e contrapostos. Em outros termos, são palavras-ponte. Criam estados de ambiguidade, indicam, apontam, mas não denunciam. Produzem uma espécie de curto-circuito entre os três diferentes níveis do conhecimento, da emoção e da ação (Boscolo *et alii* 1991).

Por ser uma palavra polissêmica, às vezes ambígua, a palavra-chave pode evocar cenários complexos na relação entre o cliente e as pessoas significativas, e reativar vivências geradoras de ansiedade e, às vezes, dramáticas, removidas da consciência do sujeito. Ao mesmo tempo, a palavra-chave também tem um poder de redefinição; a amplitude de seu campo semântico permite a conexão de diferentes domínios linguísticos. Retomamos um exemplo extraído de nosso artigo *"Linguagem e mudança"*, que se refere ao âmbito da terapia familiar.

> Se nos encontramos frente a genitores de um filho sintomático que, como ocorre frequentemente, retira-se da vida social, deixa os amigos e, às vezes, a escola e o trabalho, e em pouco tempo termina por se fechar em sua própria casa, podemos perguntar-lhes: "Como explicam o fato de que seu filho tenha entrado em greve?" E depois ao filho: "E você, porque está fazendo greve?". 'Greve' é uma palavra ambígua e polissêmica que define um amplíssimo campo semântico, dentro do qual entram em jogo vários significados possíveis. A ambiguidade da palavra se relaciona com seu emprego em um contexto clínico, onde os profissionais a usam em substituição à palavra 'doença'. [...] Agora, retomemos a palavra 'greve' e examinemos suas

diferentes conotações e os efeitos relativos quando substitui as palavras 'sintoma' ou 'doença' na conversação terapêutica.

1. A palavra "doença" é um rótulo e, portanto, implica que todos os comportamentos observados se devem considerar involuntários; a palavra "greve" introduz uma conotação de "voluntariedade e intencionalidade";

2. "Greve" é uma palavra que, por definição, conota uma relação e representa uma ação realizada contra alguém ou para alguém;

3. Com o uso da palavra "greve", o terapeuta dá um sentido ao comportamento do paciente na relação com as pessoas significativas;

4. Os diferentes significados, ou então, as diferentes conotações oferecidas pela palavra introduzem ambiguidade, como já se observou: uma greve pode ser justificada ou injustificada, pode ser feita contra alguém ou a favor de alguém, para obter algo ou para evitar alguma outra coisa, pode apoiar uma causa justa ou injusta etc.;

5. Também o horizonte temporal evocado pela palavra "greve" é diferente do evocado pelo "sintoma" ou "doença": implica um período de vida definido por um início e um final, enquanto que a doença pode ser breve, cíclica ou mesmo crônica. (Boscolo *et alii*, 1991, pp. 46-47)

As palavras-chave podem ser usadas ainda no contexto individual. Neste caso, podem ajudar o cliente a criar novos sistemas de significado.

Por exemplo, na primeira conversa com Giuliana T. (capítulo 5), durante a exploração das relações da cliente com sua família de origem, em certo ponto o terapeuta introduz a ideia de que a irmã da cliente, quem sabe, possa ter estado "apaixonada" pelo pai. A palavra chave "apaixonada", com sua conotação ambígua no contexto de uma relação pai/filha, suscita na cliente uma reação enérgica que contribui para delinear os contornos da rede de relações familiares de um modo mais nítido e emotivamente significativo.

De maneira análoga, no caso de Francesca T. (capítulo 5), assume posição de grande importância para o decorrer da terapia uma palavra-chave usada pelo terapeuta na décima sessão. Ele usa a palavra "fome" (evidentemente importante na vida dessa cliente bulímica) para conectá-la com a "fome" de afeto que a cliente teve durante toda a vida, e que a está induzindo atualmente a supor uma continuação da terapia além do limite combinado no início, eventualmente com outro terapeuta.

Terapeuta: É incomum uma cliente pensar que (a terapia) não concluirá [...] e agora é possível que, em seu passado, tenha vivido a experiência de receber pouca atenção, pouco amor... e de ter um grande vazio interior.

Francesca (confirmando com a cabeça): Sim.

Terapeuta: ... E que por isto, nesse momento, tem uma grande fome dentro de si, misturada com raiva, porque frequentemente há raiva na fome.

(Francesca sorri)

Terapeuta: Também em relação a sua mãe, existe uma grande fome, uma fome tão grande, que pensa que precisará de toda uma vida para saciá-la.

Francesca: Sim, preciso.

Terapeuta: De saciar-se. É a ideia que nos ocorreu para explicar este fato, de algum modo inusitado, porque é raro escutar de um cliente que a terapia deva ser interminável.

Neste intercâmbio, é evidente como a palavra "fome" assume a característica de uma palavra-ponte entre o sintoma da paciente, sua situação existencial em relação à família de origem, sua relação com o terapeuta e com a terapia em geral.

Palavras como "intensidade", "calor", "amor", "fome" assumem de fato conotações diferentes quando se referem a um contexto relacional. Por exemplo, perguntar a um cliente: "Em sua família, qual é a pessoa mais calorosa?" - introduz diferenças significativas no discurso e também na autopercepção do cliente. Por exemplo: "Sua mãe é mais calorosa quando fala com sua irmã ou com seu irmão?". É análogo o efeito do uso da polaridade: quente/frio, suave/duro, reversível/irreversível, aberto/fechado, e assim por diante: sempre surgem sinais de diferença. Por exemplo: "Quem é o mais suave de sua família e quem é o mais duro?" "Você se sente mais à vontade com um pai duro ou com um pai suave?"

Como já foi possível observar, a eficácia das palavras-chave depende de um contexto de discurso. Por isso, há usos particulares das palavras que são mais eficazes que outros, e que melhor se prestam para produzir um efeito terapêutico. Acima de tudo, damos importância ao uso de conotações temporais: "desde quando... até quando". Ao perguntar a um cliente: "Desde quando se comporta desta maneira?" - implica que o comportamento teve um começo, que esse começo é determinável, que existem limites definíveis do comportamento. Em seguida se diz: "E até quando pensa que durará seu comportamento?" - sugerindo que o comportamento terá um final e que, por conseguinte, é em alguma medida controlável, e assim por diante. Fica claro, inclusive, que aqui é suficiente uma palavra para mudar todo o sentido do discurso. Perguntar a uma paciente anoréxica: "Quando decidiu não comer?" - conota poder e controle, mas também voluntariedade em relação a tomar alimento. Perguntar-lhe: "Quando lhe ocorreu a ideia de não comer?" - conota dependência, ou mais ainda, escravidão com referência à ideia.

É importante que o terapeuta não adote um tom moralista ao utilizar as palavras-chave, já que estas podem tocar áreas de grande sensibilidade para o cliente. Somente assim se evitará o risco de que palavras que podem ser interpretadas como provocativas, por exemplo, o "apaixonar-se" e o "matrimônio" entre genitores e filhos, provoquem uma divisão entre terapeuta e cliente. Se o terapeuta cria um contexto de julgamento, as palavras-chave frequentemente se transformam em sarcasmos e são distorcidas, e as interações podem chegar a ser destrutivas. Em síntese, o uso das palavras-chave tem como pressuposto o respeito pelas soluções do cliente e, ainda mais profundamente, uma aceitação empática do cliente tal como ele é.

Denotação, conotação e metáforas

Uma característica das palavras-chave na terapia é a de terem um valor acima de tudo metafórico. A este propósito, atribuímos uma acepção particular ao termo "metáfora"[32]: a de uma palavra ou conjunto de palavras (um sinal, segundo a definição semiótica) que tenha um grande poder de conotação.

Todo sinal compreendido em um sistema de significação consta de dois elementos - significante e significado - indissoluvelmente unidos como as duas faces de uma folha. Todavia, a relação entre significante e significado não é assim tão simples como parece à primeira vista: é unívoca somente em certas linguagens, como as de programação dos computadores, enquanto nas linguagens naturais a relação é bem mais complexa. Eco (1968) esclareceu muito bem a distinção entre denotação (corres-

---

(32) A metáfora também pode ser considerada um princípio fundamental da linguagem, e até mesmo da própria concepção da realidade (ver Cacciari, 1991).

pondência unívoca entre significante e significado) e conotação (correspondência múltipla e multiforme entre os dois termos):

> Com base em um código dado, um significante denota um significado. A relação de denotação é uma relação direta e unívoca, rigidamente fixada pelo código. [...] A relação de conotação se produz quando um par, formado pelo significante e pelo significado denotado, tornam-se juntos o significante de um significado acrescentado. Depois, poderá ocorrer que esta conotação gere uma segunda, em relação à qual o significado já conotado torna-se o significante do novo significado. (pp. 37-38)

Do que foi dito, fica evidente que a ação das palavras-chave se situa no nível da conotação. Quanto mais polivalentes e ricos em possíveis conotações sejam os termos usados, tanto maior poderá ser a eficácia.[33] É conveniente que o discurso do terapeuta seja capaz de transmitir estas conotações, como observamos acima, a propósito da palavra-chave "greve". Assim se estabelece um equilíbrio dentro do discurso terapêutico entre as diferentes conotações das palavras usadas. Deste modo, os clientes não são obrigados a escolher um significado em lugar de outro: no máximo, são estimulados a fazê-lo.

Haley (1977), representante do primeiro grupo de Palo Alto, distingue a este propósito dois tipos de linguagem - digital e analógica -, segundo os ditames da teoria da comunicação tradicionalmente adotada por esse grupo. A distinção de Haley tem muitos pontos em comum com nossa distinção preferida, entre denotação e conotação:

> O uso da linguagem digital para descrever o comportamento humano parece apropriado sobretudo quando o assunto é o estudo de seres humanos em relação com o ambiente, como quando uma pessoa constrói uma ponte. Esta linguagem começa a ser problemática quando se aplica a seres humanos que se relacionam uns com os outros.
> Quando uma mensagem tem referentes múltiplos, já não é um *bit* (unidade de informação), mas é analógica, ou então tem rela-

---

(33) Interessante analogia poderia ser feita entre o conceito de conotação e o conceito batesoniano (Bateson, 1972) de "diferença que faz uma diferença": as palavras polissêmicas poderiam ser consideradas capazes de produzir diferenças e, portanto, flexibilidade.

ção com as semelhanças entre uma coisa e outra. É uma linguagem na qual cada mensagem se refere a um contexto de outras mensagens. [...] A comunicação analógica compreende as categorias "como se"; cada mensagem é o marco de outras mensagens, ou se refere a elas. Neste estilo de comunicação estão incluídos o "jogo", o "ritual", a "arte". (p. 84)

O uso de uma linguagem metafórica é aceito e promovido pelas mais diversas escolas de psicoterapia, e pressupõe a passagem para um diferente estilo de comunicação, no qual a evocação toma o lugar da simples enunciação de fatos. Na terapia, o uso da metáfora é amplo e generalizado; uma metáfora pode consistir em uma só palavra (polissêmica), como no caso da palavra-chave, ou em uma frase, mas também em uma complexa narração alegórica. Também se usam analogias, como o relato detalhado de um caso ou de um episódio de vida similares aos do cliente. Esta modalidade de comunicação é muito usada pelos terapeutas ericksonianos, que inclusive codificaram uma metodologia de produção das metáforas terapêuticas (Lankton *et alii*, 1991).

> O uso de analogias ou metáforas é central nos procedimentos da terapia. Diferentes escolas de terapia têm em comum um grande interesse pelo uso da comunicação analógica. A tarefa do analista consiste em aplicar suas próprias analogias por meio das interpretações, e em explorar as conexões entre as várias metáforas que o paciente comunica. (Haley, 1977, p. 86)
>
> Alguns terapeutas, em especial Milton Erickson, oferecem aos pacientes analogias sobre a vida. Erickson conta ao paciente uma história que é formalmente paralela ao problema deste e vê a mudança terapêutica em relação com a mudança das analogias do paciente, provocado pelas analogias que recebe. (Ibid., pp. 87-88).

No caso de Bruno K. (capítulo 5), temos um exemplo deste gênero. No diálogo com o cliente, o terapeuta escolhe uma palavra-chave metafórica que é recorrente no diálogo com o cliente: "viagem" (entendida, sobretudo no sentido da trajetória existencial) e, em certo momen-

---

(34) O uso de uma alegoria tão complexa foi facilitado pelo fato de que o cliente era particularmente culto e sofisticado em sua própria linguagem. Como sempre, também aqui é válida a advertência de sintonizar-se com o tipo de linguagem (de mundo) trazida pelo cliente.

to, introduz uma alegoria mais ampla, recitando o primeiro terceto da "*Divina Comédia*": "Na metade do caminho de nossa vida" [*Nel mezzo del cammin di nostra vita*]... Desta maneira, a "viagem" de Bruno é colocada em paralelo com o "caminho" de Dante, e isto torna possível um significativo intercâmbio entre terapeuta e cliente.[34]

Segundo a teoria dos jogos linguísticos de Wittgenstein (1958-1964), poder-se-ia dizer que as palavras-chave ou as metáforas são utilizadas em muitos outros jogos linguísticos ou, melhor ainda, são de natureza a favorecer a passagem de um jogo linguístico a outro, colocando-se na "interface" entre eles. Nas palavras de Wittgenstein:

> Chamaremos "jogos da linguagem" ou "jogos linguísticos" os sistemas de comunicação [...]. Eles são mais ou menos afins ao que na linguagem comum chamamos "jogos". A língua materna é ensinada às crianças mediante estes jogos, que tem o caráter divertido próprio dos jogos. Todavia, consideramos os jogos da linguagem que descrevemos não como parte incompleta de uma linguagem, mas como linguagem completa em si mesmo, como sistemas completos de comunicação humana. (pp. 108-109)

Muitas vezes os pacientes que vemos em terapia se encontram como que fixados em jogar somente certos jogos linguísticos, e não outros. O uso de palavras e frases polissêmicas assume, então, uma função de ponte entre os diferentes jogos. A hipótese subentendida nesta praxe é que, se os pacientes conseguem jogar novos jogos, podem também escapar a esse tipo de necessidade que perpetua seu sofrimento: experimentar emotivamente (e não somente cognitivamente) novos jogos de linguagem contribui para mudar as premissas e a visão da realidade.

SEGUNDA PARTE
CASOS CLÍNICOS

PREMISSA

Nesta segunda parte, como ilustração de nosso modelo terapêutico, apresentamos uma série de casos clínicos. A seleção e a ordem dos casos refletem, ainda uma vez, um critério epigenético. No capítulo IV, de fato, são expostos de maneira breve alguns casos acompanhados, em sua maior parte, no final da década de 1970, com uma orientação em que predomina o modelo estratégico-sistêmico. Portanto, o capítulo mostra uma modalidade de trabalho que hoje tendemos a utilizar apenas em número muito limitado de casos, segundo as indicações já oferecidas nas páginas anteriores.

O capítulo V é dedicado às terapias sistêmicas. Esse capítulo é o mais extenso, porque o tipo de trabalho ali ilustrado é aquele que mais sintoniza com nossas premissas atuais. Todos os casos foram acompanhados no *Centro Milanese di Terapia della Famiglia* [Centro Milanês de Terapia da Família] e, em sua maioria, incluídos em nossa pesquisa sobre o modelo de terapia sistêmica individual, com um número fixo de sessões (vinte). A seleção dos casos foi realizada com o objetivo de mostrar fases e aspectos diferentes do processo terapêutico. Algumas terapias estão descritas do princípio ao fim; em outras, deu-se preferência a uma fase específica (inicial ou final), e outras terapias evidenciam aspectos específicos do processo terapêutico: a relação entre terapeuta e cliente, o uso da linguagem, a presentificação do terceiro na sessão.

O último capítulo é dedicado a uma modalidade de trabalho particular: a consulta (supervisão). Como já observamos, a relação de consulta se diferencia da relação de terapia em alguns aspectos cruciais. Em primeiro lugar, a relação não é a dois, mas a três, onde o terceiro é aquele que pede a consulta (supervisão) depois de ter conversado com o cliente. Costumeiramente, trata-se de um profissional ou de um terapeuta do serviço público ou privado que pede ao consultor uma avaliação do caso, uma "segunda opinião"; ou então, um terapeuta que se encontra em um *impasse* no processo terapêutico em curso. Em segundo lugar, um aspecto característico da consulta é que se ocupa não somente do cliente, mas também de sua relação com o enviante-comitente que, com frequência, ou pelo menos quando possível, é convidado pelo consultor a participar ativamente da sessão. Enfim, como o tempo de que dispõe o consultor é forçosamente limitado, em geral, com uma ou raramente duas sessões, deverá construir um panorama completo da pessoa e da vida do cliente, mas também do contexto relacional que o vincula ao enviante-comitente, no tempo mais breve possível. Para evidenciar tal processo, utilizamos transcrições quase completas das conversações, que possam oferecer uma ideia de todos os matizes do trabalho do consultor.

Capítulo IV

TERAPIAS COM PREDOMINANTE FORMULAÇÃO ESTRATÉGICO-SISTÊMICO

Teresa S.: brincadeiras da sorte

Um dia, no início dos anos 80, um senhor telefonou ao Centro para solicitar um encontro urgente para sua mulher, que há dois anos sofria de todas as fobias possíveis. Marcada a data, explicou que seria impossível para sua mulher vir até o Centro, devido a suas graves fobias, e que o doutor Boscolo, a quem o psiquiatra enviante tinha recomendado o caso, deveria atendê-la em sua casa, situada a uns vinte quilômetros de Milão. Quando a secretária esclareceu que o doutor Boscolo não fazia visitas domiciliares, aceitou levar sua mulher ao Centro. Na hora marcada, a cliente chegou em uma ambulância (!), pois tinha medo de viajar de automóvel sem supervisão médica. Devia ser acompanhada por uma enfermeira e pelo marido para subir as escadas, a fim de evitar a angústia que sentia dentro de elevadores. No início da conversa, apresentou-se como uma pessoa extremamente apreensiva, à beira de um ataque de pânico. A fobia mais evidente era a agorafobia, que praticamente a tinha enclausurado em sua casa por de dois anos, sem que as intervenções farmacológicas e psicológicas tivessem podido ajudá-la. Todavia, também em sua casa estava cheia de temores. Tinha medo dos micróbios e das mais variadas doenças, medo de sua agressividade, por exemplo, de pegar uma faca e esfaquear seu único filho, o qual, por medida de precaução, vivia em outro apartamento localizado no mesmo imóvel, com a tia materna e seu marido.

No decurso da primeira sessão, viu-se que a mulher tinha uma relação particular com sua irmã; esta, farmacêutica de profissão, tinha ciúmes da cliente, que fora a predileta da mãe, tinha-se casado com um homem importante, engenheiro, diretor industrial de sucesso e, sobretudo, porque a cliente tinha um filho, e ela não. A irmã, casada com um engenheiro subordinado ao marido da cliente, morava no mesmo edifício, dois andares abaixo, trabalhava em uma farmácia e estava em análise há três anos. Ao término da sessão, o terapeuta se despediu desta maneira.

Terapeuta: A situação me parece clara. Penso que há três anos você começou a se sentir mal por se perceber como era uma pessoa excessivamente afortunada na vida, de modo particular em comparação com sua irmã mais nova. Ter um marido mais prestigioso e mais atraente que o marido de sua irmã, que entre outras coisas, no trabalho, dependia do seu, ter um filho que é muito bom na escola, ter sido a preferida de sua mãe, ter gozado de boa saúde, enquanto sua irmã precisou começar uma análise porque estava mal, tudo isto lhe provocou um sentimento de culpa tão profundo, que devia fazer uma reparação, retirando-se em casa, provocando um sofrimento muito maior que o de sua irmã, vivendo uma vida de imensa angústia. *(A cliente confirma prontamente, com o olhar fixo no terapeuta.)*

Terapeuta: Agora, posso prosseguir tratando-a com uma série de sessões, mas com uma condição: que você, por um longo tempo, não mude de nenhum modo. Porque temo que, depois de algumas sessões – e isso é muito provável –, você comece a estar melhor, e temo por sua irmã. Pois ela está em terapia há três anos. Se você começa a melhorar em duas ou três sessões, com todos os sintomas que têm, sua irmã poderia entrar em crise, deixar a analista e se encontrar em sérios problemas.

(A cliente se agita e, em um tom de protesto, diz que tem o direito de estar bem, e que havia pagado o bastante por ter tido tanta sorte!)

Terapeuta: É verdade, eu a compreendo, mas a situação é como é. Se por acaso você chegar aqui melhor da próxima vez, terei de vê-la com intervalos mais longos. Se sua irmã piorar porque você está melhor, isso seria intolerável para você e deverá ficar pior do que está agora. Portanto, ainda que se sinta um pouco melhor, pelo menos faça o esforço de não falar disso com sua irmã.

Depois desta intervenção paradoxal, a senhora começou a melhorar. Já na segunda sessão pode vir com seu marido no automóvel e, no começo, com uma mal dissimulada satisfação, disse que se sentia melhor e que seus medos haviam atenuado. Todavia, assegurou ao terapeuta que tinha conseguido ocultar sua melhora para a irmã. Depois de quatro sessões, seus sintomas quase desapareceram e a terapia terminou na sétima sessão.

Este é um caso paradigmático de como uma intervenção estratégica clássica, de prescrição do sintoma e de re-enquadramento (*reframing*) pode conduzir a um êxito terapêutico notável. É curioso que, logo em seguida, a irmã telefonasse ao terapeuta da cliente para tratamento, e este declinou do convite por ela já estar em tratamento com um colega, com o qual teria sido oportuno falar de sua (insatisfatória) relação terapêutica atual. Passaram-se dez anos, durante os quais a cliente enviou vários casos ao Centro, convertendo-se em uma das propagandistas mais entusiastas. Um dia, telefonou para enviar seu sobrinho à terapia. O terapeuta, de maneira instintiva, se informou sobre sua vida e, em resposta, a mulher explicou que estava muito bem, mas que a irmã infelizmente havia falecido em decorrência de um câncer de mama, na idade de quarenta e cinco anos, cerca de dois anos após a conclusão da terapia aqui narrada.

Uma sugestiva e fascinante hipótese pode ser a seguinte: teria havido uma relação entre a cura completa da cliente e o tumor, com a consequente morte da irmã?

Giorgio F.: quem analisa a quem?

Esse caso é atípico, híbrido, no sentido de que se inicia, em atenção ao desejo do cliente, como uma análise clássica, mas pouco a pouco se transforma em uma terapia predominantemente estratégica. Também a duração da terapia reflete o compromisso: por uma parte, foi terapia de longo prazo, segundo a avaliação de um terapeuta estratégico; por outra, foi uma terapia relativamente breve, ao contrário das expectativas do cliente.

Há alguns anos, um professor de filosofia de uma universidade do norte da Itália, casado, quarenta anos, apresentou-se sozinho à entrevista com o terapeuta. Tinha sido enviado por um amigo que, dez anos antes, tinha concluído uma análise clássica com o terapeuta. O amigo, que sabia dos problemas do professor, havia insistido muitas vezes para que fosse a seu analista, convencido de que isto lhe faria um grande benefício.

O professor declarou estar informado dos avanços da psicanálise, e também do itinerário teórico específico do terapeuta: sabia que havia passado da psicanálise para a terapia familiar sistêmica, mas disse que não tinha a menor intenção de envolver sua família na terapia e, além disso, que desejava um tratamento psicanalítico semelhante àquele recebido por seu amigo, por quem sempre sentira grande estima. Em um primeiro momento, esse estranho pedido provocou uma reação de rejeição na mente do terapeuta mas, ao final da entrevista, prevaleceu uma reação mista de curiosidade e desafio, que o levou a aceitar o pedido.[1] Portanto, ao final da primeira entrevista de orientação, o terapeuta propôs uma análise de três sessões semanais.

Quando o professor se apresentou na próxima vez, considerada como a primeira verdadeira sessão, o terapeuta o deixou escolher entre o divã e a poltrona[2]. Sem hesitação, o cliente escolheu o divã, e teve início uma "estranha" análise, que prosseguiu sem dificuldades durante alguns meses.

O terapeuta (agora no papel de analista), mesmo tentando atuar como analista, não podia deixar de ser influenciado pela teoria e pela praxe sistêmica com que trabalhava diariamente, há anos. De vez em quando, o cliente manifestava a impressão de que o terapeuta não era bastante ortodoxo, "não aprofundasse o suficiente", ao que o terapeuta respondia que talvez fosse possível mas, por outro lado, tratava de fazer o melhor. Em algumas ocasiões, o cliente até criticou o analista em tom irritado, acusando-o de sair do marco da psicanálise. "É possível" - foi a resposta. Pouco depois, o terapeuta fez a concessão de dar ao sonho que o paciente trouxera à sessão, uma interpretação freudiana clássica na linguagem e nos conteúdos, de modo a satisfazer suas expectativas.

Com o passar do tempo, desenvolveu-se uma sólida relação terapêutica e diminuiu, para logo desaparecer, a exigência do cliente de

(1) A este propósito, poder-se-ia objetar que o terapeuta não fora totalmente honesto: a alternativa mais lógica teria sido a da negativa, o que naturalmente não teria mudado nada. O terapeuta, como analista e como sistêmico, deu uma importância primordial à grande confiança (*transfert* positivo) que o cliente tinha pelo amigo, que por sua vez a tinha pelo terapeuta. Portanto, decidiu pessoalmente que este era um critério mais que válido para aceitar o pedido do cliente. De fato, o crédito de confiança do cliente demonstrou ser um dos elementos fundamentais no êxito da terapia.
(2) Já como primeiro ato terapêutico, está a introdução de uma alternativa ("sim, mas..."), característica do enfoque estratégico.

ser "psicanalisado"; ele mostrou mudanças significativas e, com o tempo, aumentou a própria curiosidade pelas relações de casal e de família. Antes do final do primeiro ano de terapia, passamos a uma sessão semanal face a face, e aproximadamente seis meses depois, concluiu-se de maneira satisfatória para ambos. A raridade dessa terapia reside no fato de que se iniciou como tratamento psicanalítico e, com o tempo, transformou-se em uma terapia individual estratégico-sistêmica. Uma das chaves do êxito terapêutico, vista do ponto de vista estratégico-sistêmico, pode ser atribuída à posição inicial *one-down* adotada pelo terapeuta em relação ao cliente, aceitando até certo ponto seu pedido, e favorecendo assim o desenvolvimento de uma relação de confiança que permitiu ao cliente não escutar a si mesmo, mas se abrir ao discurso do Outro. Obviamente, poder-se-ia formular muitas outras hipóteses: uma leitura analítica da mudança poderia ser que a posição de base do terapeuta no curso da terapia tenha sido a de tratar de maneira contínua as resistências.

Erica S.: a senhora que não conseguia fazer compras

Em um primeiro encontro, uma mulher de cinquenta anos, bastante apreensiva, relatou que há seis anos sofria uma tenaz forma de agorafobia que a impede de ultrapassar um círculo imaginário situado aproximadamente a cento e cinquenta metros de sua casa. Cada vez que tentava ultrapassar tal limite, era tomada de uma angústia intolerável e devia voltar atrás. É significativo que as lojas mais próximas estivessem situadas a duzentos metros de sua casa! Por isso, para poder fazer suas compras, devia pedir ao marido ou a um de seus três filhos que a acompanhassem, ainda que, na presença deles, a angústia não se extinguia por completo ao passar a linha dos cento e cinquenta metros.

A mulher se sentia como uma deficiente. Já havia feito duas psicoterapias, interrompidas por ela mesma porque "se falava sempre de meu passado, de minha família, mas minha incapacidade de distanciar-me de casa ainda persistia e... eu continuava sendo a mesma!" Com frequência, sentia-se frustrada por sua "desgraça" e sua necessidade de se apoiar nos filhos, interferindo em sua vida e autonomia. De tais informações surgiam muito claros os seus objetivos e expectativas: "Livrem-me dessa fobia".

Ao final do primeiro encontro, o terapeuta decidiu utilizar uma estratégia que pode ser ligada tanto ao enfoque comportamental quanto ao estratégico. Disse à senhora que, para organizar um programa sério, capaz de libertá-la de sua "incapacidade", antes da segunda sessão (programada para duas semanas depois) deveria calcular, três dias por semana, quantos passos seriam necessários para chegar a fatídica circunferência, nas quatro direções correspondentes aos pontos cardeais, e escrever os resultados em um caderno especial. Na sessão seguinte, calculariam juntos, a partir das diversas medidas, a distância média na qual não se verificaram sintomas de ansiedade. Indo direto ao assunto, respondendo de maneira clara e inequívoca ao pedido da cliente, o terapeuta criou assim os pressupostos para uma imediata relação de confiança, necessária para que a cliente pudesse cumprir uma cansativa e trabalhosa prescrição.

Na segunda sessão, o terapeuta e a cliente calcularam a distância média mensurada em passos. A prescrição para as duas semanas seguintes foi esta: a cada manhã, ela deveria caminhar em direção às lojas e se deter depois de haver dado o número de passos estabelecido pelos cálculos, com a diferença de que, a cada dia, teria que dar cinco passos a mais, enfrentando a sua angústia. Foi destacado que era muito provável que, depois de cinco passos, poderia sentir-se relativamente bem e instigada a tentar a dar alguns passos a mais. De maneira absoluta, foi pedido que não desse um passo a mais, do contrário teria que recomeçar desde o princípio. Nessa prescrição se distinguem nitidamente técnicas tanto de descondicionamento quanto de terapia estratégica. Vem à mente, por exemplo, a experiência de "ordálio", típica das intervenções de Jay Haley e de Milton Erickson (Haley, 1973, 1984), e de "ritual", característica de intervenções do período estratégico-sistêmico do grupo de Milão (Selvini Palazzoli et alii, 1975).

Na terceira sessão, a mulher parecia estar melhor. Confessou que, para seu espanto, a angústia que temia experimentar se desse cinco passos a mais, não se concretizara, e que tinha de combater a tentação de dar passos a mais. Depois de tê-la avaliado positivamente, o terapeuta a dispensou, dizendo que também nas duas semanas seguintes deveria cumprir a prescrição. No início da quarta sessão, a senhora confessou, com certo constrangimento, que a duras penas ocultava sua alegria, que havia transgredido a prescrição: não havia conseguido conter-se e tinha ido às lojas, já que sua ansiedade tinha desaparecido quase que na totalidade. Por três vezes, tinha ido sozinha fazer compras. A terapia terminou com êxito na sexta sessão, com o desaparecimento total da fobia. Deixou-se aberta a possibilidade de uma retomada, caso a senhora a considerasse necessária.

Ugo V.: o pediatra e sua insônia

Trata-se de um típico caso de urgência que requer uma intervenção direta sobre o sintoma; nessa oportunidade, usou-se uma prescrição extraída do trabalho de Milton Erickson (Erickson, 1967; Haley, 1973). O doutor Verdi trabalhava como pediatra assistente em um departamento de prematuros, trabalho que requeria uma concentração especial no tratamento dos pequenos pacientes. Apresentou-se em nosso Centro acompanhado de sua esposa, em um estado de agitação que revelava intensa preocupação. Disse que há já algum tempo sofria de uma insônia rebelde, tratada farmacologicamente sem êxito, e que estava há vários dias sem dormir por completo. Ele começara a ter uma espécie de alucinações cromáticas, bem características dos estados de privação do sono. Tinha-se ausentado repetidamente do trabalho, e estava aterrorizado com a possibilidade de causar graves danos a seus pequenos pacientes pela dificuldade, por exemplo, de dar injeções endovenosas ou praticar outras intervenções que requeriam calma e atenção.

Sua esposa revelou que ela e suas duas filhas adolescentes estavam alarmadas com algumas declarações que o marido havia feito, no sentido de que podia esperar por uma catástrofe, como a perda de seu emprego e até mesmo de suas faculdades mentais. Ao final da entrevista, o terapeuta disse ao cliente que havia um método muito eficaz, que não requeria o uso de medicamentos, mas que exigia grande sacrifício e grande força de vontade. O doutor Verdi, com firmeza, respondeu que estava disposto a fazer qualquer coisa para sair do inferno que se encontrava. O terapeuta lhe disse que deveria se abster taxativamente de dormir por sete noites consecutivas, até o segundo encontro, o que ocorreria uma semana mais tarde. "Só isso?" - respondeu o cliente com uma expressão incrédula: - "Mas eu já não durmo!"

O terapeuta disse que, de modo inevitável, deveria haver períodos, ainda que breves, nos quais o cliente cochilava, e que não podia ter deixado de dormir por completo, durante muitos dias, como dizia, ou já teria desenvolvido uma avançada síndrome alucinatória. O Doutor Verdi admitiu que, com efeito, algumas vezes cochilava por um breve período. O terapeuta explicou-lhe com calma e precisão que, para dormir, é necessário alcançar um estado de relaxamento. E empregando termos técnicos, acrescentou: "Um estado de domínio do sistema nervoso parassimpático, isso é, do tônus vagal", que para o cliente era inalcançável desde muito tempo, devido a sua agitação, associada a um visível predomínio do tônus simpático.

A explicação técnica pareceu surtir o efeito esperado. Disse: "Compreendo. Eu me esforçarei por manter-me acordado todas as noites até o próximo encontro". Para ajudá-lo nessa difícil tarefa, o terapeuta sugeriu que, do início da noite até o café da manhã, para permanecer acordado, deveria caminhar pela sala, talvez lendo, ou ainda que saísse para dar um passeio fora de casa. Se chegasse a ceder ao desejo de dormir, todo o esforço realizado teria sido em vão e teria que recomeçar do princípio.

Na sessão seguinte, o cliente retornou sozinho, visivelmente mais relaxado. Contou que na quarta noite, às três da manhã, havia cedido à poderosa tentação de se deitar no sofá durante alguns minutos, e que despertara depois de quase dez horas. Naturalmente, a esposa não o havia incomodado! Na próxima noite, ocorreu mais ou menos o mesmo e, pela primeira vez depois de meses, começou a se sentir tranquilo e relaxado. Na noite seguinte, observando que se encontrava mais sereno, decidiu experimentar dormir espontaneamente toda a noite, e conseguiu. O terapeuta disse que essa evolução era positiva, mas não devia cantar vitória. Convidou-o a cumprir mais uma vez a prescrição na semana seguinte. Na terceira sessão, o cliente comentou que não havia sido necessário cumprir a prescrição, visto que havia conseguido dormir regularmente de forma espontânea. Não havendo surgido problemas importantes, decidiu-se juntamente com o cliente a conclusão da terapia.

Capítulo V
TERAPIAS SISTÊMICAS

Giuliana T.: A vida sob controle

(Apresentamos aqui, quase integralmente, a primeira das dezenove sessões realizadas em nosso Centro pela cliente.)

Giuliana tem 27 anos. É alta, impetuosa, de belo aspecto. É intérprete e trabalha no setor de relações públicas de uma empresa. Foi enviada ao Centro por um médico, com diagnóstico de anorexia-bulimia crônica. No primeiro encontro, apresenta-se com um vestido bem justo que põe em evidência suas formas e, durante o encontro, movimenta-se com uma atitude vagamente sedutora. Depois das apresentações de praxe, começa a descrever seus sintomas.

Giuliana: Eu sofro de bulimia há muito tempo. Digamos que, na primeira vez que a tive, era uma forma de anorexia-bulimia muito séria; foi quando tinha 16 anos. Foi um episódio que acabou depois de quase um ano. Depois, apresentou-se novamente o problema por volta dos 18, 19 anos. Também desta vez durou alguns meses. Começava sempre com uma dieta, obviamente uma dieta hipocalórica muito controlada. Depois de perdidos uns tantos quilos, começava a ter ataques de fome, da verdadeira crise bulímica, e vomitava. Mesmo ali, porém, foi algo que desapareceu por conta própria. Finalmente, retornou quando eu tinha 23 anos e, desde então, sempre a tive. Iniciou-se com uma anorexia muito rápida, com um começo agudíssimo, e baixei de 52-54 quilos a 44-45 quilos...

Terapeuta: Você Afala de episódios de anorexia e bulimia...

Giuliana: Sim, anorexia e bulimia. Juntas, sempre.

Terapeuta: Sempre. Mas começa com anorexia e logo vem a bulimia?

Giuliana: Geralmente começo com uma dieta muito rígida, um controle exagerado da alimentação. Depois, em pouquíssimo tempo...

Terapeuta: A fome vence.

Giuliana: Sim. Ou melhor, a princípio há uma necessidade assim, física, e em seguida uma espécie de reação de dependência pelo alimento, ou melhor, por determinados alimentos. Curei-me durante algum tempo com a ajuda de vários médicos e de diferentes nutricionistas e centros especializados; tentei um pouco de tudo, especialmente no último período, que começou aos 23 anos. Nessa época, fui a um psicólogo porque passava por uma crise: tinha uma relação de vários anos com um homem muito mais velho que eu, e eu não sabia bem o que queria, se desejava continuar com ele ou terminar. Então, fui em busca de um conselho e, depois de alguns encontros, iniciei uma análise durante a qual apresentaram-se os meus problemas de anorexia e bulimia. Veio à tona, quem sabe, alguma coisa que seguramente sempre tive dentro de mim.

Desde as primeiras frases destacava-se sua vivacidade e loquacidade. Fala como se estivesse sob pressão, dobrada um pouco sobre si mesma, com o busto inclinado para o terapeuta. Seus pensamentos fluem livremente e as descrições são bem particularizadas. No decurso da sessão, tem-se a impressão de que essas descrições receberam influência de outras psicoterapias e eventuais leituras de psicologia. Nas últimas frases, Giuliana introduz dois personagens: um homem com quem mantém uma relação e um terapeuta.

Como já foi descrito em outro lugar, a todo momento o terapeuta enfrenta o dever de escolher entre as várias alternativas possíveis, o assunto do qual falar. Neste primeiro momento, decide deixar de lado as relações sentimentais de Giuliana, e escolhe enfrentar os problemas que a afligem e aquilo que fez para resolvê-los. Portanto, o interesse se dirige para as terapias feitas.

Terapeuta: Quanto durou a análise?

Giuliana: Bom, com esse psicólogo creio que estive por uns dois anos. Depois mudei. Também decidi, entre outras coisas, morar sozinha enquanto estava em análise e, depois de haver tomado essa decisão, mudei de cidade para viver por minha conta e ali consultei outra psicóloga. Comecei a seguir a terapia com essa psicóloga, cujo nome havia encontrado, entre outros, lendo em um jornal um artigo sobre a bulimia. E seguramente, durante certo tempo, ela me ajudou.

Terapeuta: Quanto tempo mais prosseguiu?

Giuliana: Continuei por muito tempo, porque a deixei no ano passado. Diria que foi uma terapia de quase três anos.

Terapeuta: Portanto, no total foram cinco anos de terapia.

Giuliana: Sim. Depois tentei outras vias, treinamento autógeno, meditação, de tudo para tentar controlar essa coisa. Mas o problema fundamental é que, se se trata simplesmente de controlá-lo, posso viver na angústia do controle toda a vida. E na realidade isso é o que faço. Neste período estou me controlando muitíssimo e, de fato, estou quase anoréxica. No sentido de que como pouquíssimo: alguns alimentos são proibidos. Porque, se os como, sei que depois tenho mais facilidade de cair em uma crise de bulimia e agora elimino-os completamente. E vivo sob controle. Mas viver sob controle não é fácil, porque sei que seguramente não é a situação adequada.

Terapeuta: E quando perde o controle, o que acontece?

Giuliana: Começo a comer doces e mais doces, muitíssimos doces. Depende de onde estou. Se estou nas proximidades de um supermercado, entro e compro os doces ali. Se é uma confeitaria, compro-os nesse lugar. De qualquer modo, sempre são doces, bolos, biscoitos, cremes, sorvetes, de tudo. Se não há outras coisas, também como as caixas de milho, aquilo que estiver em casa.

Terapeuta: Quando tem uma crise, quanto consegue comer, quantos quilos come em um dia?

Giuliana: Muitíssimo, porque eu como e depois vomito.

Terapeuta: Mais ou menos...

Giuliana: Não sei, posso comer uma torta, um pacote de biscoito e vomitar; e depois de novo um quilo de sorvete, um pacote de biscoitos, outra torta e torno a vomitar; depois um ovo batido com biscoitos... enfim, não saberia quantificar, mas verdadeiramente é muito, mesmo porque se trata de crises reincidentes, não é que tenha apenas uma por dia... Agora, por exemplo, faz vários dias que estou bem. Ao contrário, no sábado, tive uma crise depois de muitos dias, dez dias.

Terapeuta: Alguma vez tomou purgantes?

Giuliana: Não, isso não. Porque depois, no dia seguinte, sempre me sinto muito mal porque, de certa forma, é uma espécie de desgaste físico.

Terapeuta: Mas com tudo que gasta em alimentos, deve ganhar muito bem ou tem alguém que a ajude?

Giuliana: A princípio, sobretudo quando não tinha um trabalho, porque estudava, os meus pais me ajudavam. Depois comecei a trabalhar e a ter meu salário. Agora tento não ter necessidade da ajuda econômica deles.

Não é comum obter espontaneamente uma descrição tão detalhada e precisa do drama da pessoa anoréxica-bulímica, de suas vitórias e derrotas em relação ao controle da comida, do peso e das obsessões particulares que caracterizam sua vida. Devemos relevar que há um paralelismo entre sua voracidade em relação ao alimento (voracidade que desata quando perde o controle da capacidade de seleção dos alimentos "perigosos"), sua ingestão e vômitos, e as relações com os profissionais, que a princípio busca e depois expele. Transparece uma dificuldade de estabelecer uma relação duradoura com o terapeuta com o qual se deixa levar. Naturalmente esta constatação é de máxima importância, porque oferece ao terapeuta uma chave de leitura precoce sobre o tipo provável de relação terapêutica que se poderá estabelecer.

A essa altura, o terapeuta se interessa pela família de Giuliana. Tem uma irmã, Antonella, um ano mais nova que ela, que é graduada em ciências políticas e trabalha em uma companhia de televisão, onde se ocupa de marketing. Teve poucas e tormentosas relações com o outro sexo e acaba de deixar seu noivo, relacionamento que durou quatro anos. Agora se encontra num estado de "terrível depressão", como consequência da ruptura de seu noivado. Está em terapia há algum tempo e vive com a família. Lucca, o irmão mais novo, tem 23 anos, estuda ciências políticas e está noivo. "Para ele, sempre está tudo bem [...] é excepcionalmente equilibrado." O pai tem 50 anos, é sócio e diretor geral de uma grande empresa de confecção de roupas, enquanto a mãe, de 48 anos, é designer de joias há muitos anos e tem uma oficina em casa. A relação entre os genitores sempre foi muito tensa e conflitante. Em certo momento, Giuliana começa a falar de seu companheiro.

Terapeuta: Você me disse no início que teve crises, pelas quais pediu ajuda. Neste momento, como se encontra?

Giuliana: Pois é, explico como foi. Ao final, no último período de terapia com a psicóloga, conheci um rapaz com o qual me sentia muito bem: ele também tinha uma situação um pouco complicada, mas com problemas reais; tem um filho para manter e uma difícil história sentimental, uma origem sociocultural muito diferente, claramente inferior à minha; em minha opinião, com forte espírito samaritano mas, de todo modo, pelo fato de me sentir bem com ele, começamos a ficar juntos. Com ele, me parecia estar ainda melhor. Hoje, repensando, as coisas foram bem típicas: "uma dor de cabeça espanta a outra"; há uma situação nova da qual se ocupar, por isso se consegue controlar certas coisas de algum modo. E também, especialmente em uma relação sentimental, trata-se sempre de dar o melhor de si, assim, me refreei um pouco. E então, aos poucos, como em todo caso não conseguia encontrar solução nem mesmo com o tipo de terapia que fazia antes, parecia-me estar sempre em uma situação de ambiguidade: um pouco positiva e um pouco negativa, um dia bom e dois não, uma crise, duas crises, não sempre, talvez moderadas. Havia períodos em que as crises eram distantes e outros em que eram muito próximas. Por isso não conseguia uma verdadeira melhora nem mesmo dentro de mim. E então decidi suspender a terapia (decidi pela minha cabeça). Depois de alguns meses, decidimos viver juntos, obviamente por minha insistência: monstruoso, não é?...

Terapeuta: Por insistência sua?

Giuliana: Sim. Sou sempre eu que decido. Ele também insistiu muito. Sempre com uma grande atração por mim. É possessivo e ciumento. Disse que me acha muito bonita e inteligente. Ele é 15 anos mais velho do que eu e é mais baixo em estatura, mas simpático e generoso. Vive com sua mãe e sua filha de 5 anos, que teve com outra mulher. Começamos a arrumar a casa que havíamos encontrado e, obviamente, aí começaram a nascer os problemas porque, em uma situação de pressão por outras coisas, comecei a sentir-me mal e começaram a vir à tona certas coisas que até o momento não se viam, certos aspectos de caráter, quem sabe uma dificuldade de compreensão; também, para ele tentar compreender este tipo de coisa, não é fácil, porque...

Terapeuta: Sexualmente?

Giuliana: Sexualmente, bem, dentro dos meus limites, porque não é que tenha... isto é, sempre senti um desejo sexual muito normal, como todas as pessoas, mas sou, diria, anorgásmica, diria que completamente anorgásmica. De todo modo...

Terapeuta: Jamais teve um orgasmo?

Giuliana: Com a penetração, não.

A relação de Giuliana com os outros e com o mundo externo parece rígida e totalmente condicionada pelo problema de controle da comida. Descreve a relação com seu companheiro como se este fosse uma medicina para evitar as crises bulímicas:... "Uma dor de cabeça espanta a outra... Tem uma situação nova da qual ocupar-se, por isso consegue controlar certas coisas de algum modo". Pouco antes de resolver viver com ele, havia decidido interromper a terapia porque não lhe ocorria nenhuma melhora. Como se trocasse a medicina-terapeuta pela medicina-companheiro. E é sempre ela quem decide tudo, quando iniciar e interromper as relações. Parece uma mulher presa a uma inquietude existencial que a leva a consumir alimentos, profissionais, homens, sem conseguir saciar-se e estar em paz consigo mesma. Parece encontrar uma dificuldade particular para estar em intimidade com as pessoas, das quais foge para não ser controlada. A inquietude transparece também na expressão de seus pensamentos e emoções: é como se vivesse em um mar agitado onde tudo flutua. Do ponto de vista diagnóstico, faz pensar em caso de personalidade borderline e, como veremos mais adiante, apresenta muitos pontos comuns com casos de histeria descritos por Freud.

A essa altura volta-se a falar das relações familiares.

Terapeuta: Seu irmão e sua irmã estão de acordo quanto ao dinheiro que seu pai lhe tenha dado e lhe dá, ou se opõem?

Giuliana: Não, não se opõem. Bom, nesse momento a situação econômica mudou um pouco porque a empresa de meu pai, como todas, está atravessando um período de recessão, e por isso meu pai me disse: "Veja, se não te dou o dinheiro, é porque este não é um momento ótimo".

Terapeuta: Quer dizer que é um momento de crise...

Giuliana (interrompendo): Certo! Mas também me disse: "Se quiser, darei dinheiro para você se curar, mas quanto ao resto você deve se virar". Mas estou contente, devo dizer sinceramente. Nestes dias estou feliz porque sei que não posso gastar, porque não tenho dinheiro para isso, o que me ajuda de algum modo. É duro, duríssimo, porque faço um enorme esforço para tentar controlar-me, mas é melhor isso do que estar mal. Por outro lado, não tendo problemas físicos evidentes, sigo adiante, compreende? Não é que tenha tido outras enfermidades, Deus me livre! Tive somente uma cólica.

Terapeuta: Como é a relação entre seus pais?

Giuliana: Os meus pais sempre tiveram conflitos e, há quatro anos, tiveram uma crise gravíssima, até mesmo dramática, com muitas implicações, que afetaram a todos etc., e depois disso eu...

Terapeuta: Teve a primeira crise?

Giuliana: Sim, sim. Coincidiu justamente com esse período. Por um lado, meus pais tinham essa situação de discórdia e, por outro, eu tinha decidido ir embora e terminar toda uma relação sentimental, de modo que era todo um conjunto de coisas. Dado que já tinha muitos problemas, somavam-se estes e não conseguia controlar a situação e me sentia muito mal.

Terapeuta: E antes disso, o que pode ter provocado esses transtornos?

Giuliana: Veja, eu só sei de uma coisa: pelo que posso recordar, e minhas recordações lamentavelmente somente remontam a quando tinha 7 ou 8 anos – de antes, não recordo praticamente nada –, houve grandes angústias e crises depressivas, mas realmente grandes. Recordo ter padecido de uma asma alérgica que depois desapareceu sem vacina aos 13 anos. Para mim era claramente psicossomática. Recordo as grandes crises de angústia, principalmente à noite. Para uma menina de 6 anos acordar toda noite gritando: "Não quero morrer!" – para mim, isso não é normal. Eu era muito deprimida. Sei que era muito deprimida. Uma menina muito solitária, que brincava sempre sozinha, tinha pouquíssimos amigos. Independentemente do fato de que, depois, em todas as situações sociais, eu sou muito brilhante, porém sempre fui muito solitária. Sempre comi de modo irregular desde quando criança, pelo que me lembro, e depois, tive tantas, tantas histórias equivocadas, também sentimentais, que talvez, tenham só aumentado...

Terapeuta: Teve muitas histórias sentimentais?

Giuliana: Creio que muitas... para mim, sim.

Terapeuta: Habitualmente, é conquistada pelo outros ou é você quem os conquista?

Giuliana: Não, normalmente sou eu.

Terapeuta: Portanto, é sempre você quem envia as mensagens?

Giuliana: Penso que sim, creio que sim.

Terapeuta: Você decide: "Aquele ali me cai bem" e manda-lhe a mensagem.

Giuliana: Bom, digamos que sempre, fui sempre bastante cortejada como pessoa, mas quem escolhia era eu. Também, humm... não sei, não sei, dificilmente alguém me conquistou... Humm... Se alguém não me agradava, não me agradava mesmo, em suma não havia nada a fazer.

Nesta parte, investigam-se as possíveis conexões entre os sintomas e os acontecimentos da vida de Giuliana, especialmente os familiares, que possam tê-los provocado. Em relação ao timing da sessão (Boscolo e Bertrando, 1993, capítulo 5), isto é, ao momento oportuno para indagar certos temas quentes, a exploração iniciou-se cautelosamente; somente quando a sessão estava bastante avançada começou-se a estabelecer um clima de cooperação e confiança. Pode-se conectar o começo do último episódio de bulimia – o mais grave e crônico – com o início de uma crise grave entre os genitores, o que a afetou muito. Antes, Giuliana descrevera uma infância de solidão, de depressão e crises de angústia que, associada a uma relação mais estreita com o pai do que com a mãe (como se verá mais adiante), pode ser conectada com as primeiras crises bulímicas.

Mais adiante também se explorará a possibilidade de eventuais abusos sexuais na infância, que são bastante comuns nesses casos. Sua anorgasmia, por um lado, e a necessidade de controlar suas relações com os homens, por outro, fazem pensar em possíveis eventos traumáticos dessa natureza.

Giuliana: O homem com que estou agora é 13 anos mais velho do que eu e lhe sou muito fiel.

Terapeuta: Você gosta dele?

Giuliana: Sim. É uma excelente pessoa que me amou muito e ainda me ama, mesmo conhecendo meus problemas. Em suma, é uma excelente pessoa.

Terapeuta: Depois de 6 anos de terapia, de análise, que ideia fez dessa situação? O que lhe disseram os terapeutas?

Giuliana: Quando comecei com o último terapeuta, ele me fez alguns testes e desses testes surgiu uma situação dramática, própria de uma pessoa que está a um passo do suicídio (sorri), praticamente de uma pessoa com depressão alucinante. Na realidade, para mim é difícil fazer o resumo do que pude obter nesse tipo de relação, mesmo porque sempre tive uma sensação muito estranha: a de que, de algum modo, podia controlar o terapeuta, fazer-lhe dizer e dizer-lhe o que eu queria e, de quebra, fazer-me acreditar; e, evidentemente, nesse jogo duplo, a única pessoa a perder era eu, porque é tudo em meu prejuízo. Não consigo chegar a parte alguma.

É significativa a revelação que a cliente faz na primeira seção sobre sua relação com os terapeutas. É ao mesmo tempo uma confissão e uma advertência sobre a sua necessidade de manipular seu interlocutor, de o controlar. Na descrição de suas relações sentimentais, primeiro seduz e depois controla. Às vezes, dá a impressão de ser o gato que brinca com o camundongo.

Sua necessidade de controlar o Outro parece protegê-la da angústia de uma relação de intimidade, deixando-a, todavia, frustrada, vazia, com um punhado de moscas na mão, e com a sensação amarga de que "neste tipo de jogo duplo quem sai perdendo sou sempre eu, porque eu fico no prejuízo". Também com o alimento tem uma conduta similar. Quando consegue controlar a ingestão (fase anoréxica), se sente bem; mas quando não o consegue (fase bulímica), é invadida por uma grande ansiedade que a leva ao pânico, e se alivia recorrendo ao vômito. Vale a pena comparar com a mensagem que transmitiu ao terapeuta sobre o tipo de relação que ele podia esperar no futuro e seu comentário sobre o final da terapia.[1]

Ao final da ultima sessão, a décima nona, o terapeuta perguntou a Giuliana a que atribuía o desaparecimento dos sintomas e da notável melhoria registrada. Giuliana olhou para ele intensamente e, esboçando um sorriso significativo, diz que desde as primeiras sessões havia tratado de compreender sua estratégia – algo que havia sido fácil no caso de outros terapeutas – mas sem êxito, a tal ponto que, com o passar do tempo, havia "deixado de quebrar a cabeça tentando compreender o que estava pensando o doutor Boscolo"... Depois de uma pausa, apontando o interlocutor como se houvesse tido uma repentina revelação, exclamou: "Ah! agora compreendo, não seria que ter deixado de tentar compreender o que você pensava, seja o verdadeiro segredo de minha mudança? Eu me esforcei em vão por compreender e agora estou bem. Talvez, se tivesse compreendido, ainda estaria no ponto de partida!"

Essas afirmações podem ser interpretadas como comentários sobre a neutralidade do terapeuta, que permitiu à cliente encontrar suas próprias soluções.

> *Giuliana:* Tem outra coisa que queria dizer: escrevo muito, escrevo contos, e quando estava na escola escrevia bastante bem, e também publiquei algo. Em muitos desses contos, que de vez em quando releio, parece como se fosse outra pessoa, que está sempre dentro de mim, mas é outra e, muitas vezes, tenho esta sensação de desdobramento. Também quando acordo, me sinto como se fosse outra que está apoiada sobre o travesseiro, uma outra má, e é esta que sai fora quando estou mal.
>
> *Terapeuta:* Essa pessoa que está dentro de você, a outra...
>
> *Giuliana:* É a outra face.
>
> *Terapeuta:* Em que sentido você diz "má"?

---

(1) É nossa praxe, ao final de toda terapia, dedicar alguns minutos para explorar os momentos mais significativos verificados no seu transcurso, e conexos com a mudança, do ponto de vista do cliente.

Giuliana: De minha parte má, eu a sinto como um lado mau de mim mesma.

Terapeuta: Quando começou a ter essa ideia?

Giuliana: Oh! Faz muitos anos, tantos anos que... não sei, veja, quando eu era pequena...

Terapeuta: É uma ideia espontânea ou surgiu da terapia?

Giuliana: Não. Não surgiu na terapia.Está relacionado com um episódio de minha infância. Quando eu era criança, tinha terror do escuro, dos demônios, dos fantasmas, e me recordo que em certo momento me tomou a idéia fixa de que estava endemoninhada, porque algumas vezes me comportava de maneira maligna. Então, me parecia que o fato de me comportar assim, era porque havia alguém dentro de mim que me fazia comportar dessa maneira, e (rindo) me lembro de uma cena terrível com minha mãe, que me olhava aterrorizada (sempre divertida) e dizia: "Mas essa menina, o que está dizendo?" Agora me lembro de que, quando fiz a primeira confissão para tomar a primeira Comunhão, senti uma angústia terrível porque não estava segura de ter confessado tudo e me dizia: "Minha confissão não é válida. Estou condenada".

Terapeuta: Sentia-se como uma ou como duas pessoas? Escutava vozes?

Giuliana: Não, a esse nível, não.

Terapeuta: E ter mais de uma pessoa dentro?

Giuliana: Mas, sabe, é muito estranho esse tipo de discurso, porque já escrevi muito sobre esse assunto! Quando estava na universidade, antes de estudar para ser intérprete, fiz alguns anos de Letras e havia estudado psicologia com o professor Fornari; estava apaixonada e tinha lido muitos testes etc. Também tinha lido algo sobre esquizofrenia, mas é diferente do que sinto, porque estou sempre consciente.

Terapeuta: Podemos dar um nome a essa sua segunda "pessoa"?

Giuliana (sorri): Sim, se quiser. Não saberia como chamá-la, não sei se me vem sequer um nome. (sempre divertida).

Terapeuta: Quando foi a última vez que teve um diálogo com essa outra pessoa?

Giuliana: Ontem de manhã. Tive uma sensação muito estranha, como se fosse esse rosto, um rosto perto de mim, e era meu rosto, mas como se estivesse todo machucado, com os olhos bem pequenos, como se estivessem inchados, como quando eu vomito e me incham os olhos pela retenção de líquidos. Havia vários dias que estava bem e frequentemente me ocorre que, quando estou bem, tenho pesadelos e sonho que comi. Acordo muito angustiada e digo: "Que droga!, resisti até hoje e agora, entupida". Depois digo: "Menos mal, era apenas um sonho". E assim, no outro dia, quando acordei depois de um desses sonhos, parecia ter a presença justamente dessa outra que tentava estrangular-me, e pensava comigo mesma: "E agora, faça! Faça! Vejamos quem ganha! Entende? Porque..."

Giuliana descreve a si mesma como se estivesse dividida em duas partes, uma parte boa e uma parte má, ou às vezes, como se comunicasse com a sua outra, quando vê o seu rosto perto desta. Ou ainda, como quando acordou de um sonho e teve a sensação da presença dela que tentava estrangulá-la. Aqui o terapeuta tenta estabelecer se cabe diagnosticar uma síndrome de personalidade múltipla, diagnóstico controvertido que atualmente está muito em moda nos Estados Unidos (Hacking, 1995). Ao contrário, a cliente, sempre atenta aos objetivos possíveis do terapeuta, parece acreditar que ele está buscando sintomas de esquizofrenia e, apelando para os seus próprios conhecimentos, lhe assegura que não é esquizofrênica. Em outras palavras, aqui ela assume também um papel de co-terapeuta!

Terapeuta: Noto que você fala com muita rapidez. Sempre fala com muita rapidez?

Giuliana (sorrindo): Sim, sempre fui assim...

Terapeuta: Por acaso tem uma grande necessidade de contar?

Giuliana: Sim, sim tenho muita necessidade de contar.

Terapeuta: Também em casa é assim?

Giuliana: Sempre fui uma máquina, quando era criança me diziam que eu era uma maquininha.

Terapeuta: É uma necessidade sua?

Giuliana: Sim, tenho algo dentro que devo tirar para fora, tenho precisamente essa sensação. Muitas vezes...

Terapeuta: Você diz que tem alguma coisa para tirar para fora e, falando como uma máquina, de algum modo isso pode atrair a atenção do outro?

Giuliana: Sim, sim, mas sei que sou egocêntrica.

Terapeuta: Quando se encontra com outros, por exemplo, no trabalho, você...

Giuliana (interrompendo): Sou a protagonista... sou uma protagonista.

Terapeuta: Não sei, parece-me que é indício de uma certa insegurança. Você faz isso, senão seria intolerável para você que as pessoas...

Giuliana (terminando a frase do terapeuta): ... Não me notem.

Terapeuta: Não a notem? É isso?

Giuliana: Sim, seguramente. Direi: sempre tive, sempre, inclusive aqui, certo dualismo na minha personalidade: por um lado, sempre me senti muito insegura, também em relação ao meu aspecto físico, quem sabe porque de criança era muito preguiçosa. Minha irmã, ao contrário, era muito apegada ao esporte. Eu era mais preguiçosa e sempre tinham que me obrigar. Lembro-me que, quando tinha 15 anos, meu pai me disse: "Se você não fizer ginástica, vai ser uma gorda. Agora está bem, mas mais adiante você se arrependerá". Dali surgiu uma fúria selvagem. Comecei a fazer ginástica, mas em nível esportivo, e adquiri um corpo estupendo, todo músculos, e isso na prática me dava certa segurança. Sempre tive certa insegurança em relação ao meu rosto; fiz cirurgia estética para corrigir o nariz e queixo, porque tinha o queixo ligeiramente largo. Não era algo que alguém tivesse notado, mas eu tinha paranoia, estava convencida de não agradar por esse defeito físico.

Aqui, Giuliana prossegue atuando como co-terapeuta, evidenciando sua capacidade diagnóstica. Em poucas frases, quase roubando palavras da boca do terapeuta, faz o diagnóstico de egocentrismo, protagonismo e dualismo de personalidade. É muito rápida e precisa ao incluir as intenções do interlocutor. Às vezes, parece responder às perguntas como se estivesse fazendo um exame na escola e tratando de impressionar o professor como a melhor de suas alunas. Naturalmente, o terapeuta se abstém de fazê-la ver isso, de fazê-la avaliar, de interpretar o seu comportamento, para não alimentar uma tomada de consciência estéril, que iria juntar-se a tantas outras explicações adquiridas a propósito de seus comportamentos.

A certo ponto, Giuliana volta a falar da irmã e do aspecto físico de ambas, recordando que, quando tinha 15 anos, seu pai havia criticado seu aspecto físico, provocando reações corretivas, e também havia estado obcecada por uma dismorfofobia, com a consequente intervenção de estética facial. Continua a sessão com descrições concernentes à relação com sua irmã e seu irmão. Com a irmã, sempre teve uma relação de amizade, ainda que existisse certa inveja recíproca. São duas belezas diferentes: ela é alta, loira, de olhos azuis; a irmã é de físico médio com cabelos e olhos negros e uma "beleza clássica". Enquanto as irmãs são propensas à angústia e à depressão, o irmão tem todas as qualidades positivas: é extrovertido e simpático com todos. A razão de tais diferenças poderia atribuir-se ao fato de que as irmãs foram envolvidas nos conflitos e hostilidades entre os genitores, enquanto Lucca permaneceu à margem de tudo isso e manteve boa relação com todos. A seguir, indagamos sobre seus pais.

Terapeuta: No que concerne aos seus pais, como é a sua mãe?

Giuliana: Minha mãe é uma pessoa que teve muitos problemas, inclusive psicológicos. Vem de uma boa família que teve problemas graves, já que meu avô, ainda muito jovem, teve uma apoplexia e ficou completamente paralisado. Em consequência, uma família que se encontrava numa situação próspera e de repente sofreu uma ruína financeira, com minha avó devendo ocupar-se de quatro filhos e um marido completamente paralisado. Além disso, depois do casamento, devido ao trabalho de meu pai, tivemos que peregrinar por toda a Itália, e por isso sempre esteve muito longe de sua família. Frequentemente teve problemas de insegurança.

Terapeuta: Como é a relação com seu pai?

Giuliana: Foi sempre um grande desastre...

Terapeuta: Sempre foi um desastre?

Giuliana (rindo): desde os... 14 anos, sim.

Terapeuta: Quando você era pequena, se sentia mais ao lado do seu pai ou da sua mãe?

Giuliana: Veja, de certa maneira, hoje reconheço ter estado mais próxima de minha mãe, mas penso que houve episódios de que eu não me lembro. Lembro da primeira vez que meu pai me levou com ele, isto me contaram depois, porque apaguei completamente da minha memória. Minha irmã disse que se lembra de tudo e que recorda muito bem do que ocorreu: meu pai tinha uma relação com sua secretária e me levava para esquiar junto com essa pessoa. No inverno, me levava para esquiar, e no verão, para navegar. Eu não me lembro disso.

Terapeuta: Você, que idade tinha?

Giuliana: Tinha 5 ou 6 anos. Me recordo apenas que, num certo momento, minha mãe separou-se dele e nos levou para Milão, para a casa da minha avó. Depois disto, os dois voltaram a viver juntos e mudaram de cidade, porque meu pai havia entrado como sócio em uma nova empresa. Por outro lado, no trabalho, meu pai é uma pessoa excepcional, de grande êxito e muito conhecido socialmente. Penso que minha mãe tenha suportado todo tipo de coisa com ele e que jamais tenha sido feliz. Era muito ciumenta, e ele gostava muito de mulheres.

Terapeuta: Também sua mãe teve algumas relações?

Giuliana: Não, minha mãe não, absolutamente, ela teve somente meu pai. Colocaria minhas duas mãos no fogo, porque é uma pessoa incapaz de fazê-lo... até de pensar nisso!

Terapeuta: Você se lembra de algum período passado, longe, em que tenha estado apaixonada por seu pai?

Giuliana: Oh! Acredito ter estado sempre apaixonada pelo meu pai, eu o reconheço abertamente, não tenho dificuldade em admitir.

Terapeuta: Ainda agora está?

Giuliana: Mas não, agora, quem sabe, não... Não, agora não. Espe-cialmente desde que tive uma história com um homem bastante mais velho do que eu, digamos que tudo mudou. Sempre tive uma veneração pelo meu pai, mais que amor, uma veneração do tipo...

Terapeuta: E seu pai, por você...?

Giuliana: Sempre fui decididamente a preferida por muitas coisas, ainda que ele seja uma pessoa que não evidencia seus sentimentos através de carícias ou beijos mas... era a favorita.

Terapeuta: Sua mãe não sofria com isso?

Giuliana: Minha mãe? Não, acredito que não. Ainda porque, digo-lhe, são coisas tão...

Terapeuta: Nem sequer o notou?

Giuliana: Quem sabe o tenha notado, ele dizia: "Sabes que és a preferida de seu pai em relação a seus irmãos..." assim...

Terapeuta: Sua irmã, por exemplo...

Giuliana (interrompendo): Minha irmã sofreu muito.

Terapeuta: Sofreu por causa do que havia entre você e seu pai?

Giuliana: Sim, sim.

Terapeuta: Sua irmã estava mais perto de seu pai ou de sua mãe?

Giuliana: É... penso que estava mais perto de minha mãe, porque ela, nessa época, trabalhava na empresa com meu pai e lhe havia dito: "Papai, se você tem uma relação com a secretária, peço-lhe que me diga, porque para mim é uma situação terrível. Mamãe me submete a interrogatórios todos os dias. Se mantém uma relação com essa pessoa, me diga já, porque não quero trabalhar mais contigo". E ele lhe jurou e trejurou que essa relação não existia. Depois, minha mãe mandou que o seguissem e tiraram fotografias nas quais se viam os dois juntos, caminhando de mãos dadas, e portanto (ri), já não estava em condições de negá-lo. Minha irmã ficou muito mal, mais que todos, porque dizia: "Eu jamais o teria dito para mamãe. É evidente que jamais teria feito confusão, mas me teria livrado de uma situação desagradável, isto é, teria evitado estar no meio".

Terapeuta: Sua irmã se chateou com seu pai?

Giuliana: Sim. Ficou muito mal porque sentia que a havia enganado.

Terapeuta: Quem sabe, também sua irmã estava apaixonada por seu pai?

Giuliana: Não. Eu diria que amor, em termos, não sei, clássicos, de Édipo, eu não diria isso, nem mesmo no meu caso. Mais que outra coisa, era uma espécie de veneração, como se fosse um mito, um ídolo. É o homem de sucesso que se destaca sobre os outros, que sempre faz as coisas certas, que sempre tem razão. Ademais, é um homem muito jovem, uma pessoa muito esportiva, que navega e caça.

Terapeuta: Parece ser um homem fascinante...

Giuliana: Joga tênis, é um homem esbelto, mas tem uma atitude carrancuda e silenciosa. Fala muito pouco.

Terapeuta: Parece um tipo muito interessante.

Giuliana: Muito interessante.

Nesta sessão, na qual se exploram em profundidade as relações entre os pais e entre pais e filhos, surge uma história que lembra casos clínicos de Freud. No centro há um pai mitificado, juvenil, esportivo, de grande êxito social, e três mulheres (a esposa e as filhas) em uma relação perene de amor–ódio, frustrada por suas traições com o mundo externo. É pouco caseiro e muito sensível aos encantos femininos. A mãe aparece como uma mulher um pouco insegura, em eterno conflito com o marido, a quem, continuamente, tenta influenciar e controlar. Ela se apoia nas filhas, tentando envolvê-las na relação precária com seu marido.

Giuliana, a favorita do pai, parece ter desenvolvido a ilusão de ser "a mais bela do reino", mas é apenas uma ilusão, já que é continuamente traída por rivais vencedoras. Como pode ter vivido experiências de sedução e abandono, do mesmo modo seduz e abandona os homens que encontra em seu próprio caminho.[2]

---

(2) Isto pode trazer à mente alguns aspectos da clássica descrição da histeria de Breuer e Freud (1895).

Note-se o contraste entre os elogios que reserva ao pai e, logo a seguir, o modo como descreve o companheiro atual:.. "A partir do momento que tive aquela história com um homem bem mais velho que eu, tudo mudou"... Sua tendência à ansiedade e à depressão une-a a sua irmã. Ambas tiveram um pai "fugitivo", pouco afetuoso, e uma mãe ansiosa, com frequência deprimida, que se apoiava nelas em lugar de lhes dar apoio. Mais que mãe e filhas, dão-nos a impressão de serem três irmãs, unidas pela mesma dificuldade de alcançar uma relação estável e satisfatória com o outro sexo. Naturalmente, essas hipóteses levam em conta que as recordações e relatos de Giuliana são construções suas, que se ressentem muito de influências sugestivas provenientes das terapias anteriores, de leituras e - no aqui e agora - da relação com o terapeuta. A indagação prossegue com a exploração das relações familiares.

> *Terapeuta:* Sua irmã esteve sempre mais próxima de sua mãe?
> *Giuliana:* Sim, talvez sim.
> *Terapeuta:* E seu irmão?
> *Giuliana:* Meu irmão tomou o partido de minha mãe, quando foi o caso. Quando meu pai fazia cenas desagradáveis, ele tomava partido de minha mãe, mas ao mesmo tempo dizia: "Mãe, agora chega, porque está se tornando uma verdadeira chata. Está exagerando".
> *Terapeuta:* Como se comporta seu pai em relação com o filho homem?
> *Giuliana:* Ele o respeita, sim, o respeita.
> *Terapeuta:* Também é um pouco orgulhoso do filho?
> *Giuliana:* Ah! Meu pai é uma pessoa que jamais manifestou seu orgulho por nós. Foi sempre aquele que diz: "Vocês são parasitas, são beduínos do deserto. Não fazem nada. Só porque têm dinheiro sem esforço..." etc. Jamais foi carinhoso. Quando éramos pequenos, sim.
> *Terapeuta:* Ele tentou estimulá-los?
> *Giuliana:* Sim. Seu comportamento tão rígido deriva seguramente de uma infância difícil, porque verdadeiramente teve uma infância difícil. Foi obrigado a trabalhar ainda muito jovem para manter sua família e custear os estudos de seu irmão, que hoje é médico, e por isso tem esse tipo de personalidade muito fechada. Quando tem gestos que demonstram certo afeto, como colocar o braço sobre os ombros, pegar na mão, faz rir, entende? É cômico. (sorri) De fato, vê-lo na foto em que aparece dando a mão à secretária me fazia rir. Parecia cômico.

Terapeuta: Como ele era com você e sua irmã, quando ambas chegaram à adolescência e começaram a reparar um pouco nos garotos?

Giuliana: Sempre foi muito severo, muito severo com os horários. Por exemplo: "Não devem sair depois de tal hora"; "às 11 devem estar em casa". Acredito que fazia isso por alguma forma de ciúme.

As informações sobre a infância difícil do pai, sobre a necessidade de ocupar-se tão jovem da família de origem, dão sentido ao seu comportamento rígido e carrancudo em família. Também a mãe, depois da tragédia referente à paralisia do pai, teve uma vida familiar bem mais difícil, e pela situação geográfica do marido, não pode ter uma proximidade com sua família de origem. A vida difícil que ambos os pais tiveram nas suas respectivas famílias de origem continuou também no matrimônio; os filhos parecem ter assumido o papel de consoladores e mediadores (go-between). À diferença de Lucca, as filhas pagaram, e continuam pagando um alto preço: a dificuldade de conseguir a individualização-separação da família.

A seguir indagamos, como habitualmente fazemos, especialmente nos casos de bulimia e de transtorno dissociativo, se houve abusos sexuais na infância.

Terapeuta: Ocorreu-lhe ser possível que na sua infância tenha acontecido algum episódio no qual tenha sido seduzida sexualmente?

Giuliana: De criança, não. Exceto as coisas de costume com as outras crianças: "Tire a calcinha, que eu tiro a cueca", brincávamos de médico. Já adolescente, tenho uma recordação horrível de minha primeira relação sexual, e também da pessoa com a qual estive, porque me parecia uma pessoa muito difícil. Tenho uma espécie de ímã para atrair pessoas complicadas. De qualquer modo, era um garoto que, em minha opinião, tinha problemas psicóticos. Era polêmico, tinha um monte de paranoias, estava convencido de estar apaixonado por sua prima e que nós não podíamos nos amar porque tinha dentro de si paranoias estúpidas, verdadeiramente absurdas. Em todo caso, vivenciei muito mal as relações sexuais com essa pessoa, isto é, tive até dores físicas.

Terapeuta: Dores físicas?

Giuliana (olhando-se no espelho): Sim, me fazia muito mal e por muito tempo acreditei que me tivesse arruinado.

Terapeuta: Agrada-lhe este nosso espelho?

Giuliana: Sim, porque estou habituada a olhar-me no espelho, sempre pratiquei dança.

Terapeuta: Você gosta do seu corpo?

Giuliana: Sim, meu corpo me agrada quando me controlo, quando como bem.

Terapeuta: E quando não come bem, continua pensando em seu corpo que você destrói...

Giuliana: Sim. Sim tenho terror verdadeiramente. Sim, tenho angústia. Na realidade, tomo a pílula com muita angústia, com angústia de engordar.

Terapeuta: Se você se deixa levar um pouco, se vê como um espelho deformado?

Giuliana: Sim, me vejo como um espelho deformado: oh! Deus, sou enorme! Olha que pança! Incrível!

Terapeuta: Como explica o fato de que a bulimia afete a você, e não a sua irmã?

Giuliana: Veja, faz anos que tento compreender, que tento desesperadamente compreender porque me vem esse desejo de engolir alimentos e logo vomitá-los. Não consigo entender, já que vivemos os mesmos problemas, não sei, estou buscando desesperadamente uma resposta. Quem sabe meu erro seja buscá-la sempre e esperar que os outros me dêem.

Esta última frase recorda o que escreveu Jay Haley em "As estratégias da psicoterapia" (1963), a propósito da experiência psicanalítica. Haley afirma que o paciente, depois de reiteradas tentativas em saber o que pensa dele o terapeuta, com a esperança de que no futuro receberá resposta, depois de um longuíssimo sofrimento (ordeal), renuncia e se cura. Ainda que consideremos sugestivo e digno de consideração este ponto de vista, acreditamos que é simplista e que não explica a complexidade do processo de mudança terapêutica.

A exploração relativa aos possíveis abusos sexuais na infância mostrou-se infrutífera, ainda que tenha levado Giuliana a falar de sua primeira e dolorosa relação sexual (dispareunia), com a drástica sensação de ter ficado arruinada para sempre.

A inusitada pergunta sobre o motivo de a bulimia afetar a ela, e não à irmã, implica que a bulimia deva ser considerada não como uma doença, mas como uma experiência associada a fatos da vida, coerentemente com um processo de despatologização da linguagem terapêutica.

Terapeuta: Está contente com sua vida ou não? Pensa em si mesma no futuro, na velhice?

Giuliana: Não, na velhice não, não penso nela. Penso em todo tempo que desperdicei comendo e vomitando, isso sim. E penso: "Olhe bem, mesmo sendo bulímica, você conseguiu fazer todas essas coisas"; e penso ter alcançado metas objetivamente muito boas, porque tenho uma boa profissão e um bom emprego. Fiz estudos muito interessantes, tive a possibilidade de fazer muitos esportes, consigo administrar-me, tenho uma boa relação sentimental, vá lá, independentemente do fato de que agora existem problemas, mas sempre há problemas. Está bem, me incomoda a idéia de ter desperdiçado tanto tempo...

Terapeuta: No trabalho, estão cientes do seu problema?

Giuliana (interrompendo): Tenho terror, tenho verdadeiramente terror de que eles fiquem sabendo.

Terapeuta: Eles não sabem que...

Giuliana: Não voltaria mais. Se soubessem que sou bulímica, ou seja...

Terapeuta: Mas a bulimia não interfere no seu trabalho? Você pode trabalhar muito bem...

Giuliana: Sim, trabalho muito bem...

Terapeuta: Estão satisfeitos com seu trabalho?

Giuliana: Sim, evidentemente devem estar! Estão verdadeiramente muito satisfeitos. Praticamente criei a minha tarefa do nada, porque o relatório sobre pesquisas de mercado não existia nesta agência, fomos meu chefe e eu que a criamos.

Terapeuta: Como se dá com seu chefe?

Giuliana: Bem. Parece-me uma pessoa muito geniosa, e penso que o trabalho não é o lugar mais adequado, sobretudo neste momento, para criar situações ambíguas, porque a única coisa que tenho de meu, e que consegui sozinha, é o meu trabalho. Se alguém tentasse arruiná-lo, ou se o arruinasse com minhas próprias mãos, seria como não ter mais nenhuma certeza. É por isso que levo a sério o trabalho que estou realizando.

Terapeuta: Você veio aqui com sua mãe e me pediu que conversássemos a sós...

Giuliana: Sim, prefiro ficar sozinha. Pedi que viesse como apoio moral (sorri).

Terapeuta: Apoio moral?

Giuliana: Sim. Disse-lhe: "Acompanhe-me, porque tenho medo".

Terapeuta: Medo?

Giuliana: Sim.

Terapeuta: Medo de quê? Da entrevista?

Giuliana: Sim. Não sei, tive medo. Estava muito emocionada.

Terapeuta: Quais são suas expectativas?

Giuliana: Descobrir por que tenho esse problema; quem sabe, eu descubro esse motivo, o que me acontece.

Terapeuta: Como você ficou sabendo do nosso Centro?

Giuliana: Porque pedi a minha irmã, que está em terapia com um psicólogo, que lhe perguntasse se conhecia algum profissional que entendesse de bulimia e que pudesse me dar uma verdadeira mão, porque estou cansada, não posso continuar assim, como uma cretina, consultando dois mil terapeutas, quem sabe excelentes no que fazem. Pelo amor de Deus, em relação a determinadas coisas, eu quero parar de buscar e passar a pisar em terreno seguro. Então, ela se informou e esse doutor me telefonou pessoalmente e disse: "Veja, eu sei que nesse Centro eles trabalham com essas coisas. Tente ligar, será difícil conseguir uma entrevista, mas tente". Ainda esperei bastante tempo, mas agora estou aqui. Desejava deixar de andar peregrinando (sorri), de andar a esmo à direita e à esquerda, ir de um lugar a outro. Sei que é algo que depende de mim, finalmente desejo chegar ao fundo do problema para tratar de ajudar-me.

Terapeuta: Bem, agora vou reunir-me com meus colegas que estão do outro lado, para ter uma troca de ideias.

(Ao voltar à sala de terapia)

Falamos sobre o que você nos disse hoje. Necessitamos de um encontro com você e toda a sua família (entregando-lhe um cartão). O próximo encontro será... (marca um encontro para o mês seguinte.)

As últimas respostas dessa sessão se referem à relação positiva que Giuliana tem com o trabalho. Uma relação livre de angústia e de conflitos, fonte de segurança e de realização; a escolha do terapeuta e suas expectativas. Deve-se destacar o sentido das últimas palavras de Giuliana: "Sei que é algo que depende de mim, finalmente desejo chegar ao fundo do problema para tentar ajudar-me". Se, por um lado, essa afirmação está em concordância com a necessidade de controle de

Giuliana, por outro, revela a intenção positiva de se ajudar, antes que de ser ajudada.

O que foi descrito é somente a primeira etapa da viagem que, assim como pode despertar curiosidade, fascinar, atemorizar a cliente, também pode estimular e suscitar a curiosidade do terapeuta, como quando nos dispomos a ler um livro esperando que nos possa enriquecer, ou seja, que nos apresente novas versões possíveis da comédia humana.

Nesta etapa inicial da viagem, o terapeuta se interessa particularmente pelo primeiro sistema significativo - a família -, na qual se nasce, aprende-se uma linguagem e as primeiras modalidades e os diferentes papéis da convivência. Sobretudo, é nela onde desenvolvemos nossa identidade, nossas seguranças (ou inseguranças); é o único sistema que, para cada indivíduo, permanecerá imutável no tempo.[3] Um filho continuará o mesmo para sempre, enquanto que a pertença a outros sistemas (o grupo de coetâneos, o casal, o trabalho e outros sistemas sociais) é efêmera. O sobrenome que levamos é o símbolo da pertença a um sistema indestrutível, como foi apontado por Laing (1969) quando fala da "família internalizada": nós não introjetamos objetos parciais, mas relações entre os representantes de nossa família.

A família simbólica, como sistema permanente, é também fonte de dilemas e paradoxos: pertencemos a ela, mas também é necessário que nos separemos. Todavia, é sempre o sistema de ancoragem, aquele onde se forma uma identidade e no qual se encontram as pessoas significativas, e a ele recorremos em momentos de crise: a família pode ser terapêutica, mas também fonte de angústia quando as relações são ambíguas ou confusas. É significativo que grande parte dos sintomas e problemas venham à tona no período da adolescência, isto é, no período de separação e desenvolvimento de autonomia em relação à família.

Obviamente, não se deve desconsiderar a influência da teoria e praxe relativa à família na experiência dos autores ao conduzir esta e outras entrevistas individuais. Pode-se falar de um equilíbrio entre uma visão do mundo interno do indivíduo e do seu mundo externo, em par-

---

(3) Quando o cliente não tem uma família de origem (por exemplo, se cresceu em um orfanato), sempre é possível individualizar, de algum modo, um primeiro grupo de pertença. O primeiro autor teve a oportunidade de fazer consultas em Israel, onde a família de origem era um subsistema dentro da grande família do kibutz.

ticular o da família. À medida que o trabalho avança, sempre mais nos interessamos pela família internalizada. Todavia, é necessário que sejamos cautelosos para não exceder e desequilibrar o trabalho em relação à família; em geral, a investigação sobre a família se realiza na primeira sessão, para delinear um quadro geral do contexto relacional mais significativo no qual se formou a personalidade do cliente, que servirá de fundo para a tarefa posterior. No decurso da terapia, essas informações poderão flutuar na mente do terapeuta, modificar-se e enriquecer-se, permanecendo sempre firme o princípio de evitar a reificação (reification). Aqui vale o aforismo: "pode-se flertar com as hipóteses, mas não convém casar-se com elas". A seguir, o diálogo entre terapeuta e cliente se abre principalmente para o tempo presente e futuro, indagando cada vez mais sobre as relações extrafamiliares da cliente e a relação que ela tem consigo mesma.

Na terapia familiar, a primeira ou as primeiras sessões acontecem, quando possível, com a presença de todos os familiares que convivem; mas uma das intervenções de maior importância é a convocação em separado dos subsistemas, para favorecer, com o tempo, a separação e individuação de seus componentes. Assim, na terapia individual, o interesse principal com frequência está dirigido ao primeiro sistema significativo para, em seguida, passar às relações do cliente com outros sistemas de pessoas, idéias e interesses.

Esse discurso relaciona-se ao conceito de co-evolução: por mais importante que seja conhecer a família, é necessário abster-se de reificar os fortes laços familiares.[4] Nesse sentido, o terapeuta, com o tempo, e contando com a ligação que se cria com ele mesmo, pode ajudar o cliente a retomar sua viagem interrompida, abandonar o continente familiar, atravessar o oceano e aportar em outras praias, onde eventualmente poderá manifestar a sua própria potencialidade.

---

(4) Todavia, em certos casos, como nas psicoses crônicas, em que se cria uma separação entre o paciente e a família, pode ser importante trabalhar para que se formem laços familiares, isto é, propiciar um sentido de pertença que se dissolveu. Nestes casos, um dos principais objetivos da terapia individual pode ser que o psicótico seja aceito novamente em sua família. Em nossa experiência, frequentemente encontramos situações nas quais parece que uma pessoa, para poder deixar a família, deve ter a confirmação da parte dos familiares: de outro modo, pode tornar-se impossível deixá-la. Estas dinâmicas são entendidas também em termos de apego (Doane, Diamond. 1994).

Bruno K.: "No meio do caminho de nossa vida..."

Bruno é um colega psicoterapeuta de origem holandesa que, há dois anos, telefonou ao nosso Centro para uma terapia de casal. Nosso endereço lhe fora dado por sua analista que, depois da finalização de sua análise (ocorrida nas vésperas de seu matrimônio), o tinha enviado a nós por causa de desavenças surgidas precocemente em seu matrimônio. Na realidade, este pedido de ajuda se justificava também por persistentes dores crônicas nas costas que o afligiam de modo intermitente. É significativo que, quando buscou sua analista devido aos problemas citados, esta lhe tivesse dado o nosso telefone, dizendo-lhe que, naquele momento, o que necessitava era de um terapeuta do sexo masculino.

A terapia de casal se resumiu a três encontros, durante os quais se descobriu que as desavenças principais deviam-se, segundo o cliente, a certos comportamentos dominantes da esposa em relação a ele. A intervenção sobre o casal teve êxito: os cônjuges se reconciliaram e também as dores crônicas do cliente diminuíram. Nesse mesmo período, a mulher ficou grávida e este acontecimento foi recebido com alegria por ambos.

Aproximadamente quatro meses mais tarde, Bruno pediu uma entrevista individual, alegando um agravamento das dores e também a necessidade de esclarecer as idéias sobre sua própria situação existencial. No primeiro encontro, Bruno começou anunciando que a terapia de casal havia sido muito útil para ambos e que a mulher estava muito contente por ele ter decidido fazer algumas sessões individuais com o terapeuta que havia tratado o casal. Logo depois, orientou seu discurso para o sintoma somático que se tornara agudo novamente, e estendeu-se a descrever os anos de sofrimento por causa da dor nas costas, que o havia levado a procurar ajuda de diversos profissionais (ortopedistas, radiologistas, fisioterapeutas e acupunturistas), que coincidiam em qualificar o distúrbio como psicossomático.

Quando o terapeuta lhe perguntou por que não havia jamais interpelado a sua analista, Bruno respondeu que o havia feito e que esta lhe dissera: "Agora, é conveniente que passe da figura materna à figura paterna". Ao lhe pedir, em sua qualidade de psicoterapeuta, que opinasse sobre o encaminhamento, respondeu que estava de acordo com sua analista: "A relação com minha mãe era clara e fácil, e acredito tê-la resolvido; é a relação com meu pai que ainda me parece obscura. Por isto penso que você pode me ajudar". Ao descrever seus antecedentes (background) familiares, sublinhou a estatura moral incomum de seu pai que, depois de ter iniciado como um simples operário, estudando à noite, em um curto espaço de tempo havia-se graduado em economia, sobressaíra-se em todas as etapas da carreira e chegara a ser um importante executivo empresarial. Apesar de seu empenho como consultor empresarial e psicoterapeuta, Bruno se considerava ainda longe das metas alcançadas por seu pai.

Bruno, trinta e oito anos, é o segundo de dois filhos. A irmã, de quarenta anos, é professora da escola elementar, casada há aproximadamente dez anos, e tem dois filhos. Bruno recorda ter sido "a criança mimada da mãe", enquanto entre ele e seu pai existia uma distância atribuída, em parte, ao caráter reservado do pai.

Bruno parece mais jovem que sua idade. É de estatura um pouco mais baixa que a média, tem uma espessa cabeleira de artista e fala com voz macia; sua fala é acima de tudo lenta, como de uma pessoa que medita antes de se expressar.

> *Bruno:* Na sessão com minha mulher, foi como se com sua metáfora tivesse colocado o dedo bem na ferida, como se tivesse encontrado uma conexão entre a piora de minha enfermidade e os fatos que surgiram. Seguramente algo mudou, não tenho mais dúvidas na relação com minha mulher, portanto, a correlação que você fez teve um efeito muito positivo. Durante um tempo as dores nas costas não incomodaram muito. Mas agora voltou a doer... Na noite passada tive um sonho. Era meu pai e, a seu lado, um deficiente. Eu, com esta dor nas costas, me sinto um inválido. Tenho a sensação de que minha coluna não está reta e que é como o mastro pouco estável de um barco a vela, e por isso é lento, move-se pouco. Pensei em voltar aqui também para ter alguma idéia sobre o que posso fazer depois do nascimento deste filho... Tenho pensado muito nisso.
>
> *Terapeuta:* Neste período de sua vida, como se sente?... Você se dá bem com sua mulher?
>
> *Bruno:* Bom, por causa das dores, me sinto sexualmente bloqueado, mas a relação anda bem.
>
> *Terapeuta:* Que impressão lhe causa sua mulher com aquela barriga?
>
> *Bruno:* Produz efeitos diferentes. Por um lado, é muito bonito ver o crescimento do filho; por outro, é um pouco estranho ver como se transforma uma mulher...

Terapeuta: Escuta os batimentos?

Bruno: Sim! (Sorrindo abertamente) Ao falar disto com você, me sinto muito entusiasmado. Sim, é algo muito bonito. Pela primeira vez em minha vida tive a sensação de experimentar algo espiritual com este filho que está nascendo. Sim, é algo muito profundo e forte, algo que pertence à história de todos. Todavia, não compreendo esta recaída com relação à dor em minhas costas.

É possível que a remissão da dor nas costas se deva a mais fatores, um dos quais tem como objeto, a retomada do contato com o terapeuta para iniciar uma terapia individual. O sintoma nesse caso justificaria seu pedido, como ocorre às vezes, nos casos de terapia terminada aparentemente com êxito, na qual reaparece um sintoma que leva à retomada da terapia. Estes são casos em que persiste a dependência do terapeuta, mascarada pelo sintoma. A história de Bruno é coerente com esta hipótese: já fez uma análise e uma terapia de casal, e volta para uma possível terapia individual, afirmando, entre outras coisas, que pensou em voltar "para ter alguma ideia sobre o que fazer depois do nascimento deste filho". Este pedido de "intervenção preventiva" estaria a indicar insegurança, propensão à dependência, isto é, uma necessidade crônica de terapia.

Terapeuta: As radiografias são normais? Não existe, por exemplo, uma hérnia de disco, ou...?

Bruno: Não, não. Há uma forte tensão muscular... e sinto como se em minhas costas ocorresse uma batalha, como se meu corpo entrasse em tensão justamente aqui. (Indica com a ponta dos dedos a zona lombar). Às vezes me espanta.

Terapeuta: Em que sentido te espanta?

Bruno: Estou constantemente preocupado com o meu corpo. É como se minhas costas tivessem um poder sobre mim, o poder de colocar-me em dúvida, de fazer-me sentir mal, como se algo não enquadrasse, algo inexplicável, misterioso.

Terapeuta: Realmente limita sua vida física?

Bruno: Sim, porque, por exemplo, se faço uma caminhada de mais de meia hora, começa a me doer. E acima de tudo, agrada-me caminhar. Eu e minha mulher passamos uma semana em Veneza, pela Páscoa, e... eu sofri.

Terapeuta: Cria-lhe outras limitações?

Bruno: Limitações de movimento. Não me movo livremente. Devo estar atento, e às vezes fico tenso...

Terapeuta: Também tem problemas de equilíbrio? Já caiu?

Bruno (sorri): Não é algo que me limite assim, drasticamente. Limita-me mais do que se faz notar...

Terapeuta: Em suma, converteu-se em um belo pensamento!

Bruno: Sim. Tornou-se um pensamento.

Terapeuta: Se compreendi bem, a dor, o espasmo, a tensão muscular se fazem sentir depois que caminhou durante meia hora, não antes. Você não cai etc. É antes de tudo uma reação psíquica?

Bruno: Sim, sim! E chegou a ser cada vez mais forte.

Terapeuta: É como uma obsessão?

Bruno: Sim. Quando imagino meu corpo, ao pensar em minhas costas, me sinto como um inválido, é quase uma ideia fixa. Já estou cansado de estar assim por tanto tempo, mais ou menos desde que me casei, e de fazer continuamente terapias.

Terapeuta: Se desaparecesse repentinamente este problema, mudaria sua vida? Pouco ou muito? Seguiria sendo a mesma? Isto é, este problema causa-lhe um impedimento em sua viagem para o futuro, em seus projetos, naquilo que faz?

É estranho que o terapeuta não indague e não intervenha sobre a associação que faz Bruno entre a dor nas costas e o matrimônio. Pode ser que a melhora temporária da dor, após a terapia de casal e a solução de conflitos conjugais, o tenha levado a dar importância à conexão entre a piora da enfermidade e o matrimônio. Também é possível que uma hipótese diferente tenha prevalecido em sua mente. Todavia, considerado o caso a posteriori, pode-se dizer que teria sido muito interessante explorar em profundidade, com o cliente, a relação matrimônio/dor, ainda que – como veremos – isto será feito, mas de maneira bem mais marginal.

Bruno: Ficaria muito mais alegre, mais positivo, com mais iniciativas.

Terapeuta: Você também me falou, na última vez, de todos os problemas conectados com sua dor, com as intervenções terapêuticas efetuadas. Quem sabe esses problemas tenham um efeito positivo para você, porque lhe permitem não ter outros mais perturbadores. Continuar pensando na enfermidade nas costas, quem sabe, o libere de ter outras idéias que poderiam ser mais preocupantes que as relacionadas com sua dor.

(Bruno dá uma gargalhada.)

A gargalhada, ampla e sincera, parece indicar que o terapeuta foi direto ao ponto: as outras ideias poderiam prejudicá-lo realmente; daí a resposta analógica, uma gargalhada quase incontrolável.

A dor nas costas poderia ser a desculpa para não fazer certas coisas com a mulher, por exemplo, não ter relações sexuais ou para justificar eventuais fracassos no trabalho.

> *Terapeuta:* Também com referência a sua mulher, a dor nas costas poderia ser algo positivo para você, no sentido de que o exime de aceitar suas eventuais exigências. Também se poderia pensar que a dor pode fazer com que sua mulher dê atenção a você, e não somente à criança, e que estes pensamentos podem fazê-lo viver a melhor existência possível neste momento.
> (Bruno sorri ainda, dando a impressão de que o terapeuta verdadeiramente foi ao ponto certo.)

A expressão "estes pensamentos" pode significar muitas coisas: por exemplo, se Bruno diz a sua mulher: "Por que não sou feliz? Porque tenho dores nas costas" - sua mulher já não pode ter expectativas em relação a ele, pois tem a dor. O discurso do terapeuta, que alude às vantagens secundárias do sintoma - mais que ambíguo, é indefinido - e Bruno pode completá-lo com muitos conteúdos diferentes, a seu gosto.

Ainda, devemos considerar que a gargalhada de Bruno deve ser vista como a risada, não somente de um cliente, mas também, de um terapeuta.

> *Terapeuta*: Se estivesse a meu alcance, como terapeuta, eliminar o sintoma, não o faria... tentaria compreender melhor...
> *Bruno:* (imitando a Hamlet)... vantagens... desvantagens...
> *Terapeuta:* Você poderia experimentar uma angústia muito mais forte. Poderia perder a orientação no sentido de: "o que posso fazer com minha vida?" Poderia descobrir que, se o mastro principal não tivesse problemas, o novo problema poderia ser: "O navio agora avança, mas aonde ir?" Você deveria fazer escolhas: Holanda ou Itália, esposa ou não esposa, psicoterapia ou não psicoterapia; também poderia ter expectativas externas em relação ao ponto aonde deveria ir o barco. Para sua mulher, o barco poderia avançar em uma determinada direção...
> *Bruno:* Para Milão.

Terapeuta: Neste momento você pode dizer: "Não posso, porque o mastro principal não funciona".[5]

Bruno: É assim como me sinto, um tanto paralisado, no sentido de uma situação na qual... sinto-me em uma situação de paralisia.

De grande parte do material fornecido por Bruno transparece uma tendência à ambivalência, e inclusive ao pensamento obsessivo: escolher Holanda ou Itália, a terapia com uma mulher ou com um homem, a profissão de terapeuta ou a de consultor de empresas, e assim por diante.

Terapeuta: Também poderia ser o trabalho. O fato de permanecer muito tempo assentado, o que acentua a dor das costas: você trabalha como psicoterapeuta e, portanto, está sentado por muito tempo, e o dilema poderia ser: "Agrada-me, ou não, levar esta vida de psicoterapeuta? Deveria estar sentado ou de pé, fazendo outra coisa?" Não sei; o consultor, por exemplo, passa menos tempo assentado.

Bruno: Já trabalho bastante como consultor.

Terapeuta: Ou então fazer outra coisa.

Bruno: Isto me parece um caminho muito válido.

Terapeuta: Qual?

Bruno: O que estamos vendo agora. Faço três coisas: consultoria em uma instituição de crédito, ensino psicoterapia na Holanda e faço um pouco de terapia e consultoria aqui na Itália. Ainda que me incomode um pouco viajar, é melhor que trabalhar como gerente de uma firma. Gostaria de ser livre, especialmente agora que posso dedicar mais tempo a meu filho. Tenho quase quarenta anos e pouca vontade de mudar.

Um dos dilemas agora pode ser: o filho ou o trabalho? Em relação ao trabalho, sabe-se que uma de suas desilusões é não ter chegado a ser notável, famoso, reconhecido nacional e internacionalmente. Portanto, poderia justificar a falta de êxito no trabalho com o fato de ter que se dedicar ao filho. Mas, depois, é de se esperar que se sinta desiludido

---

(5) Uma leitura freudiana evidenciaria uma notória "angústia de castração". A simbologia de uma árvore um pouco torta remete ao símbolo fálico e também ao temor da castração. Este símbolo é observável também no sonho, com a comparação do "inválido" junto ao pai erguido, grande e corpulento.

porque não se dedica o suficiente à sua profissão. Desta maneira, o barco permanece em pane.

Marzocchi (1989) fala do "arquivo de metáforas" que cada terapeuta tem à sua disposição, baseado em sua cultura e em suas experiências. Em um dado momento, o que emerge na conversação leva o terapeuta a utilizar alguma dessas metáforas. Quando Bruno, ao fazer um balanço de sua vida, diz que tem quase quarenta anos, por via de associação livre o terapeuta busca logo o início da "Divina Comédia": "No meio do caminho de nossa vida...", que se refere ao início da viagem interior do poeta, que o leva a conectar o passado com o futuro.

> *Terapeuta:* Você disse que tem quase quarenta anos... Neste momento me vem à mente o começo da "Divina Comédia": "No meio do caminho de nossa vida / eu me encontrei em uma selva escura, / porque a estrada certa estava perdida". Dante Alighieri tinha trinta e três anos quando a escreveu...
> *Bruno:* Uma selva? O que é? Não compreendo...
> *Terapeuta:* "Selva" significa bosque, floresta, ou seja: eu me encontrei em um bosque escuro, obscuro, "porque a estrada certa estava perdida", porque havia perdido o caminho principal, o caminho certo.

A metáfora de Dante parece conectar os elementos principais do discurso atual: a consciência da idade alcançada, da passagem do tempo, a incerteza de estar bloqueado, de não saber que direção escolher na vida etc. Esta metáfora parece incluir todas as outras. É a metáfora da vida como viagem, como busca de si mesmo e da própria autonomia. Bruno parece muito impressionado pela metáfora. Mesmo o terapeuta pode ter ficado impressionado pelo que disse o cliente quando mencionou que a dor nas costas lhe servia para conter-se, para deter-se antes de decidir as opções futuras. De fato, Bruno disse: "Este me parece um caminho muito válido". As palavras "caminho" e "tenho quase quarenta anos" podem ter iluminado o arquivo de metáforas do terapeuta. Naturalmente, o tipo de metáfora deve estar em relação com o nível cultural do cliente: um nível inferior teria requerido outras metáforas.

> *Terapeuta:* Simbolicamente, umas das chaves para a leitura da "Divina Comédia" é que Dante Alighieri a escreveu como forma de autoterapia, como uma maneira de expressar seus desejos, suas an-

gústias e seus fortes vínculos com Florença, de onde se viu obrigado a fugir para jamais regressar. Em efeito, nas descrições do Inferno, encontram-se alguns personagens responsáveis por sua expulsão da cidade. Em tom de brincadeira, poder-se-ia dizer que, não existindo terapeutas nessa época, Dante escolheu a Virgílio como companheiro de viagem e terapeuta.

Bruno: É curioso: ao vir aqui me sinto como se entrasse em um bosque escuro, sem luz... mas agora, é um bosque escuro onde aparece uma luz. Todavia, não basta; ainda não sei a que me apegar. Voltando ao tema das vantagens que mencionou, a dor nas costas me paralisa.

Terapeuta: Sim, mas lhe permite meditar, pensar antes de sair à luz, como Dante Alighieri que, ao final, a encontrou e foi ao Paraíso.

Bruno (com um tom de autocrítica): Penso mais nas costas que nestas coisas mais interessantes...

Esta resposta se pode prestar a uma dupla leitura. Pode significar: "Eu, Bruno, não estou à altura de você nem de Dante Alighieri; não sou tão introspectivo e sábio. Penso em coisas banais, como em uma dor banal nas costas, e não poderei alcançar níveis semelhantes de autoconsciência!" Neste caso, a metáfora erudita pode ser contraproducente e afligir o destinatário. Ou então, pode tratar-se de um elogio ao dedicado terapeuta que ajudou a encontrar um pouco de luz no "bosque escuro", como fez Virgílio com Dante. A frase: "...agora é um bosque escuro onde há uma luz" pode significar que Bruno está no começo de sua viagem.

Terapeuta: Se você devesse fazer um balanço de sua vida, estaria satisfeito? O que desejaria fazer no futuro?

Bruno: Há duas coisas: uma me fez muito bem, casar-me com esta mulher e ter este filho; a outra não, fiz muitas coisas, tive muitas experiências, agora trabalho como consultor, como profissional liberal, faço terapia, formação... mas, por exemplo, jamais fundei uma escola nem criei algo que perdure.

A satisfação pelo matrimônio e pelo filho é fruto, pelo menos em parte, das três sessões de casal e, em particular, de uma metáfora explícita em um ritual nupcial prescrito como conclusão da segunda sessão de casal. Bruno havia manifestado angústia em relação ao matrimônio, desde o começo não estava de acordo com sua mulher que, em sua opinião, tentava assumir uma posição dominante.

É significativo o fato de que Bruno tenha tido mais relações com mulheres que com homens: na Holanda, trabalha sob a direção de uma mulher que está à frente de um centro de psicoterapia; na Itália, fez análise com uma mulher, e em sua infância, teve uma relação muito intensa com sua mãe. É como se agora desejasse resolver o problema com o pai e com os homens. As mensagens analógicas de estima e quase de necessidade de afeto dirigidos ao terapeuta confirmariam esta hipótese.

Não se pode saber se isto é espontâneo ou está condicionado, em alguma medida, por sua formação como terapeuta, sua análise pessoal e a mensagem que sua analista lhe comunicou na última vez que recorreu a ela: "É melhor que agora veja um analista homem". Efetivamente, cabe destacar que, prevendo a continuação da terapia – limitada a um máximo de vinte sessões, separadas por intervalos de quase um mês e definida como terapia sistêmica, e não psicanalítica – o cliente tendeu a comportar-se e comunicar-se como se estivesse fazendo uma terapia analítica. Muitas vezes, iniciou as sessões com o relato de um sonho e manifestou aceitar os comentários do terapeuta relativos à relação terapêutica, enquanto analogicamente, e às vezes verbalmente, comunicou que não aceitava o convite para falar das relações atuais ou de hipotéticas opções futuras.

> *Terapeuta:* Você está satisfeito como marido e pai, mas não parece estar do mesmo modo profissionalmente. Pensa não ganhar dinheiro o suficiente?
> Bruno (sorrindo): Poderia ser um pouco mais.
> *Terapeuta:* Você gostaria que fosse mais?
> *Bruno:* Sim.

Aqui o terapeuta explora o sistema de valores do cliente, formulando a hipótese de que um destes valores pode ser a capacidade de ganho, isto é, de que o dinheiro possa estar em relação com sua autoestima. A resposta do cliente pode ser uma simples confirmação, ou então, pode introduzir uma diferença, como se verá mais adiante. De qualquer modo, indagar o significado relacional do dinheiro pode ser útil na terapia.

> *Terapeuta:* Se dissesse a seu pai e sua mãe o quanto ganha... Por exemplo, seu pai estaria contente se você lhe dissesse o quanto ganha?

Bruno: Humm... me vem uma imagem, sabe, aqueles que vão de porta em porta para vender coisas. Hoje já não existem mais. Ao contrário... bom... É como se ele tivesse uma imagem similar de mim.
Terapeuta: Uma imagem acima de tudo negativa...
Bruno: Sim, é exatamente assim.

As dúvidas de Bruno sobre seu valor, sobre as metas alcançadas, "na metade do caminho de sua vida", estimulam a curiosidade do terapeuta, que explora a conexão entre as dúvidas de Bruno e o possível juízo de seus progenitores sobre tais metas. Com este fim, o terapeuta usa a técnica da presentificação, fazendo perguntas circulares.

Terapeuta (voltando o olhar para as cadeiras vazias): Se seu pai e sua mãe estivessem aqui, e eu lhes perguntasse "O que pensam de Bruno, do que ele fez e do que ele está fazendo de sua vida?" - o que diriam? Você se interessaria por suas respostas?
Bruno: Se me interessariam as respostas? Sim, sem dúvida!
Terapeuta: Interessariam mais as de seu pai ou de sua mãe?
Bruno: As de meu pai. Minha mãe, sei que diria que as escolhas que fiz foram corretas se me fazem feliz.
Terapeuta: Se dissesse a seu pai: "Seu filho tem agora quase quarenta anos, é terapeuta e consultor, e está casado..." - o que diria, que opinião daria a você?
Bruno: Diria: "Poderia fazer algo mais, algo diferente".
Terapeuta: E você o que diria?
Bruno (com um tom sério): Diria: "Por que jamais se interessou verdadeiramente pelo que eu estava fazendo?"

Aqui emerge a necessidade e importância da confirmação paterna, mas também um protesto evidente pela distância que seu pai mantinha dele. Parece ter tido e ainda ter significativas confirmações das mulheres de sua vida, a partir de sua mãe; todavia isto não basta. Parece que sua legitimação como homem deve vir de seu pai ou de seus substitutos.

Bruno: Depois me diria: "Por que trabalha sob a supervisão de sua colega, porque não faz algo por conta própria?" Ao contrário, minha mãe... (sorrindo) ela acredita em minha capacidade e diria que tenho outras potencialidades.
Terapeuta: Potencialidades que você ainda não teria manifestado?

Bruno: Sim.

Terapeuta: Ainda há, segundo parece, expectativas sobre seu futuro?...

Bruno: Sim, é exatamente assim. As expectativas são de ambos. Esperam que eu crie algo que os faça felizes e que me faça feliz também.

Terapeuta: Estão contentes de você se ter casado com uma italiana?

Bruno: Sim, estão contentes.

Terapeuta: Parece que, em alguma medida, vocês estão de acordo: estão felizes eles e você. Efetivamente, hoje começou dizendo que estava contente de ter-se casado com essa mulher e de ter um filho com ela. Poderia ser esta a luz que aparece no "bosque escuro"? Ao começo de sua viagem para o Paraíso?

De modo evidente, revela que ainda tem fortes laços com seus pais e que não alcançou a autonomia. Por um lado, expressa ressentimento por não ter tido a aprovação do pai; por outro, parece estar de acordo com as expectativas deles. Está parcialmente satisfeito consigo mesmo, e seus pais compartilham esta satisfação: todos estão contentes porque se casou e teve um filho. Mas os exames da vida ainda não foram concluídos. Tem que pensar na carreira! Mesmo quando realmente pareça que já tenha caminhado muito.

Com suas perguntas, o terapeuta amplia o contexto e abre diferentes cenários hipotéticos, evitando, o mais possível, julgar seus pensamentos e suas escolhas. Ainda que às vezes possa parecer "instrutivo", o ponto de interrogação ao final das frases, isto é, a forma retórica das perguntas, deixa ao cliente a responsabilidade da interpretação ou da atribuição de significado. A última pergunta do terapeuta re-introduz a metáfora da viagem de Dante, coerentemente com uma visão positiva.

Bruno: Esse problema já não existe. Já não dizem: "Quando você se casará, quando terá filhos?..."

Terapeuta: Parece que você está preocupado em fazer algo na vida para que seus pais finalmente possam dizer que estão felizes. De quem você mais gostaria de receber este testemunho de estima?

Bruno: De meu pai.

Terapeuta: Você poderia dizer a seu pai que tem o problema nas costas que lhe impede realizar seus projetos... que tem um problema.

Retoma-se a metáfora relativa ao tema da dor nas costas que, neste momento da sessão, pode referir-se a sua ambivalência em relação às metas que "deveria" alcançar, e em relação às expectativas dos pais – e em parte também às próprias. A ambivalência se traduz no par de opostos: "posso, não posso", dentro do qual Bruno continua oscilando. O convite a dizer a seu pai "no momento não posso" tem o objetivo de representar uma relação pai-filho diferente, na qual o filho pode confessar uma debilidade sua e o pai pode compreender o momento particular de sua vida.[6]

> *Bruno:* Sim, poderia dizer... mas não o faria... não sei... se me imagino falando deste problema com ele, não consigo ver a mim mesmo com o problema... é estranho, me daria outra imagem de mim mesmo. Além disto, não é que meu pai possa dizer algo que me possa... mas há algo dentro de mim... sim, dentro de mim...
>
> *Terapeuta:* Isto é, os juízos dos quais estava falando, o conflito externo, estão dentro de você?
>
> *Bruno:* Sim. Isto é, não é que eu vá ali e ele me diga...
>
> *Terapeuta:* Ou seja, não é o pai real, mas o pai interno?
>
> *Bruno:* Sim.

Quando o terapeuta alude à possibilidade das "vozes internas", e não somente externas, isto é, à importância da família interna e ao pai interno, Bruno concorda sem reservas. O terapeuta, levando em conta o duplo papel de Bruno como cliente e como colega de orientação predominantemente psicodinâmica, não se surpreende com esta resposta. Da análise do mundo interno, congênito no cliente, passa pouco a pouco ao mundo externo, às relações atuais. Como já apontamos, o terapeuta leva continuamente em consideração os preconceitos do cliente, assim como seus próprios preconceitos, evitando considerá-los como Verdade.

> Terapeuta (dirigindo o olhar para as cadeiras vazias): Se estivessem aqui seu pai e sua mãe, e eu lhe pedisse que me desse uma opinião sobre eles, o que diria?

---

(6) Do ponto de vista psicodinâmico, poder-se-ia falar de uma "experiência emotiva corretiva", onde o terapeuta se comporta como um pai diferente do percebido pelo cliente, um pai positivo e aceitador (Alexander e French, 1948).

Bruno: Sobre meu pai, um juízo de grande estima, no sentido de que ele, sendo filho de operário, trabalhou e estudou à noite, fazendo uma carreira incrível; graduou-se e chegou a ser um destacado gerente. Minha mãe ficou muito próxima dele e fez grandes sacrifícios por ele.

Terapeuta (com ênfase): Dois heróis, dois gigantes, você é filho de dois gigantes! É difícil ser filho de heróis e gigantes. Estou pensando no que fez você voltar aqui: quem sabe a esperança de que, falando comigo, aconteça algo que lhe permita sair do impasse de sua vida.

Bruno: Sim.

Terapeuta: Está imobilizado. Relatou um sonho no qual havia um filho inválido junto a seu pai. Nesse momento, me vem à imagem de um possível "sonho final" seu, que poderá contar depois do nascimento de seu filho. No sonho final, você está junto a seu filho, que é uma criança vivaz, cheia de vida, feliz por ter próximo a ele um pai orgulhoso e, mais bem fundo, o avô paterno, que se sente finalmente satisfeito.

Bruno (um pouco comovido): Não sei por quê, mas agora sinto um "sim" dentro de mim.

Através das perguntas circulares sobre a "família presentificada", surgem dois progenitores que o terapeuta define como heróis, dois gigantes cuja vida é difícil de imitar. Depois da pergunta-constatação de que "é difícil ser filho de heróis", pergunta-se ao cliente se sua decisão de retomar contato com o terapeuta não foi motivada pela esperança de sair do impasse de sua vida.

Depois de seu consentimento, projeta-se um possível cenário futuro, representado por um hipotético sonho final (de terapia), da solução de suas angústias e de seu sentimento de inferioridade. Sua resposta verbal, mas sobretudo emotiva, indica que algo o comoveu profundamente.

Terapeuta (pausa): Hoje veio para um encontro, uma consulta ou uma terapia?

Bruno: Quando nos vimos da última vez, desejava escrever-lhe uma carta de agradecimento e não pensava voltar a vê-lo. Depois, nestes meses, com o aumento da dor, comecei a experimentar uma sensação de inquietude e de preocupação crescente. Assim, pensei em voltar aqui mais para um esclarecimento – para sair do impasse –

que para uma terapia. Trabalhei muito sobre mim mesmo no passado...

Terapeuta: O que pensou sua mulher sobre esta decisão de voltar a mim?

Bruno: Oh! Sentiu-se feliz. Agora nossa relação anda bem e ela espera feliz o nascimento do bebê; até comentou: 'Vai ao doutor, seguramente te ajudará'.

Terapeuta (sorrindo): Em suma, sua mulher espera que eu lhe endireite as costas?

Bruno (ri): Isso a faria feliz! Queria acrescentar que gostaria de ter a oportunidade de voltar aqui outra vez.

Terapeuta: Vou consultar meus colegas.

(O terapeuta sai da sala.)

Terapeuta (de volta): A impressão que meus colegas tiveram de você é a de um "Atlante" que carrega o mundo nas costas. Eles o veem como uma pessoa que há muito tempo suporta esse grande peso, esses dois gigantes, seus pais. Esse peso tem sido tão forte, que desequilibrou sua coluna vertebral. É surpreendente o fato de que, depois de seu matrimônio e da espera de um filho, o peso não tenha diminuído. Não estaríamos tão surpreendidos se tivesse ocorrido o contrario!

Bruno: Precisará de tempo...

Terapeuta: E quanto ao possível sonho final que lhe contei, eles estão de acordo. Em seu sonho inicial sobre seu pai com a criança inválida, também veem a você como pai e, portanto, advertem um temor em você, em seu foro mais profundo, de que nasça um filho que não satisfaça as expectativas do avô. Se seu filho fosse perfeito, então teria resolvido para você o problema das expectativas de seus pais. Concebendo um filho perfeito, poderia obter a patente de idoneidade de adulto. Neste sentido, o inválido do sonho pode ser a expressão simbólica de uma angústia profunda: a de conceber um filho que tampouco consiga satisfazer as expectativas... Esta é a conclusão do encontro de hoje. Também discuti com meus colegas seu pedido de um segundo encontro: estamos de acordo e (pondo-se de pé e entregando-lhe um cartão) aqui está a data do próximo encontro.

(Bruno escutou as palavras do terapeuta com muita concentração, concordando imperceptivelmente. Ao receber o convite para o segundo encontro, se relaxou e mostrou-se visivelmente satisfeito.)

O comentário final elaborado pela equipe utiliza alguns elementos da sessão, entre eles o sonho inicial, o hipotético sonho final e a sensação de encontrar-se em um impasse existencial e de não satisfazer as expectativas do pai. O comentário se inicia com a pitoresca metáfora do "Atlante" que carrega o mundo nas costas e conclui com uma possível interpretação do sonho final: concebendo um filho perfeito para seu pai, finalmente conseguirá a patente de adulto, com a consequente saída do impasse. Obviamente, o conteúdo e a linguagem desta intervenção ao final da sessão estão em sintonia (tailored) com o material desta, os conhecimentos do cliente-colega e a praxe do enfoque sistêmico.[7]

A *reductio ad absurdum* da relação avô-filho-neto pode facilitar o aparecimento de emoções e significados novos que, quem sabe, venham a contribuir para a solução de sua crise existencial. Uma análise global da sessão poderia começar com a observação de que o terapeuta trabalha por temas e se vale frequentemente de metáforas. Ou então, identifica o que Lai (1985) chamaria um "motivo": o terapeuta remete continuamente ao motivo e o paciente responde. Em certo ponto se identificam dois ou três motivos: as costas, a viagem, a paternidade e, como numa peça musical, gira-se em torno deles utilizando as metáforas. Deste modo, se constrói uma história que se nutre de elementos emotivos e cognitivos de ambos os interlocutores. A história começa com o problema da dor nas costas conectado à experiência de impasse do cliente. O terapeuta oferece uma visão do sintoma como algo positivo, e não negativo, que lhe permite neste período de sua vida refletir sobre si mesmo e sobre seu futuro. O cliente se mostra muito comovido por esta reformulação e se abre à exploração dos elementos que podem ser responsáveis por sua crise.

Em certo sentido, o terapeuta comunica a Bruno que ainda não está pronto, que deve sair do impasse para que, em breve, o navio possa prosseguir sua viagem. Acredita que somente necessita de um empurrão, de uma ajuda temporária, por parte do terapeuta, para esclarecer suas ideias e retomar o caminho. Por outro lado, Bruno se presta a uma sessão rica e densa em significados, seja por sua inteligên-

---

(7) O comentário de final de sessão contém alguns elementos que podem ser inscritos em uma cultura psicodinâmica, incluídos, todavia, em um quadro característico da visão sistêmica. O comentário pode ser considerado uma típica intervenção de reformulação.

cia e sensibilidade, seja por ter feito uma longa terapia e por seus conhecimentos sobre a matéria.

As construções na sessão e também a linguagem são bem mais sofisticadas e refletem as competências de ambos. É interessante notar a quantidade de temas que vem à luz: temas que em uma terapia mais típica seriam abordados em mais sessões. Tem-se a impressão de um diálogo rico, que condensa, em pouco mais de uma hora, os temas principais da vida do cliente. É um diálogo característico de uma sessão de consulta que pode ficar isolada, em consonância com o pedido do cliente de ter um "esclarecimento", e não uma terapia. Abusando da metáfora do navio, poder-se-ia dizer que a sessão é como uma viagem, onde há um navio conduzido por ambos, cada um com sua perícia e conhecimento do lugar. O terapeuta possui seu arquivo de metáforas, mas também o cliente tem o seu; trabalha-se em conjunto e o navio avança... O cliente sozinho não consegue fazê-lo, mas a dois, cliente e terapeuta, podem consegui-lo.

Segunda sessão

Bruno: Há dois temas dos quais queria falar. Estive na Holanda, onde dei um seminário e vi também meus pais. Refletindo sobre a história de meu pai, de quem falamos a vez passada, digamos, ao comparar-me com o que ele pensa de minha profissão... senti como se estivesse voltando para trás, em relação ao caminho que já percorri. Ao avançar nessa direção, apareceram velhas feridas. Nestes dias que passei em casa de meus pais, sonhei muito sobre algo que já deixei para trás e sobre o perigo de retomar este discurso da relação com meu pai. Este é um tema. O outro ponto é que, nestas duas ou três semanas, houve uma piora em minhas costas. Sinto mais dores e me sinto menos firme sobre as pernas. Parece-me que tudo está torcido. Fiz exames: há um ligeiro deslocamento da coluna vertebral para a esquerda e, para equilibrar-me, me indicaram uma palmilha (mostra o sapato direito).

Terapeuta: Como explica esta piora?

Bruno: Por uma parte, penso que se deve ao discurso do outro dia sobre meu pai, que me fez recordar minha análise e o que pensava ter superado; por outra, também me apego um pouco à explicação de tipo fisiológico. Já não sou capaz de distinguir quanto há de psíquico ou mental em minha situação e quanto de fisiológico.

Terapeuta: Segundo me lembro, no tocante às causas da "síndrome da dor nas costas", ou *low back pain syndrome*, como a chamam nos Estados Unidos, é difícil estabelecer em que medida incide nela, ou não, o fator biológico. Em outras palavras, é difícil dizer quanto há de psíquico, quanto de somático e quanto de psicossomático.

Bruno: Pensei no bom e no mau, e que coisa estaria pior sem estes sintomas, mas não cheguei a nenhuma conclusão...

Terapeuta: Mas com que estado de ânimo veio hoje aqui?

Bruno: Acima de tudo, desesperado. (Se corrige.) Diria que um pouco desesperado.

Surpresa! O terapeuta, ou melhor, a equipe terapêutica esperava pelo menos uma melhora sintomática depois do primeiro encontro com Bruno, como havia ocorrido depois dos três encontros anteriores com o casal. Esta expectativa se baseava também na sensação da ter havido uma boa sessão. Mas a piora traz tudo novamente à discussão. Poder-se-iam formular as seguintes perguntas: é um indício de que o cliente não pode renunciar aos benefícios secundários do sintoma, devidos a causas que ainda não estão claras? Ou sua dependência encoberta (no sentido de não consciente) dos terapeutas, com os quais tende a estabelecer uma relação "interminável"? É um sinal de que a transferência com sua terapeuta-enviante não foi resolvida, e de que Bruno piora porque sua terapeuta não o admitiu em terapia quando recorreu a ela na última vez e, ao contrário, o enviou a outro terapeuta? Outras explicações possíveis – e mais simples – da piora poderiam ser: primeiro, a dificuldade de aceitar e conviver com uma enfermidade crônica comum, para a qual em geral não se busca uma psicoterapia; segundo, um erro de timing do terapeuta ao abordar diretamente a relação de Bruno com seus pais, como se já estivesse em terapia, em vez de limitar-se a uma simples sessão exploratória; terceiro, a dor lombar é funcional na relação do casal, no sentido de que sua presença permite que os conflitos conjugais permaneçam ocultos. Também poderia ter a função de atrair a atenção da mulher, totalmente concentrada na criança que está gerando.

Terapeuta: Desesperado em que sentido? Veio a confiar-me: "Ajuda-me, faça algo", desesperado neste sentido? Desesperado no sentido de alguém que perdeu a esperança ou, antes, de alguém que tem a esperança de que eu possa fazer algo?

Bruno: Não, não perco a esperança.

Terapeuta: Mas pensa que posso fazer algo por você?

Bruno: Sim. Queria que esclarecêssemos algo, para que depois tenha as ideias mais nítidas... Como ocorreu em fevereiro, quando saí daqui com Emanuela, as coisas com ela se haviam esclarecido e já não tivemos mais discussões. A conversa sobre meu pai abriu velhas feridas que haviam cicatrizado, pelo menos penso que...

Terapeuta: Quero expressar o que penso neste momento. Quando você contou que desde o encontro anterior sua dor tinha piorado, fiquei surpreso, porque pensava que esse encontro podia ter melhorado a enfermidade. Neste ponto, ocorreu-me a hipótese de que, com a linguagem de seu corpo, isto é, com a piora, você está me comunicando: "Piorei, não me deixe. Queria prosseguir o caminho com você, porque sozinho não consigo caminhar, queria caminhar com você", como Dante com Virgílio, não? E para apoiar-se em mim, de algum modo, deve ter um motivo, como o de estar pior. Não sei se minha leitura faz sentido para você.

(Longo silêncio)

Bruno: Mas... não tem nada de racional, não poderia dizer que ainda desejo trabalhar sobre isto...

Terapeuta: Se deixamos de um lado a dor lombar, como vê sua vida agora? Parece-lhe ter necessidade de uma ajuda, isto é, acredita ter problemas a ponto de requerer uma terapia?

Bruno (silêncio perplexo):... Não.

Terapeuta: Então, confia que poderá seguir avançando por seu caminho. Não tem necessidade de um Virgílio que o acompanhe?

Bruno: Não. Esta moeda tem duas caras... de um lado, não acredito ter necessidade de terapia; de outro, meu corpo fala uma outra linguagem e me diz: "Não é verdade, tem necessidade de alguém que sustente sua coluna". Sem o discurso das costas, se eu me sentisse bem não... não estou seguro de que... teria voltado aqui.

A situação está se esclarecendo no sentido de que o cliente comunica explicitamente que, se não tivesse a dor, não buscaria uma psicoterapia. Todavia, todos os outros profissionais (ortopedistas, fisioterapeutas e acupunturistas), pelo tipo de dor, vagante e às vezes difusa, destacaram o componente psicológico na gênese dos sintomas. Agora, a última afirmação de Bruno, introduz um componente paradoxal em seu pedido de ajuda: pede a um psicoterapeuta que lhe resolva um problema psicossomático sem fazer psicoterapia! De fato, sua retroação em relação à sessão anterior é que foi inútil, senão prejudicial! Agora será interessante ver como o terapeuta conseguirá sair do paradoxo. Considerada a situação a posteriori, o terapeuta, já desde estas primeiras frases, escolheu a alternativa de trabalhar sobre a pessoa, sobre seus conflitos, ainda quando o cliente peça explicitamente ser liberado da dor nas costas. Ao contrário, se tivesse considerado de importância primordial a eliminação do sintoma, teria recorrido a alguma intervenção característica do enfoque estratégico.

> *Terapeuta:* Da outra vez, você disse uma frase que me ficou gravada: "Eu deveria ser famoso, pelo trabalho que fiz deveria ser reconhecido". Ser reconhecido como um pioneiro, como alguém que está fazendo algo importante; segundo você, ainda não conseguiu. Não será que a dor lombar lhe permite evitar um mal ainda mais grave, isto é, uma desilusão, uma ferida narcisista, por não ter conseguido alcançar os objetivos que você acredita que deveria alcançar? Nesta sessão, falamos de seu pai neste sentido, porque seu pai alcançou objetivos incríveis em sua vida.
>
> *Bruno:* Aqui, quem sabe, há dois discursos para fazer: o que tem a ver com ele, mas também o discurso de "ser pai"... Enquanto você falava, pensava que se nasce um filho... é difícil... é como uma imagem que faz assim e assim. (Faz gesto com as mãos como se fossem duas imagens no verso e reverso de uma mesma folha.)
>
> *Terapeuta:* Às vezes, ao escutar como fala e como se expressa, me dá a impressão de estar diante de Hamlet, sabe, o Hamlet com a caveira na mão que diz: "Ser ou não ser, eis a questão"; "dormir, sonhar", é como se estivesse sempre diante de um dilema: "caminhar ou deter-se", quem sabe. (Ambos riem.) Seguir adiante ou parar? Fazer terapia ou não fazer terapia?

O terapeuta, em vez de tratar de sair rapidamente do impasse, isto é, do paradoxo no qual o cliente o colocou, por exemplo perguntando-lhe o que lhe aconselharia fazer, prefere voltar sobre um tema abordado na sessão anterior, postergando a busca de uma forma de sair de uma situação que pode tornar-se absurda! Considerada a priori, a escolha do terapeuta pelo percurso a seguir, obviamente lhe pareceu como a "melhor opção possível"; considerada a posteriori, parece discutível, porquanto favorece a tendência à contraposição, a uma relação de tipo opositivo, simétrico, entre terapeuta e cliente. Na realidade, quanto mais diz o cliente: "Não tenho necessidade de terapia" - tanto mais faz terapia o terapeuta. Depois que o cliente respondeu de modo confuso: "Aqui, quem sabe, há dois discursos para fazer..." - o terapeuta se agita um pouco (na gravação, parece esconder com dificuldade uma irritação mal dissimulada) e lhe lança uma lista de dilemas até chegar ao último, o mais importante, sobre a terapia. Aqui é possível prever que a reação do terapeuta se pode atribuir, em grande parte, ao previsível "sofrimento" de encontrar-se em uma relação paradoxal, na qual sua competência é desconhecida, especialmente depois de ter tido uma primeira "boa sessão" da qual esperava uma evolução positiva. Outra razão que pode ter estimulado o terapeuta a iniciar uma reação simétrica poderia ser atribuída a seu narcisismo, espetado por um cliente-colega que criticou seu modus operandi. Todavia, é preciso destacar o toque de humor que o terapeuta introduz com a comparação a Hamlet, que produz o efeito de alterar e reduzir a simetria, como revela a risada de ambos.

> *Bruno:* Sim, é verdade. Às vezes me dou conta de que recito um pouco e não falo com clareza. Sinto-me um pouco confuso. Trabalhei durante três anos com a doutora Verdi - minha analista -, depois lhe disse que estava cansado. De todo modo, mais tarde recorri a ela pelo problema com minha mulher, e ela me disse para vir aqui.
>
> *Terapeuta:* Portanto, na Itália, encontrou outro casal de progenitores. Digamos, um pouco como seu pai e sua mãe... Você fez um longo período de terapia, primeiro com Verdi e, em seguida, veio aqui.
>
> *Bruno:* E então me pergunto o que busco... Ela me aconselhou a vir aqui.
>
> Terapeuta (sorrindo): Aconselhou-o a vir aqui... Como a mãe que diz: "Vá com seu pai, estes problemas agora ele é que vai resolver".
>
> *Bruno:* Sim, porque... sim, é assim. Ela tinha esta hipótese: que havia algo que não funcionava em minha relação com Emanuela. Viemos aqui e o que você nos disse teve um efeito muito grande. Entendi sua mensagem da seguinte maneira: cheguei ao final, ao final de todos estes percursos que fiz e agora posso seguir por meu caminho. Isto teve um efeito considerável... mas agora compreendo o que busco; parece que busco ajuda por este sintoma... aqui posso dizer: "Não me arrisco a caminhar sozinho"... não sei, não sei que...

Volta-se ao princípio. O cliente diz: "Parece que busco ajuda pelo sintoma" - porque acreditava que já tinha resolvido seus problemas relacionais e existenciais. Todavia, os últimos intercâmbios abriram uma brecha em sua insegurança, no sentido de ter necessidade de confirmações externas, de depender juízo de outrem. Mesmo exibindo um comportamento próprio de pessoa "amável", gentil, desprovida de agressividade, envia mensagens claras de que combaterá por sua ideias. A pergunta seguinte é típica de uma primeira sessão, como se devesse retomar o discurso desde o princípio.

> *Terapeuta:* Se eu lhe pedisse, por exemplo, que me dissesse o que você gostaria que mudasse em sua vida, o que você me responderia?
>
> *Bruno:*... Queria ser um bom pai... mas, isso não seria uma mudança.
>
> *Terapeuta:* Suponhamos que esta noite ocorra um milagre e que amanhã terá mudado o que você verdadeiramente deseja que mude, o que terá mudado? (Ocorre um longo silêncio, durante o qual o terapeuta parece estar à espera de uma resposta que não chega.) Ou, em outras palavras, o que deveria mudar para que você se sinta bem; por exemplo, deveria mudar o lugar, Holanda ou Itália? Ou o trabalho? Ou algo nas relações pessoais? O que deveria mudar?
>
> Bruno (longa pausa): Oh!... É uma pergunta difícil.
>
> *Terapeuta:* Pense, você tem tempo.
>
> *Bruno:* Posso apenas dizer, como o fiz da última vez, que não me agrada meu trabalho, mas é difícil dizer de que eu gostaria: se um lugar fixo ou viajar, fazer o que estou fazendo ou desenvolver outros interesses. Gostaria de ter criado uma escola, um instituto, mas... não é fácil.

O longo silêncio depois da pergunta do terapeuta sobre o milagre, a longa pausa de Bruno antes de responder e o conteúdo da resposta que se refere a coisas já ditas e repetidas, refletem o impasse terapêutico. Os dois interlocutores parecem estar em duas faixas de onda diferentes, como se brincassem de cabra-cega.

> *Terapeuta:* Portanto, há um certo mal-estar interior, um mal-estar existencial?
>
> *Bruno:* Sim. Poderia chamar assim... Talvez também entre em jogo a idade... construir algo como profissional liberal, requer anos...

Deixar o que faço por um emprego fixo seria uma decisão que não se pode rever no dia seguinte... todavia, neste momento, sinto como se me enganasse...

Terapeuta: Confunde-se?

Bruno: Sim.

Neste segmento se pode observar a intenção, especialmente por parte do terapeuta, de sair do impasse, de encontrar o fio condutor que possa fazê-los sair do círculo em que os interlocutores estão presos. Com a pergunta seguinte, distinta de todas as outras, o terapeuta se dirige a Bruno como um colega, perguntando-lhe se pensaria em concluir a relação com Bruno como cliente e como o faria. Desta maneira, tenta sair de uma situação repetitiva do tipo "escalada simétrica", deixando assim ao próprio cliente a possibilidade de sair do paradoxo relacional do qual já se falou.

Terapeuta (apontando uma cadeira vazia): Se você tivesse nesse momento um seu paciente em sua situação, o que faria? Pensaria em deter-se, concluir hoje a relação, ou continuar e oferecer-lhe uma terapia, ou então o enviaria a um colega?...

Bruno (deixa sua cadeira para sentar-se na cadeira vazia): Assento-me aqui porque assim é mais fácil falar de mim (indicando a cadeira que acaba de deixar).

Terapeuta: Está bem, faça-o. (Bruno sorri.) Se quiser, cedo-lhe a palavra. Posso assentar-me na cadeira que você deixou e mudar meu papel pelo de paciente, ou então permanecer onde estou e fazer o papel de observador, você decide...

Surpreendentemente, Bruno muda de cadeira. Parece divertir-se com esta repentina invenção sua, que o leva a dividir o papel de cliente e colega. A idéia pode ter surgido da sessão anterior, na qual o terapeuta havia presentificado seus pais, indicando duas cadeiras vazias, ou da leitura dos artigos sobre a representação de papéis. O terapeuta, por sua vez, "replica", como em um jogo de pôquer, oferecendo-lhe a possibilidade de escolher entre dois roteiros: no primeiro, o terapeuta assumiria o papel do cliente, como se faz na formação com os exercícios de "representação de papéis"; no segundo, manteria o papel de terapeuta-observador, deixando para Bruno o duplo papel de colega e cliente.

Em relação a isto, observam-se dois pontos. No primeiro, ao aceitar a decisão do cliente de ocupar outra cadeira e, sobretudo, ao pedir que escolha entre dois possíveis comportamentos do terapeuta – ser o cliente ou simplesmente observador (ambas posições complementares – o terapeuta sai da posição simétrica.[8] No segundo, Bruno, na posição de colega, como terapeuta de si mesmo, tem a possibilidade de conectar emoções e significados provenientes dos dois papéis que interpreta.

É uma situação vagamente parecida com as peças de Pirandello. É como se ao cliente fosse pedido que resolvesse uma equação de terceiro grau. Em sua qualidade de colega, é observador de si mesmo como cliente, mas, simultaneamente, é observado por seu terapeuta. É uma situação similar, ainda que mais embaraçosa, àquela em que se pede a um cliente que observe sua sessão gravada em vídeo, isto é, que observe ao terapeuta que observa. Esta situação, que implica para o cliente observar e observar-se de pontos de vista diferentes, como em um jogo de espelhos, pode ter o efeito de acender uma faísca de criatividade.

> Bruno (apontando para a cadeira vazia): Vamos deixá-la vazia, é melhor deixá-la assim... A primeira impressão que tenho dele é que há algo que o arrasta para uma tumba, para trás. Quer levantar-se e... digo o que me vem a mente... depois me contou que, quando fazia terapia com a doutora Verdi, no princípio, tinha tido uma imagem: nela seu pai está de pé diante dele, que é ainda criança e não pode levantar-se do chão, e sua mãe se vai. E esse pai permanece erguido, rígido, enquanto a criança tenta levantar-se e não compreende aonde quer chegar esse pai e por que se encontra ainda nessa situação. Não sabe que pode levantar-se! Está diante de um gigante, de pé, imóvel. O único objetivo é chegar; mas para chegar, quando se é pequeno, corre-se o risco de torcer as costas. Esta é a ideia aproximada. Então, o que farei?... deveria ver um pouco com ele... Aqui, ele busca algo que no fundo já tem, mas tem dúvidas, que deveria resolver, como você dizia, que são existenciais... Acredito que um paciente que pergunta a você ou a mim : "Que coisas posso fazer para..." - tem uma falta de ideias para sair do seu problema. Ocorre-me outra hipótese: talvez necessite que um outro homem lhe dê a mão e diga: "Fez bem, agora eu lhe dou a mão e lhe faço ver outra situação".

(8) Na década de 1970, na esteira de Jay Haley e com a linguagem de então, teríamos descrito isto como uma estratégia de "pseudocomplementaridade" do terapeuta que lhe permitia manter a posição *one-up*, dando ao cliente a ilusão de que tem o controle da relação. Naturalmente, a leitura que hoje fazemos é diferente: agora, na relação terapêutica, a ênfase está posta mais em escutar ao cliente e mais na colaboração do que na modalidade, mesmo indireta, de exercer o controle da relação com o cliente.

Terapeuta: Como cliente, ele pediria isto para você como terapeuta?

Bruno: Sim, este paciente o faria. (Aponta para a cadeira onde estava antes.)

Terapeuta: Você disse que "busca um homem, um homem que o conduza".

Bruno: Um homem que diga: "Esta não é a única situação que existe na vida, há alternativas".

Terapeuta: Como você lê a mensagem que recebe como terapeuta?

Bruno: Ele está desesperado e espera que eu lhe dê a mão.

Terapeuta: E você está disposto a dar-lhe a mão? Pensa em ajudá-lo?

É significativo e também surpreendente que, na representação de papéis, o cliente dê preeminência ao tema da relação que tinha com seu pai quando era criança, relação que, segundo ele, já teria sido resolvida em sua análise. E mais, na sessão atual, criticou a iniciativa do terapeuta que na sessão anterior havia tocado o mesmo tema, provocando, segundo afirmou, a abertura de "velhas feridas" e, quem sabe, a piora de sua dor lombar. Agora, não somente centraliza a relação pai/filho, mas o faz repetindo considerações feitas pelo terapeuta, especialmente no comentário final da sessão anterior, retomando, por exemplo, a hipótese de ter necessidade de que outro homem o guie e o ajude a sair de sua situação.

Surge ainda a suspeita de que, nesta parte da sessão, o cliente tome a iniciativa de indicar ao terapeuta qual é o "caminho certo" a seguir, como fez Virgílio com Dante Alighieri. Esta inversão de papéis na relação terapêutica pode considerar-se como uma consequência do duplo papel de cliente e colega, que pode fazer com que a relação deslize sobre outros níveis: terapia, formação, supervisão!

Bruno: Ele espera de mim algo que seu pai não fez. Eu deveria fazer o papel de pai para ele.

Terapeuta: A quem deu a mão seu pai? Se não a ele, a quem? (indicando a ex-cadeira do paciente). Deu-a para sua mulher? Para sua filha? Ou para ninguém?

Bruno (parece emocionado; estende a mão direita): Não a deu para ninguém porque era uma mão cheia de sentimentos de tristeza e de severidade; assim protegeu o filho, protegeu-o ao não lhe dar a mão... Também ele necessitava de ajuda, este pai pedia ajuda e ao mesmo tempo estava cheio de ressentimento... queria a ajuda do filho.

Terapeuta: E por que o filho jamais o ajudou? É possível que o filho não o tenha ajudado porque ignorava este pai, porque estava dando a mão à mãe, por exemplo. Melhor ainda, os dois davam as mãos para a mãe?

Bruno: Sim... mas este homem também era muito rígido. Quando tinha oportunidade, não se abaixava, não se inclinava até o nível em que pudesse alcançar o filho.

Terapeuta (com humor): Devia abaixar-se o filho...

Bruno (indica com a mão a estatura de uma criança e sorri): Mas eu era muito pequeno!

Terapeuta: E você, como terapeuta, o que pensa neste momento da vida de seu cliente, de seu futuro? Pensa em dar-lhe uma mão ou pensa não dar, porque seria inútil, porque poderia manter sua dependência?

Bruno: Não, não vai ser dependente (tocando a própria cabeça). Agora estou um pouco confuso porque me disse isso de lhe dar a mão... Este paciente não deu a mão a seu pai; este paciente pensou sempre o contrário.

Terapeuta: Antes formulei a hipótese de que não estendeu a mão a seu pai porque a estendia à mãe.

Bruno: Quem sabe, seu temor se deva ao fato de seu filho poder ser um menino (indica a cadeira do "paciente") um filho varão. Talvez ele não saiba como dar a mão a um filho homem.

Terapeuta: Quando nascer seu filho, como acontece com as crianças, haverá um período em que ele dará a mão à sua mãe, e não a você. Pode ocorrer que você se sinta excluído, e que a você (sorrindo) possa vir a depressão post partum, como aos pais que sofrem quando nasce uma criança. Pode sentir-se, como descreveu seu pai anteriormente, um pouco sozinho porque o filho não lhe estendeu a mão.

Bruno: Pode acontecer.

Terapeuta (apontando para a cadeira vazia): Também pode ocorrer que, no fundo, sinta que é ele quem está parado, que o tempo parou em um determinado momento de sua vida; falo do tempo emotivo e psicológico, no sentido de ter-se parado em uma situação conectada com sua família do passado. O tempo cronológico não para jamais; ele cresceu biologicamente, mas por dentro ainda tem algo não resolvido.

Bruno (emocionado, com voz mais profunda e lenta): Mas ele descobriu suas mãos. Contou-me que, a princípio, não tinha sensações em suas mãos, mas agora descobriu suas mãos, começou a ter sensações de calor... Antes tinha ainda a sensação de não ter mãos, mas agora as tem... agora necessita de alguém que o levante. (Faz o gesto de erguer o "paciente".)

Terapeuta: Sim, mas você, como seu terapeuta, o que pensa neste momento? Pensa que ele necessitaria continuar com você ou não?

Bruno (contemplativo): Sim, tem necessidade de mim, de livrar-se dessas dúvidas, como olhar-se em um espelho e ver o que há lá dentro... Talvez isto poderia ajudá-lo...

Terapeuta (põe-se de pé): Agora irei consultar meus colegas.

Bruno: Sim. Desculpe, volto a minha cadeira ou fico aqui?

Terapeuta: Melhor voltar, saia de seu papel... (sai)

Neste longo fragmento, o diálogo entre Bruno, no papel de colega, e o terapeuta, chega a estar mais denso e profundo. O conteúdo do diálogo é o mesmo, mas vivenciado diferentemente. Às vezes, Bruno parece emocionado, especialmente no momento em que descreve a solidão de seu pai, a dificuldade recíproca de se darem a mão, abrindo-se a uma relação de intimidade, mas também quando diz ter descoberto suas próprias mãos. Também, o tom do terapeuta é de maior envolvimento emotivo. Se no comentário anterior avançara-se na hipótese ou, em outras palavras, na suspeita de uma inversão da relação cliente/terapeuta, onde o cliente comunicava indiretamente ao terapeuta o itinerário a seguir, a leitura desta sequência, particularmente no referente ao aparecimento das emoções, poderia fazer pensar em uma relação hipnótica facilitada pela construção do diálogo a três, entre cliente, colega e terapeuta. Todavia, o terapeuta não pratica a hipnose.

Note-se ainda que, em três ocasiões, o terapeuta tentou conseguir que Bruno, em sua qualidade de terapeuta, dissesse se teria continuado a relação com seu cliente; somente na terceira, Bruno respondeu afirmativamente, criando assim as bases para o seguinte comentário final.

Terapeuta (ao voltar): Durante a discussão com meus colegas, surgiu a idéia de propor-lhe uma terapia individual. A terapia que eu faço consta de vinte sessões no máximo, que se realizam com intervalos de aproximadamente duas a três semanas; nas vinte sessões estariam incluídas as duas já efetuadas. Muitos clientes terminam antes da vigésima sessão. Se na vigésima sessão o cliente ainda sentir a necessidade de ajuda, avalia-se a situação. Se eu considerar que esgotei minhas possibilidades terapêuticas, não poderei continuar, e nesse caso, o cliente poderá recorrer a outro profissional. A maioria das sessões individuais acontece na ausência da equipe, e se o cliente autorizar, grava-se em vídeo. (Apresentam-se as condições econômicas.) Se você estiver de acordo em continuar, pode dizê-lo agora ou pode pensar sobre isso...

Bruno: Não, já decidi: quero continuar.

(O terapeuta marca a data para a terceira sessão.)

Prosseguimento do caso

A partir da terceira sessão, Bruno já não se queixou mais da dor lombar. Continuou comportando-se como se estivesse em análise, iniciando cada sessão com um ou mais sonhos anotados em uma caderneta. Na quinta sessão, anunciou com alegria o nascimento de seu filho varão, que durante algum tempo polarizou sua atenção de homem e de pai orgulhoso. Fala pouco da relação com sua mulher, como se os conflitos estivessem resolvidos. O tema principal da terapia, frequentemente presente em seus sonhos, é o de sua insegurança em relação aos outros, particularmente os homens: a comparação com os outros homens, em especial com os importantes e prestigiosos, em relação aos quais expressa um desejo de ser aceito e admirado.

Para não criar uma situação de simetria, o terapeuta se adaptou a esta modalidade híbrida, para ele insólita, em virtude da importância de aceitar o que o cliente lhe traz. Atualmente chegamos à décima quarta sessão. A sessão mais importante parece ter sido a décima segunda, iniciada com um leve protesto pelo notório atraso (vinte minutos) do terapeuta, o que não era, aliás, um fato novo. Depois das desculpas de praxe, o terapeuta se pergunta por que o protesto legítimo sobre o atraso fora feito em tom leve e por que a raiva jamais vem à tona? Em seguida, Bruno conta o sonho da noite anterior, que representava uma cena familiar de seu passado remoto, ao qual associou o temor de manifestar sua assertividade de modo análogo ao que acabara de acontecer na sessão.

Uma análise mais profunda do sonho e algumas novas recordações do passado revelam um aspecto inédito na vida de Bruno. Na relação com sua mãe, parece ter desenvolvido, desde pequeno, a ilusão de estar sobre um pedestal, sem ver que a mãe estava ligada por um profundo afeto e uma grande estima por seu marido, que por sua vez, tinha um entendimento afetuoso com a irmã de Bruno. A dificuldade de estender a mão entre o pai e Bruno, tema central da sessão a que acabamos de nos referir, provavelmente se deva ao desinteresse do pai por ele. Tudo isto parece ter minado – sem que ele tivesse consciência disto – sua autoestima e sua segurança. É como se a ilusão de estar sobre um pedestal se chocasse contra a "realidade" de estar na poeira, e isto, segundo o terapeuta, seja o que Bruno procurava resolver com a terapia.

Em meio a estas considerações, Bruno, de início, empalidece, como se tivesse recebido uma descarga, logo seus olhos e seu rosto avermelham, e explode em soluços dilacerantes, seguidos de um longo silêncio entre ambos os interlocutores. Bruno rompeu o silêncio com um suspiro de alívio e com a afirmação: "Agora conseguimos!" Nas sessões seguintes, Bruno perdeu seu constante aspecto meditativo e pareceu mais animado e sereno.

Luciano M.: prisioneiro de um mito familiar

Este caso tem suas raízes no passado da família M. O pai de Luciano, nosso paciente, era um operário especializado, que havia inventado um modelo de tear altamente inovador. De imediato, propôs sua invenção aos altos executivos da empresa em que trabalhava, mas estes, com a mesma presteza, o despacharam em meio a risadas. Com certeza do futuro de sua própria invenção, saiu da firma onde trabalhava e, junto a outros poucos operários, fundou uma oficina para por à prova sua invenção.

A prova deu resultado e começaram a chover pedidos do produto. Em pouco tempo, a oficina se converteu em uma fábrica e ampliou progressivamente, até requerer a abertura de sucursais em vários países estrangeiros. O êxito da invenção tornara famoso o inventor em toda a região, criando um mito que se agigantou depois de sua morte prematura em um acidente, na idade de trinta e cinco anos. Ele tinha uma filha, Maria, e um filho, Luciano. Por ocasião de sua morte, Maria tinha oito anos e Luciano quatro. A fábrica passou para as mãos da mulher de M. e da irmã mais velha; esta última, em particular, havia conduzido a empresa com energia e ainda era sua administradora delegada. A propriedade da fábrica fora subdividida majoritariamente entre os filhos, cada um deles com trinta e cinco por cento das ações, enquanto a mãe possuía cinco por cento. Os dividendos das ações eram suficientes para assegurar um altíssimo nível de vida para a família.

A irmã de Luciano se casara com um jovem que rapidamente alcançara boa posição na empresa, e vivia com ele em uma grande mansão de construção recente. Estava previsto que Luciano e sua mãe viveriam em uma mansão vizinha, situada a poucos metros, mas no momento conviviam em um apartamento. O problema de Luciano, que na época da terapia tinha vinte e quatro anos, havia começado três anos antes, com uma série de ataques de pânico, o primeiro dos quais se havia manifestado durante uma viagem à Inglaterra, obrigando-o a retornar a casa. Desde então, os sintomas voltavam de vez em quando, impedindo-o de viajar e ficar longe de sua casa.

Outra característica de Luciano era que, mesmo sendo um dos acionistas majoritários da firma paterna e regularmente presente na empresa, não conseguia assumir um papel relevante. A tia o instigava a ser mais ativo na própria empresa, e foi ela que fez contato com um médico que, por sua vez, havia entrado em contato com o terapeuta. Decidiu-se acompanhar o caso em equipe, e a primeira sessão ocorreu na presença da mãe.

A primeira impressão que tiveram foi a de um belo rapaz, com cabelos longos e cuidados, e a tendência a sorrir com frequência que parecia esconder uma persistente insegurança. O terapeuta o percebia como sedutor, como se pretendesse apresentar-se sob o aspecto de um "bom garoto" que queria bem a todo mundo, mesmo não sendo muito bem considerado pela sociedade do lugar, que atribuía uma grande importância à capacidade de trabalho e à competitividade masculina, e mais ou menos veladamente depreciava suas indecisões e temores. Ele se comportava mais como um adolescente que como um homem maduro. Dizia sentir-se muito próximo a sua tia e, em geral, falava mal de sua mãe, mesmo vivendo com ela. Cabe notar que a mãe, depois da morte do marido, permitia-se desobedecer à sua poderosa sogra e à cunhada: havia decidido viver a própria vida, ao invés de permanecer próxima a seu clã, com as recordações do marido. Assim, mesmo tendo ido morar com a sogra, de início, em pouco tempo se separara para viver confortavelmente por sua conta, com os proventos da empresa. Segundo Luciano, as mulheres da família paterna não a apreciavam muito e pareciam ter assumido o papel de mãe em relação a ele. Esta, uma vez sozinha, havia-se vinculado estreitamente a outro importante industrial da região, junto ao qual parecia muito feliz. O companheiro, viúvo, também tinha filhos, com um dos quais Luciano havia desenvolvido uma relação quase fraternal. Apesar disso, parecia constantemente reprovar sua mãe pelo fato de ter-se ocupado mais dos filhos de outro do que dele mesmo.

As primeiras duas sessões foram dedicadas, sobretudo, a reconstruir esta complexa história familiar, com a ajuda da mãe, presente na primeira sessão, e da irmã, presente na segunda. A irmã manifestou clara e reiteradamente sua desilusão pela presumida incapacidade do irmão em assumir um papel importante na empresa, em nome do mítico pai. Com sua ajuda, entre outras coisas, descobriu-se que se Luciano não conseguia assumir papel preponderante na empresa, outros dois homens de sua geração o haviam feito: seu cunhado, que para todos os efeitos era o número dois, e o filho da tia, cuja carreira estava em constante ascensão. Depois destas duas sessões de orientação, decidiu-se por uma terapia individual, incluindo o caso na pesquisa sobre a terapia "fechada" de vinte sessões.

Nas primeiras sessões, surgiu um tema fundamental: o mito do pai. Aparentemente, Luciano era vítima de um mito, o mito desse homem excepcional, genial. Sendo o filho varão, com a morte do pai todos esperavam que fosse ele a substituí-lo dignamente. O peso deste mito tornou-se a razão de suas angústias, que por sua vez o impediram de dar uma direção definida a sua vida, e desta última situação derivava a sensação de fracasso que agora impregnava sua existência. A irmã, diferente dele, tentou assumir um papel na empresa, mas após vários desencontros com a tia, entrou em choque com ela; depois, parecia ter construído com seu marido uma relação bastante similar à sua com o pai: depois de mitificar o pai, com quem era muito unida, mitificou ao marido. Luciano aceitou plenamente o re-enquadramento do terapeuta; mais ainda, declarou que cada vez que escutava o nome da empresa, sentia angústia e uma vaga sensação de náusea.

O terapeuta considerava Luciano um pré-adolescente, fortemente unido à tia (à qual, diferentemente de sua irmã, não criticava), e que mantinha com seus coetâneos relações bem mais peculiares. Sendo o mais rico, procurava comprar a aceitação de seus amigos com contínuos presentes, pagando as contas de restaurante, as entradas do estádio, buscando cair nas graças deles. Mostrava o mesmo comportamento generoso com os parentes importantes. Em primeiro lugar com a tia, a quem dava objetos caros e de muito bom gosto. Evitava falar de seus laços com as mulheres e não parecia ter tido relações verdadeiramente significativas. Em um determinado momento, o terapeuta formulou a hipótese de que Luciano tinha dúvidas sobre sua própria identidade sexual, hipótese que ele considerou substancialmente plausível.

Por duas ou três sessões, o terapeuta concentrou seus esforços em transmitir-lhe a mensagem de que, possuindo uma substancial quota acionária, poderia limitar-se a desfrutar de seus dividendos e deixar de se preocupar com seu papel na empresa. Já tinha um papel disponível, o de proprietário, e em princípio teria podido evitar todas as dificuldades associadas à gestão. O problema era que Luciano se sentia insatisfeito: o mito de que ele devia ser o digno herdeiro de seu pai e continuar sua obra parecia-lhe inacessível.

Transcorridos seis meses do começo da terapia, as sessões começaram a ficar monótonas. Formulamos a hipótese de que Luciano havia encontrado no terapeuta um substituto para o pai, finalmente disposto a aceitá-lo e escutá-lo: nestas circunstâncias, continuar com a terapia poderia ser para ele mais gratificante que se esforçar para promover alguma mudança; e também, poderia servir-lhe de desculpa diante dos parentes por sua aversão ao trabalho. O terapeuta verbalizou esta impressão ao concluir a última sessão antes da pausa de verão, estimulando-o a buscar dentro de si alguma temática significativa que pudesse utilizar para progredir no trabalho terapêutico nas sessões seguintes.[9]

Ao voltar das férias, Luciano voltou a remoer os temas de costume, sem nenhuma variante notável nos argumentos, e muito menos nas atitudes. Voltava sorridente e sedutor, descrevendo várias tentativas fracassadas de emancipação. Declarava "estar bem, até porque evitava as viagens longas, mas sentia um peso por dentro, sem saber o motivo". Sentia-se mal, estando sozinho ou acompanhado, e quando estava sozinho ficava sempre ruminando seus problemas. Sentia-se verdadeiramente bem somente quando estava ao lado da mãe, que o aceitava tal como

---

(9) O convite do terapeuta ao cliente para pensar em fatos, significados e hipóteses que possam fazer progredir o trabalho terapêutico, se faz muitas vezes nos casos de impasse da terapia.

era, e não o comparava ao pai. "Não tenho culpa" – disse - "por ter recebido tudo o que tenho, mas me fazem sentir assim".

Nestas sessões, também reenquadramos os relatos de Luciano como demonstrações de "força da passividade": com sua maneira de não fazer o que os outros esperavam dele, demonstrava sua autonomia e conseguia ser forte como seu pai. Também neste caso, Luciano aceitou a hipótese do terapeuta como se fosse uma novidade significativa, mas retornou à sétima sessão sem apresentar nenhuma mudança. Neste ponto, o terapeuta propôs a Luciano a ideia de assumir, dentro do contexto terapêutico, o papel de pai, já que provavelmente seu verdadeiro pai, por ter morrido bem cedo, não lhe havia dado a segurança da figura paterna, deixando-o em um mundo onde só havia mulheres.

Ao começar a oitava sessão, Luciano se mostrou muito relaxado, dizendo que tinha vindo para Milão juntamente com sua mãe e iria levá-la para fazer compras (habitualmente se apresentava às sessões com bolsas ou pacotes de lojas chiques, os quais continham objetos que ele havia adquirido para dar a seus parentes). O terapeuta, movido de curiosidade pela grande quantidade de dinheiro de que dispunha a mãe, perguntou a Luciano qual era a fonte dessa renda. Ficou sabendo que mãe tinha renda considerável, proveniente de sua quota da empresa familiar, mas também descobriu que a administração de todo o patrimônio continuava confiada à tia.

> *Terapeuta:* Mas, e se sua mãe ficar sem dinheiro em sua conta bancária?
> *Luciano:* Minha tia se encarrega de repor.
> *Terapeuta:* E no tocante a você?
> *Luciano:* Também minha tia se encarrega disto.
> *Terapeuta:* Mas, desculpe-me, quem gerencia seu patrimônio é você ou sua tia?
> *Luciano:* Minha tia! Mesmo tendo ela dito, no ano passado, que eu deveria ocupar-me disso pessoalmente.

Em síntese, ficou claro que a tia era a administradora exclusiva de todo o patrimônio familiar e supervisionava os investimentos de todos os membros da família. Basicamente, Luciano e sua irmã eram simples acionistas. O terapeuta começou, então, a investigar de maneira mais precisa as decisões de Luciano sobre seu próprio patrimônio: por que não se ocupava disto diretamente? Pensávamos que, para essa família em particular, a administração do dinheiro era o referencial de amadurecimento e autonomia. Diante deste tipo de pergunta, Luciano parecia cada vez mais incomodado, e se defendia sublinhando a grande confiança que tinha na tia e em sua capacidade como administradora.

> *Terapeuta:* Você tem esta enorme e, segundo parece, justificada confiança em sua tia, e em troca obtém seu amor: sua tia gosta muito de você porque se sente recompensada mas, de certo modo, o preço que você paga, em minha opinião, é o de continuar sendo adolescente, evitando a transição para a idade adulta.
>
> *Luciano:* Sim, às vezes me parece que minha tia quer a todo custo fazer-me bancar o bom menino.
>
> *Terapeuta:* Se decidisse ser autônomo, desenvolver sua agressividade, planejar sua vida etc.,é possível que isto prejudicaria a relação com sua tia? E sua tia não aceitaria suas decisões ou, quem sabe, as aceitaria, mas já não seria essa grande mãe afetuosa que é agora? Portanto, é possível que, no fundo, você tenha decidido não passar da adolescência para continuar sendo amado por sua tia?

O cliente não aceitou as hipóteses mencionadas; antes, pôs-se a rebatê-las com certo vigor: a tia sempre gostou dele, não tinha nada contra ele, e assim sucessivamente. Desviou a atenção para sua mãe, criticando-a com severidade por não se ter dedicado a cuidar dos filhos. Depois de uma troca de frases, o terapeuta saiu da sala para discutir com a equipe. Uma colega presente na sala de observação disse sentir-se chateado: uma vez mais, e com mais vigor que de costume, Luciano havia-se voltado contra a mãe. Brotara na colega uma espécie de solidariedade com esta mulher, que nunca havia sido aceita pela poderosa família M., por não se ter adaptado ao mito familiar. Antes, sempre havia sido veladamente rejeitada, tanto que seu próprio filho não perdia a oportunidade de colocar-se contra ela e a favor da tia. Na discussão de equipe, surgiu a ideia de que Luciano fosse um "cordeiro sacrifical" ao qual sua mãe renunciara em favor da família, e que assim permitia que a tia e seu clã fossem os guardas e continuadores do mito do Grande Pai.

Decidiu-se pelo ingresso de um terceiro na sessão: a colega entraria para manifestar diretamente ao cliente suas próprias impressões. Ela entrou, afirmando que havia sentido a necessidade de expressar seu apoio em relação ao sofrimento da mãe pela marginalização de que havia sido vítima por parte das mulheres da poderosa família M. A afirmação suscitou vivos protestos por parte de Luciano, que de imediato passou a recordar em que medida sua avó e sua tia haviam ajudado e sustentado a mãe; em seguida, porém, aceitou que na realidade também ocorreram disputas e incompreensões.

Colega (dirigindo-se a Luciano): Sua mãe, segundo penso, não teve escolha: deveria sair da família de algum modo. E por isso, buscou outra família. Não era uma M., consideravam-na uma pecadora e, portanto, devia ir embora. O sobrenome M. é um sobrenome precioso, mítico, que ela não tinha; em consequência, não era necessária para a família. Nesse meio tempo, sua tia, que assumiu a grande responsabilidade de levar adiante este sobrenome, convenceu a você e a sua irmã de que ela era a sua mãe. Deste modo, se converteu na mãe de ambos, mas você, Luciano, sofre porque sua mãe na realidade é outra.

Terapeuta: Penso que, em certo momento, sua mãe deparou com uma escolha: ou permanecia na família M., onde seria definitivamente uma mulher de categoria B, submissa às mulheres M., de categoria A, ou ia embora. Diante deste dilema, sua mãe, que era uma mulher com personalidade e orgulho, decidiu não se submeter e viver sua vida. Rebelou-se e, pelo fato de se rebelar, nem acabou na sarjeta nem leva uma vida modesta, mas demonstrou ser uma grande mulher, porque encontrou um homem ainda mais rico que o mítico marido. Compreendo que para você, Luciano, seja difícil e, no momento, impossível aceitar esta ideia, porque ainda está muito ligado ao mito da família paterna. O que vemos, graças à intuição da colega, é que você veio com um sintoma, o de pânico que precede as viagens. Portanto, a nosso ver, você não pode ficar longe porque ainda não fez a escolha que fez sua mãe, a escolha da liberdade. E por este motivo, tampouco pode fazer outra viagem, a de uma relação significativa com uma mulher: porque deve continuar sendo obediente e evitar assumir as responsabilidades próprias de sua idade. Por isto, ainda que diga que o deseja, não consegue relacionar-se com uma mulher. E precisa seguir sendo dependente porque, dado que seu pai morreu e você está convencido de que sua mãe é uma mãe má, deve permanecer ligado a sua tia, e o preço que paga por isto é o de continuar sendo um adolescente dependente.

Colega: Mas nesta situação, você não pode converter-se em um homem porque para chegar a ser um adolescente e, depois, um homem, é importante sentir-se aceito por uma mãe verdadeira, pela qual se sente estima, uma estima como a que eu experimento ao pensar na vida de sua mãe.

Terapeuta: Você teve primeiro sua avó e, logo, sobretudo, sua tia, que se sentiram no dever de educá-lo como um verdadeiro M. Desta maneira, sua tia se fez de mãe – e até de pai – para você, mas com a expectativa – ou pelo menos assim você o percebeu – de que chegasse a ser um digno herdeiro do irmão dela, criando para você um dilema crucial: o pedestal ou o chão.

Diante destas afirmações, Luciano a princípio as negou, depois, manifestou perplexidade e lentamente começou a mostrar-se de acordo, até o ponto de ajudar aos terapeutas em sua reconstrução. Nos últimos minutos da sessão, ele se mostra emotivamente diferente, mais atento e em sintonia com o terapeuta e sua colega. Estava, além disso, bem mais emocionado e continuamente tirava e voltava a colocar os óculos. Durante a última intervenção da colega, vê-se que tinha os olhos brilhantes, que estava profundamente comovido. A intervenção da colega traz à mente as palavras de Harold Searles (1965), analista de pacientes esquizofrênicos que, com frequência, emitiam juízos totalmente negativos sobre suas mães, equiparadas, às vezes, a monstros. Segundo Searles, se o analista não confronta esta visão do cliente e a acolhe explicita ou implicitamente, a análise pode entrar em um impasse irreversível, pelo que é importante introduzir visões positivas, mesmo se hipotéticas, sobre a relação mãe/filho ou mãe/filha. Para desenvolver a autoestima, é essencial ter-se sentido aceito e amado, pelo menos por um dos pais que nos deram a vida. Neste sentido, é significativo que Luciano se tenha comovido profundamente diante das palavras da colega, que expressou estima por sua mãe.

Luciano: Se eu descubro alguma coisa, algo de errado, se descubro que minha mãe foi colocada para fora, vou ficar bravo. Até mesmo com minha tia.

Terapeuta: Escute...

Luciano: Mas vocês pensam que foi algo premeditado?

Colega: Não, não foi nada premeditado. Acreditamos que foi uma história espontânea e que todos vocês escreveram juntos; cada um contribuiu com sua parte. Não convém procurar culpados, seria inútil e errado acusar a sua tia ou a outros, porque todos, incluindo você, contribuíram e contribuem para criar a história em que estão imersos.

Terapeuta: Penso ser necessário que você escute a história que construímos. É importante que você saiba como nós entendemos:

é uma das histórias possíveis ou um dos possíveis modos de ver a história de sua mãe.

É interessante registrar que Luciano escutava minha colega, completamente fascinado, dando-lhe uma atenção maior que a concedida ao terapeuta, mesmo que ela repetisse os mesmos conceitos. É mais um exemplo do poder da introdução surpresa de um terceiro na relação diádica. Por trás do espelho, surgiu também uma versão psicodinâmica deste fenômeno: assim como, a princípio, Luciano havia estado sozinho com um pai metafórico, agora tinha na sessão o pai e a mãe, esse casal de pais que, a seu ver, tinham-no abandonado e agora tentavam ajudá-lo.

Na realidade, a história que havíamos relatado até então, tinha sido uma história predominantemente masculina, baseada no pai, nos outros homens da família, na relação com o terapeuta, na figura masculina da tia, e assim por diante. Em certo sentido, depois da dinastia patriarcal da família M., tínhamos colocado para fora a matriarcal: do masculino passamos ao feminino, com um efeito de inversão figura-fundo. Assim, a história de suas carências afetivas, que sempre fora na terapia a história de um garoto sem pai, tornou-se imprevistamente a história de um garoto sem mãe. A introdução de figuras femininas e de uma leitura feminina da mesma história estava surtindo um poderoso efeito, superando o estado de impasse que havíamos percebido nas últimas sessões.

Na discussão posterior à sessão, também pensamos que provavelmente o terapeuta, como homem, havia-se identificado com o pai M., e tinha começa a querer um Luciano diferente, capaz de desvincular-se das expectativas das mulheres da família. Todos os homens da equipe compartilhavam desta visão masculina que, a duras penas, aceitava os diferentes aspectos "femininos" (na concepção tradicional) de Luciano: sua passividade, sua delicadeza etc. Um caso clássico de preconceito devido às premissas do terapeuta, que foi "curado" graças à introdução de um terceiro, portador de premissas diferentes.

Também poderíamos dizer que o trabalho prévio do terapeuta, todo baseado na relação de homem a homem com Luciano, e na suposição de que podia transformá-lo finalmente em um homem realizado, resultou ineficaz por causa da situação real da família: uma família onde o poder estava nas mãos das mulheres – nas mãos da avó paterna, enquanto viveu, e logo após, nas mãos da tia –, e todos os homens eram submissos, inclusive o pai mítico.[10]

Do ponto de vista narrativo, o trabalho efetuado nesta sessão vira o enfoque de cabeça para baixo, mudando tanto o estilo narrativo como os pontos de conexão do relato. Então, por que foram necessárias tantas sessões para chegar a esta nova visão? Por que foi aceita, durante oito sessões, a conotação negativa desta mãe que, agora, vemos (honestamente) como uma mulher positiva e voluntariosa? Talvez por nossos preconceitos ou, talvez, porque a história (dentro da terapia) tenha tido sua lógica e seu tempo de amadurecimento.

Quanto ao efeito da intervenção na sessão, um outro fator importante foi, provavelmente, o diálogo entre os terapeutas nesse momento da introdução do terceiro: seja porque contribuiu para despojar o terapeuta de seu lugar de onipotência, seja porque confrontou Luciano com vários mundos possíveis, não coincidentes, mas nem por isto excludentes.

Carla V.: A feminilidade recuperada

Carla era uma mulher de trinta e cinco anos, cirurgiã-dentista, especializada em odontologia infantil. Estava casada com um engenheiro há dez anos e tinha uma filha de cinco anos. Foi enviada ao nosso Centro pelo médico de família, com um diagnóstico de enfermidade de Crohn, forma grave de enterite hemorrágica. Foi convidada a apresentar-se com o marido, mas chegou sozinha, dizendo que a psicoterapia fazia medo ao marido e, portanto, não estava disposto a participar; assim, apesar de tê-la acompanhado no automóvel desde a cidade onde moravam, bem distante, nem mesmo desceu com ela, com medo de ser induzido a entrar na terapia.

O que impressionou de imediato ao terapeuta foi seu vigoroso aperto de mão, de tipo másculo, e a expressão do semblante um pouco ambígua, entre masculina e feminina. Em relação ao resto, o corte de cabelo era decididamente masculino, como também as roupas (usava

---

(10) Naturalmente, um psicanalista poderia ler com facilidade toda esta história em termos de mulheres fálicas ou castradoras: basta substituir "poder" por "falo".

jaqueta e calça). Todavia, não cabiam dúvidas sobre sua identidade feminina, pelo menos para o observador externo.

Durante a primeira sessão, contou que viera à terapia devido a uma grave enfermidade gastrintestinal, da qual padecia há quase dez anos, provocando incômodos diários de intensidade variável, mas constantes. Submetese a uma intervenção de recessão intestinal, a qual não eliminou a sintomatologia. Durante anos foi tratada por gastroentereologistas e cirurgiões. O terapeuta começou, então, a indagar sobre sua vida relacional.

Pouco depois de casar-se, Carla tinha iniciado uma relação extraconjugal com um ex-companheiro de universidade, que tinha fama de sedutor e nos tempos da universidade era cobiçado por outras estudantes. Essa relação ainda durava no momento de iniciar a terapia. No tocante à relação conjugal, Carla afirmava que havia muito afeto entre ela e o marido, ainda que a relação fosse mais fraterna que passional.

Ela se descrevia como uma mulher minuciosa, dedicada (especialmente em relação à filha) e um tanto perfeccionista. No tocante aos sintomas, relatou que surgiram poucos meses depois de ter iniciado sua relação ilícita, que já durava uns dez anos. Ao descrever sua relação com esse homem, que por sua vez também era casado, conhecido na cidade e também pelo marido, afirmava que "ela estava viciada nele" e que não podia viver sem ele. Carla tinha sempre uma sensação de humilhação quando lhe telefonava, porque era sempre ela que o chamava. Viam-se em um lugar afastado e tinham ardentes relações sexuais, nas quais ela experimentava intensos orgasmos. A seguir, deixavam de se ver, e podiam passar dois ou três meses até que Carla sentisse de novo reviver essa imperiosa necessidade (que, em certo momento, o terapeuta definiu "como de consumir heroína", analogia que agradou muito a Carla). Além disto, como não se sentia capaz de escrever bem, fez um curso especial somente para escrever-lhe cartas - mesmo que ele jamais tenha respondido a nenhuma delas - embora sempre estivesse disponível para os encontros.

Estabeleceu-se um contrato para uma terapia de vinte sessões, de acordo com o programa de nossa pesquisa. Nas primeiras sessões, o terapeuta começou a trabalhar sobre o tema da identidade sexual de Carla, tema que lhe foi sugerido por sua aparência e sua história. O pai de Carla era um artesão conhecido e muito estimado; sua mãe, segundo suas palavras, era uma mulherzinha um pouco petulante, toda dedicada à casa e à família. Sempre havia admirado e amado a seu pai, enquanto a mãe lhe provocava sempre uma vaga irritação. Tinha um irmão mais velho alguns anos, mas pouco estimado: fazia um trabalho manual, era casado com uma mulher insignificante e, em definitivo, não realizara nada que o tivesse destacado. Ao contrário, Carla era o orgulho da família, uma mulher de sucesso, graduada e casada com um especialista.

O que mais a impressionou no transcurso das primeiras sessões, de acordo com o que revelou na avaliação ao final da terapia, foi que, segundo o terapeuta, nela havia uma esplêndida mulher que desejava aflorar, mas que não o podia fazer por não se sentir aceita. Para ela, somente os homens pertenciam à categoria A: por isso tinha começado a sentir-se aceita pelo pai, e depois escolheu por si mesma - seu grande amor - o homem que era objeto de desejo de todas as mulheres na época da universidade. De certo modo, tinha ficado fascinada por aquele que era considerado "o melhor". O terapeuta adotou uma atitude de confrontação, sublinhando que as feministas se sentiriam horrorizadas – e com razão – por esta ideia de que ainda pudesse existir uma mulher como ela, que somente se sentia legitimada por um homem, como acontecia em um passado longínquo, quando as mulheres perdiam até seu sobrenome quando se casavam!

Esta tomada de posição do terapeuta começou a surtir efeito e levou ao descobrimento de um dos temas principais da terapia de Carla: como sentia pouca estima pelas mulheres, havia escolhido uma identidade masculina, vestindo-se e atuando com um estilo masculino, ainda que se filtrassem indícios significativos de sua reprimida feminilidade. Tudo isto começou a inspirar-lhe dúvidas sobre sua identidade e, depois de aproximadamente uma dezena de sessões, começou a mudar de maneira notável. Desapareceram os sinais exteriores masculinos, em particular seu modo de vestir, e atenuou-se certa dureza de seu caráter. Deve-se destacar que, nas duas sessões anteriores, o tema principal havia sido a dolorosa ruptura da relação com o amante.

Antes de poder sair disto, precisou atravessar um período particularmente difícil, de grande sofrimento. Decorreram dois meses, coincidentes com as férias de verão, nos quais entrou em um estado de acentuada depressão e, na primeira sessão depois das férias, declarou que só não se suicidara devido ao afeto que sentia por sua filha.

Depois desta separação, os sintomas do mal de Crohn desapareceram completamente e ela começou a liberar-se dos sentimentos de culpa e da angústia profunda que a haviam atormentado durante anos. Desde então, a situação evoluiu rapidamente: Carla começou a deixar crescer o cabelo e a usar vestidos muito femininos. Foi extraordinária a mudança da expressão de seu rosto, que se tornou mais doce e relaxado. Também vieram à tona cálidas emoções maternais. Neste sentido, destaque-se que nas primeiras sessões tinha mencionado também uma "encoprese e enurese" desenvolvidas recentemente por sua filha, sintomas que ela mesma atribuía a uma forma de rebeldia da filha pela falta de calor materno. Naquela sessão, cogitou-se a possibilidade da presença da filha na terapia, mas o terapeuta não concordara, convencido de que a solução dos problemas de Carla também resolveria as dificuldades com a filha, como habitualmente ocorre.

Na décima-quarta sessão, ao final do verão, apresentou-se com um vaporoso vestido de seda, elegante, relaxada e sorridente. Havia passado as férias no exterior com seu marido e alguns amigos. Contou que tudo andara às mil maravilhas, e que havia pensado que esta seria a última sessão de terapia. Também mencionou que, na viagem de volta, no carro, viera-lhe a ideia de deixar "do outro lado dos Alpes" o último ponto obscuro de seu passado, decidindo confessar a seu marido toda a história de sua traição. Decisão perigosa, considerando-se o lugar e o momento em que viera a ideia!

Obviamente, o marido ficou enfurecido, afirmando que esperava algo do gênero, e em certo momento, na fúria da discussão, levantara a mão. Diante disso, Carla repentinamente foi tomada pela vívida lembrança da tremenda bofetada que seu pai havia dado a sua mãe, por um motivo banal e injustificado, e que a mãe o havia suportado sem protestar, porque a violência, mesmo injustificada, era um privilégio concedido aos homens. Ao recordar a mãe, humilhada e ofendida, sentiu o coração apertado e as lágrimas vieram a seus olhos. O marido, convencido de que sua mulher chorava por ele, reagiu dizendo: "Agora não façamos tragédias, o que passou, passou, acabemos com isso".

No transcurso dessa sessão, a cliente também relatou um sonho, o segundo em toda a terapia. Um analista o teria definido como um clássico "sonho final". No sonho, a mulher do ex-amante a convidava para um chá, no qual também estavam presentes outras mulheres. A princípio, se sentia incomodada diante dela, mas a acolhida tinha sido tão amável e cálida, que se sentiu aliviada do sentimento de culpa que havia experimentado durante tantos anos com relação a essa mulher.

Tanto a confissão no carro como o sonho parecem refletir sua redescoberta da mãe e de sua identidade feminina, bem como de sua autoestima recuperada e fortalecida.

Um motivo de interesse, neste caso, é a mudança ocorrida no passado de Carla depois do trabalho de exploração do terapeuta. Desse passado, no qual a mãe (e as mulheres em geral) era considerada como uma figura negativa e secundária, surge um novo passado, no qual se vê a mãe sob uma ótica diferente, como uma mulher vítima das circunstâncias familiares e sociais da época. A recuperação desse passado era a recuperação de uma nova realidade que, até esse momento, tinha sido apenas virtual, realidade na qual a mãe era submissa e às vezes humilhada e ofendida pelo pai. Posto que a terapia ocorre em tempo presente, era no presente que mudava sua percepção do passado; essa nova percepção do passado influenciou, por sua vez, presente e futuro, segundo o conceito de reabertura do anel autoreflexivo de presente, passado e futuro, que constitui uma das premissas mais importantes de nosso modelo (Boscolo e Bertrando, 1993).

Deste modo, o terapeuta havia criado para Carla a possibilidade de colocar-se em contato com outro mundo possível, o de uma mãe que, longe de ser uma mulher insignificante, era acima de tudo uma vítima da cultura e das expectativas do ambiente social em que vivia. Agora, a história da mãe que Carla podia contar era diferente (uma história alternativa, diria Michael White), graças à desconstrução da história desenvolvida no tempo, fortemente influenciada pelos preconceitos do ambiente cultural em que Carla vivia.

Este é também um caso em que, trabalhando em equipe, pode-se utilizar a presentificação do terceiro em carne e osso, fazendo intervir três ou quatro vezes, até o final da sessão, uma colega da equipe de observação, colocando o seu ponto de vista (mais especificamente, um ponto de vista feminino). Ao final da terapia, quando o terapeuta perguntou à cliente quais foram os momentos mais significativos da terapia, Carla respondeu que, entre outras, tinham sido as intervenções finais da equipe, em particular de uma terapeuta, a quem teria um grande prazer de cumprimentar pessoalmente se, por casualidade, se encontrasse atrás do espelho. Quando a colega se apresentou na sala de terapia, Carla a abraçou comovida.

Também se deve realçar que se trata de um caso no qual a legitimação da cliente por parte do terapeuta teve um papel fundamental. Dentro de um marco de aceitação empática e positiva, o terapeuta comunica à cliente que a aceita como pessoa e como mulher, e não somente como médica e esposa de um profissional de prestígio. Esta relação empática é a pedra fundamental sobre a qual se constrói o processo terapêutico.

Para terminar, é interessante recordar que, ao final da terapia, Carla revelou que um dos motivos por que o marido não tinha querido apresentar-se na terapia era um vago temor de descobrir-se possivelmente homossexual. Se considerarmos a sexualidade do ponto de vista não individual, mas relacional, é de se esperar que a mudança de Carla possa ter dissipado também os temores do marido!

Olga M.: um deserto existencial

Olga M., mulher de trinta e oito anos, veio a nós através do Centro de Cefaléias (Centro Cefalee) do Hospital da cidade onde vivia. Há muitos anos, padecia de uma forma grave de cefaleia persistente, associada a forte tensão dos músculos mandibulares, que a obrigava a usar um aparelho durante o sono para proteger sua dentadura, uma espécie de mordaça. Segundo a cliente, a contração muscular, com o tempo, havia mudado até sua fisionomia, deixando o seu rosto mais afinado na parte inferior. Até então, a cefaleia tinha tido uma escassa resposta ao tratamento farmacológico.

Olga era dona de casa, estava casada com um operário metalúrgico especializado e era filha única de pais que viviam em uma grande cidade do norte, com os quais jamais se dera bem. Definia-se como uma mulher desde sempre solitária. Antes do atual marido, tivera uma pseudo-relação com um homem que estava interessado nela, mas ao qual rejeitara. Depois que este se casou com outra mulher, Olga começou a pensar nele com frequência, como o único homem que tinha amado, ainda que não tivesse acontecido nenhum contato físico entre eles!

Tinha uma filha de oito anos que, no passado, tivera problemas de enurese noturna e anorexia. A filha era extremamente apegada à avó paterna e ao pai, com o qual frequentemente dormia, preferindo-o abertamente à mãe. A avó paterna era viúva, adorava a seu único filho e, naturalmente, à neta. Olga se ocupava de sua filha com dedicação, mas não conseguia "sentir calor" pela filha nem por ninguém. Dizia sentir dentro de si um deserto e jamais ter experimentado jamais um sentimento de alegria em toda a sua vida, e geralmente sentir indiferença ou uma forte raiva de tudo e de todos. Naturalmente, a relação com o marido e com a sogra era péssima.

A primeira entrevista aconteceu com a presença de toda a família. A cliente era uma mulher alta e de aspecto agradável, mas notavelmente tensa e contraída, propensa a evitar o contato visual com seus familiares e também com o terapeuta. Dava respostas breves, aos saltos, e tinha pouca leveza em seus movimentos. Entrar em contato com outra pessoa lhe dava ansiedade, às vezes vergonha e, como admitiu, taquicardia. O marido, muito diferente, afirmava que jamais tinha conseguido estabelecer um vínculo com ela, não se divorciara por causa da filha e por temor de que, depois da separação, sua mulher obtivesse a custódia. Ao falar dela, deixava escapar de modo quase explícito a ideia de que fosse doente mental. A filha tinha uma atitude rígida e passiva ao se aproximar da mãe, enquanto com o pai parecia desenvolta, ativa e sorridente.

Depois de uma segunda entrevista, na qual foi solicitada a presença da avó paterna, o marido se negou a continuar com as sessões familiares, alegando motivos de trabalho e deixando bastante evidente que tanto ele quanto a mãe acreditavam que a pessoa a ser tratada era Olga. Assim, decidiu-se por uma terapia individual de uma sessão a cada duas semanas, que logo assumiu o aspecto de terapia de apoio, mais do que uma terapia dirigida a mudar sua visão de mundo e fazer surgirem de seu deserto existencial as emoções sepultadas. Na realidade, ela vinha às sessões por causa das reiteradas recomendações dos profissionais do Centro de Cefaleia e parecia que seu único objetivo era livrar-se da cefaleia.

O diagnóstico indicava se tratar de grave transtorno de personalidade de tipo esquizoide, com presença de uma visão de mundo pessimista ou, pior ainda, niilista, impossível de ser mudada. Nas sessões, parecia frequentemente petrificada, imóvel, em uma atitude rigidamente defensiva. Todavia, parecia vir de bom grado às sessões. No tocante aos sintomas de cefaleia e de tensão muscular facial, estes se haviam atenuado progressivamente. Este fato aumentou a confiança do profissional que a recomendara e a tratava farmacologicamente, reforçando as recomendações para que prosseguisse os encontros em nosso Centro.

Com o decorrer das sessões, quando o terapeuta tentava introduzir certos temas, em geral respondia com a expressão: "Mas eu sou assim, vejo as coisas assim...", o que inevitavelmente fechava o diálogo. O terapeuta, que sentia um forte desejo de ajudá-la a sair de seu deserto existencial, em determinado momento pensou que esse sentimento podia ter um efeito desestabilizador sobre o equilíbrio psíquico da cliente, facilitando uma possível descompensação psicótica. Portanto, decidiu evitar os tons de confronto, o que lhe permitiu respeitar e aceitar seu hermetismo. Como Olga era pouco loquaz, o terapeuta muitas vezes preenchia os silêncios com histórias e anedotas.

Atualmente, depois de dezoito sessões individuais, a situação é mais ou menos a mesma: a melhoria, mesmo que notável, somente está relacionada com a cefaléia e as tensões musculares. Hoje, a ideia é manter aberta a terapia e continuar, eventualmente, mudando a frequência das sessões, como se faz com os casos de psicose crônica, que requerem uma relação às vezes interminável com uma figura de referência, que possa representar um receptor de suas angústias e um paliativo da solidão. Segundo a experiência e a literatura, seriam casos que, na primeira infância, não puderam desenvolver suficiente segurança e confiança em si mesmos e nos demais. Nestes casos, sobretudo, é que os fatores específicos da terapia assumem a máxima importância.

Susanna C.: dilemas de relação

Susanna é uma atraente jovem de vinte e cinco anos, filha única, que atualmente vive em uma pequena casa, situada ao lado da casa de seu pai e de sua companheira, Luisa. Tem uma história trágica: os pais se separaram quando Susanna tinha cinco anos; desde então, viveu com o pai ou com amigos deste, em diferentes cidades da Itália, já que o pai, por sua atividade artística, deslocava-se por todo o país. A mãe levara uma vida irregular, dominada pela busca de drogas pesadas. O desprezo do pai por sua ex-mulher causara uma ruptura quase completa entre filha e mãe; seus encontros se limitaram a quatro ou cinco em quase dez anos. Quando Susanna tinha quinze anos, sua mãe se suicidou.

Susanna cursou o colégio secundário e o liceu clássico em diferentes cidades. Graduou-se na Academia de Belas Artes de Brera. Na idade de vinte anos, depois de uma relação sentimental malograda, tornou-se deprimida, engordando mais de dez quilos, até que o pai a levou para viver com ele em Treviso.

Um personagem significativo na vida de Susanna é o avô materno, acadêmico de prestígio que reside no Canadá há muitos anos. Depois da morte trágica de sua única filha, de tempos em tempos, em suas viagens à Europa, visitava Susanna, que sentia o avô sempre bem mais distante. Foi o avô quem fez contato com o doutor Boscolo, pedindo-lhe que se ocupasse da neta e oferecendo-se para pagar pela terapia. Depois dos dois primeiros encontros com Susanna, o terapeuta lhe ofereceu uma terapia de no máximo vinte sessões, com a condição de que fosse a cliente que pagasse pelos honorários: como Susanna não o podia fazer no momento, o terapeuta lhe permitiu – assumindo pessoalmente o risco– que pagasse a dívida quando fosse possível. Deste modo, Susanna se incorporou à nossa pesquisa sobre a terapia individual "fechada" de vinte sessões.

Dado que na terapia de Susanna houve períodos especialmente significativos do ponto de vista do desenvolvimento da relação terapêutica, decidimos examinar em detalhe dois momentos da terapia: a quarta sessão, onde afloraram os temas mais importantes, que haveriam de determinar o curso da terapia, e a décima terceira sessão, na qual o terapeuta recorreu à presentificação do terceiro para superar um momento de impasse.

Quarta sessão

No começo desta sessão, a cliente está tranquila, calma, fala espontaneamente e de maneira fluida de alguns episódios relacionados com amigas e amigos do pai, e com o avô. Primeiro fala de uma viagem que fez a Madri e, em seguida, de uma viagem para o Canadá, projetada mas não realizada.

> *Terapeuta:* Bom dia. O que tem para me contar hoje?
> *Susanna* (parece relaxada e insolitamente de bom humor): Bom dia... Depois de muitos anos voltei a ver essa garota, Vittoria, que está em Madri, casada e com um bebê de um ano e meio, e me hospedei em sua casa. Senti-me muito bem com ela. Tem uma vida de família nessa cidade grande, cheia de caos e de tudo. (Sorri.) Foi uma situação muito diferente da habitual, ainda que tenha tido alguns momentos (suspiro) de apatia. Quando parti para Madri para mudar de ares, estava eufórica. Fazia muito tempo, muitos anos, que não estávamos juntas, eu e Vittoria, de modo que tive a ocasião de falar

com ela de tudo um pouco. Faz uns dez dias que voltei a minha casa, a esta nova casa que o meu pai construiu perto de Treviso, da qual já lhe falei, não sei se você se lembra... De qualquer modo, meu pai e sua mulher mandaram construir três casas independentes: eles vivem em uma, e eu e o filho da mulher de meu pai, nas outras duas. Nestes dois meses que estou fora, nunca telefonei para casa; um pouco... humm... porque não tinha vontade, mesmo porque, não nos telefonamos muito durante as viagens, esta vez justamente...

Terapeuta: É algo habitual ou desta vez exagerou?

Susanna: Não, é bastante habitual; jamais telefonei muito, mas quando começou o segundo mês... quem sabe, deveria ter telefonado porque fazia muito tempo que estava fora... mas não, não telefonei. Também quando cheguei aqui em Milão, esperei; antes de ir para Treviso, fui ver umas amigas em Bolonha, estava um pouco... (suspira) tentava adiar um pouco este regresso; depois, no último momento, quando voltava para casa, me senti um pouco temerosa, talvez porque não havia falado com meu pai...

Terapeuta: Quem sabe, na volta, tinha alguma fantasia de que houvesse desaparecido ou de que a castigasse?

Susanna partiu para a Espanha eufórica e passou um bom período com sua amiga de Madri, ainda que a ideia de telefonar para sua casa a tenha atormentado um pouco. É evidente a ambivalência de sua relação de proximidade-distância com o pai, que o terapeuta resolve com a fantasia de que este podia ter desaparecido ou de que a estivesse esperando para castigá-la por seu silêncio. A hipótese original do terapeuta introduz a idéia de que, talvez, o pai tenha uma ambivalência análoga que espelhasse a de Susanna.

Susanna: Desde que parti, tudo foi normal como sempre, mas depois de, digamos, uns dez dias, comecei a sentir um pouco a necessidade de telefonar-lhe, e pensava que meu pai faria discursos como de costume: que não posso estar dois meses de férias, que todo mundo tem um... Em suma, comecei a ter um pouco de angústia mas, depois, com o passar do tempo, em certo momento disse a mim mesma: "Mas o que estou fazendo? Que me importa se ele me julgará ou não? Já estou aqui, voltarei para casa..."

Terapeuta: Parecem-me duas emoções diferentes: uma poderia estar relacionada com os quatorze ou quinze anos; a outra, com uma idade maior.

O terapeuta traduz em duas emoções a descrição de duas vozes internas em conflito - uma, relativa a uma posição de dependência; a outra, relativa a uma posição de autonomia - com as quais a cliente pode comparar-se e reconhecer-se.

Susanna: Sim, é certo, mas... também pensei que, provavelmente, estes problemas eu os criei sozinha, e que o fato de viver na nova casa deveria significar uma mudança em relação ao passado, no sentido de que já não comemos juntos e... em suma, que ninguém deveria ter horários.

Terapeuta: Parece que, em relação a seu pai, você ainda se sinta como uma garota de doze ou treze anos, com a obrigação de voltar para casa a determinada hora!

Susanna: Sim, mas não se trata apenas da obrigação de voltar para casa, mas também de voltar para me organizar, uma vez que não tinha mais o trabalho do ano passado. Em suma, não podia contar com eles e, se me encontrasse em apuros, sem dinheiro, ele teria dito... ou quem sabe, tinha medo de que pensasse... como ocorreu antes, que eu havia estado fora muito tempo e ele tinha falado que as pessoas normais (sorri) não saem dois meses de férias, e que deveria rapidamente me reorganizar. Ao contrário, desta vez, quando regressei, não houve nenhum problema; eu o vi apenas uma vez, mesmo vivendo um ao lado do outro.

Terapeuta: Ficou agradável ou desagradavelmente surpreendida pelo fato de que ele não lhe tenha dito o que você esperava?

Note-se o dilema introduzido pelo terapeuta, provocando-a a refletir sobre suas emoções "reais" em relação ao pai. A cliente está cheia de dilemas, relacionados à sua precária identidade, e vice-versa. Os dilemas introduzidos pelo terapeuta podem contribuir para o desenvolvimento de uma maior clareza ou, então, pôr em evidência um dos aspectos fundamentais da vida atual da cliente: regressão/progressão, dependência/autonomia.

Susanna: Não é que eu esperasse que ele ficasse chateado.

Terapeuta: Como se cumprimentaram, aconteceu algo...?

Susanna (interrompendo): Ah, fui eu - ele estava assentado - que o abracei, dei-lhe um beijo afetuoso. Proseamos um pouco de tudo e ele estava contente, isso foi tudo.

Terapeuta: Perguntou-lhe pelo avô?

Susanna: Não, nesta ocasião, não, porque sabia que não o tinha visto.

Terapeuta: Em que sentido você não o havia visto?

Susanna: Bom, não vi meu avô.

Terapeuta: Mas não foi para o Canadá?

Susanna: Não, não, eu devia ir...

Terapeuta: Eu me recordo de haver-me dito que iria ao Canadá a convite de seu avô.

Susanna: Sim, devia ir em setembro, mas meu avô veio aqui em julho e esteve comigo em Treviso, nos seus dias livres, e disse-me que não dava mais. Eu me senti mal, que estranho... parece-me que era uma desculpa, talvez esteja errada. De qualquer modo, me disse que era melhor adiar a viagem, que no inverno faz frio, que seria inútil se fosse agora. Reformulou totalmente o convite, no sentido de que começou a dizer que se tratava somente de uma viagem, não de uma estada ali, enquanto antes – quem sabe, entendi mal – tínhamos falado de possíveis estudos, de informar-me para fazer um curso na universidade e, portanto, não se tratava somente de uma viagem... Acredito que se arrependeu.

Terapeuta: Isto a deixou mal, verdade? Foi como uma mudança repentina?

Susanna: Sim. Eu o procurei exatamente aqui em Milão, tomamos o trem para Treviso e ele me disse isto no trem. Eu lhe respondi: "sim, sim", sem fazer objeções... Ele me deu essas explicações sobre o clima canadense, disse-me que era melhor que fosse quando não fizesse frio (sorri). Tudo me pareceu tão absurdo nesse momento, que não sabia o que dizer, não pude reagir. Como no ano passado, passei com ele dias inteiros juntos, da manhã até a noite, caminhando pela cidade, vendo coisas, falando, sempre falando, com o pensamento implícito deste convite para ir a sua casa, para fazer-me ver que ele é bom, que deseja me ajudar, enquanto por outro lado... É algo que me chateia muito, digamos, ir passear com ele...

Terapeuta: De que falam?

Susanna (parece um pouco nervosa e chateada): Ah! Ele conta um pouco de suas coisas e eu lhe conto... na realidade, não saberia dizer o que... Caminhamos muito em silêncio. Quase nunca se fala de questões pessoais. Ah! Sim, também lhe contei algo sobre minha relação difícil com meu pai. Ele estava em Treviso no dia de meu aniversario; houve um jantar na casa de uma amiga, quando ele e meu pai conversaram um pouco. No dia seguinte, me disse coisas sobre nossa relação, coisas que ele havia observado. Normalmente, quando estamos em público, em jantares com amigos, meu pai e eu quase não nos dirigimos a palavra. Neste jantar, as únicas coisas que nós nos dissemos, foi que, em um certo momento, fiz alguns comentários irônicos sobre o que ele estava dizendo. No dia seguinte, meu avô me disse: "Por que você tem que atacá-lo? Por que faz isto? Tente ser um pouco mais simpática porque, entre os dois, a inteligente é você e não deve rebaixar-se a esse nível, a essas pequenas complicações que não têm sentido". Quando me disse isto, senti muita raiva por dentro, muita raiva, porque não aceitei a desculpa do frio, em suma...

Terapeuta: Viver durante alguns dias com seu avô, com este protesto não expressado, deve ter sido um pequeno calvário...

Susanna: Sim, nem mesmo podia falar, dávamos voltas e não conseguia pensar em outra coisa, mas não podia contestar o que ele tinha dito.

Terapeuta: O que podia ocorrer se, ao contrário, o tivesse afrontado?

Susanna: Não sei, uma crítica, uma rejeição.

Normalmente, no começo da sessão, deixa-se a palavra ao cliente e se assume a posição de ouvinte. Inclusive nesta abertura de sessão, o terapeuta assumiu essa atitude e falou pouco, deixando que a cliente se expressasse com toda liberdade. Acompanhou o desenvolvimento do discurso, interrompendo a cliente de vez em quando, e somente raras vezes saiu do tema da conversa. Algumas vezes, inseriu-se na narração da cliente alguma pergunta ou afirmação que não a desviasse de seu relato, mas que permitisse um esclarecimento ou exposição mais detalhada.

Ainda que possamos levar em conta os princípios gerais da condução da sessão – como a importância de escutar o que comunica o cliente, a opção do terapeuta mais pelas perguntas que pelas respostas, o timing da sessão etc. –, o que inspira as decisões do terapeuta é sempre o cliente, em sua unicidade, e a atenção ao contexto que se altera. Neste caso não há sintomas específicos. A cliente foi estimulada pelo avô a recorrer ao terapeuta e – segundo diz – ela não teria decidido fazê-lo de forma espontânea. Admite viver em um estado crônico de insatisfação, de incômodo, de incerteza, tende ao isolamento social e, ainda que conheça um certo numero de pessoas, não estabelece com elas uma relação de confiança ou intimidade. Às vezes, passa dois ou três dias fechada em sua casa, na escuridão, tentando não pensar ou, alternativamente, submergindo-se em pensamentos vagos e tristes. Não consegue pensar no seu futuro. Em outras palavras, apresenta-se como uma pessoa desorientada e solitária, em atitude defensiva frente ao mundo exterior. Para ela é importante poder contar sua história a uma pessoa atenta e disponível, que pode dar um sentido ao que diz; isto contribui para favorecer o desenvolvimento de uma relação terapêutica positiva. Neste sentido, as breves perguntas e comentários do terapeuta têm acima de tudo o valor de um suporte empático. É como se esta cliente tivesse necessidade, antes de tudo, de um terapeuta que lhe dê sentido como pessoa, antes de tratar de resolver seus problemas concretos.

De certo modo, Susanna é uma mulher que não tem uma história de si mesma, clara e linear, e justamente desta dificuldade de se narrar de maneira coerente, deriva a impressão de indecisão e precariedade que produz seu relato. Sua história não lhe diz quem é, não lhe dá uma identidade. Então, fazendo-a falar, o terapeuta ajuda a construir uma história na qual sua vida tenha um sentido. Por conseguinte, é de particular importância a atenção do terapeuta que lhe comunica implicitamente que, em sua opinião, ela é uma pessoa interessante e digna de consideração.

Do ponto de vista conversacional, é possível observar um comportamento peculiar por parte do terapeuta. Inicialmente, pode-se distinguir um monólogo no qual Susanna conta sua viagem a Madri e as emoções que essa viagem despertou nela. Ao final, o terapeuta recapitula brevemente com suas palavras tudo que foi dito. Depois da síntese, sem que o terapeuta o peça, Susanna muda de tema e passa a falar de sua vida quotidiana. O terapeuta começa, então, a fazer perguntas breves e informativas sobre os fatos – do tipo que Karl Tomm (1985) definiria como "perguntas lineares" – que têm sobretudo a função de acompanhar o discurso de Susanna e mantê-lo aberto. Somente ao terminar esta primeira sequência, o terapeuta faz uma segunda recapitulação breve, através da qual – quando o argumento se desvia para as relações com o avô – começa a comentar os fatos referidos, qualificando a atitude do avô como "reviravolta": com isto estabelece uma distinção através de uma microreformulação. Todas as perguntas seguintes se formulam a partir da definição da "reviravolta", que relaciona todo o discurso e o focaliza sobre uma definição do vínculo com o avô. Daí em diante, o diálogo prossegue de maneira mais insistente e se concentra sobre um tema interessante.

Susanna (perdeu o sorriso do começo da sessão, quando relatava a viagem a Espanha): Voltei a Treviso, a minha casa, onde estou em uma espécie de cela de isolamento, um pouco porque ali não tenho amizades íntimas, e também porque agora estou em casa e não tenho nada o que fazer, isto seguramente influencia. Tentava organizar a casa, isto é, o pequeno ambiente onde estou, precisamente à espera de, de nada... e então, não sei...

Terapeuta: Espera muito?

Susanna: Pode ser (gesto de consentimento)... talvez devesse decidir ir embora, realmente.

Terapeuta: Ir embora?

Susanna: Essa é exatamente a sensação que tinha há seis anos... a sensação de... que me fazia sentir verdadeiramente bem, não tinha espaço para os problemas de costume; pareciam coisas que eu mesma me enfiava na cabeça, e provavelmente é assim. De fato, me dizia: "Não! Nem mesmo tenho vontade de pensar nessas coisas. Veja, agora faço isto, e agora faço esta outra coisa" - era uma necessidade de fazer coisas em um sentido prático, de sentir-me forte... estar com os outros, sobretudo com os outros, digamos. Olhe, na Espanha vivi momentos parecidos, era turista, mas também estava em contato com pessoas que eram amigas; não é que andasse às tontas pela cidade e mais nada, tinha momentos de dificuldades, mas também algum momento de relaxamento. Todavia, voltei para casa com algo em mãos, com algo que acabara de fazer e, portanto, a vida daqui não era mais a única, minha única vida.

Esta sequência da sessão ilustra, melhor que qualquer outra, o drama existencial de Susanna, sua confusão, sua dificuldade para encontrar um sentido para a sua vida. A imagem dela em seu pequeno ambiente, "uma espécie de cela de isolamento... à espera de nada", evoca certas cenas de teatro do absurdo, como "Esperando Godot", de Beckett, em cujo cenário há somente duas pessoas que esperam e esperam, ou então imagens como a do "Grito" de Munch, que representa uma jovem angustiada que caminha por uma paisagem deserta.

O tema do deserto, da solidão e a não-comunicação se mostra amplamente representado em seus desenhos, os quais mostrou ao terapeuta no início do processo. A imagem mais frequente é a de uma jovem vestida de negro, triste, assentada no côncavo de uma meia-lua, que fita atônita o espaço. Em seu modo de falar e se comportar, chama a atenção a falta de retórica, recitação, sedução, no sentido de querer atrair a atenção ou induzir a compreensão ou a compaixão. Oferece-nos a imagem de uma pessoa desorientada, em busca de relações humanas significativas que não se materializam, mas sobretudo em busca de si mesma. Seu vocabulário, incerto e flutuante, reflete a incerteza sobre sua identidade. O terapeuta intervém de vez em quando, inserindo-se em seu fluxo de palavras, para trazê-la a um mundo mais concreto.

Terapeuta: Teve relações sentimentais na Espanha?
Susanna: Não.
Terapeuta: Teve desejos de tê-las?
Susanna: Tampouco. Por outro lado, recém-chegada aqui, me pego novamente dizendo: "Se tivesse um amor agora, seria tudo mais fácil", algo que sempre pensei; mas tinha necessidade de uma situação, de uma mudança muito rápida obviamente... no sentido de que, mesmo que sempre tivesse desejos de ter amores, ali já não era assim... estava bem sozinha, algo que não...
Terapeuta: Bom, mas na realidade não estava sozinha, porque tinha sua amiga...
Susanna: Sim, na realidade ela estava comigo, dava-me conselhos, dizia-me: "Não deve ficar em Treviso, porque ali não há nada. Tem seu pai mas, de qualquer modo, não é uma boa relação, não há um entendimento..."
Terapeuta: Você ficaria com esta sua amiga?
Susanna: Sim, mas teria problemas de adaptação. Seria muito cansativo viver lá. De vez em quando, necessito ficar em um lugar tranquilo. Sim, cansativo, com todo o caos que há; e depois, não sei, não sentia assim, um grande desejo de permanecer ali. E além disso não sei até que ponto tentava convencer-me de alguma coisa, porque efetivamente, o mais adequado seria viver ali. Tinha com a cidade uma relação como dizer: "sim, não, não gosto"; então, ficava observando as coisas e pensando: "Isto não! Não gosto. Porque tem isto, não gosto". Ou seja, ficava mais atenta às coisas que não iriam me agradar.
Terapeuta: É o que dizia sua amiga quando lhe aconselhava: "É melhor que deixe seu pai e venha para cá", no sentido de que não lhe convinha estar perto de seu pai, se compreendi bem.
Susanna: Sim.
Terapeuta: A seu ver, ela a aconselhava corretamente?
Susanna: Para ela, a relação com meu pai é muito, muito negativa; ela cresceu com meu pai, portanto...
Terapeuta: Ela o conhece bem.

Susanna: Bem, ainda que há anos não se vejam, de vez em quando se falam por telefone quando ela me procura, mas isso é tudo.

Terapeuta: Se me lembro bem, é filha de uma das mulheres de seu pai, verdade?

Susanna: Sim, mas sua mãe foi a única que esteve muito anos com ele.

Terapeuta: A relação sentimental que teve com a mãe, também teve com a filha?

Susanna: Relação de que tipo? De afeto?

Terapeuta: Sim, de amor, inclusive sexual.

Susanna: Não sei, sinceramente não sei... Talvez, da parte de meu pai em relação a ela, mas não creio que de sua parte; de qualquer modo, ela tem uma lembrança muito negativa, não sei, lembra-se precisamente que jamais lhe bateu, quem sabe uma vez lhe deu uma bofetada; ao contrário, em mim, às vezes realmente me batia, e ela se lembra destas cenas (sorri), cenas de, não sei... de cinema. E disse que ele é violento, uma espécie de pai patrão. Eu não o vejo só assim, mesmo porque, há anos que não o vejo cometer atos de violência, pelo menos diante de mim. Ao contrário, ela se lembra dele como uma espécie de ogro, quase...

Terapeuta: Se soubesse que teria havido uma relação entre sua amiga e seu pai, como reagiria?

Aqui o terapeuta faz uma pergunta inesperada e carregada de possíveis significados angustiantes. A pergunta sugere a história da cliente, sobretudo o fato de ter vivido com o pai, frequentemente envolvido em relações sexuais e sentimentais com diferentes mulheres, as recomendações da amiga-irmã sobre deixar ao pai pela influência negativa que teve e ainda tem sobre ela, e especialmente, o quadro clínico geral, que faz pensar em possíveis abusos sexuais na infância. A pergunta sobre a possível relação sexual entre o pai e a amiga é um modo indireto de fazer surgir eventuais emoções incestuosas. Ainda que Susanna se tenha sentido particularmente tocada pela pergunta – se sua amiga tivera uma relação com seu pai -, suas reações emotivas não convalidam a hipótese mencionada. De qualquer modo, o terapeuta limitou-se a lançar uma pedra no lago, sem insistir nem maltratar Susanna quando não se mostra disposta a lhe seguir as pegadas.

Susanna: ...Ficaria completamente... perturbada, isto é, me sentiria... não sei, quase não poderia acreditar... ou então, sim, acreditaria mas...

Terapeuta: Você ficaria com raiva?

Susanna: ...Não sei, não, assim instintivamente não sei dizer se ficaria com raiva. Ficaria realmente... sim, quem sabe me daria raiva mesmo porque... ficaria indignada, em síntese, me sentiria muito mal por não ter sabido, por isto sim...

Terapeuta: Por quem se indignaria mais: por sua amiga ou por seu pai?

Susanna: Por minha amiga.

Terapeuta: Por sua amiga?

Susanna: Sim, mas também por meu pai, isto é... não sei... devo dizer algo em favor desta amiga que considero muito forte e sólida, com uma vida já feita, apesar de ser mais nova que eu: é atriz, tem um bebê, está casada, possui uma casa, tem tudo, e também é uma pessoa muito inteligente, muito sutil em muitas coisas. A princípio, quando acabara de chegar, sentia-me muito intimidada, esforçava-me muito para ter um diálogo normal com ela, mesmo quando me deixava bastante tranquila. Geralmente eu me limitava a escutar. Todavia, um dia me falou disto e... não sei, começou dizendo como ela me via, que não me via em condições de decidir nada, resumindo, via-me tão... confusa, que me disse: "Sabe, você não está em condições de decidir; e mais, se acredita que ir para Treviso é algo positivo, e mesmo que o sinta, para mim você está enganada, isto é, para mim exatamente o que pensa e sobretudo o que sente não é mais...", não correspondia, segundo ela, o mais adequado a fazer.

Esta segunda parte do diálogo teve lugar aproximadamente na metade da sessão, que durou no total pouco mais de uma hora. Fala de seu regresso da Espanha para casa, da relação com sua amiga, que para ela sempre foi como uma irmã, enquanto filha de uma das companheiras mais importantes de seu pai. O dinheiro necessário para ir para Madri fora providenciado pelo avô.

Nesta parte da sessão, o terapeuta fala mais que na anterior e suas intervenções são em maior número. Por outro lado, faz perguntas mais incisivas com o propósito de induzi-la a ser mais concreta.

Além de ser mais ativo, o terapeuta esboça aqui um tema para a sessão, tema que surge obviamente das palavras de Susanna, mas o terapeuta contribui para lhe dar forma. E o tema é ainda, apenas mais incisivamente, o da identidade de Susanna, que aqui se conecta com o motivo do lugar onde estar. Da sessão, emerge que Susanna não tem uma pátria, um lugar de pertença, e suas respostas às perguntas que se formulam confirmam esta impressão: não é na Espanha onde quer estar, o lugar é a Itália, ou melhor, Treviso, sua cidade; mas em sua cidade, Susanna se sente mal. Este tema de fazer parte (de um lugar) está em estreita conexão com seus problemas de apego (ao pai). Susanna sente a necessidade de estar perto do pai, mas quando ali está, sente-se mal, daí sua sensação de não fazer parte. Assim, a identificação e a delimitação do tema desviam à atenção de uma questão de espaço para a questão de fazer parte, de apego; de um lugar físico – ou seja, viver em uma determinada cidade – a um lugar emotivo, como o da relação com o pai.

Em síntese, o tema nasce e se constrói a partir da interação entre cliente e terapeuta; não surge unicamente das palavras da cliente, mas de uma interação na qual o terapeuta é parte ativa, evidenciando conexões e relações entre os fatos, emoções e personagens de sua vida.

No tocante à comunicação analógica, houve uma mudança significativa durante a sessão. A princípio, Susanna estava encostada para trás na cadeira, relaxada, em posição de conversação tranquila e pouco comprometida; com o passar do tempo, se envolve cada vez mais no diálogo, inclinando-se para o terapeuta e manifestando uma atenção especial.

> *Terapeuta:* Com que estado de animo veio hoje?
>
> Susanna (pensativa): Bom... (suspira) não sabia o que vinha fazer aqui, não o sabia em absoluto... Mas é diferente do que ocorria há uns dias, quando me sentia assim, diferente; dizia a mim mesma: "O que vou fazer ali se me sinto bem?..."
>
> *Terapeuta:* Quem sabe, é uma sensação de inutilidade, uma sensação de que é inútil vir aqui.

Nesta parte da sessão, seu discurso se torna mais errático (*rambling*) e incerto, e parece ter perdido a vivacidade do começo da sessão, quando descrevia sua viagem a Madri. Suspirando, revela que hoje não sabia o que vinha fazer aqui... O terapeuta leva ao limite o conteúdo desta afirmação, formulando a hipótese de que talvez sinta que seja inútil ir à terapia; ele o faz para estimular sua reflexão sobre a própria terapia.

> *Susanna:* Não, não. Pensei nisto quando me sentia forte, nesse momento disse: "Se estou bem, o que vou contar para ele? Isto é, de que falaremos se não vou ali para chorar minhas mágoas?" Hoje, ao contrário, não sei o que dizer... Outro dia fiz até uma lista de coisas

sobre as quais poderia falar, porque há várias coisas que observo em mim... Não sei, no trem pensei todo o tempo em fazer algo que faço comumente, que fazia frequentemente através dos anos, não sei... Por exemplo, pensei no ano passado, quando estava apaixonada ou... Não sei se estava realmente apaixonada, de qualquer modo, gostei muito de um garoto, mas ele não gostava de mim, e fiquei atrás dele meses e meses... e quando tenho estes momentos, fico pensando várias possibilidades, por exemplo, que ainda não o vi, e passo horas pensando em quando nos encontraremos ou em possíveis encontros, tipo cinema, não? Em possíveis encontros exatamente assim... E também tenho momentos nos quais percebo que volto a cair em minhas fantasias...

Terapeuta: Já me havia falado deste garoto?

Sua reflexão sobre vir à terapia, leva-a a distinguir um estado de ânimo no qual se sente "forte" (como resultado de sua viagem ao exterior), e nesse caso não sente necessidade de ajuda terapêutica e não experimenta a sensação frequente de mal-estar que a leva a "lamentar-se". Esta última expressão é representativa de uma visão negativa de si mesma, de uma certa desestimulação, porque não se sente autolegitimada nem mesmo para buscar ajuda. Em certo momento, submerge em suas habituais viagens ao mundo da fantasia, em outras palavras, nos devaneios que a levam a retirar-se do mundo externo durante longos períodos. Refere-se a uma relação com um garoto que não se sabe se foi um vínculo amoroso, ou não. Esta incerteza sobre seus pensamentos e emoções é persistente e se reflete nas frequentes locuções verbais: "Não, não sei, quem sabe" etc. O terapeuta a leva a um plano concreto, pedindo-lhe que fale do garoto.

Susanna: Eu já o mencionei.

Terapeuta: Mas qual a razão de persegui-lo durante meses? Você fez isto porque não estava com ele?

Susanna: Porque anos antes havia vivido um breve romance com ele, que eu interrompi bruscamente. Vivia então em Bolonha e deixei de falar com ele; despedi-me bruscamente dele, assim, sem explicações, com o silêncio, e por isso me sentia mais forte, sentia-me muito segura de mim mesma.

Terapeuta: Mas por que interrompeu o brevíssimo romance...?

Susanna: Bom, há dois ou três anos que, cada vez que nos encontrávamos, me dizia que estava apaixonado por mim. Eu não estava, mas depois de muito tempo, finalmente decidi apaixonar-me. Todavia, tratava-o muito mal, eu o tinha em minhas mãos, não o deixava entrar por completo em minha vida, e as coisas seguiram assim até que ele se casou e me disse, em certo momento, que eu já não lhe importava.

Terapeuta: E quem reabriu a história?

Susanna: Eu. Depois de muito tempo, sentindo-me sozinha, eu lhe telefonei para sairmos juntos, mas ele inesperadamente não aceitou a oferta. No ano passado, durante seis meses, telefonei muitas vezes, ficava até uma hora no telefone, ele era ambíguo, queria e não queria... A princípio, estava muito segura de mim, mas a seguir, cada vez menos...

Terapeuta: Você realmente queria vê-lo, ou tudo era um jogo para ver quem cedia?

Susanna: Sim, sim, eu queria ter uma história com ele. Comecei a sair com seus amigos e às vezes também ele estava, mas nada, não tinha nada a ver.

Terapeuta: O que tem de especial este homem, dado que você não se apaixona tão facilmente? Deve ter algo de especial!

Susanna: Humm... É alguém que não quer, não quer a ninguém (sorri), não quer nenhuma mulher a seu lado, absolutamente, não sei, quem sabe é porque fosse tão difícil a conquista que... me atraía... É muito divertido.

Terapeuta: Ele gosta de mulheres? O que você pensa?

Susanna: Bom, na realidade não sei, também porque depois de seis meses de perseguição, uma tarde cedeu e me disse: "Está bem, escute, venha mais tarde a minha casa e fique até ao amanhecer". Estávamos entre amigos, eu estava bêbada porque tínhamos passado toda a noite em um bar. Estava muito contente e me sentia vitoriosa e, por esta razão, estava verdadeiramente eufórica, e por isso, creio, tive o acidente com a motocicleta. Não sei se lembra de quando cheguei aqui com um olho roxo. (Indica com a mão o olho esquerdo.) Fiquei no pronto socorro até as sete da manhã e, mesmo assim, fui a casa dele...

Terapeuta: Ou seja, então fizeram amor?

Susanna: Sim, sim.

Terapeuta: Ele quis forçar você, em certo sentido?

Susanna: ...Mas não, eu estava muito feliz naquele momento.

Terapeuta: Teve dificuldade com você?

Susanna: Não, não... mas depois não quis saber de mais nada.

Terapeuta: Mas você se apaixonou por ele e o perseguiu porque era uma pessoa misteriosa, difícil de conquistar?

Susanna: Sim, sim, também por isso... Sim, é uma pessoa que... Não sei, sente-se à vontade estando sozinho e não faz outra coisa senão beber e arruinar-se, é tudo o que faz.

Terapeuta: Você o acha parecido com você?

Susanna: Muito... Muito parecido comigo, é verdade, mas agora sinto náuseas de tudo isto, já chega! A mesma coisa ficou oito anos na minha cabeça...

Terapeuta: Também seu pai teve relações difíceis com as mulheres? Ele as fazia sofrer?

A história da relação com o garoto "difícil" é emblemática. Revela a necessidade do outro e, ao mesmo tempo, a necessidade de fugir; em outras palavras, revela o desejo e o temor da intimidade. Neste episódio, chama a atenção essa busca por um companheiro difícil, impossível, que ao fim se revela como sua cópia. Neste momento, o terapeuta decide explorar a relação do pai com suas mulheres para encontrar eventuais pontos de contato ou indícios que possam esclarecer as dificuldades de sua vida sentimental.

Susanna: Em minha opinião, sim, porque é muito prepotente.

Terapeuta: Também é muito volúvel?

Susanna: Sim, volúvel...

Terapeuta: Uma espécie de "usa e descarta", quem sabe...

Susanna: Não, isso não! Não creio, porque não teve tantas mulheres; teve bastante, mas com todas que conheci, teve relações duradouras.

Terapeuta: Eram as mulheres que se apaixonavam por ele?

Susanna: Não, para mim, ele também se apaixonava.

Terapeuta: Houve mulheres que manifestaram uma grande paixão por ele?

Susanna: Sim, sim.

Terapeuta: Quebrou muitos corações, como se usa dizer?

Susanna: Sim, sim... humm... não sei se de tantas assim, mas de algumas, sim, isto é, de algumas mulheres que estavam muito apaixonadas por ele... E acredito que também ele esteve apaixonado por elas, não sei...

Terapeuta: Algumas também o perseguiram um pouco nesse sentido?

Susanna: Sim... Como a história que teve com minha mãe. Acredito que ele esteve bastante submisso a minha mãe, ao contrário das outras mulheres que teve. Mas houve algum problema entre eles, pelo qual, segundo me contaram, ela o deixou. Mas quando a mãe da garota com a qual, depois, desenvolvi uma relação de quase irmãs, tornou-se sua companheira, minha mãe, ao se dar conta de que já não era seu homem... de que já não estava apaixonado por ela, digamos... armou um escândalo.

Terapeuta: Fez que ele passasse por apertos?

Susanna: Sim! Em uma ocasião, minha mãe teve uma crise histérica e quebrou toda uma porta de vidro, porque ele não queria deixá-la entrar no apartamento onde já vivia com essa mulher e sua filha. Também houve outras histórias entre eles, que tinham relação com outras pessoas...

Terapeuta: Agora, desculpe-me, gostaria de discutir algo com meus colegas.

(Volta depois de um intervalo bem mais longo.)

Terapeuta: Fiquei impressionado pela flutuação que aconteceu durante o verão. Quando estava na Espanha e, depois, já de volta em Treviso, você se sentiu forte, sentiu-se bem. E sentindo-se assim, veio a ideia: "Mas o que venho fazer aqui?". É natural que, quando tenha este estado de ânimo, não sinta necessidade de ajuda. Falei da flutuação por este motivo: ao período em que se sentia forte, seguiu-se um período no qual se sentia, digamos, fraca. Sentiu-se forte durante a viagem, e sentiu-se assim desde que partiu até estar de volta. Depois começou a sentir-se de outro modo. Em nossa opinião, esta parece ser a descrição de sua vida. Esta situação, isto é, a viagem de ida e volta, como uma oscilação que, no fundo, reflete sua vida e também a de seus pais. A de sua mãe, uma mulher que viajou muito, que mudou de lugares e de pessoas com facilidade e continuamente, diria... Também seu pai esteve em contínuo movimento durante sua vida, tanto no que se refere aos lugares como no que se refere às muitas relações, especialmente sentimentais, que teve com diferentes pessoas. Parece-nos que seu relato de hoje reflete seu estilo de vida. É o que você nos comunica. Levamos isso em conta e, neste momento, começamos a pensar em seu futuro, um futuro que, para nós, é difícil de imaginar. Como evoluirá sua vida? Isto é, tornar-se-á estável em relação ao lugar que escolherá para viver e estável também na relação com os afetos, no sentido de que escolherá uma situação, uma ou mais pessoas com as quais estabelecerá relações significativas e duráveis? Ou se converterá em um ser migratório, uma pessoa que não tem raízes, uma nômade? Falo principalmente em um sentido metafórico, mas não somente metafórico. Você continua indo de um lugar para o outro como seus pais, parece não encontrar raízes de nenhum tipo. No que se refere às relações, parece estar em uma busca contínua e raramente estabelece vínculos estáveis e duradouros.

O que nos chama a atenção é que, em determinado momento, sua mãe parou, de certo modo, tragicamente em seu nomadismo: parou quando se suicidou. Também seu pai, nos últimos tempos, parece ter parado. Encontrou essa mulher que tem raízes, sólida e simples, que, como você disse, o fez mudar, fazendo-o gozar dos prazeres simples do lar no campo, do cultivo da horta, do uso das ferramentas. Percebemos conexões entre o estilo de vida de seus pais e seu próprio estilo de vida. Notamos isto também na sua relação conosco. Você disse que, quando se sentia forte, não tinha necessidade de nós, afirmando implicitamente que quando se sente fraca necessita de nós. Em certo sentido, isto remete à oscilação da qual falamos: "Sou nômade ou pertenço a um lugar determinado?". Esta é, um pouco, a imagem que tivemos, e que representa a história de sua vida, vista do exterior, de nosso ponto de observação. Tem sentido o que dizemos?

Também nos encontros anteriores, ela começou com um dilema similar: "Tenho necessidade ou não tenho necessidade destes encontros? Prossigo, ou não, com isto?"

Susanna: O que disse é muito sensato, mas o que não compreendo é: tem sentido, vale a pena continuar vindo aqui?

Sua resposta, que repete o motivo antes descrito, é significativa. Parece ter necessidade de que o outro decida por ela (por exemplo, o avô, o terapeuta etc.) para assegurar-se de ser aceita.

Terapeuta: Deveria perguntar a si mesma e decidir por você mesma.

Susanna: Sim, temo continuar falando destas coisas durante um ano...

(O terapeuta lhe comunica a data do próximo encontro.)

Afirmou-se (Galluzzo, 1994) que a sessão terapêutica sistêmica, do ponto de vista narrativo, efetua uma desconstrução das histórias narradas pelo cliente, enquanto a intervenção ou comentário final[11] pode ter a função de reconstruir uma (nova) história. Este trabalho de reconstrução é uma operação que o terapeuta, sozinho ou com o auxilio da equipe, desenvolve, partindo de fragmentos da história do cliente para encontrar os elementos unificadores e redirecioná-los a um tema que pareça conectar os elementos mais significativos (Boscolo et alii, 1991). Nesta sessão, Susanna fala de sua viagem a Espanha e das emoções experimentadas, introduz personagens como o pai, o avô, a amiga, o amigo, e descreve suas emoções ambivalentes em relação a eles.

Na intervenção final da sessão, o terapeuta efetua uma reconstrução utilizando uma metáfora que recorre a muitos elementos (espaços, lugares, vínculos significativos) surgidos no curso do diálogo, mas também alguns elementos e descrições da vida familiar de Susanna, extraídos das sessões precedentes, que encontram sua inserção e reorganização em uma história. A metáfora, de caráter antropológico, introduz uma distinção: a distinção entre ter lugar definido e nomadismo. Esta foi construída a partir da história da família. Tanto a mãe quanto o pai foram "nômades" em sua vida, no que se refere à multiplicidade dos lugares frequentados e também às numerosas pessoas com que entraram em contato. Em certo momento, ambos se converteram em "sedentários", a mãe com a morte, o pai unindo-se a uma mulher "de raízes" (palavra que provocou seu sorriso sincero de aprovação). Ao contrário, nela parece prevalecer a não-estabilidade, a oscilação entre pessoas e lugares. A não-estabilidade é vivida como uma coisa incômoda, como a busca de uma identidade. Parece não ser capaz de escolher entre a vida de lugar definido e a vida nômade e, neste sentido, seu futuro é ainda indefinido e nebuloso. A metáfora sintetiza os temas e elementos da sessão, oferecendo uma história aberta ao futuro, cuja solução poderá ser decidida por Susanna como protagonista ativa, e não passiva. Ela poderá fazer suas escolhas, sugeridas pelas novas conexões que surgiram no diálogo terapêutico. Esta intervenção pode ser considerada reconstrutiva, porquanto restitui uma coerência narrativa aos elementos surgidos no curso da sessão, conectando-os em uma visão coerente e lógica.

---

(11)Comumente, as sessões individuais se desenvolveram sem o espelho de visão unilateral e sem equipe de observação. Nestes casos, no lugar de uma intervenção ou comentário final, o terapeuta efetua de vez em quando uma reformulação do que surge no curso da sessão.

Obviamente, tal reconstrução reflete os preconceitos e as teorias do terapeuta, que o guiam na tarefa de conectar os dados em uma história que, in primis, tem sentido para ele e, é de se esperar, também para a cliente. Um dos preconceitos mais importantes do terapeuta é o marco espaço-temporal, que inclui os fatos e os significados atribuídos a estes na vida da cliente. A metáfora "sedentário" e "nômade" é um reflexo deste marco. É frequente que nas intervenções e comentários do final da sessão o terapeuta conecte os fatos e significados do tempo presente com os da vida passada para, em seguida, voltar-se aos possíveis cenários futuros. O horizonte temporal (Boscolo e Bertrando, 1993) de Susanna está restrito ao passado e ao presente, o futuro aparece apenas como uma nebulosa indistinta. Assim como é importante que o terapeuta se ponha na posição de ouvinte do cliente, também é importante que aceite, dentro de certos limites, seu horizonte temporal. Neste período inicial da terapia, prevalecem os elementos do presente e do passado. Depois, com o desenvolvimento de maior segurança e autoestima da cliente, explorar-se-ão as possíveis trajetórias futuras.

Alguns enfoques terapêuticos (por exemplo, o estratégico de Watzlawick et alii, 1967; Weakland e Fisch, 1973; Haley, 1963 ou De Shazer, 1985) ignoram o passado do cliente e se ocupam somente dos tempos presente e futuro. Acreditamos que isto pode ser apropriado em uma perspectiva terapêutica de problem-solving, isto é, de solução de problemas específicos, mas não nos casos mais complexos (por exemplo, casos de transtorno borderline), nos quais é imprescindível o trabalho terapêutico sobre a pessoa e não tanto, ou não unicamente, sobre os problemas e as relativas soluções.

O terapeuta chega à intervenção final passando da posição inicial de escuta para uma exploração progressivamente mais ativa e, finalmente, a uma fase de reconstrução (com a ajuda da equipe) dos dados surgidos, com a invenção de uma história centrada na metáfora da oscilação. Nesta trajetória, da polarização sobre o passado se passou ao futuro, permitindo assim a abertura do círculo reflexivo do passado, presente e futuro, característico de nosso modelo. Desta maneira, a intervenção restitui a iniciativa à cliente, colocando-a em uma posição ativa (de escolha) frente a suas possibilidades futuras e favorecendo a sua saída do mundo simultaneamente flutuante e excessivamente estável que ela construíra para si.

Décima terceira sessão

Também nesta sessão podem encontrar-se os temas abordados na quarta: o lugar onde viver, o trabalho e a relação com o outro, especialmente com o pai. Na primeira parte da sessão, Susanna parece interessada no diálogo, mas carece de "paixão", que se manifesta somente quando o terapeuta toca no tema do pai e de suas relações com ele.

É neste momento que, para alcançar um nível suficiente de intensidade emotiva, o terapeuta decide recorrer à presentificação do terceiro. Isto acontece, de início, com uma série de perguntas circulares que têm o pai e Susanna como temas. Logo Susanna se mostra muito interessada emotivamente no tema "pai". O terapeuta trabalha sobre as emoções, concentrando a atenção sobre uma palavra proposta por Susanna: a "raiva" do pai, propondo em seu lugar uma expressão muito mais forte: a "fúria" em relação ao pai.

No momento em que o terapeuta introduz perguntas sobre o futuro da relação com o pai, examinando um possível esclarecimento entre pai e filha, Susanna mostra uma evidente dificuldade para segui-lo, e não consegue imaginar-se esclarecendo sua relação com o pai. Será neste ponto que o terapeuta irá introduzir o terceiro na cena, personificando o pai ausente.

> *Terapeuta* (indicando uma cadeira vazia): Por exemplo, se hoje seu pai estivesse aqui e tivesse escutado o que falamos, o que pensaria sobre o que está dizendo Susanna?
>
> *Susanna:* Se estivesse aqui agora?
>
> *Terapeuta:* Sim.
>
> *Susanna:* Sabe que verdadeiramente é... não sei, porque faz três meses que não falo com ele. Não sei, acredito que sentiria um pouco de irritação porque, de qualquer modo, sempre se sentiu assim comigo, e por isso não consegue compreender que se possa não ter nenhum projeto... enfim, acredito que ele não consegue compreender o porquê...
>
> *Terapeuta:* Você sente curiosidade em saber o que diria? O que pensa?
>
> *Susanna* (muito hesitante): Sim. Agora estamos em uma fase muito estranha, porque desde que votei do Canadá, eu o vi algumas vezes, praticamente o encontrei por acaso; não conseguimos chegar a um acordo, teve uma atitude um pouco hostil, devo dizer, e nem se tratava da habitual questão de que eu não... não sei, talvez... que não

tenha se chateado com esta história da viagem, esta coisa de ir visitar meu avô, e... enfim, acredito um pouco que esta viagem o tenha deixado chateado, e o fato de que tenha ido tudo bem, o fato de ter ficado por lá mais do que deveria, até por uma espécie de ciúme desse avô que pagou minha viagem, mas que jamais fez nada por sua filha nem por mim. Eu creio que tenha um pouco de rancor por ele; de qualquer modo, não conheço bem os motivos, mas ele se mostrou verdadeiramente hostil, e eu mesma tive...

Terapeuta: Mas você o vê assim por causa de algo que ele tenha dito?

Susanna: Não, não, ele não disse absolutamente nada. Mas depois de um mês em que não...

Terapeuta: ... Ou se trata de uma expectativa sua que ele se mostre hostil?

Susanna: Não, não, eu me recordo que estava chateado... como jamais tivemos uma relação aceitável, isto é, não a temos pelo menos há dez anos, senti que estava verdadeiramente chateado quando, depois de responder a uma mulher que lhe havia telefonado, eu lhe perguntei: "O que aconteceu?" E ele respondeu: "Nada, tenho um pouco de bronquite". Assim, uma resposta genérica... Depois, nos vimos em uma festa de amigos comuns, e não nos dirigimos a palavra. Em seguida, a segunda vez que o vi, pedi-lhe uma carona para a cidade, da janela da casa onde vivo, e ele praticamente não me respondeu. Lembro-me bem dessa manhã em que pedi a carona, ele fez uma cara... como se tivesse pedido sabe lá Deus o quê, não sei; ele me deixou pasmada com essa hostilidade, na realidade não me explicou...

A comunicação e a definição da relação entre pai e filha são verdadeiramente estranhas. Parecem refletir a confusão interna de Susanna. Naturalmente, esta afirmação deve correr por conta do observador, isto é, Susanna, que descreve sua própria experiência, seu modo de ver as coisas. Se fosse o pai quem a descrevesse, teríamos outro relato, ainda que, com muita probabilidade, vendo-os juntos, transpareceria a dificuldade de definir reciprocamente a relação e de trocar informações claras e completas. Na linguagem deles parece prevalecer em grande medida o aspecto analógico sobre o verbal, as emoções negativas sobre as positivas, ainda que se perceba um forte vínculo entre ambos.

É significativo que Susanna diga que não tenham tido uma relação aceitável há dez anos, ou seja, desde a época em que ela tinha dezesseis anos, e quando somente havia transcorrido um ano desde a morte da mãe, isto é, no período da adolescência. Como observaria um terapeuta de orientação psicodinâmica, é possível que os impulsos incestuosos tenham sido reprimidos através de atitudes de afastamento, que somente tiveram um êxito parcial. O conflito, isto é, o fogo sob as cinzas, ainda está aceso!

Também se poderia formular uma hipótese muito diferente. Os pais não cuidaram dela, a mãe se preocupava sobretudo com as drogas, o pai (como acontece tantas vezes com os artistas) pode estar apaixonado por si mesmo e pelos favores femininos, deixando que se ocupassem da filha os amigos, os outros. Susanna seria como uma bola em seus pés, e a exortação insistente à emancipação seria um modo de desvincular-se dela, libertando-se assim, de um sentimento de culpa residual. Esta hipótese de que Susanna seria a filha indesejada explicaria sua desorientação, sua confusão interna e, também, sua irritação peculiar em relação ao pai, de quem esperaria aquilo que ele não pode dar!

> *Terapeuta*: Mas por que você não lhe perguntou: "O que pensa de minha viagem ao Canadá?" Por que não falou sobre o assunto?
>
> *Susanna* (sobrepondo-se): Mas a questão é esta: não sei se o disse, mas sempre foi assim, penso que faz pelo menos dez anos que não almoçamos os dois a sós, não passamos nem dez minutos sozinhos; as poucas vezes que viajamos sozinhos de carro, estávamos ambos incomodados, não sei, ele falava do que estava fazendo, ou me dizia: "Pintei um belíssimo quadro, Luisa e eu organizamos as coisas da casa, tudo está em ordem". Sempre está muito entusiasmado com suas coisas e isso é tudo. Não, não sei bem como explicar. De qualquer modo, neste momento ele está no litoral em casa de amigos comuns. E sabia que estava ali por alguns dias, mas esperava não encontrá-lo, não porque esteja com raiva dele, mas porque antes queria ter clareza do que tenho para dizer-lhe. Sei que estamos... eu com raiva dele, porque não me dá as coisas que desejaria; e ele irritado comigo, porque não lhe dou as coisas que ele queria. Em suma, eu sempre estive com raiva dele porque me parecia que faltava interesse, uma forma de afeto de sua parte, ou de algum modo, a demonstração de afeto, porque em resumo... preciso ter bem claro o que quero dizer-lhe, esta sensação aqui... (põe a mão sobre o ventre).
>
> *Terapeuta:* Hoje você disse: "Não é que esteja com raiva dele". Não é possível, ao contrário, que esteja **furiosa**, que exista uma fúria

dentro de você, uma fúria tão grande com ele, que tenta ocultá-la porque teme que, se esta fúria sai, quem sabe o que acontece?

Susanna (primeiro divertida, logo séria e concentrada): Sim, por uma parte é assim... sim, é verdade, pode ser que seja fúria. Tenho duas mil coisas que censurar nele, mas sei que ele tem outros tantos motivos para fazer o mesmo. Por isso me parece que jamais chegaremos a uma conclusão se continuamos tão irritados. Não sei, verdadeiramente prefiro evitar de me encontrar com ele; se o encontrar, vai querer falar de tudo um pouco e não buscar uma solução para esta relação que vai tão mal: prefiro esperar. Parece-me que seu modo de agir me torne as coisas mais difíceis do que já são; essa expectativa sua de ver realizados os meus projetos, de ver que "me viro" sozinha; o fato de que ele espere e exija tanto assim, acredito que me impeça... de fazê-lo.

Durante alguns minutos, a cliente prossegue repetindo os mesmos conceitos, e conta um episódio onde deixa transparecer certo ciúme pela companheira de seu pai. Reivindica o fato de ter conseguido distanciar-se um pouco dele ("Parece-me não ter mais necessidade de sua aprovação, mas de sua compreensão"), mas mesmo assim demonstra uma profunda ambivalência a esse respeito: parece atormentada por um dilema relacional, se o pai a aceita, ou não, pelo o que ela é, até que se introduz o tema da sua morte.

Susanna (parece angustiada): Muitas vezes, penso que se acontecesse algo com ele, eu ficaria com este assunto sem resolver e... seria uma coisa terrível, não sei...

Terapeuta: O que seria terrível?

Susanna: O fato de não termos jamais esclarecido as coisas, de não termos falado, de jamais termos conseguido nos divertir juntos....

Terapeuta: O que aconteceria se um ou outro, ou ambos, decidissem esclarecer as coisas agora?

Susanna (longo silêncio, suspira): Mas não...

Terapeuta: Suponhamos que seu pai esteja ali, nessa cadeira. (indica uma cadeira vazia e faz um gesto com a mão, como se alguém estivesse ali sentado). Então, digamos que seu pai está sentado ali e que hoje nos encontramos para que aconteça o "esclarecimento", chamemo-lo assim. Suponhamos que, de uma vez por todas, você tenha pedido este encontro para esclarecer a relação entre vocês, para evitar, como disse há pouco, a tragédia da falta de esclarecimento no caso de que ele lhe faltasse repentinamente. Então, tente falar com seu pai. (Aponta de novo a cadeira).

Pode-se perguntar por que ocorreu ao terapeuta, precisamente nesse momento, mudar de papel e personificar o pai. É muito provável que tenha sido o tema da "morte" e o consequente desespero (ou possível loucura) de Susanna, o que o induziu a fazer o papel de pai e tentar "o esclarecimento" durante a sessão.

Susanna (sorri): Mas repito, o fato é que, como dizia antes, eu agora tento evitá-lo porque me parece... que não... como dizia... (Parece confusa e incomodada.)

Terapeuta (apontando a cadeira vazia): Eu presumo que também seu pai estaria interessado em falar com você. O que poderia dizer-lhe aqui, agora? Seu pai está aqui esperando para ouvir que coisa você que tem a esclarecer, o que está mal na relação de vocês. Como você vê esta situação?

Susanna (dirigindo-se ao terapeuta): Bom, como disse antes, cada um espera do outro as coisas que...

Terapeuta (apressadamente): Se neste momento conseguir materializar seu pai e falar diretamente com a cadeira como se ele estivesse assentado ali, o que desejaria falar para ele?

Susanna: Mas, eu não...

Terapeuta: Por que não esvazia o saco agora? Acredito que você confirmou a sensação que tive quando disse: "Não é que esteja muito chateada". Ao contrário, penso é que você se defende de uma grande fúria que sente por seu pai, e tem um grande temor de perder o controle, de que a fúria venha à tona e talvez provoque, sei lá... uma ruptura definitiva. Esta é minha impressão. Hoje existe a possibilidade de esclarecer tudo isto com ele, por isso fale, fale com ele e tente desabafar...

Susanna (incomodada, longo silêncio): Não, eu não... não...

Terapeuta: Neste momento posso fazer outra tentativa. Eu me assento ali (indica a cadeira vazia) e eu sou o seu pai; depois, uma vez que você e eu, como pai, tenhamos esclarecido as coisas, voltaremos a assentar-nos em nosso lugar de origem e serei de novo o doutor Luigi Boscolo. De acordo?

Susanna: Vamos tentar.

Terapeuta (muda de cadeira, apontando para aquela que acaba de deixar): Hoje fui chamado aqui pelo doutor Luigi Boscolo, dizendo-me que de algum modo seria útil que nós dois tivéssemos um esclarecimento. Disse-me que necessita esclarecer as coisas comigo, e vim aqui voluntariamente, precisamente para que conversemos. O que preocupa você em nossa relação?

Susanna (inclinando-se para o terapeuta): A coisa principal que mais me incomoda é que... (tira um cigarro e o acende em silêncio) Isto... Oh! Deus, não consigo! (Silêncio)

Terapeuta: Compreendo que seja difícil para você falar comigo, mas também é difícil falar contigo, sempre me custou. Às vezes, digo para Luisa que não sei como falar com você, como compreender. Eu, como pai, me sinto... você é a única filha que tenho e gostaria muito que estivesse contente, feliz, que chegasse a ser independente, que encontrasse um trabalho. Ao contrário, eu a vejo perplexa, hermética... não conseguimos nos compreender: o que você pensa?

Susanna (longa pausa de recolhimento): É o mesmo problema que eu tenho... me parece. Tampouco consigo compreender essa sua atitude sempre hostil por mim, a parte de... sim, os motivos eu posso entender, mas me parece que entre nós não há nada além desta hostilidade, sempre assim... (desabafa em tom de sofrimento). Por que jamais fez um esforço para ter uma relação, não obstante todos esses problemas e todas essas expectativas frustradas? Uma relação... uma espécie de amizade, à margem de tudo, quero dizer, tenho relações com todas as outras pessoas que não esperam tanto de mim, não pretendem obter nada em troca além da minha amizade.

Terapeuta: Sim, compreendo; mas para fazer o que você diz, o terreno deve estar limpo dos problemas que vejo. Pode ser que veja as coisas com parcialidade, no sentido de que também posso ter parte da responsabilidade. Mas o que observo, é que passam os anos e não vejo nenhum movimento seu, parece-me um pouco desorientada, não pensa em seu futuro...

Susanna (inflamando-se): Sim, mas por que isso o preocupa?

Terapeuta: É por isso que, como pai, sinto muita raiva dentro de mim; gostaria tanto de ver você contente, tranquila, ver você em movimento, com projetos para o futuro, mas não vislumbro nada disto. Isto me preocupa e também me irrita.

Susanna (pausa de silêncio; repentinamente se endireita e apoia no encosto da cadeira, como se quisesse ficar distante): E não consegue fazer outra coisa além de ficar irritado? (a ponto de chorar) Não pode conter essa ira? Ou seja, enquanto não houver demonstrações, enquanto não o faço ver do que sou capaz, não poderemos ter uma relação?

Terapeuta (com voz intensa): Mas veja, você é minha única filha, sua mãe não está mais aqui, tem um avô que não conta porque vive no Canadá: somos os sobreviventes, digamos, da família. E neste momento vejo que... bom... também como pai, temo que, se ficarmos perto demais, será mais difícil para você se soltar e encontrar seu caminho. Você terá percebido que, depois de tanto trabalho, de rodar daqui para ali, num certo momento, também eu me uni a Luisa, eu me entendo com ela, fizemos três casas, uma para nós e, exatamente pelo bem que lhe quero, uma casa para você e outra para o filho de Luisa. Agora não sei, tenho a sensação de que meu dever como pai foi cumprido, eu encontro-me bem com Luisa, mas tem sempre esta coisa que me rói por dentro: a única filha que tenho, a filha a que estou tão ligado, deixa-me dizer.... eu a vejo perdida!

Susanna (parece sentir com intensidade): Sim, mas o fato é que... bom... também eu tenho algo que me rói por dentro, que pode explicar o fato de não ter desenvolvido, justamente, esses projetos de futuro e tudo mais; e ainda mais me atormenta o fato de não ter uma relação... uma relação decente com você, uma relação que me dê algo e, portanto, tenho duas coisas que me roem.

Terapeuta: Por que se consome tanto quando fala da nossa relação? Não sei, rapazes e moças de sua idade... chega um momento em que buscam relações fora de casa...

Susanna: E foi isso o que fiz!

Terapeuta: Todavia, parece que não é o suficiente.

Susanna: Não, não é. Com os rapazes e moças de minha idade me sinto muito bem, mas conheço tantos rapazes de minha idade, amigas, que têm uma relação positiva com seu pai, tem diálogo... fazem um esforço recíproco para se falarem. Ainda assim, devo admitir que nem eu fiz muitos esforços, eu me dou conta disto, mas deixo as coisas do mesmo modo.

Terapeuta: Mas tenho a impressão de que isto que me está dizendo agora tornará mais difícil sua independência de mim, mais difícil ainda encontrar um rapaz, e fazer a sua carreira.

Susanna: É somente uma impressão sua, porque jamais tentamos mudar as coisas; sobre quais provas, a partir de que experiências do passado está avaliando?... Não sei, de qualquer forma, esse nosso modo de fazer as coisas não me ajuda em nada.

Terapeuta: Eu penso muitas vezes em você, tento ajudá-la até economicamente... Neste sentido, acredito que estou fazendo o que um pai deveria fazer. Além disto, eu também tenho minha vida, tem Luisa, e os projetos a realizar com ela, como a casa que estamos construindo no campo. Você pensa que também o filho de Luisa se lamenta assim de sua mãe?

Susanna: Sim, tenho certeza.

Terapeuta: Vocês se falam?

Susanna: Algumas vezes... também ele, como eu, não tem essa certeza, essa força interior... mas eu não concordo que afeto, proximidade, possam impedir que alguém consiga realizar-se.

Terapeuta (olhando a cadeira vazia): Agora você está em terapia. Por acaso, doutor Boscolo não te ajuda?

Susanna (longa pausa): Sim, acredito que me ajuda. Ajuda-me muito... Todavia, não sei como me sentiria agora se não tivesse feito terapia, acredito que não teria conseguido superar a situação de instabilidade e solidão na qual me encontrava.

Terapeuta (põe-se de pé e vai sentar-se na cadeira que ocupava antes): Agora saio do papel de pai e volto a ser o doutor Boscolo. (Olhando a cadeira que acaba de abandonar.) Ali ainda está o seu pai. Neste momento estou pensando no diálogo que acabam de ter: minha impressão é que ambos estão no mesmo barco. Penso que existe um forte laço entre os dois, motivado pela história passada de ambos: a morte trágica de sua mãe, a distância e a falta de parentes fizeram que vivesse com seu pai ou, mais frequentemente, com os amigos de seu pai. A relação entre vocês é um laço forte, mas oscilante. Você diz que em dez anos poucas vezes comeram juntos, mesmo sendo vizinhos, e raras vezes conversaram, trocaram ideias; todavia, seu pai está muito presente em seus pensamentos (voltando-se para a cadeira vazia) e imagino que você também esteja presente nos pensamentos dele. (Susanna concorda.) Pela história que tiveram juntos, existe o risco de que, se vivessem juntos demais, jamais se separariam. Por isso um frustra o outro alternadamente, para manter distância! (Susanna concorda uma vez mais.) Por isto, de qualquer modo, tentam distanciar-se um do outro. Penso que também Luisa os tenha ajudado a se distanciarem. Já faz algum tempo que você, Susanna, está dizendo que tomou distância do passado e de seu pai, e eu comentei que está no meio da travessia. Você me assegura ter projetos para o futuro, mas neste momento não se vê ainda a paixão, o ímpeto para fazer algo, projetos, e mergulhar plenamente na vida. Mesmo hoje, depois de ter dito que deixou para trás o passado, falou-me muito de seu pai, indicando que o passado ainda está presente.

Susanna: Tenho uma pergunta para lhe fazer. Nesta metáfora da travessia do rio, pode ser que de um lado esteja meu pai e eu esteja dirigindo-me para o lado oposto? Não é precisamente assim?

Terapeuta (pondo-se de pé): Farei esta pergunta a meus colegas...

Susanna: E se eu convencesse meu pai a vir aqui, seria melhor?

Terapeuta: Também lhes farei esta pergunta. Voltarei em seguida. (sai)

Relatamos, aqui, parte da discussão que aconteceu depois da sessão, da qual participaram o terapeuta e os numerosos colegas que neste dia se encontravam por trás do espelho. Trouxemos, de maneira incompleta e fragmentada, algumas das conjecturas dos membros da equipe e do terapeuta, na ordem que foram expostas.

1. Dá-me a impressão de uma filha não reconhecida, não amada, que não teve nem mãe nem pai. O primeiro reconhecimento foi o seu (apontando ao terapeuta). Quando Susanna fala da necessidade de um estímulo, talvez esse estímulo seja somente o de seu pai; o terapeuta apenas conseguiu fazer sair um pouco de força, mas o que ela espera é o reconhecimento do pai.

2. Penso que se, hoje, o pai estivesse presente em carne e osso, pai e filha provavelmente teriam encontrado pontos de contato que lhes teriam permitido imprimir um novo rumo para essa relação. Todavia, acredito que, ao fim, Susanna conseguirá receber do terapeuta a confirmação que lhe falta. A aceitação e empatia do terapeuta acenderão a "paixão" por viver e favorecerão o desenvolvimento da autoestima.

3. Mas já existe a "paixão", e se revelou em sua raiva. E mais (olhando o terapeuta), esperava que você conotasse positivamente essa raiva, mas não o fez.

4. A cliente fez um percurso terapêutico e agora está no meio da travessia e começa a se ver e a ver o mundo que a rodeia, enquanto antes era como uma cega, não conseguia nem mesmo ver. Todavia, agora deve dar outro passo: despedir-se do pai; é ela quem o deve abandonar.

5. A metáfora da travessia é interessante, refere-se tanto ao desejo de se aproximar do pai como o de se distanciar dele. Considero que isto reflita a relação com a terapia. Está enfrentando o tema da separação do terapeuta, e está dizendo: "Estou no meio da travessia, isto é, da terapia, como me vê? Estou perdida ou conseguirei chegar à outra margem?"

6. Eu gostaria de voltar à relação com o pai que, mesmo que com dificuldade, foi a pessoa sempre presente em sua vida, ajudou-a eco-

nomicamente, deu-lhe uma casa ao lado da sua etc. Provavelmente seja o fantasma negativo da mãe, o temor de ser vista como ela pelo pai e, portanto, ser rejeitada, o que a faz buscar a confirmação deste último; e se essa confirmação não chega, não consegue separar-se dele, não consegue tornar-se independente. É possível que tenha entrado em crise depois que o pai encontrou Luisa, a quem está muito unido, e que mudou sua existência nômade. A raiva de Susanna também pode ser em parte uma expressão de inveja e ciúme em relação à rival Luisa. De qualquer forma, acredito que a cliente pode sair do vínculo ambivalente com o pai através da relação com o terapeuta.

7. Impressionou-me sua decisão (dirigindo-se ao terapeuta) de presentificar ao pai e assumir esse papel. Foi um bom golpe. Antes, a cliente expressava os pensamentos de costume e as habituais racionalizações desprovidas de emoção; a presentificação elevou a temperatura, levou-a a expressar concretamente e com pathos, seus pensamentos e emoções em resposta às argumentações precisas do "pai". Parece uma técnica muito eficaz, que pode permitir-lhe elaborar sua eventual separação do pai. Isto poderia acontecer espontaneamente, ou então, levá-la a uma confrontação com o pai real, e você poderia utilizar as ideias surgidas na sessão.[12] A não-aceitação por parte do terapeuta, da proposta da cliente de convocar o pai à sessão, tem o objeto de permitir-lhe resolver seu conflito com ele sem uma ajuda terapêutica direta.

8. Terapeuta: na representação do pai, fiz o papel de pai machista, que diz a sua filha que procure um trabalho e um marido, o tipo de pai que imagino que tenha. Ela confirmou que seu pai é assim, acrescentando que deseja libertar-se dela e deixar que doutor Boscolo a tome a seu encargo. O temor de expressar sua raiva, penso que se deva à angústia de provocar uma rejeição definitiva. Se isto ocorresse, ela perderia seu único vínculo significativo. O amor do pai é um amor condicionado e, como tal, é paralisante. Ainda fazendo o que ele espera, por exemplo, casar-se e encontrar um trabalho estável, jamais poderia estar segura de ser verdadeiramente amada como pessoa. Ao contrário, o terapeuta, como pai simbólico que a aceita empaticamente – primeiramente como pessoa e, em segundo lugar, pelo que pode fazer na vida –, pode favorecer o desenvolvimento de uma identidade positiva, dando-lhe a segurança que lhe falta. Quando Susanna faz a pergunta sobre a metáfora da travessia, se esta pode significar deixar o

---

(12) No caso de Luciano M., por exemplo, verificou-se esta segunda eventualidade.

pai de um lado e dirigir-se para o lado oposto, indica que esta é, provavelmente, a direção em que está avançando, ainda que se sinta muito insegura. A insegurança poderá desaparecer quando encontrar a confirmação mencionada.

Por que Susanna está tão bloqueada? Sabemos que é difícil deixar a própria família quando não recebemos ao menos uma confirmação clara. Considerando isto a partir de uma perspectiva temporal, posso dizer que Susanna está buscando tudo o que não teve no passado, que ainda está parada nesse período. Aqui se pode falar de uma defasagem temporal. Ela fala com o pai como se fosse uma criança e, em troca, o pai fala como se ela fosse adulta. É como se se encontrassem em comprimentos de onda diferentes. A esta altura, pode-se formular a hipótese de que a terapia pode ajudá-la a encontrar a confirmação que lhe permitirá continuar o caminho, isto é, encontrar sua identidade e converter-se em adulta. Então, como adulta, poderá ver o pai sob uma luz diferente e redefinir a relação com ele. Este poderia ser considerado o tema central de toda a terapia.

9. Parece-me muito significativo o momento em que Susanna menciona a possível morte do pai: já sofreu em sua infância a tragédia da morte da mãe, e a possível morte do pai parece evocar uma angústia intolerável, a angústia de encontrar-se sozinha no mundo, a angústia do nada. É como se cortasse a corda que a mantém unida à realidade.

O grupo terapêutico elabora finalmente uma intervenção simples, que o terapeuta comunica à cliente.

> *Terapeuta:* Acreditamos que conseguimos uma evolução positiva e que este é um período de transição no qual se estão produzindo mudanças positivas. (Susanna concorda com convicção.) Falamos muito de sua raiva pelo pai. Acreditamos que é uma emoção muito importante e que em certo sentido é positiva, já que, com o tempo, poderá transformar-se em "paixão"[13] que poderá conectá-la com seu mundo interno e com a realidade circundante, sem as dúvidas e perplexidades costumeiras. Quando isto ocorrer, os projetos de futuro surgirão espontaneamente. No que concerne às duas perguntas que nos fez, iremos responder na próxima sessão.

(13) O terapeuta utilizou esta palavra em todo o decorrer da sessão como palavra-chave, como a sublinhar a ausência de paixão que Susanna manifesta geralmente em seus discursos.

(O terapeuta se põe de pé e lhe comunica a data do próximo encontro; Susanna agradece e se despede: parece um tanto aliviada.)

Continuação da terapia

É significativo que, desde a décima terceira sessão, Susanna quase não tenha falado de seu pai, de sua mãe, nem de seu passado. Na realidade, ainda que no decurso da terapia tenha falado frequentemente do pai, evitou referir-se espontaneamente à mãe, talvez porque o tema era muito doloroso e conflituoso. A tentativa infrutífera de eliminar a mãe de sua mente, devia-se ao temor de se parecer com ela, mesmo porque o pai, que a havia levado consigo depois da separação (Susanna tinha então cinco anos), desprezava a mãe, considerando-a uma irresponsável, que sempre estava em busca de drogas e de relações sexuais na tentativa de se encontrar.

Todavia, por iniciativa do terapeuta, nas primeiras sessões se falou muito da mãe, tentando construir possíveis histórias positivas que contrastassem com as negativas que predominavam em torno de sua vida (ver Searles, 1965). Desde a décima terceira sessão, a vida de Susanna tornou-se mais ativa e orientada para metas mais concretas. Desapareceram os períodos de dois ou três dias, nos quais se fechava em casa, no escuro, para meditar (ou melhor, para remoer) e para não pensar.

Dois meses depois, decidiu mudar-se de Treviso para Milão, para um apartamento deixado vazio por um amigo. Uma associação óbvia é que havia trocado o lugar do pai pelo lugar do terapeuta. Em Milão, encontrou em seguida dois empregos part-time que lhe ocupavam todo o tempo disponível e, mesmo estando cansada, fez pela primeira vez em sua vida um esforço continuado, que lhe permitiu ser economicamente autossuficiente.

Outro fato incomum para ela é o de se ter envolvido sentimental e sexualmente com dois homens. Também o seu aspecto exterior foi mudando lentamente; descartou o costumeiro casaco e as calças negras que usava sempre e começou a usar vestidos diferentes e de cores mais claras. Seu interesse se deslocou para a vida quotidiana e para o futuro próximo, registrando, às vezes, com agradável surpresa, as mudanças interiores que experimentava.

Recentemente, ao aproximar-se da vigésima sessão, começou a mostrar uma ansiedade cada vez maior. Na décima sexta sessão, com um tom claramente preocupado, relatou um sonho no qual caminhava sobre o topo de uma montanha que separava Treviso de Milão. À metade do caminho, parou com medo de cair em um precipício, de um lado ou de outro do pico, e de repente veio-lhe a dúvida sobre se tinha agido bem, ou não, em fazer a viagem. A seguir, transcrevemos as ultimas frases da sessão.

> *Terapeuta* (de surpresa): Segundo você, quantas sessões faltam, incluindo esta?
> *Susanna:* Eu... Não me recordo... Creio que quinze ou dezesseis... Não sei... Não é isto? (na realidade se tratava da décima sétima sessão.)
> *Terapeuta:* Que sessão desejaria que fosse esta?
> Susanna (pausa): A décima segunda.
> *Terapeuta:* Então acabamos de concluir a décima segunda sessão. Mas a partir da próxima, você ficará encarregada da contagem das sessões.

A evidente reação de alívio e o sorriso de entendimento com o terapeuta, que alude a uma modificação do contrato terapêutico, confirmou a hipótese de que a cliente necessitava de um tempo maior que o combinado. Nas sessões seguintes, Susanna retomou de fato o caminho em direção à sua autonomia.

Francesca T.: uma fome inesgotável

Francesca era uma jovem mulher de origem meridional, com vinte e oito anos; tinha um irmão de vinte e seis anos de idade, dependente de heroína há oito anos e acolhido em uma comunidade terapêutica na Campânia há seis anos. O pai morrera de câncer quando ela tinha dez anos. A mãe se casara novamente com um antiquário e sem ter outros filhos; segundo Francesca, sempre estava muito ocupada com os problemas dela e do irmão.

Francesca veio a nosso Centro devido a uma grave síndrome bulímica. Dez anos antes, tinha iniciado com um quadro de anorexia que, três anos depois, evoluiu para bulimia. A sintomatologia era extremamente grave: há tempos consumia grandes quantidades de remédios, inclusive vinte pastilhas de diuréticos e quarenta de laxantes por dia, o que a deixava fisicamente prostrada, levando-a várias vezes a dar entrada no serviço de urgência de hospitais por hipopotassemia. No momento de iniciar a terapia, estava sob controle periódico de um médico e tomava potássio em comprimidos.

Fisicamente parecia muito bonita, magra, mas não esquelética, elegante e vestida em couro escuro. Trabalhava em uma importante casa de moda, onde era muito apreciada, tanto que era a direção da empresa que pagava sua terapia e todas as despesas médicas.

Sua mãe a acompanhou na primeira sessão, mas Francesca se negou a falar na sua presença, forçando o terapeuta a vê-la sozinha. Ao final da primeira sessão, decidiu-se incluir o caso na pesquisa sobre a terapia individual restrita a vinte sessões, segundo a modalidade já descrita. É interessante realçar que as razões da negativa de falar na presença da mãe tornaram-se claras no decorrer da segunda sessão, ao indagar sobre seu passado. Nessa ocasião, veio à tona com grande dificuldade a história de uma relação incestuosa com o irmão mais novo. As relações sexuais começaram quando ela tinha dez anos e o irmão oito, estendendo-se até os quinze. Francesca recordava ter-se sentido culpada pela relação com o irmão, tanto que aos quinze anos teve uma relação com um rapaz, deixando-se ser descoberta pela mãe para desviar eventuais suspeitas e, também, para indicar ao irmão o seu inequívoco desejo de acabar com a história.

Descrevia a mãe como dissimulada e punitiva, especialmente após a descoberta de sua relação. Após as três primeiras sessões, os relatos e emoções referentes ao incesto assumiram uma posição central na terapia. A cliente dizia sentir-se sempre suja, tanto por dentro quanto por fora; para limpar-se por dentro, recorria ao vômito, laxantes e diuréticos; para limpar-se por fora, a frequentes duchas ou lavagens, e muitas vezes se sentia forçada a arranhar a pele. Em certo momento, o terapeuta convidou-a a revelar o segredo à sua mãe. Francesca consentiu com certa vacilação, o que levou o terapeuta a garantir-lhe que tal revelação deveria ocorrer em sua presença, de modo que ele pudesse agir para conter as emoções.

A mãe foi convidada para a sétima sessão, de modo que a revelação pudesse acontecer. Quando Francesca, a convite do terapeuta, revelou a verdade, a mãe surpreendentemente não deixou transparecer a menor resposta emotiva: permaneceu quase impassível, enquanto Francesca, visivelmente emocionada, narrava a história. O terapeuta, desconcertado e ardendo de curiosidade, dirigiu-se de improviso à mãe para tentar compreender o que estava ocorrendo.

Terapeuta: Mas, senhora, já sabia do ocorrido ou é algo novo para você?

Mãe: Não... não sabia.

Terapeuta: Mas o que sente ao ouvir o que conta sua filha? Está surpresa?

Mãe: Não, não estou surpresa.

Terapeuta: Como não?

Mãe: Porque nessa época, minha irmã mais nova, que tinha dezoito anos, vivia conosco e eu suspeitava que havia algo entre ela e meu marido. Assim, um dia regressei do trabalho sem avisar e encontrei os dois na cama... (à filha) Você se lembra?

Francesca: Não, não sabia...

Mãe: Mas como?... se foi você que me disse ter visto seu pai abraçado com sua tia...

Francesca: Não me lembro...

Mãe: De qualquer modo, eu os surpreendi, mas não podia mandar minha irmã embora, porque tinha sua custodia legal. Ela tentava colocar meus filhos contra mim: depois de algum tempo, se foi por conta própria, entregando-se à prostituição e às drogas. Pode ser que, depois, eu me tenha tornado muito protetora com meu filho, como se ele fosse o predileto, e quem sabe, por este motivo, sempre entraram um pouco em competição...

Depois desta revelação, que resultava de um notável trabalho sobre seu passado, Francesca deu sinais evidentes de melhora, sobretudo em relação ao consumo de diuréticos e laxantes, que cessou, enquanto continuavam os acessos de bulimia e o vômito. Psicologicamente, os progressos foram até maiores: saiu do estado de prostração e humor depressivo no qual se encontrava e se abriu mais para o mundo exterior, fato que foi notado e apreciado até no ambiente de trabalho.

Manifestou-se, entre outras coisas, que sua vida afetiva era bem mais pobre: vivia com um homem, mas este não parecia ocupar um lugar importante em sua vida afetiva, totalmente ocupada por sua mãe e seu irmão. Em particular, a relação com a mãe mostrava-se muito ambivalente, com frequentes rixas e aborrecimentos, e longos períodos sem se falarem, seguidos de reconciliações.

Depois da sessão de revelação, o terapeuta pensou em convidar o irmão para um esclarecimento com os três familiares, mas foi impossível, tanto pela resistência da mãe, temendo um efeito negativo sobre o programa de reabilitação do qual participava o filho, como também pelo parecer negativo manifestado pela comunidade terapêutica.

Desta maneira, as sessões continuaram apenas com Francesca, que mostrou crescente conscientização de seus problemas e contínua melhora. No decorrer da décima sessão, Francesca mencionara sua intenção de continuar com outro terapeuta ao final da terapia, porquanto sentia que a terapia era uma necessidade vital. Ao final da sessão, o terapeuta fez o seguinte comentário.

> *Terapeuta:* Nossa impressão é que se está produzindo uma evolução positiva, com você olhando para si mesma, e se vislumbram sinais de que está caminhando, de que está percorrendo um caminho, um caminho bem mais longo, visto que manifestou necessidade de continuar a terapia após terminarmos nosso percurso, quem sabe de uma análise, com outra pessoa. Isto é algo bem mais insólito para nós.
>
> *Francesca:* Eu aconselho a todos a terapia! Para mim, fez muito bem.
>
> *Terapeuta:* Não é comum o cliente pensar que (a terapia) não concluirá, e também falamos disto, de sua ideia de que a terapia não é definitiva. Então, é possível que, em seu passado, tenha vivido a experiência de receber pouca atenção, pouco amor... e ter um grande vazio interior.
>
> Francesca (confirmando com a cabeça): Sim.
>
> *Terapeuta:* ...e que por isso, neste momento, tenha uma grande fome dentro de si, misturada com raiva, porque muitas vezes existe raiva na fome.
>
> (*Francesa sorri.*)

Observa-se o uso da palavra-chave "fome", coincidindo com o sintoma de Francesca, e seu acoplamento a "raiva": cria-se assim um tema duplo, o da fome/raiva, que o terapeuta relaciona com as premissas da cliente, as quais parecem prefigurar uma possível terapia interminável.

> *Terapeuta:* Também tem uma fome insaciável por sua mãe, uma fome tão grande, que pensa ser necessário uma vida para saciar-se.

Francesca: Sim, necessitarei.

Terapeuta: Para saciar-se. É a ideia que nos ocorreu para explicar o fato de um cliente pensar que a terapia deve ser interminável, pois não é comum.

Francesca: Sim, penso que este seja um primeiro passo...

Terapeuta: É algo extremamente incomum.

Francesca: Para mim, é surpreendente que ninguém mais o tenha pedido. Não compreendo isto.

Terapeuta: O próprio fato de que você considere ser algo surpreendente, de algum modo nos faz pensar em uma profunda insatisfação. E pensamos que, de certa maneira, não recebeu suficiente atenção e proteção, também pelo que aconteceu a seu irmão, que a fez sentir-se descuidada, como uma pessoa que não teve alimento suficiente. Em certo momento, pode ter surgido uma fome inesgotável.

Francesca: É exatamente assim. Sempre digo que tenho uma grande necessidade de afeto.

Terapeuta: Uma fome de afeto que de algum modo é enorme, talvez uma vida não seja suficiente.

Francesca: Não.

Terapeuta: Interpretamos seu estado de ânimo neste sentido. É claro que você pense ser necessária uma vida para que esta fase termine e, finalmente, se sinta saciada, o que quer dizer serena e segura de si mesma etc. O que queremos lhe dizer é que, comumente, as mudanças não acontecem como você acredita: não se necessita toda uma vida, mas frequentemente elas ocorrem quando menos se espera, e em tal caso, a fome pode cessar de uma vez.

Francesca: Sei que desaparecerá de repente.

Terapeuta: Em certo momento, uma pessoa se sente satisfeita do ponto de vista físico, mas também espiritual.

Francesca: Serena. Sentir-me serena é o principal.

Terapeuta: Nós lhe asseguramos que a fome de obter uma confirmação de fonte externa desaparece. Mas acreditamos que, durante muito tempo, você continuará pensando que essa fome é inesgotável e, talvez, que sejam necessários até mais de três ou quatro anos.

Francesca: Esperemos que não!

Os problemas voltaram a apresentar-se depois que o irmão se retirou da comunidade terapêutica, onde havia permanecido por seis anos. De volta à família, foi recebido pela mãe e pelo padrasto como o filho pródigo, a tal ponto que o padrasto o incorporou à sua oficina de antiquário como aprendiz de restaurador, com bons resultados. Tudo isto teve um efeito negativo em Francesca: na décima segunda sessão, parecia visivelmente irritada e tensa porque a mãe se ocupava do irmão, e havia expressado seu protesto ao terapeuta, o que o levou a pedir novamente a presença da mãe na sessão.

A sessão seguinte foi dramática, quando a mãe afirmou que era injusto acusá-la por se ocupar do filho, já que este não tinha teto nem emprego; e que se sentia impotente e incapaz de compreender a filha, que sempre insistia em suas acusações. Nesse ponto, o terapeuta considerou oportuno utilizar a relação terapêutica, isto é, seu crédito de confiança, para sair de um jogo de massacre sem fim, assim como do impasse surgido pela rivalidade não resolvida entre irmãos e realizada através da mãe. Propôs um pacto à mãe e à filha: por um período de quatro meses, não deveriam exercer nenhum tipo de comunicação direta, mas exclusivamente através do terapeuta.

O propósito da prescrição era utilizar o crédito de confiança no terapeuta para suavizar a relação negativa entre mãe e filha. Todavia, as coisas não saíram como previsto. Três semanas mais tarde, a mãe ligou para o terapeuta para contar-lhe que, há alguns dias, Francesca lhe telefonava, a princípio, de forma anônima, sem falar, e em seguida com gritos e insultos; dizia que não suportava mais, que estava desesperada.

Alarmado, o terapeuta telefonou para Francesca, que respondeu com voz alterada e pastosa, de quem havia tomado psicofármacos ou consumido drogas. Francesca admitiu sentir-se muito deprimida, e que havia abandonado o trabalho há uma semana e não havia realizado os controles médicos indispensáveis, dado que seus excessos alimentares e diuréticos lhe haviam ocasionado problemas renais. De imediato, o terapeuta decidiu imediatamente apostar na relação terapêutica. Rompeu o pacto e a enviou autoritariamente ao controle médico. No dia seguinte, recebeu um telefonema da endocrinologista, que havia encontrado Francesca em um estado deplorável e pedia autorização para receitar-lhe antidepressivos.

O terapeuta deu seu consentimento e também aconselhou uma breve internação que, de fato, era ainda impossível. Simultaneamente, tentou conseguir que no Natal, que estava próximo, se organizasse um almoço que teria o valor ritual de reunir toda a família e oferecer a Francesca uma nova ocasião para se ligar à mãe e ao irmão. Tanto a mãe quanto Francesca aderiram prontamente ao convite.

Na décima quinta sessão, que ocorreu depois do Natal e do almoço que, supostamente, iria facilitar a reconciliação, Francesca se apresentou emagrecida e cada vez mais em crise. Lamentavelmente, uma vez mais as esperanças do terapeuta caíram por terra. O almoço havia sido um desastre; Francesca se havia enfurecido e brigado com todos, e apresentou-se à sessão ostentando – ao menos segundo percebeu o terapeuta – um humor sombrio e mortífero. Repetiu várias vezes que não havia nada a fazer e que o suicídio era a solução inevitável!

O terapeuta decidiu, então, enfrentar diretamente a situação e, como no filme "O Sétimo Segredo", de Ingmar Bergman, jogar xadrez com a morte. De improviso, na metade da sessão, levantou-se de seu assento e lhe disse que, como o objetivo da terapia era ajudar aos vivos e ela, ao que parecia, havia escolhido a morte, em seu caso a terapia não tinha sentido. Disse-lhe que deveria considerar a terapia finalizada, a menos que ela escolhesse a vida; e neste caso, podia telefonar dentro uma semana para retomar os encontros. Francesca telefonou algumas horas depois de finalizada a semana, pedindo uma nova sessão com voz segura e decidida.

Depois destes acontecimentos, a terapia continuou satisfatoriamente durante algumas sessões. Foi acordado com antecipação que a décima oitava sessão seria a última. De qualquer modo, Francesca manteve sua ideia de que seria necessário um apoio terapêutico posterior e, portanto, com a aprovação do terapeuta, decidiu recorrer a outro profissional, o doutor Bruni. Agora, entraremos em detalhes da décima oitava e última sessão, também com o objetivo de mostrar o processo particular em ação no momento final da terapia.

Francesca se apresentou à sessão elegante e bem arrumada, acima de tudo com bom humor. Abordou imediatamente o tema da bulimia, o problema que a trouxera à terapia: o ritual bulímico ainda não havia desaparecido, porém havia-se reduzido consideravelmente. Acabara de retornar ao trabalho e disse que se sentia bem na situação atual e que até conseguia divertir-se, coisa que não ocorria antes.

Pouco depois, Francesca começa a falar de seu novo terapeuta. Surgem rapidamente algumas características dele, que ela parece desaprovar mais ou menos implicitamente. Acima de tudo, o doutor Bruni lhe propôs a hipótese de sua relação incestuosa com o irmão como "pecado", o que verdadeiramente não lhe agradou. Além disso, teve a impressão de que ele queria, mais que propor-lhe hipóteses, "inculcar-lhe" ideias na cabeça, entre as quais a de que deveria haver uma relação de amizade, mais do que uma simples relação profissional entre os dois. Francesca parece dar a entender que prefere o estilo do primeiro terapeuta. Se colocamos estas afirmações em relação com os acontecimentos das sessões anteriores, parece manifestar-se uma dificuldade da cliente em deixar o primeiro terapeuta, como pouco depois Francesca confirma com toda clareza.

> *Francesca:* O Doutor Bruni continua dizendo que devo telefonar-lhe se sentir necessidade, que devo me abrir, que devo ter confiança... No fim de tudo, ainda me sinto mais ligada a você, ainda que em certo momento, tenha tido um impulso de rejeitá-lo. Diria que me sinto mais próxima a você no plano estético...
> *Terapeuta:* Segundo você, qual dos dois, o doutor Bruni ou eu, se parece mais com seu pai?
> *Francesca:* Mas... nenhum dos dois.
> *Terapeuta:* E sua mãe?
> *Francesca:* Nenhum. Você é Boscolo, ele é Bruni, não se parecem com ninguém mais.

Neste momento o terapeuta faz algo estranho e inesperado, e quem sabe errôneo, ainda que depois, retome a direção correta. Com efeito, quando a cliente subtrai o caráter positivo de seu vínculo com ele, muda bruscamente de tema e se refugia em um passado-presente psicodinâmico. De qualquer forma, é a cliente quem o faz retornar à relação atual.

Se neste momento o terapeuta persistira na ideia de que a relação de Francesca com ele está conectada à relação que tinha com seus pais no passado (transferência), tornar-se-ia rígido e, portanto, previsível: teria uma estratégia própria, transparente aos olhos da cliente, e esta somente poderia optar entre segui-lo (para o agradar) ou desafiá-lo. Seria reduzida a possibilidade de buscar guias ou significados inéditos: poder-se-ia dizer, então, que o terapeuta tenta convencer a cliente de suas ideias. Ao contrário, pensamos que convém manter aberto o discurso a mais possibilidades, de modo a evitar a previsibilidade; além do mais, é útil e mais que oportuno deixar o devido espaço ao cliente, seguir os indícios que este atribui à significação e ao sentido das hipóteses do terapeuta.

Deste ponto de vista, o segredo é o uso do ponto de interrogação, da pergunta, que permite ao cliente decidir sobre os significados que tem a dar e converter-se em protagonista de sua própria história. O terapeuta não fornece diretamente as próprias hipóteses, mas as apresenta sob forma de perguntas: a última palavra cabe ao cliente. Em caso contrário, como nas intervenções do tipo psicodinâmico, isto é, quando o terapeuta "inculca" a própria ideia, não será o cliente que muda por si mesmo. Simplesmente seguirá as instruções mais ou menos explícitas, mas sem conquistar um grau adequado de autonomia.

Também na última sessão, ainda que sua natureza seja conclusiva, o terapeuta utiliza – especialmente nas primeiras frases – sobretudo perguntas particularmente centradas na exploração de cenários presentes e futuros.

> *Terapeuta:* O que experimenta, agora, ao deixar-me e ir viver com ele? Falo em sentido metafórico, naturalmente. Faz um ano que estamos juntos. Que efeito lhe causa a mudança e a transferência para ele?
>
> *Francesca:* Por exemplo, ontem, diante da ideia de vir aqui para este encontro, senti-me um pouco incomodada... como se fosse um pouco... uma traição.
>
> *Terapeuta:* Experimenta um sentimento de culpa, como se me tivesse traído?
>
> *Francesca:* Tenho um sentimento de culpa, como se tivesse cometido uma ofensa. Se estivesse livre deste vínculo com você, penso que me sentiria confortável... me sentiria bem.
>
> *Terapeuta:* E por que se sentia incomodada?
>
> *Francesca:* Porque lhe devo falar do outro.
>
> *Terapeuta:* Como assim? Me disse antes que se sente mais próxima de mim do ponto de vista "estético"? Você deu a entender, mais de uma vez, que por muitos motivos se sente mais próxima de mim.
>
> *Francesca:* É verdade que sinto mais simpatia instintiva, mas pode ser que o tenha repetido muitas vezes para lhe fazer um cumprimento, para me justificar.

Neste momento, o terapeuta introduz um tema novo, ainda que presente como pano de fundo desde no início da conversa: o tema da despedida, da separação. Repetir que se trata da última sessão, do último encontro de acordo com o contrato terapêutico, significa impedir que Francesca negue ou suprima a experiência da separação. Como se verá em breve, a cliente tem uma forte tendência neste sentido.

Terapeuta: Hoje estamos aqui para nos despedir. E quando nos separamos, é agradável que cada um conserve uma boa recordação do outro. A maior parte das pessoas com as quais entramos em contato, não deixam marcas em nossa vida, mas algumas deixam uma marca positiva. Quando isto acontece – quando deixam uma marca positiva –, levamos essas pessoas dentro de nós para sempre.

Com este comentário, o terapeuta se coloca em um plano de igualdade com a cliente: cada um deixa alguma coisa para o outro, cada um leva consigo algo do outro, de igual para igual. Em certo sentido, raciocinar desta maneira constitui, na relação entre terapeuta e cliente, o máximo de aceitação e de positividade.

Nesse momento, Francesca intervém com um comentário que demonstra até que ponto era real o risco de que viesse a negar a separação.

Francesca: Então, talvez, seria o caso de terminar aqui? (A conclusão da terapia fora acordada explicitamente na sessão anterior.) Sinceramente, tentei não pensar neste encontro, porque não sabia o que fazer. Tentava esquivar-me da ideia, porque não consigo ser objetiva, pensar em concluir ou não concluir.

Terapeuta: Mas já tínhamos decidido concluir aqui esta terapia, e penso que, de qualquer modo, você pode tentar outra terapia com uma pessoa diferente, que ainda poderia dar-lhe uma visão diferente das coisas...

Francesca: Sim, porque, confesso-lhe, começo a estar um pouco cansada de médicos e de terapias. São todos excelentes, o doutor Bruni, a doutora, os enfermeiros, mas estou... cansada. Antes sentia a necessidade, pensava que devia ser curada, os doutores, tudo era necessário. Mas hoje me pergunto quando terminará esta ruptura.

Terapeuta: Outro cansaço que pode sentir é da dependência dos remédios...

Francesca: Sim, verdadeiramente já não posso mais.

Terapeuta: Está cansada de depender de pessoas ou medicamentos que a colocam em uma posição passiva.

Francesca: Sim... isso é positivo. Antes, quando alguém me achava magra, me agradava; agora não.

Aqui o terapeuta se conecta diretamente com os sinais de "cura" (healing forces) da cliente, comunicando implicitamente que Francesca já não necessita de remédios, nem de profissionais. Portanto, oferece uma espécie de panorama final da situação de Francesca e de suas possíveis opções futuras, além da relação crucial com sua família.

Terapeuta: O que responderia se lhe perguntasse sobre suas relações atuais com seus familiares?

Francesca: Bom, minha mãe, parece que a aceito com menos ódio que antes, com um pouco mais de calma. Consegui deixar a necessidade de lhe telefonar todos os dias como fazia antes. E com relação a meu irmão, é um período em que não penso verdadeiramente nele mas, se acontecer, parece-me que poderíamos refletir com certa tranquilidade.

Terapeuta: Parece-me ver uma evolução paralela entre você e seu irmão. Você se livrou de uma parte dos sintomas, mas não de todos. Seu irmão, por sua vez, livrou-se da droga, mas ainda depende da família. É possível que a evolução paralela de ambos possa seguir adiante e que, ao fim, ambos possam livrar-se de suas amarras.

Francesca: Em parte essa evolução já se produziu. Aquele vínculo que antes existia entre mim e meu irmão era um pouco doente, era um laço de inveja um pouco doentia. Agora que não existem mais essas coisas, me parece que aquilo que havia de mórbido está se dissolvendo.

Terapeuta: A esta altura, você sabe que deixou uma marca em outras pessoas, por exemplo, em mim. Agora poderia livrar-se dos médicos, dos remédios e também, em certo sentido, da família. Se se livrar de tudo isso, ficará um vazio. Mas será um vazio que poderá preencher com sua iniciativa, com pessoas do mundo exterior, com outras relações, e assim por diante.

Francesca: Mas é algo que devo decidir de uma vez?

Terapeuta: Não. É algo que acontecerá espontaneamente, de forma gradual.

Francesca: Veja, já não me sinto mais como antes, mesmo que existam sintomas, porque faço as coisas com prazer, com desejo de fazê-las. Antes, eu **devia** ser a mais escrupulosa, deveria chegar ao trabalho antes, meia hora, quarenta e cinco minutos antes dos demais, era um dever. Agora posso permitir-me até chegar atrasada. Mas não porque o trabalho não me agrade; antes, talvez, agora comece a me agradar de verdade.

A esta altura da sessão, a situação da cliente se esclareceu e emergiram projetos para o futuro. Agora o terapeuta pode facilitar a dissolução da relação com um simples ritual de final de terapia, libertando a ambos de seus respectivos papéis.

Terapeuta: Uma coisa que faço, em geral, quando termina uma terapia, é dedicar alguns minutos a ver, junto com o cliente, se no período transcorrido houve momentos que tiveram um efeito ou significado particular para ele. No seu caso, há algo a nos dizer?

As respostas a esta pergunta, que explicitamente coloca o cliente na posição de observação e de metacomunicação em relação ao processo terapêutico, são muitas vezes de grande interesse. Trata-se de uma observação inédita dentro da terapia[14]: o que é que o interessado vê no momento em que começa a mudar. Por exemplo, em uma sessão final, um cliente responde, em síntese: "Foi importante que o terapeuta acreditasse em minhas possibilidades". Ao contrário, outra cliente (Giuliana T.) afirma: "Me surpreendeu e me ajudou o fato de que eu nunca soubesse aonde o terapeuta queria chegar com suas perguntas".

Esta última afirmação evidencia um ponto importante. Dizer que a mudança está em relação com o fato de não compreender qual era a lógica do terapeuta (enquanto que com os outros terapeutas consultados previamente a lógica era bem visível), é como dizer que o uso de denominações diagnósticas e de explicações clínicas gera realidades negativas que logo acabam reificadas, confirmando ao cliente que existe algo que não está bem. Se, ao contrário, o terapeuta evita fazer isto e ajuda o cliente a sair das explicações rígidas, lineares, ampliando o contexto de indagação no marco de uma "visão positiva"; este poderá encontrar por si mesmo o próprio caminho para conseguir a melhora. A resposta de Francesca é bem mais interessante.

Francesca: Bom... diria que em quase todas as sessões saíram para fora coisas importantes. Na verdade, em quase todas as sessões, logo ao sair daqui, não me recordava de nada; mas, depois, me vinham à mente as lembranças e sentia que tinham efeito sobre mim, quando pensava sozinha nas coisas que tinha falado.

Aqui se pode ver que os intervalos prolongados entre as sessões são importantes, já que permitem aos clientes recordar e reelaborar a sós o ocorrido em cada sessão, de modo que os significados e emoções surgidos em cada encontro se tornem mais importantes e incisivos.

---

(14)Vale lembrar que informações similares são obtidas também pelos exames de catamnese.

Terapeuta: E não houve momentos especiais?

Francesca: Quando deu razão a minha mãe, e não a mim, enquanto que a doutora me dava razão. Isso me agradou: finalmente me sentia compreendida! Quem sabe, terá sido a primeira vez que me sentia verdadeiramente bem.

Terapeuta: Houve momentos negativos, ou seja, momentos de raiva?

Francesca: Quando você concluiu a sessão dizendo que estava disposto a tratar somente pessoas que tinham desejo de viver, e não de morrer. Fiquei enfurecida, não queria vir mais; de tristeza, porque me senti abandonada, mas também, com ódio de você. Pensei que havia decidido abandonar-me porque o meu suicídio teria sido um nó, uma mancha em sua carreira.

Terapeuta: E o que a fez mudar de ideia?

Francesca: Você assumiu a atitude apropriada quando lhe telefonei. Se tivesse respondido de outro modo, não teria vindo. Sabe, o que fez foi arriscado, mas fez bem. Sabe, talvez tivesse calculado tudo, não sei, mas me fez bem.

Os últimos dez minutos da sessão – ou mais precisamente da pós-sessão – transcorrem em um clima agradável, quase de amizade. Saindo ambos do papel terapêutico, os protagonistas do diálogo se localizam de uma vez por todas em um plano de igualdade e, juntos, observavam as relações que houve entre eles e os seus efeitos. O comentário final de Francesca é, a seu modo, uma proposta de restituição ao terapeuta daquilo que ele lhe havia dado.

Terapeuta: Antes de concluir, há alguma pergunta que você gostaria de me fazer?

Francesca: Sim. Se algum dia tiver o desejo de chamá-lo, se tivesse alguma coisa para lhe contar, poderia fazê-lo? Como... provavelmente, se me viesse esse desejo, queria dizer que estou curada, porque senão falaria só de médicos e não haveria sentido chamá-lo por isto. Poderia? Queria vir aqui um dia para dizer-lhe que não tenho mais problemas com comida. Queria fazê-lo porque tenho estima pelo senhor, e também como reconhecimento pelo que fez. Mesmo que o senhor não tenha terminado o trabalho, iniciou-o. Sem o senhor, eu estaria acabada.

Terapeuta: De acordo. Então, desejo-lhe tudo de bom.

Francesca: O mesmo a você, doutor.

Capítulo VI

CONSULTAS

Miriam C.: quem consulta a quem

Em Israel, há alguns anos atrás, uma colega pediu a Luigi Boscolo uma consulta sobre um caso "difícil". Tratava-se de uma senhora de aproximadamente cinquenta anos que estava em terapia com ela há alguns meses. A mulher se chamava Miriam, trabalhava em um jornal; era casada, mas se separara alguns anos antes (o marido a havia deixado). Tinha dois filhos que viviam com o marido nos Estados Unidos, onde frequentavam um *college*. Os sintomas referidos eram do tipo ansioso-depressivo, com algumas extravagâncias que, do ponto de vista do diagnóstico psiquiátrico, faziam pensar em um transtorno *borderline* ou até mesmo psicótico. A terapeuta estava preocupada porque, nos últimos tempos, Miriam havia desenvolvido idéias paranóicas e afirmava estar tão irritada com seu chefe, que temia até mesmo matá-lo. Além disso, a terapeuta havia recebido, recentemente, alguns telefonemas dos filhos, do ex-marido e também de uma amiga de Miriam, que se declaravam unanimemente preocupados pelas suas conversas telefônicas que, na opinião deles, não tinham pé nem cabeça; por isto, a terapeuta se sentia totalmente em um impasse.

Durante a consulta estavam presentes na sala o consultor, Miriam e a terapeuta, enquanto atrás do espelho havia um grupo de colegas. Quando o consultor anunciou o objetivo e a modalidade da consulta, Miriam exaltou-se e se negou a participar, afirmando que aceitaria somente um profissional especializado nos Estados Unidos. "É uma estranha coincidência", respondeu-lhe o consultor, "porque a senhora está diante de uma pessoa que se formou em grande parte nos Estados Unidos, em Nova Iorque". Nesse momento iniciou-se um estranho diálogo, no qual a cliente, com uma série de perguntas semelhantes às de um interrogatório policial, procurando fazê-lo cair em contradição, justificava sua própria necessidade de saber se o consultor havia dito a verdade sobre o lugar de sua formação. Com efeito, grande parte das perguntas se concentrava sobre os lugares (universidades, hospitais) nos quais o consultor havia feito sua formação, com os respectivos endereços e a distância que separava esses lugares dos edifícios mais famosos de Nova Iorque!

Quando, afinal, Miriam ficou definitivamente convencida de que o consultor era digno de confiança, aceitou por sua vez ser "interrogada". A esta altura, o consultor começou a fazer a conhecida série de perguntas sobre a vida de relação, sobre o marido, sobre os filhos, sobre as situações atuais e passadas, até considerar oportuno passar para a verdadeira questão fundamental do encontro.

Consultor: Estou aqui porque Gloria (a terapeuta) solicitou uma consulta, pois está muito preocupada com você, já que nestes dias a via cada vez mais angustiada, mais irritada com o trabalho, e até me disse que você havia ameaçado matar o seu chefe, e por isto está tão ansiosa. Basta olhar para ela (indicando a terapeuta, presente na sessão) para se notar isto. Por que não ajuda a Gloria?

Miriam: Mas se é ela que deve me ajudar. Eu sou a paciente!

Consultor: É verdade, mas algumas vezes também os pacientes ajudam a seus terapeutas.

Miriam: Verdade!

Consultor: Também eu peço ajuda aos meus clientes e eles o fazem. Por que você não o poderia fazer?

Miriam: Você diz isso? Está bem, eu também poderia dar-lhe uma ajuda. (À terapeuta) Gloria, acredita de verdade nestas besteiras que falo às vezes? Está assustada de verdade? (sorrindo) É este todo o problema que você tem comigo?

Terapeuta: (concorda, embaraçada.)

Miriam: (em tom convincente e tranquilizador): Mas não se preocupe! Eu gosto de me desabafar com você! Mas não é louca de pensar que eu comprometeria todo o meu futuro cometendo um delito? Isto é tudo? É somente por isto que se sente bloqueada?

O esclarecimento e o tom conciliatório da relação continuaram durante certo tempo, com a terapeuta cada vez mais aliviada e tranquila, enquanto o consultor felicitou a Miriam por ter ajudado verdadeiramente a terapeuta a sair de seu impasse.

Consultor: Como de costume, a esta altura eu deveria fazer uma intervenção conclusiva, dizer algo a ambas, mas já não era necessário, porque neste caso você foi a melhor consultora para seu terapeuta e, portanto, para mim não me resta nada mais que agradecer.

Quando, depois de despedir-se da cliente, a terapeuta e o consultor se reuniram com o grupo que observava atrás do espelho, encontraram-nos muito contentes. A alegria resultava da peculiaridade da conversa, mas também da inversão de situação que se havia produzido durante a sessão. Com efeito, a princípio a cliente havia assumido uma posição de condutora, formulando perguntas ao consultor e colocando-o na obrigação de responder, como se ele fosse o paciente. Em seguida, após tê-lo "aprovado", aceitou suas perguntas como consultor, permitindo-lhe levar adiante a consulta. Trata-se de uma intervenção estratégica, na qual a posição *one-down* assumida pelo consultor havia evitado criar simetrias na relação, permitindo estabelecer uma relação positiva na qual a posição de competência assumida pela cliente tornou possível o êxito final da consulta. De acordo com os princípios da terapia estratégica, o terapeuta havia aceitado o que a cliente pedia, reservando-se o direito de introduzir algo diferente, de acordo com a "posição de pseudocomplementaridade" ["sim, mas..."], característica das técnicas de Milton Erickson e Jay Haley (Haley, 1973).

Daniela Z.: Profissão, mãe

O caso que apresentamos agora se refere a uma consulta efetuada em nosso Centro (dentro do curso de terapia sistêmica) sobre um sistema terapêutico em *impasse*, formado por uma terapeuta e sua cliente. A terapeuta, aluna do quarto ano do curso, havia solicitado a consulta porque tinha dificuldades com uma de suas clientes. Aos vinte e dois anos, Daniela havia começado a terapia com problemas relacionados a sua obesidade e, mais recentemente, com crise de angústia e sensações de ser observada e criticada pelos outros. Fora indicada pelo médico que a tratava, que lhe havia dado os nomes de três especialistas. Tinha escolhido a doutora Bianchi, psicóloga, e pediu para vê-la em particular, e não no serviço público. No momento da consulta, já havia ocorrido uma dezena de encontros, com uma frequência quinzenal.

A consulta se realizou na sala de terapia, com o grupo de alunos atrás do espelho. Estavam presentes Daniela, o consultor e a terapeuta. A cliente parecia moderadamente obesa, era desenvolta e usava roupas coloridas bem vivas. Sua atitude era cooperativa e cordial.

Depois das apresentações de rotina, o consultor pede à terapeuta que informe sobre o caso e explique as razões pelas quais solicitou a consulta. Daniela é a terceira de cinco filhos. Os outros, na ordem do mais velho ao mais novo, são: Daria e Domiziana, de vinte e seis e vinte e quatro anos, respectivamente, ambas casadas; Diletta, de vinte anos, que agora vive com Daniela, e o único homem, Nicolò, de dezessete anos.

A mãe faleceu três anos antes do início da terapia, como consequência de uma grave esclerose múltipla, que a afetara poucos meses depois do nascimento de Daniela, evoluindo de forma gradativa e deixando-a cada vez mais inválida. A esta altura da narração, poucos minutos depois do começo da consulta, Daniela, por iniciativa própria, toma o lugar da terapeuta para relatar, com grande emoção, como se lembrava de que a mãe "sempre tinha sido doente", e que pensava nela em todos os momentos, até quando saía de sua casa ou ia passear. Destaca, ainda, que fora sua enfermeira principal desde que tinha dez anos. Nos últimos três anos de sua vida, a mãe se encontrava paralisada, a ponto de quase não se mover, e passou longo período internada em um hospital.

Segundo a terapeuta, coincidindo com a enfermidade da mulher, o pai logo começara a beber. Quando nasceu Nicolò, que agora tem dezessete anos, o pai havia encontrado uma nova companheira, Roberta; depois de algum tempo, pressionado por ela, deixou de beber, enquanto todas as pressões anteriores dos filhos tinham sido inúteis. Depois da morte de sua mulher, o pai oficializou a relação com Roberta, com quem vive agora, enquanto Daniela e Diletta foram viver sozinhas. Recentemente o pai propôs às filhas juntar todo o dinheiro necessário e adquirir uma casa para poderem viver juntos. Daniela, que nesse meio tempo havia desenvolvido uma grande aversão por seu pai, negou-se com arrogância.

> *Consultor* (à terapeuta): Isto então quer dizer que a nova companheira do pai jamais foi aceita por Daniela?
>
> *Daniela* (intrometendo-se): Queria expressar minha opinião: jamais a aceitei, pelo fato de meu pai sempre ter sido falso em relação a minha mãe. E além disto, esta mulher não está em condições de criar filhos, pois nunca teve seus próprios filhos!

Aqui parece evidente que Daniela, ao interromper o diálogo entre o consultor e a terapeuta, revela um forte conflito com o pai e sua mulher, que será o tema central da consulta (e de sua vida).

A terapeuta retoma a narração: quando Daniela chegara aos treze anos e estava para terminar a escola secundária, decidiu-se que seria ela quem ficaria em casa para substituir a mãe. Desde então, e durante vários anos, Daniela esteve encarregada de todas as tarefas domésticas.

> *Consultor*: Mas quem decidiu isto?
> *Terapeuta* (aparentemente embaraçada): Bom... a própria situação, segundo parece. Não parece que tenha sido uma decisão de alguém em particular.
> *Daniela*: Sim, a situação, a doença grave de minha mãe, o fato de que eu já não tinha que ir à escola... era necessário que eu me encarregasse... antes de mim, por dois anos, depois da primeira paralisia de mamãe, tinha sido Domiziana quem se ocupara das tarefas domésticas, mas depois se rebelou e decidiu que não faria mais. Domiziana sabe o que quer. (Sorri.) Então, foi uma decisão um pouco de meu pai e um pouco minha, e eu tomei o lugar dela.

É curiosa a risada, um tanto enigmática, que Daniela deixa escapar quando fala da irmã mais velha. É ambígua: poderia estar dirigida à sua irmã e dar a entender que esta é uma irresponsável, ou estar dirigida a si mesma, e dar a entender que foi ingênua ou pouco astuta, que se deixou ser manipulada por toda a família; ou também pode significar ambas as possibilidades.

> *Daniela*: Não estava consciente do que me dispunha a fazer. Parecia-me tão bonito ter uma casa, estar nela e ocupar-me dos afazeres... tudo me parecia fácil. Ainda não tinha ideia das dificuldades que teria de enfrentar. Então, era como uma brincadeira para mim...
> *Consultor*: E como, depois, nunca mais Diletta o fez em seu lugar?
> *Daniela*: Eu já havia começado, havia saído na frente: já não era necessário que ela o fizesse.
> *Consultor*: Mas isso lhe agradava?
> *Daniela*: Sim.
> *Consultor*: Foi uma escolha sua ou uma exigência dos demais?
> *Daniela: Foi mais uma escolha minha, parecia-me uma maneira mais completa de ser útil em casa, e também me parecia quase um jogo, era quase divertido.*

Aqui, chama a atenção o fato de que a cliente tende a situar-se no centro da cena familiar e a atribuir-se todas as decisões: afirma que o papel lhe agrada, mas não parece fazer-se a pergunta sobre se pelo menos agradava, ou não, aos outros membros da família. É provável que as irmãs tenham confirmado passivamente sua necessidade de substituir à mãe, permitindo-lhe encontrar um sentido no que fazia. Nesses momentos, Daniela *estava* de fato contente de se fazer de mãe, e seguramente não podia pensar que a confirmação das irmãs – e, como se verá, de modo particular a dos avós maternos – iria neutralizar, durante muitos anos, os estímulos para a individuação e a separação. Só recentemente se revelou a necessidade de autonomia, por infortúnio, dentro de um quadro de sintomas. A este propósito, o consultor poderia ter feito algumas perguntas importantes, capazes de colocar em evidência o papel dos outros familiares nas escolhas de Daniela. Por exemplo: "A quem agradava que você bancasse a mãe?" Ou então: "Se se tivesse negado a fazer o papel de mãe, como seria sua vida agora?". Ele, ao contrário, prefere caminhar em outra direção.

A terapeuta retoma seu relato. Os problemas de peso de Daniela começaram quando tinha treze anos; aos dezesseis tinha conseguido perder alguns quilos, mas por pouco tempo. Neste ínterim, havia encontrado trabalho como cozinheira em uma pequena empresa ("um trabalho perigoso, levando em consideração seu sobrepeso", comenta o consultor). Quando tinha dezenove anos, sua mãe tinha morrido, seu pai havia regularizado a união com Roberta. Daniela e Diletta saíram de casa e foram morar juntas. No conjunto, todas as irmãs estão ainda muito presentes na vida de Daniela, aconselham-se mutuamente e muitas vezes lhe pedem ajuda, em especial Domiziana, desde que se tornara mãe.

Segundo a terapeuta, Daniela sempre se sentiu na obrigação de ser útil à família; este foi um tema importante no primeiro período da terapia, em cujo final quando ela começou a sentir necessidade de dedicar mais tempo a si mesma. O início de tal mudança coincidiu com o aparecimento de dissabores com as irmãs, que se empenharam rapidamente em desvalorizar de modo sistemático a terapia, definindo-a recentemente como "o cúmulo da insensatez". Em seu relato, a terapeuta parece um pouco ressentida com as irmãs, enquanto Daniela parece encontrar-se em um dilema. Por um lado, diz à terapeuta que está melhor e que se sente mais autônoma, e por outro lado, parece saber das críticas das irmãs, que proclamam a inutilidade da terapia, de modo que se sente insegura sobre o que deve fazer. A terapeuta, por sua vez, não lhe pergunta se acaso está de acordo com as irmãs, talvez por temer uma resposta afirmativa. É provável que seu pedido de uma consulta seja, sobretudo, um pedido de ajuda para resolver o problema da interferência das irmãs, que parece contribuir significativamente para o *impasse* terapêutico.

Aqui, o consultor prefere explorar as relações familiares com uma série de perguntas, em particular sobre a relação do pai com sua nova companheira, e diferir, até o final da consulta, a avaliação e a eventual intervenção sobre a relação e sobre o *impasse* terapêutico, depois de ter obtido um conhecimento mais amplo da situação.

> *Terapeuta*: As irmãs têm uma grande consideração pelo pai e necessitam a todo momento de seu apoio.
> *Consultor*: Dele, e também de sua nova mulher?
> *Terapeuta*: O papai, para as irmãs, fala segundo a cabeça de sua nova companheira.
> *Consultor*: E isto não agrada muito às filhas?
> *Terapeuta*: Não, porque ele escutou a companheira em relação à bebida, e não escutou as filhas.
> *Consultor*: Há quanto tempo o pai deixou de beber?
> *Terapeuta*: Cinco anos.
> *Consultor*: E que explicação ele deu dessa sua nova decisão?
> *Daniela* (intervindo): Disse que o fez por amor a seus filhos. Mas eu não acredito nisto.
> *Consultor*: E então?
> *Daniela*: Jamais deixou a bebida quando nós o pedíamos, e nós lhe pedimos varias vezes, não apenas uma, ao longo dos anos. Mas largou a bebida quando Roberta lhe disse: escolhe, ou eu, ou a bebida...
> *Consultor*: Ou eu, ou a garrafa?
> *Daniela*: Nós éramos cinco, sete se incluirmos os meus avós, e ele não nos deu atenção, mas deu mais valor a ela, por ela sozinha ele deixou a bebida. Esta foi a maior traição que sofri *até hoje*.

Aqui, aparentemente, tanto Daniela quanto a terapeuta parecem ter concebido a ideia de que a causa dos problemas de Daniela é o pai e, mais precisamente, a relação entre o pai e sua nova companheira. É possível que a causa do *impasse* seja a impossibilidade do casal terapeuta

/ cliente, deixar de lado esta ideia compartilhada: em outras palavras, no sistema terapêutico se desenvolveu uma hipótese rígida e imodificável. Nestas circunstâncias, o consultor pode atuar *ampliando o contexto* (à família extensa, a outras pessoas significativas e a outras ideias) e introduzindo, deste modo, maior complexidade, a fim de fazer surgirem novas diferenças e conexões que estimulem à capacidade do terapeuta e da cliente para criar novas explicações.

> *Consultor*: Uma traição também pessoal, contra você que fez tanto pela família, mais que todos os outros, e isso não foi reconhecido. Foi isto que lhe fez tanto mal?
> *Daniela*: Também isto... apenas sei que, quando se fala deste assunto, sinto dentro de mim tanta raiva, que me custa muito falar... (Efetivamente, está muito perturbada e lhe custa responder.)
> *Consultor*: No sul da Itália nós o chamamos "despeito"[sgarro]: há gente que, diante de determinadas situações, passa a vida planejando uma vingança.
> *Terapeuta*: É raiva. Geralmente, em nossos encontros não falamos, ela passa horas chorando. Às vezes chora por toda a sessão.

Daniela fala como uma mulher traída por seu marido e, com efeito, utiliza a mesma palavra - "traição" -, que o consultor converte em *"sgarro"* [*erro, falha, em italiano*], palavra-chave bem viva, que permite construir uma imagem vívida, forte, das sensações e propósitos da pessoa traída. As palavras da terapeuta sustentam a hipótese precedente, ou seja, criaram uma colusão entre terapeuta e cliente, ao considerar e reificar a "traição" do pai, com o consequente enrijecimento dos significados e emoções dentro do sistema terapêutico.

Aqui, a ampliação do contexto pode introduzir curiosidade e perspectivas para diferentes mundos possíveis, favorecendo releituras diferentes do passado. Por exemplo, poder-se-ia perguntar: "Como se chegou a essa explicação de sua infelicidade?". Se a cliente responde: "Porque não vejo outra", o terapeuta poderia replicar: "Outra pessoa seguramente veria outras", e assim sucessivamente. Esta intervenção colocaria em dúvida a atitude, o ponto de vista da cliente, e a induziria a refletir sobre possíveis alternativas. Naturalmente, essas alternativas podem surgir no diálogo se se amplia, como dissemos, o contexto, e se exploram novos territórios. Prossegue a exploração do consultor com a cliente e, agora, menos diretamente com a terapeuta.

Consultor: Também suas irmãs choram?
Daniela (sorrindo): Somos uma família de chorões.
Consultor: Inclusive seu irmão?
Daniela: Para Nicolò é diferente...

Daniela fala extensamente do irmão: é mais periférico em relação às irmãs, tampouco ele aceitou a Roberta, mas substancialmente se desinteressa dos enredos de família. De todo modo, Nicolò é o preferido tanto de Roberta quanto do pai. A hipótese mais óbvia é que Nicoló, como homem, diferente das irmãs, não pode ser considerado como rival de Roberta, com quem estabeleceu uma boa relação: um exemplo da influência e importância das questões do gênero nas interações familiares.

A terapeuta retoma seu relato. Já faz tempo que o pai proibiu a seus filhos de manter relações com os avós maternos, que sempre o criticaram. Os filhos, em linhas gerais, obedecem e mantêm alguma relação com a família materna apenas às escondidas. Ultimamente, o pai propôs a Daniela e Diletta somarem suas economias, abandonarem a modesta casa onde vivem (um cubículo) e comprar uma ampla casa para toda a família. Diletta estava de acordo, mas Daniela, depois de uma longa reflexão, negou-se, convencida de que o pai agia somente por interesse.

A terapeuta afirma que Daniela tende a ser prestativa em excesso e sente a obrigação, herdada da mãe, de manter unida a velha família, a família de origem. Parece que a terapeuta, em vez de "flertar" com a hipótese, tenha se "casado" com ela, favorecendo assim o *impasse* terapêutico, dado que já não circulam novas informações. A história compartilhada de que Daniela é a vítima de um pai traidor e injusto, proporciona uma explicação convincente que, desta maneira, se converte quase em uma camisa de força que imobiliza o sistema terapêutico. A terapeuta não vê nada de injusto nas atitudes de Daniela, com quem parece estar firmemente identificada, e atribui ao pai a culpa dos problemas da filha. De certo modo, a terapeuta perdeu aquela distância que lhe permite manter a posição terapêutica. Agora, não pode fazer outra coisa exceto sofrer junto com Daniela pela falta de compreensão do pai, tratar de consolá-la e oferecer-lhe o que o pai (e a mãe) não lhe deram. Assim, as informações circulantes no sistema terapêutico se tornam rígidas e repetitivas, tudo se bloqueia, como quando a água que flui, contida por um obstáculo, gira sobre si mesma.

A terapeuta descreve, com certa preocupação, os sintomas mais recentes de Daniela: frequentemente se sente julgada de maneira negativa pelas pessoas, inclusive por estranhos, e recentemente, por várias vezes, teve a sensação angustiante de que alguém a seguia, sentindo-lhe (literalmente) "a respiração em seu pescoço". É interessante que a terapeuta descreva estes sintomas, logo após relatar como Daniela está cada vez mais isolada dentro da família, inclusive em relação a Diletta, que desaprova sua rejeição pela proposta do pai.

Também é significativo que os sintomas mais recentes se manifestem no período em que Daniela se vincula mais estreitamente com a terapeuta – por quem se sente compreendida –, rejeita a proposta do pai de contribuir para a aquisição de uma casa comum e, pela primeira vez (há três meses), tem uma relação sexual com um homem. Parece que foram precisamente estes sinais de emancipação e autonomia que alarmaram as irmãs e as levaram a mudar de opinião em relação à terapia, diante da qual tinham, de início, uma atitude muito favorável. A crescente hostilidade pela terapeuta parece ter provocado um conflito de lealdade, com o consequente desenvolvimento de um estado de ansiedade. E é por causa destes fatos que Daniela, ultimamente, sentindo-se muito ligada à terapeuta, começou a pensar em interromper a terapia. É como se o sistema familiar do qual faz parte não lhe permitisse separar-se e emancipar-se, e quando está para levantar vôo, vem a angústia, com os equivalentes sintomas descritos, e o impulso de interromper a terapia. Como consequência de tudo isto, a terapeuta é colocada num estado de isolamento, do qual tenta sair pedindo ajuda ao consultor.

É sugestivo pensar que os recentes sintomas possam representar uma projeção do "ódio-amor" de Daniela pelo pai, que simbolicamente se materializa na sensação de ser seguida por um homem. Em conclusão, pode-se dizer que quando Daniela melhorou, no sentido de ter chegado a ser mais autônoma, piorou do ponto de vista sintomatológico.

> *Consultor*: A pessoa que você sente atrás de si é um homem ou uma mulher?
>
> *Daniela*: Não sei... talvez um homem. Às vezes tenho a impressão de que tem uma pessoa atrás de mim, mas nunca me pareceu que a via...
>
> *Consultor*: Nem sequer a vislumbrou, como uma sombra?

Daniela: Quem sabe, uma vez ou duas, sim, parece-me que havia uma sombra, mas não saberia...

Terapeuta: Tentei dizer-lhe que pode ser devido ao cansaço.

Consultor: Ao cansaço?

Terapeuta: Sim, quando uma pessoa se levanta todos os dias às cinco da manhã, trabalha e depois suporta toda esta tensão, o cansaço pode produzir esses efeitos.

A terapeuta formula esta hipótese tranquilizadora para acalmar a ansiedade de Daniela, ainda que, ao observar sua expressão vigilante e preocupada, é fácil pensar que também está acalmando sua *própria* ansiedade em relação a uma possível descompensação psicótica de sua cliente. Na realidade, estes gestos tranquilizadores com relação às angustias de um cliente são ineficazes ou contraproducentes, posto que invalidam as razões mais profundas da angústia. O cliente termina por não se sentir compreendido, o que aumenta a sua ansiedade.

O consultor, ao invés de tranquilizá-la, explora com a cliente os detalhes das manifestações sintomáticas, mediante uma série de perguntas que podem fazer surgir possíveis significados relacionados com o sintoma. É importante, com estas perguntas, evitar ao máximo ser interpretativo e sugestionar o cliente. Obviamente, isto será tanto mais fácil de se conseguir, quanto menos o terapeuta acredite na verdade de uma hipótese, e quanto mais consciente esteja de que a hipótese é também fruto de seus preconceitos. Se se respeitam estas condições, o discurso do terapeuta, especialmente em seu componente analógico, transmitirá a mensagem fundamental de que ele não tem respostas *ad hoc* paras as dúvidas ou temores do cliente, mas que estas poderiam surgir do diálogo.

Consultor: Que intenções tem essa presença?

Daniela: Às vezes penso que somente deseja observar-me; outras que tenta... tomar-me.

Consultor: Em sentido físico?

Daniela: Sim.

Consultor: Sexual?

Daniela: Não... tomar-me pelos braços e apertar-me.

Consultor: Pensa que seja seu pai?

Daniela: Não.

Neste momento, o consultor passa para a exploração das relações espaciais entre os membros da família: como e onde estão distribuídos os afazeres, quem vive com quem, levando assim adiante a análise detalhada dos espaços expostos no capítulo 3.

Quando o discurso se desloca novamente para as relações entre os progenitores, surge que, aparentemente, a mãe tinha aceitado a presença de Roberta, de cuja existência tinha conhecimento ainda que nunca a mencionasse, enquanto as filhas (em particular Daniela) nunca conseguiram aceitá-la.

> *Consultor*: É possível que você, em particular, não a tenha aceitado porque se sentia a substituta de sua mãe?
> *Daniela*: Sim, é possível.
> *Consultor*: Pensa frequentemente em sua mãe, vai visitar seu túmulo?
> *Daniela*: Não vou ao cemitério, mas penso nela frequentemente. (Começa a chorar.)
> *Consultor*: Neste momento, chora pela mãe que não teve ou por sua mãe que sofreu tanto?
> *Daniela*: Não sei.
> *Consultor*: São lagrimas de pena por não ter tido uma mãe "sadia"...
> *Daniela*: Penso que sim, também isto.
> *Consultor*: ...ou então por sua mãe traída por seu pai?
> *Daniela*: São como fragmentos, tantos fragmentos, que depois se acumulam e formam uma coisa enorme.
> *Consultor*: Mas o mais importante é a raiva por este pai que, em vez de reconhecer o que você fez pela casa, em vez de aprová-la, de lhe dar um apoio, levou uma estranha para casa?...

Neste curto trecho, estão presentes vários aspectos das relações entre Daniela, Roberta, a mãe e o pai. Estes aspectos – como afirma a cliente – levam a conectar "fragmentos, tantos fragmentos que depois se acumulam..." e, como nós dizemos, para facilitar o aparecimento de novos mapas e novas histórias. Além disto, há que se levar em conta que a atitude do consultor não é apoio ativo, tampouco trata de aliviar o sofrimento da cliente, não se associa à sua dor, mas lhe presta uma atenção empática. Desta maneira, ao manter a relação empática com a cliente, sem se identificar com sua visão da "realidade", conserva a devida distância e, portanto, a autonomia imprescindível para a posição terapêutica. Nesta posição, está em condições de manter viva sua curiosidade (Cecchin, 1987) e de continuar formulando perguntas que introduzam outras possíveis leituras.

> *Consultor*: Então, me pergunto se sua raiva se reduz a isto: com tudo o que eu fiz...
> *Daniela*: Meu pai sempre disse que os filhos estavam em primeiro lugar, mas depois fez o contrário. É uma traição também neste sentido.
> *Consultor*: Então, suas lágrimas são mais de raiva que de dor. É possível que sua raiva seja tão grande, a ponto de produzir um efeito: que sinta uma sombra por trás que quer vingar-se de toda essa raiva.
> *Daniela* (sem acreditar e perplexa): Quem sabe...
> *Consultor*: Às vezes nós, psicólogos, temos ideias estranhas. Para você, tem sentido o que estou dizendo?

Em seus turnos de conversação, o consultor entendeu a intenção das palavras e das emoções expressadas por Daniela, relacionando-as, sobre a base de sua própria sensibilidade, com suas teorias e preconceitos. Desse modo, relacionou as lágrimas com as emoções reivindicadas por Daniela, antes de tudo a raiva, e depois, a raiva com seus sintomas, criando assim, uma ponte entre o mundo externo e interno da cliente e propondo um sentido para o sintoma insensato e inexplicável. E ao referir-se à raiva de Daniela, não respondeu tanto a suas palavras como ao clima emotivo que se havia criado, facilitando também para Daniela o reconhecimento das próprias emoções.

Em outras palavras, o consultor está em contato permanente tanto com os dados observados e percebidos (o *feedback* da cliente) quanto com suas teorias, experiências e preconceitos, conectando-os segundo seu juízo, e observando naturalmente os efeitos. Pode decidir introduzir no discurso um elemento inesperado, como o fez ao tirar Roberta do centro do discurso, contribuindo assim para criar novas conexões, novas pontes relacionais. Pode ocorrer que uma ideia, um significado introduzido pelo consultor, não sejam aceitos pela cliente, como ocorreu no caso da hipótese de que podia ter uma conexão entre a raiva e uma possível "sombra que deseja vingar-se de toda essa raiva". De fato, o consultor reagiu à resposta cética de Daniela, minimizando, ou melhor, desvalorizando sua própria afirmação, mostrando assim, o devido respeito à opção da cliente. Ainda que, às vezes, seja difícil resistir à tentação de defender a própria ideia não aceita pelo cliente, é apropriado que o terapeuta retroceda; do contrário corre o risco de doutrinação, no que toca aos conteúdos, e do autoritarismo, no que toca à relação.

Daniela: (Põe-se a chorar e se mostra titubeante em relação à reformulação.)

Consultor: Compreendeu o que eu disse? Faz sentido?

Daniela: Não sei se tem sentido neste caso.

Terapeuta: Falamos disto, também expressei idéias similares. Havia percebido uma raiva em relação ao seu pai, nunca expressada, nunca verbalizada. Mas quando lhe falava do tema, ela me dizia que não sentia raiva, dizia: "é assim e basta...".

Consultor (dirigindo-se à terapeuta): Você entendeu por que as irmãs estão contra a terapia de Daniela, enquanto as quatro são solidárias contra o pai e Roberta?

Terapeuta: No início estavam de acordo com a terapia, inclusive a apoiavam. Quando as chamei, vieram de boa vontade, e tivemos essa sessão de pranto coletivo (vieram as três), sempre sobre o pai e seus comportamentos. Depois de algum tempo em terapia, aconteceu que Daniela desejasse sair com amigas, estar sozinha e outras coisas. Estava menos disponível para as irmãs. A esta altura, transcorridos alguns meses desde o início da terapia, ela começou a manifestar dúvidas em relação à continuidade da mesma. Quando lhe perguntei o motivo, revelou que suas irmãs diziam ser perda de tempo e de dinheiro fazer terapia. Era como se Daniela devesse escolher: suas irmãs ou eu.

Consultor: Foi um *aut... aut...* [uma opção exclusiva] das irmãs?

Daniela (interrompendo): Não, fui eu que me coloquei o problema da escolha. Era o problema de continuar escutando-me dizer: "O que vai fazer em relação a isto?"

Consultor: Mas compreendeu por que suas irmãs mudaram de opinião?

A hipótese do consultor é que, no início, as irmãs estavam a favor de uma terapia que livrasse Daniela de seus problemas, mas assumiram uma posição contrária quando ela transmitiu a mensagem de que desejava tornar-se independente, abandonando deste modo o papel (cômodo para todos) de tia solteirona, que se ocupava dos filhos alheios e de manter em ordem suas casas. Nesse momento, iniciou-se a sabotagem da terapia.

Este fenômeno é bastante frequente. A emancipação do cliente, frequentemente provoca desequilíbrios nos sistemas significativos dos quais fazem parte, com o possível aparecimento de transtornos em um ou mais membros da família, ou com as consequentes interferências por parte destes, que podem levar até a interrupção da terapia. De acordo com nossa experiência, nas famílias com filhos psicóticos, quando este responde positivamente à terapia, frequentemente os pais entram em crise e, às vezes, conseguem interromper a mudança recorrendo a outro terapeuta.

Daniela: Eu pensei que elas viram uma mudança, mas talvez não era a mudança que esperavam.

Consultor: Que mudança?

Daniela: Por exemplo, ontem fui a casa de Domiziana para procurar sua filha. Depois de conversarmos um pouco, em um certo momento me disse: "A verdade é que já não faz quase nada", referindo-se a que não faço quase nada para elas; e eu: "Já não tenho tanto tempo". Mas me senti um pouco culpada porque já não sou como elas querem que eu seja.

Consultor: Perdem uma mãe?

Daniela (sorri): Sim, penso que sim.

Consultor: Você gostava deste papel?

Daniela: Eu gosto das casas, eu gosto de trabalhar nas casas, por isto eu gostaria de ajudar a Domiziana, quando se mudar para sua casa nova, e arrumá-la juntamente com ela. Gosto de trabalhar nas casas, não em sua construção (sorri), mas dispor os móveis e organizá-las. Não morar nelas, talvez.

Consultor: Então, é sua recente autonomia que não agrada a suas irmãs?

Daniela: Acredito que sim.

Consultor: E isto a faz sentir-se mal?

Daniela: Sinto-me mal porque, desta vez, fui eu a trair, fui eu que fiz mal aos outros.

Consultor: E com a doutora, como se sente? Está bem com ela?

O consultor explora a possibilidade de um conflito de lealdade que abrange as irmãs e a terapeuta: nesta, talvez, Daniela tenha encontrado outra irmã, ou a mãe disponível que nunca teve. Mas, para as irmãs, isto poderia ser uma afronta à família, ou então Daniela poderia percebê-lo como um não cumprimento de seus deveres. A frase "desta vez sou eu quem está traindo, sou eu que faço mal aos outros" sublinha a rigidez das premissas individuais e familiares, que requerem fidelidade e obediência quase absoluta em relação aos laços intrafamiliares, em detrimento dos vínculos externos.

Se a situação de Daniela como "a tia solteirona" é conflitante na cultura atual, não o teria sido, em seu ambiente, há apenas uma geração, quando para a mulher era socialmente mais louvável sacrificar-se pela família do que criar uma vida autônoma.

Daniela: Sim, estou bem com ela. Com ela me sinto renascida, como se me liberasse de uma carga.

Consultor: Sente-se compreendida pela doutora? Sente como se fosse uma irmã?

Daniela: Não, não como uma irmã. É uma pessoa com quem posso falar sem temor de ser julgada.

Consultor: Tem a impressão de agradar-lhe?

Daniela: Sim.

Consultor: E isto é importante para você?

Daniela: Sim. (volta a chorar.)

Consultor: Você recorreu à terapia por causa do excesso de peso, para conseguir baixar seu peso. Pode dizer, hoje, que não recorreu somente pelo sobrepeso, mas também por outras razões?

Daniela: Não.

Consultor: O sobrepeso é ainda uma questão importante?

Daniela: Sim.

A análise desta sequência formula uma dúvida diagnóstica. A cliente descarta o fato da ter buscado a terapia por outras razões que nao fosse a obesidade, ainda quando, espontaneamente, não menciona nem uma só vez o problema de sobrepeso, enquanto o tema da traição do pai é dominante. Isto poderia fazer pensar em uma síndrome depressiva mascarada pelo sintoma da obesidade: um sinal disto seria sua reação de voltar a chorar diante da pergunta do consultor a respeito de ser importante para ela agradar ao terapeuta[1]. A tristeza e a ansiedade neste período de sua vida podem ser atribuídas às grandes dificuldades presentes na etapa crucial da adolescência para romper os fortes vínculos com a família e estabelecer outros com o mundo externo.

> *Consultor*: Por que está gorda, segundo você?
> *Daniela*: Porque como muito.
> *Consultor*: É algo constitucional?
> *Daniela*: Não, quero dizer, sei que nunca chegarei a ser magérrima, mas posso perder alguns quilos.
> *Consultor*: Por que o peso lhe preocupa?
> *Daniela*: Antes de tudo, por motivos estéticos, mas também pela saúde. Sofro dores lombares e sei que melhoraria se emagrecesse. E além do mais, sei que não me faz bem ser tão pesada.

O consultor investiga a fundo a existência de uma possível bulimia: informa-se sobre a voracidade, a eventual incoercibilidade, o recurso ao vômito. Surge algum episódio de vômito espontâneo, nunca provocado, e também o fato de que Daniela é uma grande apreciadora de comida (traço bastante característico da região de origem); todavia, jamais teve impulsos incontroláveis de se "entupir".

O consultor está completando a exploração, feita com Daniela e a terapeuta, da vida da cliente e de seus sistemas de referência. Depois de ter explorado sua relação com a família no presente e no passado, e sua relação consigo mesma, passa agora a explorar a relação de Daniela com seus coetâneos, com sua família extensa, e finalmente com a terapeuta.

> *Consultor*: Você tem um namorado?
> *Daniela*: Não.
> *Consultor*: Teve relações com rapazes?
> *Daniela*: Sim, mas coisas ridículas.
> *Consultor*: Olha ao seu redor para procurar um homem? Quero dizer, você gosta dos homens?
> *Daniela*: Sim, certamente, mas me abstenho, porque não sei o que posso dar a outra pessoa.

---

(1) Outra explicação possível é que somente lhe foi permitido ter apenas um problema (visível), a obesidade, enquanto os outros problemas são considerados manifestações "normais" e, portanto, não conscientes de uma jovem mulher totalmente imersa em seu papel de "mãe sacrificada".

Consultor: Você diz isto pensando em seu físico ou em sua personalidade?

Daniela: Em ambas as coisas?

Consultor: Tem medo de ser rejeitada pelo seu físico?

Daniela: Sim, sobretudo por isto. É a primeira coisa que alguém vê em outra pessoa, e se falta isso, talvez nem mesmo seja possível ir mais além...

Consultor: Agora lhe farei uma pergunta delicada, por assim dizer. Você já teve relações sexuais?

Daniela: Sim.

Consultor: Completa?

Daniela: Sim, uma vez, uma vez, neste verão. Perdi a cabeça completamente...

Consultor: Pensa que é algo positivo ou negativo?

Daniela: Não, positivo.

Consultor: Então, agora tenta manter-se longe dos rapazes pelo que dizia antes, porque não sabe o que pode dar.

Daniela: Sim.

O consultor aprofundou mais a relação de Daniela com o sexo, extraindo a impressão de que sua única relação sexual ocorreu aproximadamente no período de maior autonomia e compromisso afetivo com a terapeuta. É significativo que tenha aceitado o apelo de um desconhecido para uma relação sexual, o qual não voltou a ver. É como se tivesse tratado de se convencer de que podia interessar a alguém. A seguir, o consultor explora o tema da amizade.

Consultor: Você tem amigas?

Daniela: Não, creio que não.

Consultor: Como é possível?

Daniela: Veja, jamais tive uma vida social muito plena.

Consultor: Não tinha tempo de relacionar-se com outras pessoas?

Daniela: Na realidade, não.

Consultor: Então, suas amigas foram suas irmãs?

Daniela: Sim.

Consultor: Você gostaria de ter amigas ou preferiria ter amigos homens?

Daniela: Creio que amigos homens.

Consultor: Escute, alguma vez sofreu investidas, insinuações ou diretamente abusos sexuais, na família ou fora dela, na infância ou na adolescência?

Daniela (perturbada): Não, na família não. Quem sabe... havia um senhor que vinha de vez em quando lá em casa para ver meu avô, era sacristão... (olhando para a terapeuta) isto nunca lhe disse.

Terapeuta (surpreendida): Nem eu o sabia.

Daniela: Vinha muitas vezes para ver meu avô e recordo que tinha muito medo dele, parecia-me... pegajoso, e sempre tentava ficar longe dele.

Cabe destacar a perturbação de Daniela quando revela as investidas sexuais do sacristão: "...isto nunca lhe disse", e a surpresa da terapeuta: "nem eu o sabia". Se não se indaga ativamente sobre os abusos sexuais, isto frequentemente permanece oculto.

Consultor: Como explica o fato de ter sido a predileta da avó materna?

Daniela: Não sei, talvez porque minha avó disse que me pareço muito com minha mãe.

Consultor: Fisicamente?

Daniela: Também, mas sobretudo pelo caráter. Além disto, desde garota gostava de fazer as tarefas de casa. Frequentemente ficava na casa dos meus avós, com a minha avó.

Consultor: Sua avó era um pouco como uma segunda mãe para você.

Daniela: Sim.

Consultor: Mas sua mãe, como a recorda?

Daniela: Não sei, sempre pareceu-me que não tinha feito o suficiente por ela. (chora)

Consultor: Ainda que tenha feito mais que todos...

Daniela: Quase mais que todos. (Continua chorando.) Não sei, talvez fosse pequena demais, mas não me parece ter recebido todo aquele amor que pensam ter-me dado.

Consultor: E por que seu pai a proibiu de ver seus avós?

Daniela: Não agradava aos meus avós a relação dele com outra mulher, eles o reprovaram. E mesmo antes, quando minha mãe estava doente, meus avós, especialmente minha avó, semeavam discórdia pela cidade, dizendo que se podia fazer mais. Quando mamãe não pode mais se mover, tivemos que interná-la em um asilo, eu já não podia ajudá-la. Mas meus avós não estavam de acordo, diziam que, se quiséssemos, poderíamos ter ficado com ela em casa. Depois, após a morte de mamãe, mudaram de ideia e se aproximaram da gente. Mas para meu pai era tarde demais.

A abertura da indagação pelas relações com as famílias extensas, isto é, as relações trigeracionais, logo deram seus frutos. Em poucas frases surge um quadro bastante claro do pesado envolvimento de Daniela com sua família de origem e extensa. Parece ocupar, na complexa rede de relações familiares, uma posição central, que a leva a desempenhar simultaneamente vários papéis: além de filha e irmã, também o de mãe, o de filha dos avós maternos, o de mulher traída etc. É uma posição que a envolve totalmente e não lhe dá possibilidade de pensar em si mesma nem de comprometer-se em relações significativas no mundo exterior; sobretudo por causa da diversidade dos papéis assumidos, é impossível satisfazer, ao mesmo tempo, suas necessidades e as dos outros membros da família.

Neste sentido, é significativo que afirme, com lágrimas nos olhos, que sempre lhe pareceu não fazer o bastante por sua mãe, evidenciando desta maneira seu sentimento de culpa e, pouco depois, afirmar "não creio ter recebido todo o amor que pensam ter-me dado". As vicissitudes da família, como a doença e a morte da mãe, a cansativa intrusão dos avós maternos, o conflito entre estes e o pai e, finalmente, a "traição" deste último, comprometeram-na muito mais que a seus irmãos, e a levaram à linha de frente de uma batalha sórdida onde não tinha a possibilidade de vencer. Tudo isto dá e adquire sentido através da ideia de Bateson de que uma pessoa não fica doente porque não recebeu bastante amor ou poder, mas porque não consegue encontrar um sentido nas relações significativas. Por exemplo, o irmão, que foi menos comprometido no drama familiar, parece ser o que está melhor de todos.

Uma breve pesquisa sobre a família do pai revela que esta era considerada socialmente mais elevada que a da mãe. Em particular, o avô paterno pertencia à elite do lugar, era um professor de música conhecido em uma área bastante extensa. Era considerado um "artista", e o pai havia seguido seus passos, convertendo-se em um cantor e músico apreciado.

Aqui se poderia formular a hipótese de um forte vínculo com o pai prestigiado, tão amado quanto odiado pelas filhas, por ter escolhido outra mulher. E a autodesvalorização e degradação de Daniela como mulher, sobretudo, no âmbito sexual, poderia ter sua origem em parte neste conflito.

O consultor ainda continua indagando sobre o pai, para logo passar a explorar com Daniela seu futuro.

Daniela: Meu pai é um homem com muito carisma, com boa presença, bem cuidado, e ainda fala bem, tem facilidade com as palavras.

Consultor: Você gostaria de ter um marido assim?

Daniela: Não.

Consultor: Por que?

Daniela: Porque não é sincero. Fala muito bem, mas a seguir não mantém sua palavra.

Consultor: É uma ideia também compartilhada por suas irmãs?

Daniela: Um pouco por todas.

Consultor: Mas seu pai quer bem aos filhos?

Daniela: Sim, isto sim.

Consultor: Como você vê seu futuro?

Daniela: Um pouco nebuloso.

Consultor: Pensa que terá filhos?

Daniela: Tenho medo de tê-los. Não tanto de os gerar, mas como os criar. Não me sinto à altura das circunstâncias.

Consultor: Todavia, pelo que me contou, parece que é hábil em ocupar-se dos filhos dos outros.

Daniela: Sim.

Consultor: É possível que, no fundo, você pense que é boa babá, mas que teria problemas com seus próprios filhos?

Daniela: Com a filha de Domiziana, por exemplo, é diferente: eu a tenho por três ou quatro horas e depois a devolvo, e é dela. Mas com meu filho, não sei se seria capaz...

Consultor: De qualquer modo, pensa que por fim os terá?

Daniela: Sim.

Consultor: Quantos?

Daniela: Poucos. (Sorri.)

Consultor: E de que sexo?

Daniela: Prefiro homens.

Consultor: Pensa em casar-se?

Daniela: Sim, mas também o fato de casar-me, eu o vivo com o terror de equivocar-me. Porque vi o fracasso de meus pais e também vi a relação de Domiziana com seu companheiro, e tampouco esta é das melhores.

Consultor: Quem se casará primeiro, você ou Diletta?
Daniela: Sempre pensei que Diletta iria se casar primeiro.
Consultor: E ela terá filhos?
Daniela: Ela gosta muito de criança. Às vezes, brincando, diz que reunirá todos os filhos das irmãs com os seus e fará uma escola infantil.
Consultor: Então, você será a última das irmãs a se casar. Pensa que poderia ficar solteira?
Daniela: Sim.
Consultor: E que sente quando pensa nisto?
Daniela: Uma tristeza mortal.

No aspecto emotivo, Daniela parece muito diferente do começo da sessão: está mais animada, e mesmo que chorando, às vezes, consegue passar a rir com facilidade; parece muito mais aliviada e entra facilmente em contato com o consultor. É provável que a história que se vai construindo na consulta seja algo diferente da anterior, que teve como resultado a tristeza, a ansiedade e a autodesvalorização. As perguntas do consultor, destinadas a obter informação, proporcionam informações e, ao mesmo tempo, contribuem para o desenvolvimento de conexões entre os eventos do passado e do presente e seus reflexos no futuro e, sobretudo, contribuem para a conexão dos significados e as emoções associadas aos fatos. Este processo de criação de conexões – palavra que figura entre as mais características do enfoque sistêmico – e de histórias possíveis, impede que o discurso se feche, e abre perspectivas para novas escolhas. Devemos acrescentar que o consultor, com suas perguntas e, em especial, com o tom emotivo com que as formula, sugere que Daniela tenha potencialidade para sair da crise e de manejar sua própria vida, ter amizades, um homem, uma vida sexual, e assim sucessivamente. E também, que Daniela e a terapeuta possam sair da crise, do *impasse* que as levou à consulta. Naturalmente estas mensagens positivas não são explícitas, mas aparecem sobretudo através do tom de voz do consultor[2], que é produto de seu otimis-

---

2) Nos meados da década de 1970, a equipe originária de Milão (Selvini, Boscolo, Cecchin e Prata) enviou uma carta a Gregory Bateson, na qual descreviam algumas intervenções de reenquadramento (*reframing*) – algumas paradoxais – da mesma equipe, efetuadas no curso de sessões terapêuticas, quando foi pedida a ele uma opinião pessoal. Depois de algum tempo, Bateson respondeu com uma breve carta, na qual manifestava interesse pelas brilhantes intervenções, mas se abstinha de julgá-las em relação ao seu possível efeito sobre os clientes. Em relação a isto, escreveu: "Não estou a par do tom com o qual as suas mensagens foram comunicadas e, portanto, não posso exprimir algum juízo sobre o seu efeito".

mo terapêutico, isto é, de sua confiança nos recursos de Daniela e no sistema terapêutico.

Consultor: O que pensa da relação que tem com a doutora? Você acredita que ela a ajudou?

Daniela: Sim. No início não via nenhuma diferença; na verdade, estava desiludida. Depois, pensei que era melhor insistir, seguir adiante. Agora estou contente. Com você se repete o tema, repetem-se as mesmas coisas, mas sinto que algo mudou.

Consultor: Para melhor?

Daniela: Para melhor.

Consultor: Mas agora quer interromper...

Daniela: Não, eu o queria antes, por causa de minhas irmãs, mas agora, não.

Consultor: Sente-se entre dois fogos?

Daniela: Sim, mas quero continuar, tenho a convicção de estar fazendo o mais conveniente.

Consultor (à terapeuta): Como se sente com Daniela?

Terapeuta: Com Daniela, bem, ainda que tenha vivenciado mal a relação com as irmãs. Impressionei-me com o que disse Daniela uma vez: que se sentia imperfeita e queria alcançar a perfeição. Também sinto essa raiva que ela tem, e queria que se transformasse em algo positivo. Gostaria de ir um pouco além do ponto em que chegamos. Necessito de novas ideias para encontrar outros caminhos.

Consultor: Neste momento, queria interromper e ir consultar com meus colegas.

O consultor discute com a equipe por trás do espelho e logo regressa para efetuar uma intervenção final.

Consultor: Daniela, queria oferecer-lhe uma conclusão sobre sua situação e a de sua terapia. A primeira coisa que direi é que você se encontra ainda hoje na adolescência, por assim dizer, no período em que encontramos nossa identidade, em que começamos a pensar o que desejamos fazer na vida. Nós a vemos buscar uma identidade que ainda não está muito clara e isto, naturalmente, a leva a ter ansiedade e incerteza sobre quem é você e o que deseja ser. Em nossa opinião, é isto que a levou buscar ajuda, uma terapia, e acreditamos que faz bem em continuá-la, para poder encontrar, com o correr do tempo, a sua identidade.

Em segundo lugar, vemos uma história, a de você e sua família, que, em certo sentido, também é dramática. A sua família é numerosa: seu pai se encontra com cinco filhos, uma mulher que, ainda jovem, desenvolve uma doença grave, a esclerose múltipla, que a deixa inválida, e a família deve encontrar soluções, inclusive, buscar alguém que substitua a essa mãe. E foi você, Daniela, quem escolheu e foi escolhida para assumir tal posição. Em nossa opinião, isto ocorreu também por influência da família de sua mãe, em particular, de sua avó, que sente um amor especial por você, inclusive porque tem um caráter parecido com o de sua mãe. A avó, que perdeu esta filha, viu em você a substituta. Também por causa de seu caráter, você assumiu esse papel e se converteu na mãe, e o foi para todos. Você (abrindo os braços como para abraçar a uma pessoa corpulenta) reflete em seu físico, o volume de uma mãe que teve filhos, leva o peso de uma mãe.

Daniela, que havia escutado, imóvel, toda a primeira parte da intervenção, neste momento, se move na cadeira e sorri, parece comovida. A metáfora do consultor cria uma ponte entre sua condição física (o problema do excesso de peso levado inicialmente à terapia), a situação relacional e familiar e o dilema de Daniela em relação a sua identidade.

Consultor: No fundo você escolheu fazer o papel da mãe; desde criança estava disposta a desempenhar esse papel, e não somente isto, também acredito que não é casual que haja escolhido o trabalho que faz agora: dar de comer ao pessoal que trabalha na empresa, como se estivesse com outra família. Você parece ter nascido com esse papel de mãe; suas emoções, seu peso estão relacionados com esse papel. E eventualmente foi aceita neste papel por seus avós e suas irmãs. Mas a situação não andou como queria; você trabalhava, se esmerava como mãe, tinha desejado ter uma confirmação dos outros. E ao contrário, recebeu escassas confirmações e muitas mensagens pouco claras, que lhe criaram uma grande insegurança.

Por exemplo, os avós começaram a semear discórdia, a lamentar-se de como era tratada sua filha, e você se sentiu prisioneira em meio a esta situação e culpada por não ter assistido o suficiente a sua mãe, ainda que você tenha sido quem mais fez por ela. Também ficou presa no meio do conflito entre seus avós, que desprezavam o genro, e seu pai, que proibia seus filhos de visitá-los.

Daniela aceita com convicção, a partir da frase na qual o consultor diz que não recebeu confirmações, como se sentisse compreendida. No vídeo, parece extremamente atenta às palavras do consultor, como se estivesse suspensa de seus lábios.

Consultor: Você deu, deu, mas não obteve muita coisa em troca, nem sequer de sua avó, e isto deve ter sido um duro golpe para você. Depois, outro duro golpe, provavelmente mais forte que o recebido dos avós, deve ter sido o que você sentiu que seu pai lhe deu, seu pai que tinha ficado como único genitor. Percebo profundamente em você uma grande desilusão, que se manifesta em raiva e lágrimas, porque seu pai não a valorizou por este seu sacrifício, este dever que você assumiu, motivo pelo qual a desilusão foi ainda mais profunda. (Daniela se agita ligeiramente e confirma, olhando fixamente para o consultor.)

Assim surge uma experiência, que você acredita seja realidade, segundo a qual seu pai é um ingrato, talvez também um enganador, no sentido de que, ao invés de permanecer ali com vocês, com a família, ele fez algo que você sentiu como uma traição, com esta outra mulher, a quem deu mais atenção do que às próprias filhas, e que depois de se casar com ela, tornou-se mais suave com ela, enquanto as filhas, e sobretudo você, que deu mais que todas, o que obtiveram? Por isto tem essa raiva, pela falta de reconhecimento por parte de seu pai, depois de se ter tornado mãe em tempo integral.

Desde que entrou na terapia, deixou de ser mãe, e você mesma me disse que suas irmãs começaram a ressentir-se por isto, porque estavam acostumadas com você desempenhando este papel. Para encontrar sua identidade, você abandonou o papel de mãe, como todas as jovens de sua idade, e nesse momento começou a contrariar a todos. Então, começaram suas oscilações: ser mãe para os outros ou satisfazer-se a si mesma? E neste sentido, penso que se em você prevalecesse a ideia de satisfazer-se, de sair do papel de mãe, também sairia do corpo em que está e entraria no corpo de uma mulher jovem. Você poderá emagrecer, mas somente quando tenha bem claro qual é sua identidade. Por agora não se sente suficientemente segura para fazê-lo, nem para fazer outras escolhas, como ter filhos, amigos e conhecer o mundo. Durante muitos anos, recebeu reações negativas, críticas e abandonos que lhe deram raiva, e esta não pode desaparecer com tanta facilidade.

O consultor repete ocasionalmente alguns conceitos, baseando-se sobretudo nas retroações não-verbais oferecidas por Daniela: quando as reações indicam uma atitude de aceitação ou de maior atenção, o consultor repete os conceitos que considera mais significativos para a cliente e indiretamente também para a terapeuta. As alusões ao tempo que se requereria para a mudança, e o fato de que "pelo momento não está disposta a aceitar" algumas ideias (como se verá mais adiante), são um modo de dar um sentido a suas emoções e escolhas atuais e, ao mesmo tempo, de formular possibilidades de evolução futura, sem com isto deslegitimar seu modo atual de ser. Esta maneira de proceder é o que definimos anteriormente como "ambitemporalidade" (Boscolo e Bertrando, 1993, cap. 4).

Consultor: Neste momento introduzo uma ideia que, talvez, ainda não esteja disposta a aceitar: é possível que, no futuro, também veja a seu pai de maneira diferente. Hoje, vê sua mãe como uma boa mulher que, se não tivesse ficado doente, ter-se-ia ocupado de seus filhos e teria sido uma ótima mãe; ao contrário, vê a seu pai como negativo, egoísta e não muito responsável pela família. Esta é sua visão. Mas há uma outra possível visão: todos vocês, na família, estão em um mesmo plano, no mesmo barco; uma pessoa importante da família, a mãe, foi afetada por uma doença muito grave e ficou invalida. Isto foi uma cruz não somente para ela, mas para todos, inclusive para seu pai: este perdeu a possibilidade de ter uma mulher, que era a que havia escolhido para conviver, para ter filhos, posto que vocês são seus filhos. Vocês perderam a mãe, ele perdeu a mulher, e me pergunto em que medida seu alcoolismo e sua falta de ânimo tem a ver com isto, sentindo-se um homem ainda jovem, com cinco filhos e uma mulher inválida. E, portanto, é compreensível a ideia de buscar outra mulher, não somente para ele, mas também para seus filhos, para a família.

Daniela: É o que sempre disse meu pai.

Consultor: Nem mais nem menos! A decisão que ele tomou, de algum modo, teve o efeito de induzir a vocês, filhas, a unir-se contra ele, com a família da mãe atiçando o fogo e reiterando que sua filha foi uma santa e uma mártir. E tenho a impressão de que vocês, filhas, foram influenciadas pela opinião de seus avós.

Daniela: Sim.

Consultor: A raiva que você sente tem relação ainda com o fato de que você não levou em conta a tragédia que afetou a vocês, mas também afetou a ele. Logo, a impressão cresceu com o tempo, fez-se cada vez mais forte, e ele se voltou ainda mais para o lado desta mulher; talvez porque tinha a família contra, as filhas e, em especial, a você, porque você esperava que o reconhecimento de seu pai fosse para você, e não para Roberta. E pensamos que essa falta de reconhecimento teve efeito de fazê-la duvidar de sua capacidade e seu valor. Privou-a de certezas e lhe trouxe muita insegurança.

Nesta segunda parte da intervenção, os mesmos fragmentos surgidos da história da família se combinam à luz de uma hipótese diferente, para construir uma história com a qual Daniela possa confrontar-se. Se esta reconstrução chega a ter sentido para a cliente, pode mudar súbita e radicalmente a visão de si mesma, da família e do mundo. Ao mudar seu passado, mudam suas expectativas em relação ao futuro.

A história construída pelo consultor apresenta alguns aspectos específicos que a podem tornar eficaz. Antes de tudo, cria conexões positivas entre os membros da família nuclear; em segundo lugar, coloca a todos juntos, em um mesmo plano frente a uma experiência emocionalmente tocante: a doença e morte da mãe. Neste sentido, assume uma das características dos rituais terapêuticos: a de oferecer uma experiência emotivo–simbólica que a leve a sentir-se unida a seus familiares. A seguir, o consultor avalia as reações da cliente através dos cenários apresentados.

> *Consultor*: Tem sentido o que digo?
> *Daniela*: Sim, ainda que não... (mostra-se inquieta) talvez, como você diz, seja muito cedo para que pense nisto. Sim, quem sabe ele tinha necessidade de estar junto a uma pessoa sã. Todavia, considerando que nunca tivemos uma boa relação com nosso pai...
> *Consultor*: Sim, mas todos vocês contribuíram para que essa relação fosse negativa. Mas acredito que faça bem agora não aceitar esse ponto de vista, porque não é o momento adequado, poderia resultar muito revolucionário. Mas não esqueça disto, talvez em um futuro próximo possa fazer surgir alguma ideia diferente sobre o motivo pelo qual pai e filhas se encontraram em lados opostos, as filhas defendendo a antiga família e o pai criando uma nova, mas criando-a com o propósito de incluir nela seus filhos, não é que tenha fugido com esta mulher. É um pai que pensa em seus filhos e não somente em si mesmo. Consideramos este aspecto da situação. No futuro você poderá, ou não, compartilhar deste ponto de vista.

Para terminar, acreditamos que agora você se encontre em meio a um impasse: por um lado queria abandonar o papel de mãe, mas é um trabalho de tempo integral que fez por vinte anos. Em certo sentido, é o único ofício que aprendeu. Não teve tempo para orientar-se, praticamente não teve namorados, não teve amigas. Portanto, necessitará de algum tempo para encontrar sua identidade, como pessoa independente, nem mãe, nem pai, nem tia, que eventualmente, no futuro, poderá formar sua própria família, se assim o desejar. Quando começar a sentir isto, poderá perder peso sem esforço nem sacrifício, porque seu corpo se adequará a uma visão diferente de si mesma. Você é uma mulher linda, simpática e inteligente, e lhe repito que seu corpo mudará quando mudar sua identidade, porque não poderá deixar de adequar-se a uma nova visão de si mesma, à visão de uma mulher jovem, independente e autônoma. (Dirigindo-se à terapeuta.) É conveniente que você siga vendo Daniela, mas será Daniela quem finalmente, no futuro, poderá iniciar a viagem de que estamos falando agora, que a levará a ver a si mesma, ao pai, à mãe e à família sob uma nova luz. E então, também se libertará das desilusões, dos quilos a mais e dos sentimentos de culpa. (Dirigindo-se a Daniela.) Tem sentido o que digo?

Daniela: Não... sim, creio que disse muitas coisas certas e coisas que também pensei. Mas só não consigo colocá-las em prática...

Consultor: Requer tempo. Eu, no momento, paro por aqui: agradeço e lhe desejo o melhor. (Dirigindo-se à terapeuta.) Também lhe agradeço e desejo a você um bom trabalho.

As últimas palavras de Daniela: "não... sim, creio que..." sublinham simbolicamente a incerteza que surgiu nela como resultado da sessão e sobretudo do extenso comentário final, o qual introduziu uma visão inédita das relações pai/filha, da relação de Daniela consigo mesma, como mãe e como jovem independente, e a da conexão entre corpo e mente, isto é, entre a obesidade e a identidade.

Sua incerteza parece ser a expressão de uma confusão provocada pela introdução, no sistema, de novos significados e emoções, de novos pontos de vista, isto é, de um maior grau de complexidade. Obviamente, ainda que o comentário final esteja dirigido ao cliente, de maneira indireta também se dirige à terapeuta, que pode, assim, desenvolver uma visão diferente do caso e desse modo, contribuir para a saída do *impasse*. Tal saída também pode ser considerada um efeito do desequilíbrio introduzido pela consulta em um sistema terapêutico muito estável. Como diria Prigogine, através do caos se chega a uma nova ordem. De fato, é o que parece ter ocorrido depois da consulta.

Seis meses mais tarde, a terapeuta informou ao consultor que a cliente havia começado a melhorar do ponto de vista sintomático e a retomar o caminho para sua autonomia no dia seguinte à consulta.

Nancy B.: prisioneira de seu mundo interior

Nos casos de psicose, a condução da sessão apresenta características específicas. A mais importante se refere ao desenvolvimento de uma relação de confiança com o cliente psicótico, que pode ocorrer somente se o consultor ou terapeuta assume uma atitude de aceitação, tanto em relação da visão da realidade e a lógica peculiar do psicótico, como da "realidade" e a lógica do senso comum, confirmando implicitamente a legitimidade de ambas as formas de ver e interpretar a realidade. Ao aceitar o mundo e a lógica do psicótico, este poderá iniciar e aceitar o mundo e a lógica do terapeuta; assim, este último poderá representar uma ponte entre o mundo da "loucura" e a da "normalidade".

O trabalho principal do terapeuta consiste, então, em um mover-se continuamente dentro e fora da psicose, passando do mundo comum ao da "loucura", estabelecendo assim, um verdadeiro diálogo em lugar de um monólogo que caracteriza frequentemente a comunicação entre o "são" e o "louco", por meio do qual o "são" procura convencer o "louco" da exatidão de sua própria visão da realidade. Então, se se estabelece um diálogo baseado, no início, sobre o mínimo de aceitação recíproca, será possível estar aberto à visão do outro e à possibilidade de mudar, em parte, a própria visão de realidade.

O caso que apresentamos – uma consulta individual para uma cliente com graves sintomas dissociativos – pretende ser um exemplo deste modo de proceder.[3] No transcurso de um seminário conduzido nos Estados Unidos por Luigi Boscolo, a doutora Stewart, uma psiquiatra que trabalhava em um hospital psiquiátrico do Meio Oeste, revelou ao grupo que temia pela vida de Nancy, uma paciente de vinte e dois anos,

---

(3) Outro caso em que expusemos considerações análogas é o de Aldo, incluído no capítulo 9 de *Os tempos do tempo* (Boscolo e Bertrando, 1993).

internada há dois anos devido a uma síndrome delirante com comportamentos de autoagressão e alto risco de suicídio. Decidiu-se por uma consulta familiar ao vivo, conduzida por Boscolo, mas a família, convocada por telefone pela doutora Stewart, negou-se de maneira categórica a participar. A terapeuta acreditava que uma consulta familiar não somente ajudaria a sua paciente, mas também voltaria a conectá-la com sua família. De fato, fazia dois anos que os pais se negavam a ver a filha, considerando inaceitável seu comportamento, até mesmo negando-se a discutir com a terapeuta. Por telefone, disseram à doutora: "Estamos cansados de Nancy e já não queremos saber mais dela". Assim, o doutor Boscolo propôs uma consulta com Nancy sozinha para o dia seguinte. Nancy foi convidada pela terapeuta e aceitou de bom grado a consulta. No dia seguinte, uma enfermeira acompanhou a paciente de carro até a sede do seminário, que se encontrava a cinquenta quilômetros do hospital psiquiátrico.

A consulta aconteceu em uma sala, conectada por meio de um circuito fechado de televisão; ali se encontravam a doutora Stewart e os outros participantes do seminário. Foi perguntado a Nancy se desejava que a enfermeira permanecesse junto a ela durante a sessão. Nancy consentiu. A paciente era uma jovem alta, atraente, muito sensível e inteligente. Durante boa parte da sessão, permaneceu rígida, retorcendo suas mãos de vez em quando, com os antebraços projetados para frente, como para fazer bem visíveis as cicatrizes produzidas por gilete e pontas de cigarro. Tinha as pernas cruzadas, movendo-as ritmicamente, e parecia particularmente atormentada.

_____O consultor passou a primeira meia-hora fazendo perguntas sobre a vida de Nancy no hospital, sobre sua relação com a psiquiatra e sobre seu passado familiar, procurando fazer com que se sentisse cômoda, a fim de facilitar o desenvolvimento de uma relação de confiança.

Nancy era a segunda de cinco filhos. A irmã mais velha, Mary, estava casada e vivia com o marido em uma cidade do sul dos Estados Unidos, enquanto John, de dezoito anos, Ted de quatorze, e Elizabeth de onze, ainda viviam com os pais. O pai, um docente, foi descrito como um homem rígido e moralista, de modos violentos. Nancy dizia sentir terror pelo pai que, apenas saíra da puberdade, controlava seus vestidos e a castigava se não estava "vestida como devia", e às vezes, também a insultava chamando-a de "rameira". Em particular, enfurecia-se se a saia não cobria o suficiente as pernas. A mãe era descrita como "uma vítima", uma mulher submissa, na defensiva cada vez que o marido levantava a voz. Algumas vezes, também havia sido fisicamente violento com ela. Nancy estava ao lado da mãe; até onde conseguia recordar, sempre tinha procurado ajudá-la e aliviar-lhe o peso da numerosa família, assumindo também ela o papel de mãe dos irmãos mais novos e tentando consolá-la nos momentos penosos. Mary, a preferida do pai, era descrita como extrovertida e alegre, amante das brincadeiras: com um caráter forte, bastante diferente de Nancy.

Nancy descreveu um episódio interessante, da época em que ela tinha quinze anos; interessante porque levanta a questão sobre se o conteúdo de seu relato refletia o que verdadeiramente ocorreu ou representava uma elaboração posterior, devido à influência de possíveis leituras psicológicas ou conversas com profissionais. Nancy recordava que, naquela época, estava angustiada em consequência das brigas frequentes entre os pais, que lhe tiravam o apetite. Como consequência de seus jejuns, um dia, escutou-os falar, em outra sala, da preocupação que lhes causava sua perda de peso. Então, decidiu "tornar-se anoréxica" para atrair a atenção de seus pais e impedir as brigas. Três anos mais tarde, a mãe iniciou uma terapia individual com um jovem psicólogo e rapidamente ressurgiu, saindo de um estado de tristeza crônica e constante preocupação pelas tarefas domésticas, começando a interessar-se mais por si mesma e sua aparência. Também voltou a ver suas velhas amigas.

O efeito sobre o marido foi surpreendente: tornou-se mais atencioso e gentil com ela e às vezes parecia cortejá-la, como se tivesse medo de perdê-la. Com Nancy, todavia, ele se comportava como sempre. Este foi o período mais duro para ela: a mudança da mãe e sua ausência fizeram-na sentir-se terrivelmente sozinha. Um ano mais tarde, ainda virgem, foi violentada por um rapaz que conhecera há pouco tempo. Aparentemente, esta experiência teve, mais tarde, o efeito de torná-la mais anorgásmica, mesmo atendendo com facilidade aos pedidos sexuais ("Eu fazia sexo somente para agradar os homens").

Poucos meses depois, quando tinha dezenove anos, a anorexia foi trocada por uma forma grave de bulimia, com vômitos reincidentes, que causaram frequentes desequilíbrios eletrolíticos, com as consequentes internações no setor de medicina interna do hospital. Foram os sintomas de bulimia, em particular o vômito reincidente, que contrariaram aos pais, fazendo com que estes, mais tarde, rompessem relações com ela.

Foi então quando, aos vinte anos, teve uma crise dissociativa acompanhada de uma tentativa de suicídio, motivo pelo qual foi internada em um hospital psiquiátrico. Então, começou o delírio que dominava sua existência: o de ter dentro dela uma adolescente de quinze anos, chamada Mildred, que lhe impunha uma dieta muito reduzida e a ameaçava com castigos severos se não a seguisse, mantendo-a em uma espécie de escravidão. Tentou suicidar-se várias vezes e, em muitas ocasiões, se infligiu feridas com gilete ou queimava os braços com um cigarro.

Por volta da metade da sessão, o consultor, ao observar que a paciente colaborava de maneira relaxada, sentiu-se suficientemente seguro de sua confiança e decidiu que havia chegado o momento de entrar no mundo de seu delírio.

Consultor: A doutora Stewart me disse que dentro de você, Nancy, há uma garota de nome Mildred. O que te diz esta garota?

Nancy: Me diz que me levará a fazer coisas que me matarão.

Consultor: Por que ela quer você morta?

Nancy: Porque pensa que sou má, que sou uma puta, que sou gorda...

Consultor: E você, o que sente por ela? Você a odeia?

Nancy: Não, para mim é mais uma amiga, eu gosto dela.

Consultor: Quem sabe porque, hoje, é a pessoa que está mais perto de você. De fato, sua família não a quer ver, as relações no hospital são somente ocasionais e superficiais, e a doutora é somente uma terapeuta. Assim, a única pessoa que fica é Mildred, e por isto você está tão unido a ela.

Nancy: Sim, eu gosto dela, conhece-me tão bem.

Consultor: Desejaria ser como Mildred?

Nancy (sorrindo): Claro! Tem quinze anos e parece um esqueleto.

Consultor: Você gostaria de ser magra como um esqueleto?

Nancy: Sim, eu não gosto deste corpo...

Consultor: Você não gosta de ser mulher, preferiria ser uma criança?

Nancy: Sim, exatamente, assim. Eu gostaria de ter ainda menos de quinze anos.

Consultor: Acredita que Mildred faça sexo?

Nancy: Oh, não, não!

Consultor: É virgem e é perfeita.

Nancy: Sim, sim.

Nancy parece dissociada e fala de Mildred como se realmente fosse parte de si mesma, ou em outras palavras, "outro eu", que representa seu ideal. Aqui Mildred seria a garota virgem ideal, esquelética, que rejeita a sexualidade, a garota que quer continuar sendo criança, e que persegue a Nancy, a mulher gorda e puta, até o ponto de a querer morta.[4] O estado de consciência dissociado pode ser consequência da angústia intolerável suscitada pela rejeição por parte da mãe e, não muito depois, pelo episódio traumático da violência sexual; uma ansiedade tão devastadora está ligada, provavelmente, também a traumas infantis; em primeiríssimo lugar, ao temor do pai severo, moralista e com fobia de sexo. É significativo que Mildred castigue a mais velha, Nancy, cada vez que esta se permite prazeres, especialmente o prazer de comer, mantendo-a em um estado perpétuo de terror.

A descrição da vida familiar pinta uma situação dramática: o pai, duro e punitivo, preferia a filha mais velha, enquanto a mãe preferia os filhos homens. Aparentemente, Nancy havia encontrado um sentido para sua vida assumindo um papel sacrificado: ocupava-se da casa e de seus irmãos mais novos, tentando ser aceita pela mãe. Mas quando os irmãos cresceram, a mãe mudou de atitude em relação a ela e o mundo lhe caiu sobre a cabeça. Com efeito, a mãe havia encontrado consolo na ajuda do jovem psicólogo e sua relação com seu esposo havia melhorado notavelmente. Nancy se sentiu sozinha e havia começado a manifestar sintomas de bulimia que, ao em vez de estreitar a relação mãe/filha, haviam produzido o efeito contrário. Na realidade, ambos os pais haviam reagido aos sintomas de bulimia, a princípio, com irritação, e depois, com uma clara rejeição pela filha.

Em outras palavras, Nancy estava bem enquanto acreditava que agradava à mãe, ajudando-a e consolando-a, mas quando a mãe se distanciou definitivamente dela, tornou-se "louca": o mundo externo, o mundo real, havia perdido sentido, de modo que Nancy se refugiou em seu mundo interno, cristalizado em uma luta entre o bem e o mal, entre a perfeição e a imperfeição. O seu trágico mundo interno, dividido na oposição entre Mildred, portadora de valores positivos, e Nancy, porta-

---

(4) O temor da sexualidade e, em consequência, de tornar-se mulher, é muito frequente na síndrome anoréxica, quando o ideal é continuar sendo criança ou pré-adolescente, com um controle do próprio corpo, que não deve desviar-se de um ideal.

dora de valores negativos, parece refletir o mundo externo da vida em família, como pode ter sido vivido pela própria Nancy. Além disso, em seu mundo interior, o tempo individual havia perdido sua unidade, dividindo-se entre o tempo individual, sincrônico e estático de Mildred, e o tempo individual, diacrônico e em evolução de Nancy. O horizonte e a perspectiva temporal de Nancy haviam-se restringido notavelmente a um presente angustioso, caracterizado pelo constante terror dos castigos de Mildred, que pendiam como uma espada de Dâmocles sobre sua cabeça. O cenário futuro era desolador, como o de uma prisioneira condenada à morte.

> *Consultor*: Como se explica que Mildred se tenha metido dentro de você e não dentro de Mary ou outros membros da família? Por que veio a torturar precisamente a você?
> *Nancy*: Na realidade, tenta ajudar-me, tenta fazer-me perfeita.
> *Consultor*: Mas a tortura...
> *Nancy*: Às vezes é uma tortura, às vezes não a suporto, jogo coisas para cima, pois não gosto do jeito como fala comigo. Irrita-me e perco o controle, enquanto habitualmente não o perco.

Nesta sequência, como em outras ocasiões, o consultor tenta inverter a avaliação da cliente, conotando a Mildred como agressora e a Nancy como vítima, revertendo assim, a polarização entre "bom" e "mau" da cliente. Mais tarde, ao final da sessão, reformulará as premissas de Nancy, dirigidas a dividir o mundo dos valores, em uma rígida oposição "ou... ou", em favor de uma síntese positiva e flexível "tanto... como", conotando positivamente a ambos os personagens sobre a cena.

> *Consultor*: Você disse ter sido a mais boazinha, a mais justa de sua família: ajudava a sua mãe, tentava ser mãe de seus irmãos. E até mesmo se tornou anoréxica para atrair a atenção de seus pais, a fim de que deixassem de brigar...
> *Nancy*: Sim, é exatamente assim.
> *Consultor*: E depois de ter feito tanto por todos, você é a que mais sofre. Está em um hospital, em uma espécie de prisão, com Mildred como carcereira... que sentido você acha nisto tudo? Como resultado de sua bondade, é castigada. Como pode explicar isto? Está em uma prisão e não pode escapar...
> *Nancy*: É verdade!

Consultor: É uma tortura. Você se encontra simultaneamente em duas prisões: uma prisão interna, com uma garota que a tortura e que diz que vai matar você, e uma segunda prisão, por assim dizer, que é o hospital psiquiátrico.

Nancy (sorri com amargura): Sim.

Consultor: Sua jovem carcereira é tão dura com você, que nem mesmo a deixa viver, e você não pode escapar, pode morrer ou enlouquecer. Um preço que pode pagar poderia ser o de enlouquecer. Tem medo de se tornar louca?

Nancy: Sim, Mildred é cada vez mais dura comigo.

Consultor (com voz grave e evidente incômodo): Como se quisesse torná-la louca ou matar você. Enlouquecer é como morrer; a loucura também se chama "morte psicológica". Agora sou eu que tenho um grande problema. Devo compreender por que uma mulher jovem, de vinte e dois anos, tem que padecer tanto assim, e por que uma de quinze anos a quer matar... não compreendo... sinto–me atrapalhado porque não consigo encontrar um sentido.

Nancy (ainda sorri amargamente): Gostaria de poder ajudá-lo, não sei...

Consultor: Sinto-me verdadeiramente incomodado. Por que essa garota quer fazer você ficar louca e pretende impedi-la de viver? Agora queria falar com meus colegas na outra sala, especialmente com as mulheres, e espero que possam ajudar-me a encontrar um sentido para tudo isto. Voltarei em breve.

Dentro desta sequência, podem-se destacar os seguintes pontos:

1. A história de generosidade e altruísmo trazido por Nancy é associada pelo consultor à de seu castigo e seus padecimentos, para enfatizar o absurdo de sua vida presente.

2. Como exemplo de linguagem despatologizante, o consultor transforma em uma possibilidade futura, o diagnóstico de "loucura" feito no passado.

3. O consultor toma como suas a confusão e a angústia da cliente, pedindo-lhe que o ajude a liberar-se de seu incômodo e confusão. Esta inversão, na qual é o terapeuta quem recebe ajuda do cliente, oferece-lhe a possibilidade de observar de fora, seu próprio drama, e ver os efeitos que produz em uma pessoa real, pertencente ao mundo externo, e que lhe inspira certo grau de confiança. Desta maneira, a cliente se converte em espectadora de um drama – o seu - representado por uma

cena imaginária. Naturalmente, a empatia e os sentimentos do terapeuta devem ser genuínos. Com efeito, é bem conhecida a particular sensibilidade destes indivíduos para perceber os possíveis enganos das pessoas com quem entram em contato. Neste sentido, é de se destacar a intensidade do compromisso emotivo que o consultor recorda ter tido na sessão, testemunhado também pela gravação.

4. Em suas observações e nas conexões que estabelece, o consultor respeita tanto o mundo delirante da cliente, com sua lógica peculiar, submergindo-se – como se pode dizer – nesse mundo psicótico, como o seu próprio mundo, o da "normalidade", favorecendo desta maneira a saída da cliente de sua "prisão". Como se disse antes, o consultor se situa, frequentemente, na interface entre os dois mundos, assumindo uma posição de intermediação (de *go-between*) entre eles.[5]

> *Consultor*: Também os colegas estão perplexos. Pediram-me que lhe faça esta pergunta: até quando pensa que Mildred vai querer fazer sofrer Nancy? Durante quantos meses, anos?...
>
> *Nancy*: Terminarei por morrer. Não mais de um ano. Ela me quer ver morta.
>
> *Consultor*: Mas se Nancy morre, o que acontecerá com Mildred? Ela irá para uma outra garota?
>
> *Nancy*: Acredito que também morrerá.
>
> *Consultor*: Por que?
>
> *Nancy*: Porque é parte de mim. Morreria dentro de mim.
>
> *Consultor* (pausa): Pergunto-me se de verdade será assim. Poderia ser que se instalasse dentro de outra pessoa, quem sabe, dentro de Mary, sua irmã mais velha, ou então a mais nova.
>
> *Nancy* (com energia): Espero que não seja em Elizabeth, minha irmãzinha.
>
> *Consultor*: Por que?
>
> *Nancy*: Porque eu gosto muito dela. Não quero que ela também seja torturada deste modo.
>
> *Consultor*: E se ela fosse visitar sua mãe?
>
> *Nancy* (solta uma gargalhada): Melhor ainda.

(5) A centralidade que assumiu a linguagem nos mais recentes desenvolvimentos da terapia faria considerar a possível mudança devido a um jogo linguístico particular (Wittgenstein, 1953).

Esta sequência mostra de modo igual dois pontos importantes:

1. O consultor amplia imperceptivelmente o contexto para um sistema de quatro pessoas no lugar de três (Nancy, Mildred – ambas externalizadas –, a interlocutora e ele mesmo), formulando ao cliente perguntas sobre a relação entre Mildred e Nancy. Até este momento, havia dirigido as perguntas a Nancy, que descrevia sua relação com Mildred. Com esta operação linguística, o consultor, implicitamente, fala com a cliente como se fosse uma pessoa que pode observar e julgar a relação entre os outros dois personagens em conflito. Desta maneira, o consultor, ao falar com a cliente, externalizando-internalizando e colocando no mesmo plano as figuras divididas – Mildred e Nancy –, prepara o cenário para a união de ambas, dando lugar ao desenvolvimento de uma identidade unívoca e permitindo, assim, o surgimento de um interesse pelo mundo externo e o futuro. É significativo que a cliente não perceba esta mudança.

2. Quando Nancy prediz sua própria morte iminente, o consultor a desafia com um enigma: para onde irá Mildred depois da morte de Nancy? A previsível resposta, que também Mildred morrerá, é neste ponto confrontada com a possibilidade de que Mildred vá entrar em outro membro da família. Este é um exemplo, entre muitos outros da sessão, de como o consultor usa, às vezes, uma lógica não comum, terminando assim por comportar-se de maneira mais "louca" que a cliente.

> *Consultor*: Quando você tiver, por exemplo, trinta e dois anos, Mildred terá vinte e cinco ou terá a mesma idade de agora?
>
> *Nancy*: A mesma idade!
>
> *Consultor*: Portanto, é possível que, se você não se mate antes, na idade de sessenta anos, terá dentro de si, uma garotinha de quinze anos, que lhe dirá o que fazer e como viver.
>
> *Nancy* (sorri com amargura): Não viverei tanto tempo.
>
> *Consultor*: Mas por que Mildred a quer ver morta?
>
> *Nancy*: Porque não sou perfeita como ela. (Apaixonadamente) É um esqueleto e eu adoro os esqueletos. Também queria tê-los dependurados sobre a cama...
>
> *Consultor*: Estou novamente confuso! É incrível que Nancy goste tanto de Mildred, e que ela goste de ser castigada por ela!
>
> *Nancy* (pondo-se de pé e mostrando os antebraços cobertos de cicatrizes): Amo a dor; às vezes queimo os braços com fósforos para comprovar quanta dor consigo suportar. Às vezes corto os pulsos

e me agrada ver o sangue que escorre sobre as mãos, e me pergunto quanto poderá sair antes que eu morra.

Consultor: Não preferiria amar a vida em lugar de amar a morte?

Nancy (desesperada)*:* Penso que seria lindo, mas nunca gostei da vida... desejaria ter sido um aborto.

(Pausa longa. Consultor e cliente parecem ambos presos em uma intensa emoção; permanecem imóveis, com o olhar perdido.)

Nesta sequência, Nancy parece tocar o fundo de seu desespero. Por várias vezes tenta convencer o consultor de que para ela não há esperanças, de que vive em um inferno no qual não lhe resta senão um desejo: morrer. O consultor, por sua vez, enfatiza várias vezes a supremacia da esperança e da vida. Logo começará a fazer-lhe uma série de perguntas dirigidas a introduzir novos significados e emoções.

Consultor: Imagine que eu peça a Mildred que, de vez em quando, dê uma folga a Nancy. Ela me escutaria?

Nancy: Duvido que o escutasse, ela não me quer deixar em paz.

Consultor: Poderia pedir a Nancy permissão para falar com Mildred?

Nancy (pausa): Humm...

Consultor: O que Nancy gostaria que eu falasse para Mildred?

Nancy (com voz lenta e profunda; olha para o chão e começa a mover ritmicamente para frente e para trás, a cabeça e o tronco, como se entrasse em um estado hipnótico): Que me deixe em paz, que me deixe gritar...

Consultor: Você acha que Mildred me escutaria?

Nancy: Não, quer me matar. Agora me está dizendo que você é um enganador.

Consultor: Não me surpreende. (Falando em um tom cálido e empático, com visível envolvimento emocional) Queria dizer a Mildred que está vivendo uma vida terrível, mais terrível que a de Nancy. Sinto compaixão por ela. É terrível para uma garota tão jovem amar a morte, e não a vida... Mildred é tão infeliz, talvez ainda mais que Nancy. (Pausa) O que fez Mildred para merecer uma vida tão terrível, mais terrível que a de Nancy?

Nancy: Não sei.

Consultor: Não compreendo, não consigo encontrar um sentido. Pode ajudar-me a encontrar? (Pausa)

Nancy: Não, agora não a compreendo. Mildred quer dizer o que quer dizer... (batendo a cabeça). Não sei, agora você está bloqueado de alguma maneira.

Consultor: Quem sabe, agora, ela esteja dizendo a você para não me escutar? Isto é o que diz?

Nancy: Sim, sim.

Consultor: Não quer que Nancy fale comigo? Por que?

Nancy: Não, não quer... (Pausa longa, de um silencio insuportável; em uma atmosfera de tensão). Porque... (levantando a cabeça e olhando para o consultor nos olhos) porque pensa que você sabe muito, que compreende muitas coisas.

Consultor (perturbado): Poderia ajudar a Mildred. Nancy não gostaria que eu ajudasse a Mildred? (Silêncio, pausa longa) Como se sente agora?

Nancy (com voz baixa, quase imperceptível, e a cabeça inclinada): Confusa. (Longa pausa)

Consultor: Quer que continue ou que eu pare por aqui?

Nancy (levantando lentamente a cabeça): Que pare.

O consultor mudou de atitude, introduzindo a possibilidade de que a agressora (Mildred) possa sofrer e ser ainda mais infeliz que a vítima (Nancy). Isto tem um efeito desagregante: Nancy parece impressionada; primeiro disse ao consultor que está bloqueado de algum modo, ou seja, perdeu o caminho; depois, que Mildred não quer que o consultor fale com Nancy porque "sabe muito e compreende muito". O consultor é percebido como muito próximo da "verdade". Em nossa experiência, encontramo-nos frequentemente com o "terror" do psicótico diante da mudança, enquanto a solução psicótica é vivida como a única existencialmente possível, sob pena de aniquilamento, ou a morte do sujeito, ou de seus seres queridos. Parece que chegamos a um ponto crucial. Se o consultor aceitasse o convite de Nancy para concluir a sessão, deixaria o trabalho incompleto. Confiando na relação positiva estabelecida com ela e em sua experiência, atravessa o Rubicão e decide prosseguir. A inesperada resistência da cliente pode ser atribuída a seu temor de se aproximar afetivamente do consultor, instigando a temida vingança de Mildred.

Consultor: Por que quer que eu pare?

Nancy: Porque Mildred está se irritando, tenho medo de que, quando volte ao hospital, me faça algo... (Pausa) Pensa que me fará algum mal quando volte ao hospital?

Consultor: Não creio. Mildred sabe que Nancy lhe obedecerá, que não a deixará; também penso que Nancy esquecerá o que lhe disse e voltará a obedecer a Mildred. (Pausa).

O consultor, percebendo que a aliança entre ele e Nancy poderia tornar-se muito ameaçadora e revolucionária, decide tranquilizar Nancy e garantir-lhe que voltará para Mildred. Esta garantia assume o aspecto de um paradoxo já que, se de um lado se diz que Nancy esquecerá a sessão, a sessão continua! O consultor volta à carga, enfatizando a possibilidade de uma relação de aceitação recíproca, de amor, e não de ódio, entre as duas mulheres.

Consultor: Por que Nancy não tenta ter outro tipo de relação com Mildred? Por que não começam a aceitar-se mutuamente? Por que não tentam descobrir o que têm em comum e deixam de comportar-se como inimigas? Queria ajudá-la a fazer com que Nancy e Mildred encontrem um modo de se darem bem, em vez de controlar-se reciprocamente. Penso que poderiam chegar a ser como boas amigas, duas irmãs, e mais, como duas **irmãs gêmeas**. Penso que isto faria bem não somente a Nancy, mas também a Mildred que, acredito, sofre ainda mais que Nancy. Provavelmente, se Mildred escuta o que estou dizendo, começará a ter algumas dúvidas sobre o que está fazendo com Nancy.

Nancy: Sim, está apenas sofrendo.

Consultor: Porque não aprendeu outra maneira de viver. Quem sabe, se me escutasse, em vez de descontar em Nancy, poderia descobrir a vida infeliz que teve... e poderia começar a amar a vida. Poderiam estar bem as duas juntas, como você se sentia bem com sua mãe, quando estavam próximas. Quando sua mãe se distanciou, você começou a sofrer.

Nancy: Sim, sim.

Consultor: O que vejo é que tanto Mildred quanto Nancy estão no mesmo barco. Ambas estão desesperadas e cada uma está obrigada a ser a carcereira da outra, ao invés de serem amigas. Se ficassem amigas, tudo começaria a ter sentido, para mim... Tem sentido o que digo? Poderia perguntar a Mildred o que pensa do que estou dizendo?

Nancy: Espero que esteja escutando... em geral me grita por dentro quando falo com ela, e me diz o que tenho de fazer.

Consultor: Parece-me que seja uma via de saída para ambas: se tornarem amigas ou irmãs e passarem bons momentos juntas. Estas são as últimas palavras que queria dizer... desejaria parar por aqui. É possível que, agora, Mildred decida refletir e poderá compreender que ambas estão sofrendo... se isto acontecer, começarão a amar a vida mais do que a morte. Bem, terminamos aqui... muito obrigado.

Nancy (fica de pé com lentidão, parece aliviada e esboça um sorriso enquanto aperta a mão do consultor): Obrigado.

Na parte final da sessão, em um clima de empatia e compaixão, o consultor abre novos cenários no mundo interno de Nancy, cenários de amor, amizade e esperança, no lugar de ódio e de morte. Estes novos cenários são muito diferentes daqueles que viveu no passado. Ao conotar positivamente a relação entre as duas garotas, como se fossem irmãs gêmeas, o consultor faz uma ponte sobre um abismo que as divide, criando a possibilidade de que nasça uma nova pessoa de Nancy e Mildred, em paz consigo mesma e com o mundo exterior.

Catamnese

O consultor foi convidado, um ano mais tarde, a conduzir um segundo seminário no mesmo lugar. Um dos participantes era a doutora Stewart, que lhe deu as seguintes notícias catamnésicas. No dia seguinte ao da consulta, a terapeuta retomou o serviço no hospital e encontrou a enfermeira, que lhe disse que, na viagem de volta ao hospital, Nancy repentinamente havia pedido para parar em um comércio nas vizinhanças, onde comprou uma grande barra de chocolate. Enquanto comia com um evidente prazer, disse com um sorriso: "Agora Mildred me deixa comer". No hospital, melhorou rapidamente; depois de algum tempo, desapareceu o delírio, foi dada alta e enviada a uma casa protegida, onde encontrou um jovem com quem vive atualmente. Foi acompanhada pela psiquiatra, em caráter ambulatorial e, por algum tempo, também farmacologicamente. Mildred havia abandonado a paciente quando lhe deram alta do hospital. O consultor expressou, então, seu desejo de voltar ver Nancy no dia seguinte e ter com ela uma conversa de tipo catamnésico. O telefonema da terapeuta teve boa acolhida, a princípio:

Nancy pareceu muito contente em aceitar o convite mas, no dia seguinte, telefonou ao terapeuta e, com tom amável e contrariado ao mesmo tempo, rejeitou o encontro porque seu namorado não tinha gostado e não queria que voltasse a ver o consultor, ameaçando até romper a relação. Algumas horas mais tarde, o consultor, repentinamente, se deu conta de que havia cometido um grave erro: o de não ter convidado o namorado. Com efeito, ao final da sessão do ano anterior, o consultor havia unido Nancy e Mildred, em uma relação positiva de irmandade e amizade e, para ser coerente, deveria ter pedido a Nancy que lhe dissesse ao namorado que seria bem-vindo se também ele desejasse participar da sessão.

É verossímil que o presente de Nancy reflita um passado dramático em sua vida familiar, dominada por premissas rígidas do tipo "ou... ou", ou branco ou negro, que provocaram lacerações e divisões tanto em suas relações como em seus valores. Assim, como conectar positivamente Nancy e Mildred teve um efeito positivo, muito significativo, também convidar Nancy junto com seu namorado, da parte do terapeuta, poderia ter atuado na mesma direção. Considerando isto à luz da metáfora do terapeuta como progenitor, para Nancy, o convite a vir com seu namorado teria significado uma aprovação de sua pessoa feita mulher e de sua sexualidade.

Três anos depois da consulta, Boscolo encontrou, em uma conferência, a doutora Stewart, que lhe disse ver ocasionalmente a Nancy, que estava muito bem, vivia com seu namorado e também tinha encontrado um trabalho.

REFERÊNCIA BIBLIOGRÁFICA

ALEXANDER, F. y FRENCH, F. M. (1948). *Studies in Psychosomatic Medicine,* Nueva York: Ronald Press.

AMERICAN PSYCHIATRIC ASSOCIATION (1980). Manuale diagnostico e statistico dei disturbi mentali. 3ª. Ed., (DSM III). Trad. It. Milan: Masson, 1983.
(1994) Diagnostic and Statistical Manual of Mental Disorders. 4ª. Ed. (DSM IV), Washington: APA.

ANDERSEN, T. (1987) "The reflecting team: dialogue in clinical work", *Family Process,* 26(4), págs. 415-28.
(1992) "Reflection on reflecting with families", e, S. McNamee y K. J. Gergen (a cura di) Therapy as Social Construction, Londres: Sage, págs. 54-68
(1995) "Un gran sollievo", Connessioni, 10, págs. 17-8.

ANDERSON, H. Y GOOLISHIAN, H. (1988) "Human systems as linguistic systems: evolving ideas for the implications in theory and practice", Family Process, 27, págs. 371-93.
(1992) "The client is the expert: a not-knowing approach to therapy", en S. McNamee y K. J. Gergen (a cura di) *Therapy as Social Construction, Londres*: Sage, págs. 25-39.

ANDERSON, H. GOOLISHIAN, H. y WINDERMAN, L. (1986) "Problem determined systems: towards transformation in family therapy", *Journal of Strategic and Systemic Therapies*, 5, págs. 1-14.

ANDOLFI, M. (1994). *Il colloquio relazionale,* Roma: Accademia di Psicoterapia della Famiglia.

ARISTÓTELES. *Retórica.* Trad. It. Roma-Bari: Laterza, 1961.

AUSTIN, J. L. (1962). *Quando dire è fare.* TRD. It. Turin: Marietti, 1974.

BALINT, M. ORNSTEIN, P. H. y BALINT, E. (1972). *Focal Psychotherapy,* Londres: Tavistock.

BARILLI, R. (1979). *Retorica*, Milán: ISEDI.

BASAGLIA, F. (a cura di) (1968). *L'istituzione negata.* Turín: Einaudi.

BATESON, G.(1951). "Informazione e codificazione: approccio filosófico". Trad. It.. em J. Ruesch y G. Bateson (1968). *La matrice sociale della psychiatria.* Bologna: Il Mulino, 1976.
(1972) *Verso un'ecologia della mente.* Trad. It. Milan: Adelphi. 1976).
(1979) *Mente e natura.* Trad. It. Milán: Adelphi, 1984. [Espiritu y naturaleza. Buenos Aires: Amorrortu editores, 2ª. Ed., 1993.]

BERTRANDO, P. (1995) "La ricerca in terapia della famiglia: un aggiornamento". Trad. It. en A. S. Gurman y D. P. Kniskern (a cura di) *Manuale di Terapia della famiglia,* Turín: Bollati Boringhieri, págs. 682-706.

BOCCHI, G. y CERUTI, M. (a cura di) (1985). *La sfida della complessità, Milan: Feltrinelli.*

BORGES, J. L. (1952). Altre inquisizioni. Trad. it. en *Tutte Le opere,* vol. I, Milan: Mondadori, 1983, págs. 905-1093.

BORWICK, B. (1990) "Circular 'QUESTIONING' in organizations: discovering the patterns that connect". Manuscrito.

BOSCOLO, L. y BERTRANDO, P. (1993) *I tempi del tempo. Una nuova prospettiva per la consulenza e la terapia sistemica.* Turin: Bollati Boringhieri.

BOSCOLO, L. y BERTRANDO, P., FIOCCO, P. M., PALVARINI, R. M. y PEREIRA, J. (1991) "Linguaggio e cambiamento. L'uso di parole chiave in terapia" *Terapia Familiare,*37, págs. 41-53.

BOSCOLO, L. y CECCHIN, G. (1988) "Il problema della diagnosi dal punto di vista sistêmico", *Psicobiettivo*, 8(3), págs. 19-30.

BOSCOLO, L. y CECCHIN, G. y BERTRANDO, P. (1995) "Centro Milanese di Terapia della Famiglia". Trad. it. en A. S. Gurman y D. P. Kniskern (a cura di) *Manuale di Terapia della famiglia*. Turín: Bollti Boringhieri, págs. 755-60.

BOSCOLO, L. y CECCHIN, G., HOFFMAN, L. y PENN, P. (1987) Milan Systemic Family Therapy. Conversations in Theory and Practice. Neuva York: Basic Books. | *Terapia Familiar Sistémica de Milán. Diálogos sobre teoría y práctica.* Buenos Aires: Amorrutu Editores, 1989.|

BOWLBY, J. (1972) *Attaccamento e perdita. 1.L'attaccamento Alla madre.* Trad. it. Turín: Bollati Boringhieri, 1989.
(1973) *Attaccamento e perdita. 2. La separazione dalla madre.* Trad. it. Turín: Bollati Boringhieri, 1978.
(1980) *Attaccamento e perdita. 3.La perdita della madre.* Trad. it. Turín: Bollati Boringhieri, 1983.

BREUER, J. y FREUD, S. (1895) *Studi sull'isteria.* Trad. it. en Opere di Sigmund Freud, vol.1, Turín: Boringhieri, 1967, págs. 163-439. *[Estudios sobre la hysteria, en Obras Completas,* Buenos Aires: : Amorrutu Editores, 24 vols., 1978-85, vol. 2, 1978.]

BREUNLIN, D. C., SCHWARTZ, R. C. y MAC KUNE-KARRER, B. (1992) *Metaframeworks. Transcending the Models of Family Therapy.* San Francisco: Jossey Bass.

BRODERICK, C. B. y SCHRADER, S. S. (1991 "Storia della terapia della famiglia e della coppia". Trad. it. en GURMAN y D. P. Kniskern (a cura di) *Manuale di terapia della famiglia.* Turín: Bollati Boringhieri, 1995, págs. 5-39.

BRUNER, J. (1986) *La mente a piú dimensioni.* Trad. it. Roma-Bari: Laterza, 1988.

BUDMAN, S. H. y GURMAN, A. S. (1988) *Theory and Practice of Brief Therapy.*
Nueva York: The Guilford Press.

CACCIARI, C. (a cura di) (1991) *Teorie della metafora.* Milán: Raffaello Cortina Editore.

CADE, B. y O'HANLON, W. (1993) *A brief guide to brief therapy.* Nueva York: Norton.

CAMPBELL, D., DRAPER, R. y CRUTCHLEY, E. (1991) "Il modello sistemico di Milano". Trad. it. em A. S. GURMAN y D. P. Kniskern (a cura di) *Manuale di terapia della famiglia.* Turin: Bollati Boringhieri, 1995, págs. 479-95.

CANCRINI, L. (1982) *Quei temereri sulle macchine volanti.* Roma: La Nuova Itália Scientifica.

CECCHIN, G. (1987) "Hypothesizing-circularity-neutrality revisited: an invitation to curiosity". *Family Process,* 26, págs. 405-13.

CECCHIN, G., LANE, G. y RAY, W. L. (1992) *Irreverenza.* Trad. it. Milán: Franco Angeli.
(1994) *The Cybernetics of Prejudices in the Practice of Psychotherapy.* Londres: Karnac.

CLERICI, M. y BERTRANDO, P. (1995) "Strumenti di valutazione famigliare". Trad. it. em A. S. GURMAN y D. P. Kniskern (a cura di) *Manuale di terapia della famiglia.* Turín: Bollati Boringhieri, 1995, págs.707-36.

DESAUSSURE, F. (1922) *Corso di linguistica generale.* Trad. it. Bari: Laterza, 1995.

DE SHAZER, S. (1985) *Keys to Solution in Brief Therapy.* Nueva York: Norton.
(1988) Clues. Investigating in Brief Therapy. Nueva York: Norton.
(1991) Putting Differences to Work. Nueva York: Norton.

DEISSLER, K. G. (1986) "Recursive creation of information. Circular questioning as information production", Parte 1. Manuscrito.

DELL, P. F. (1986) "In defense of 'lineal causality'", *Family Process*, 25, págs. 513-21.
(1989) "Violence and the systemic view", *Family Process*, 28, págs. 1-14.

DERRIDA, J. (1972) *Marges de la philosophie*, Paris: Payot.

DOANE, J. A. y DIAMOND, D. D. (1994) *Affetti e attaccamento nella famiglia.* Trad. it. Milán: Raffaello Cortina Editores, 1995.

DOHERTY, W. J. (1991) "Family therapy goes post-modern", *The Family Therapy Networker,* 15(5), págs. 36-46.

DOHERTY, W. J. y BOSS,P. G. (1991) "Etica e valori in terapia della famiglia". Trad. it. en A. S. Gurman y D. P. Kniskern (a cura di) *Manuale di terapia della famiglia.* Turin: Bollati Boringhieri, 1995, págs. 520-55.

ECO, U. (1963) *Diário mínimo,* Milan Mondadori.
(1968) *La struttura assente,* Milán: Bompiani.
(1990) *I limiti dell'intrptretazione,* Milá: Bompiani.

EFRAN, J.S. y CLARFIELD, L.E (1992) Constructionist therapy: sense and nonsense, en S. McNamee y K. J. Gergen (a cura di) *Therapy as Social Constrution,* Londres: Sage, págs. 200 - 17.

ENGEL G. L. (1977) The need for a new medical model: a challenge for biomedicine, Sciense, 196, págs. 129-136 (reimpreso en *Family Systems Medicine,* 1093), págs. 317 - 31).

ERICKSON, M. (1967) *Le nuove vie dell'ipnosi.* Trad. It. Roma: Astrolabio, 1978.

FALLOON, I.R.H. (1991) Terapia comportamentale della famiglia. Trad. it. Em A. S. Gurman y D. P. Kniskern (a cura di) *Manuale di terapia della famiglia*, Turín: Bollati Boringhieri, págs 130-60.

FLEURIDAS, C., NELSON, T. S. y ROSENTHAL, D. M. (1986) The evolution of circular questions. Training family therapists, *Journal of Marital and Family Therapy,* 12(2), págs. 113-28.

FLIESS, R. (1942) The metapsychology of analyst, *Psychoanalytic Quarterly,* 11 págs. 211-27.

FOUCAULT, M. (1966) *Le parole e le cose.* Trad it. Milá: Rizzoli, 1967. (1970) *L'ordine del discorso.* Trad it. Turín: Einaudi, 1972.

FRUGGERI, L. (1992) Therapeutic process as the social construction of change, en S. McNamee y K. J. Gergen (al cuidado de) Therapy as Social Construction, Londres: Sage, págs. 40-53.
(1995) II coodinamento interpersonale di azioni e significati nele dinamiche di stabilizzazione, em M. Bianciardi y U. Telfener (al cuidado de) Ammalarsi di psicoterapia, Milan: Franco Angeli.

FRYE, N (1957) *Anatomy of Criticism,* Nueva York: Athaenaeum.

GADAMER, H. G. (1960) Verità e metodo. Trad it. Milan: Bompiani, 1983.

GALLUZZO, W. (1994) Narrazione e psicoterapia relazionale, *Psicobiettivo,* 14(1), págs 14-20.

GARDNER, M. (1993) *Formae Mentis.* Trad. it. Milán: Feltrinelli 1967.

GERGEN, K.(1991a) *The Saturated Self,* Nueva York: Basic Books.
(1991b) The saturated self family, The Family Therapy Networker, 15(5), págs. 26-35.

GIBNEY, P. (1994) Time in the therapeutic domain, *Australian and New Zealand Journal of Family Therapy*, 15(2), págs. 61 - 72.

GOLDNER, V. (1993) Power and hierarchy: let's talk about it, *Family Process,* 32(2), págs. 157 - 62.

GOLDSTEIN, A. P. y MICHAELS, G.Y. (1985) Empathy. Development,

Training and Consequences, Hillsdale, NJ: Lawrence Erlbaum Associates.

GOODMAN, N. (1987) *Verdere e construire il mondo*. Trad. It. Roma-Bari: Laterza, 1988.

GOUDSMIT, A. (1992) Psicoterapia e tecnologia, em M.Ceruti (a cura di) *Evoluzione e conoscenza. L'epistemologia genética di Jean Piaget e Le prospettive Del costruttivismo*, Bérgamo: Lubrina.

GREEN, R. J. y HERGET, M. (1991) Outcomes of systemic/strategic team consultation: II. The importance of therapist warmth and active structuring, *Family Process*, 30(3), págs. 321 -36.

GUIDANO, V. (1991) La complessita del Sé, Turín: Bollati Boringhieri.

GURMAN, A.S. y KNISKERN, D. P. (1981) *La ricerca sugli esiti della terapie familiari*. Trad. It. En A. S. Gurmany y D. P. Kniskern (a cura di) Manuale di terapia della famiglia, Turín: Bollati Boringhieri, 1995, págs. 611- 42.

HACKING, I. (1995) *Rewriting the Soul. Multiple Personality and the Science of Memory,* Princeton: Princeton University Press.

HALEY, J. (1963) *Le strategie della psicoterapia.* Trad. it. Florencia: Sansoni, 1974.
(1973) *Terapie non comuni.* Trad. It. Roma: Astrolabio, 1976.
[Terapia no convencional. Lãs técnicas psiquiátricas de Milton H. Erickson, Buenos Aires: Amorrortu editores, 1980.]
(1977) Problem-solving therapy, San Francisco: Jossey-Bass.
[Terapia para resolver problemas, Buenos Aires: Amorrotu editores, 1980.]
(1984) *II terapeuta e La sua vitima.* Trad. It. Roma: Astrolábio, 1985.

HARE- MUSTIN, R. (1986) The problem of gender in family therapy theory, *Family Process,* 26, págs. 15- 28.

HARLOW, H. F. (1961) The development of affectional patterns in infant monkeys, en B. M. Foss, ed. *Determinants of Infant Behaviour,* vol. 1, Londres: Methuen.

HOFFMAN, L. (1981) *Foundations of Family Therapy,* Nueva York: Basic Books.
(1988) A constructivist position for family therapy, Irish Journal of Psychology, 9, págs. 110 - 29.
(1990) Constructing realities: an art of lenses, Family Process, 29(1), págs. 1- 12.
(1992) A reflexive stance for family therapy, en S. McNamee y K. J. Gergen (a cura di) *Therapy as Social Constrution,* Londres: Sage, págs. 7- 24.

HOFSTADTER, D. R. (1979) Gödel, Escher, Bach: *Un'eterna ghirlanda brillante.* Trad. It. Milán: Adelphi, 1984.

HOLMES, J. (1992) *La teoria dell'attaccamento.* Trad. It. Milan: Raffaello Cortina Editore, 1994.

HOLMES, S. (1994) A philosophical stance, ethics and therapy: an interview with Harlene Anderson, *Australian and New Zealand Journal of Family Therapy,* 15(3), págs. 155 - 61.

HOYT, M. F. (1990) On time on brief therapy, en R A. Wells y V. J. Giannetti (a cura di) *Handbook of the Brief Therapies,* Nueva York: Plenum Press, págs. 115 - 43.

JERVIS, G. (1975) *Manuale critico di psichiatria*, Milán: Feltrinelli. (1989) La psicoanalisi come esercizio critico, Milán: Garzanti.

JONES, E. (1993) *Family Sistems Therapy. Developments in the Milan –* Systemic Therapies, Nueva York: Jonh Wiley & Sons.

KENDELL, R. E. (1977) *II ruolo della diagnosi in psichiatria.* Trad. It. Roma: II Pensiero Scientifico, 1977.

KOHUT, H. (1971) Narcisismo e analisi Del Sé. Trad. It. Turín: Boringhieri,

1976. [[*Análisis Del self. El tratamiento psicoanalítico los de trastornos narcisistas de la personalidad,* Buenos Aires: Amorrortu editors, 1977.]
(1977) *La guarigione Del* Sé. Trad. Id. Turín: Boringhieri, 1980.
(1981) On empathy, en *The Search for the Self: Selected Writings of Heinz Kohut,* Nueva York: International Universities Press, 1991.

LAI, G. (1976) *Le parole del primo colloquio,* Turín: Boringhieri.
(1985) *La conversazione Felice,* Milan: Il Saggiatore.
(1993) *Conversazionalismo,* Turín: Bollati Boringhieri.

LAING, R. (1959) *L'io diviso.* Trad. It. Turín: Einaudi, 1969.
(1969) *La politica della famiglia.* Trad. it. Turín: Einaudi, 1973.

LANKTON, S.R., LAMKTON, C.H y MATTHEWS, W. J. (1991) Terapia familiare ericksoniana. Trad. It. En A.S. Gurman y D.P. Kniskern (a cura di) *Manuale di terapia della famiglia,* op. cit., págs 240 - 84.

LAPLANCHE, J. y PONTALIS, J.-B (1967) *Enciclopedia della psicoanalisi.* Trad. it. Bari: Laterza, 1968.

MACAROV, D. (1978) Empathy: the charismatic chimera, *Journal of Education for Social Work,* 14, págs. 86 - 92.

MALAN, D. H. (1976) *The Frontier of Brief Psychotherapy,* Londres: Plenum Press.

MARUYAMA, M. (1963) The second cybernetics: deviation- amplifying mutual causal processes, en W. Buckley (al cuidado de) *Modern Systems Research for the Behavioral Scientist,* Chicago: Aldine, 1968, págs. 491.

MARZOCCHI, G. (1989) L'intervento con il tossicodipendente: terapia familiare o approccio ecológico? Em, V. Ugazio(a cura di) *Emozioni soggetto sistemi,* Milan: Vita e Pensiero.

MATURANA, H. (1970) *Biologia della cognizione.* Trad. it. Em H. Maturana y F. Varela (1980), *Autopoiesi e cognizione,* Venecia: Marsílio, 1985.

MATURANA, H. y VARELA, F. (1980) *Autopoiesi e cognizione.* Trad. it. Venecia: Marsílio, 1985.
(1984) L'albero della conoscenza. Trad. it. Milan: Garzanti, 1987.

MCLUHAN, M.(1964) *Gli strumenti del comunicare.* Trad. It. Milán: il Saggiatore, 1967.

McNAMEE, S. (1992) Reconstructing identity: the communal construction of crisis, en S.McNamee y K. J. Gergen (a cura di) *Therapy as Social Construction,* Londres: Sage, págs 186 – 99.

MENDEZ, C. L., CODDOU, F. y MATURANA, H. (1988) The bringing forth of pathology, *Irish Journal of Psychology,* 9(1), págs. 144 – 72.

MINSKY, M. (1985) *La società della mente.* Trad. It. Milán: Adelphi.

MINUCHIN, S. (1974) *Famiglie e terapia della famiglia.* Trad it. Roma: Astrolábio, 1981.
(1987) My many voices, em J. Zeig (a cura di) *The Evolution of Psychotherapy,* Nueva York: Brunner/Mazel.
(1991) The seductions of constructivism, *Family Therapy Networker,* septiembre/octube, págs. 47 – 50.

MORIN, E. (1977) *Il metodo. Ordine, disodine, organizzazione.* Trad. It. Milán: Feltrinelli, 1983.

NARDONE, G. y Watzlawick, p. (1994) *L'arte del cambiamento, Florencia:* Ponte alle Grazie.

NICHOLS, M. P. (1987) *The Self in the System. Expanding the Limits of Family Therapy,* Nueva York: Brunner/ Mazel.

NIETZSCHE, F. W. (1871) *La nascita della tragédia.* Trad. it. Milan: Adelphi, 1972.

NOVELLETTO, A. (1994) *"Narrazione e psicoanalisi", Psicobiettivo,* 14(1), págs. 21-30.

O'HARA, M. y ANDERSON, W. T. (1991) *"Welcome to the post-modern world"*, *The Family Therapy Networker,* 15(5), p'gs. 18-25.

PENN, P. (1982) *"Circular questioning"*, *Family Process,* 21, págs. 267-80 (1985) "Feed-forward. Future questions, future maps", Family Process, 24, págs. 299-310.

PERRY, R. (1993) *"Empathy. Still at the heart of therapy"*, *Australian and New Zealand Journal of Family Therapy,* 14(2), págs. 63-74.

PIAGET, J. (1970) *L'épistemologia genetica.* Trad. it. Bari: Laterza, 1971.

RICOUER, P. (1965) *Dell'interpretazione. Saggio su Freud.* Trad. it. Milan: Il Saggiatore, 1966.

RORTY, R. (1979) *Philosophy and the Mirror of Nature,* Princeton: Princeton University Press.

ROSENAU, P. (1992) *Post-modernism and the Social Sciences,* Princeton University Press.

SHAFER, R. (1976) *A New Language for Psychoanalysis,* New Haven: Yale University Press.
(1983) *L'atteggiamento analitico. Trad. It. Milán: Feltrinelli, 1984.*

SCHARFF, D. y SCHARFF, J. (1987) *Object Relations Family Therapy,* Nueva York: Jason Aronson.

SCHEIN, E. H. (1987) *Process Consultation,* vol. 2. *Lessons for Managers and Consultants,* Reading: Addison Wesley.

SEARLES, H. (1965) *Scritti sulla schizophrenia.* Trad. It. Turín: Boringhieri, 1976.

SEGAL, L. (1991) "Terapia breve: il modello del Mental Research Institute". Trad. It. en A. S. Gurman y D. P. Kniskern (al cuidado de) *Manuale di terapia della famiglia,* op. cit., págs. 102-29.

SELVINI PALAZZOLI, M. (1980) "Why a long interval between sessions?", en M. Andolfi e I. Zwerling (al cuidado de) DiDimensions of Family Therapy, Nueva York: The Guilford Press.

SELVINI PALAZZOLI, M., BOSCOLO, L. CECCHIN, G. y PRATA, G. (1975) *Paradosso e controparadosso*, Milán: Feltrinelli.
(1977) *"Uma prescrizione ritualizzata nella terapia della famiglia: giorni pari giorni dispari"*, Archivio di Psicologia, Neurologia, Psichiatria, 38(3), págs. 293-302.
(1980a) *"Hypothesizing-circularity-neutrality"*, Family Process, 19, págs. 73-85.
(1980b) *"The problem of the referring person"*, Journal of Marital and Family Therapy, 6, págs. 3-9.

SIANI, R. (1992) *La psicologia del Se*, Turín: Bollati Boringhieri.

SLUZKI, C. (1986) "Uno schema mínimo delle teorie cibernetiche", Bollettino Del Centro Milanese di Terapia della Famiglia, 11, pág. 1.
(1991) "La trasformazione terapeutica delle trame narrative", Terapia Familiare, 36, págs. 5-19.

SPEED, B. (1991) "Reality exixt, ok? An argument against constructivism and social constructionism", Journal of Family Therapy, 13, págs. 395-409.

SPENCE, D. P. (1982) *Narrative Truth and Historical Truth*, Nueva York: Norton.

SULLIVAN, H.S. (1953) *Teoria interpersonale della psichiatria.* Trad. it. Milán: Feltrinelli, 1972.

SZASZ, T. S. (1961) *Il mito della mentale.* Trad. it. Milan: Il Saggiatore, 1966. *[El mito de la enfermedad mental. Bases para uma teoria de La conducta personal*, Buenos Aires: Amorrortu editores, 1973.]
(1978) *Il mito della psicoterapia.* Trad. it. Milán: Feltrinelli, 1981.

TERRY, L. L. (1989) *"Systemic assessment of families through individual treatment: a teaching module"*, Journal of Marital and Family Therapy, 15(4), págs. 379-85.

TOMM, K. (1984) *"One perspective on the Milan systemic approach: Part. II. Description of session format, interviewing style and interventions".* Journal of Marital and Family Therapy, 10, págs. 253-71.
(1985) *"Circular interviewing. A multifaceted clinical tool"*, en D. Campbell y R. Draper (al cuidado de) Application of Systemic Family Therapy: The Milan Aprroach, Londres: Grune & Stratton.
(1987a) *"Interventive interviewing: I. Strategizing as a fourth guideline for the therapist"*, Family Process, 26, págs. 3-13.
(1987b) *"Interventive interviewing: II. Reflexive questioning as a means to enable self-healing"*, Family Process, 26, págs. 167-83.
(1988) *"Interventive interviewing: III. Intending to ask circular, strategic or reflexive questions?"*, Family Process, 27, págs. 1-15.
(1993) *"Una revisione critica del DSM"*, Connessioni, 4, págs. 25-30.
(1995) Conferencia dictada en el Centro Milanese di Terapia della Famiglia.

VARELA, F. (1985) "Complessità Del cervello e autonomia Del vidente" en G. Bocchi y M. Ceruti, *La sfida della complessità,* op. Cit.
V
ARELA, F. THOMPSON, E. y ROSCH, E. (1991) *La via di mezzo della conoscenza.* Trad. it. Milan: Feltrinelli, 1992.

VATTIMO, G. (1985) *Fine della modernità,* Milán: Garznti.

VIARO, M. y LEONARDI, P. (1983) "Getting and giving information: analysis of a family-interview strategy", *Family Process,* 22(1), págs. 27-42.
(1990) Conversazione e terapia, Milán: Raffaello Cortina Editore.

VILLEGAS, M. (1994) "Costruzione narrativa dell'esperienza e psicoterapia", *Psicobiettivo,* 14(1), págs. 31-42.
(1995) "Eclettismo o integrazione. Questioni epistemologiche", en G. P. Lombardoy M. Malagoli Togliatti (aL cuidado de) *Epistemologia in psico-*

logia clinica, Turi´n: Bollati Boringhieri.

VON FOERSTER, H. (1982) *Sistemi che osservano.* Trad. it. Roma: Astrolábio, (1987).

VON GLASERSFELD, E. (1984) "Introduzione al costruttivismo radicale". Trad. It.en P. Watzlawick (al cuidado de) *La realtà inventata,* Milan: Feltrinelli, 1988.
(1987) *The Construction of Knowledge,* Seaside: Intersystems Publictions.

WATZLAWICK, P. (1984) (al cuidado de) *La realità inventata,* op. cit..

WATZLAWICK, P., JACKSON, D. D. y BEVIN, J. (1967) *Pragmática della comunicazione umana.* Trad. It. Roma: Astrolabio, 1971.

WATZLAWICK, P., WEAKLAND, J. H. y FISH, R. (1973) *Change.* Trad. It. ROMA: Astrolabio, 1974.

WHITE, M. y EPSTON, D. (1989) *Literate Means to Therapeutic Ends,* Adelaida (Australi): Dulwich Centre Publications.

WIENER, N. (1948) *La cibernetica. Controllo e comunicazione nell'animale e nella macchina.* Trad. it. Milan: Il Saggiatore, 1982.

WITTGENSTEIN, L. (1953) *Ricerche filosofiche.* Trad. It. Turín: Einaudi, 1983.
(1958-1964) Libro ble e libro marrone. Trad. It. Turín: Einaud, 1983.

WYNNE, L. (1984) "The epigenesist of reltional systems: a model for understanding family development" *Family Process,* 23, págs. 297-318.

WYNNE, L. McDANIEL, S. H. y WEBER, T. T. (1986) Systems Consultation. *A New Perspective for Family Therapy,* Nueva York: The Guilford Press.

ÍNDICE GERAL

Introdução 7

Primeira parte – Teoria 13

Capítulo I – Uma teoria em evolução 15
  Um novo interesse pelo indivíduo 21
  Mundo interno e mundo externo 24
  Evolução da teoria e da pratica sistêmica 29
  O dito e o não dito 46
  Uma perspectiva epigenética 51

Capítulo II – O trabalho sistêmico 59
  Indicações 59
  Avaliação, diagnóstico e terapia: um processo recursivo 64
  Objetivos 73
  Tempo e mudança 78
  O terapeuta 86
  Questões éticas 101
  Filosofia da terapia 106

Capítulo III – O processo terapêutico 111
  O diálogo 111
  A sessão 137
  O processo 146
  Linguagem e processo terapêutico 152

Segunda parte – Casos Clínicos 171
  Premissa 173

Capítulo IV – Terapias com uma proposta estratégico-sistêmico 175
  Teresa S.: Jogos da sorte 175
  Giorgio F.: Quem analisa quem 177
  Enrica S.: A senhora que não conseguia sair de casa para fazer compras 179
  Ugo V.: O pediatra que sofria de insônia 181

Capítulo V – Terapias sistêmicas 183
  Giuliana T.: O controle da vida 183
  Bruno K.: "Em meio ao caminho de nossa vida..." 205
  Luciano M.: Prisioneiro de um mito familiar 232
  Carla V.: A feminilidade recuperada 241
  Olga M.: Um deserto existencial 246
  Susanna C.: Dilemas relacionais 248
  Francesca T.: Uma fome inesgotável 279

Capítulo VI – Sessões 293
  Miriam C.: Quem consulta quem 293
  Daniela Z.: Profissão :mãe 295
  Nancy B.: Prisioneira de seu mundo interno 321

Referências Bibliográficas 335

Conheça Também Outros Títulos da Artesã Editora:

A Terapia Familiar Multigeracional - Instrumentos e Recursos do Terapeuta
Maurizio Andolfi

ISBN: 9788588009967

Temas de Casal
Solange Maria Rosset

ISBN: 9788588009691

123 Técnicas de Psicoterapia Relacional Sistêmica
Solange Maria Rosset

ISBN: 9788588009387

Nós Familiares - A Terapia como Ela é
Carlos Arturo Molina-Loza

ISBN: 9788588009097